Bernhard Waszkewitz

Psychologie zwischen
Geisteswissenschaft und Behaviorismus

Von der Verhaltens- zur Kognitionswissenschaft

Bernhard Waszkewitz

PSYCHOLOGIE ZWISCHEN
GEISTESWISSENSCHAFT UND BEHAVIORISMUS

Von der Verhaltens- zur Kognitionswissenschaft

ibidem-Verlag
Stuttgart

Bibliografische Information Der Deutschen Bibliothek

Die Deutsche Bibliothek verzeichnet diese Publikation in der Deutschen Nationalbibliografie; detaillierte bibliografische Daten sind im Internet über <http://dnb.ddb.de> abrufbar.

Gedruckt auf alterungsbeständigem, säurefreien Papier
Printed on acid-free paper

ISBN: 3-89821-451-6
© *ibidem*-Verlag
Stuttgart 2005
Alle Rechte vorbehalten

Printed in Germany

Vorwort

Wer sich die Ausführungen einer großen Zahl psychologischer Autoren ansieht, wird immer wieder darauf hingewiesen, daß die Psychologie eine Verhaltenswissenschaft sei. Und das stimmt sicher auch in manchen Bereichen, wenn sich die Autoren auch schwer tun, dieses Verhalten und die zwischen den Verhaltensweisen bestehenden Beziehungen zu erklären. In den meisten Fällen wird man mit einem Mittel- ohne Streuwert für das „normale menschliche Verhalten" abgespeist. In vielen anderen Fällen werden die unterschiedlichen Verhaltensweisen in bestimmten Situationen nebeneinandergestellt, und alles erscheint möglich. Über alles entscheidet dann meistens die Umwelt, das Milieu, der Augenblick, aber das sind leider keine Erklärungen. Mit Goethe würde man sagen, es fehlt das einigende Band. Und der Mensch wird letztlich zur Schnittstelle von Umweltreizen. Das ist die Folge des Behaviorismus.

Diesen etwas aus dem Konzept gebracht zu haben, ist das Verdienst der sich im Zuge der Entwicklung von Kybernetik, Informations- und Systemtheorie herausbildenden Kognitionswissenschaften. Zwar machte deren Wendung zum Funktionalismus zeitweise auf halbem Wege halt, dennoch wurde immer deutlicher, daß Psychologie auch viel mit ihrer Mutter der Philosophie zu tun hat, insbesondere deren Erkenntnistheorie. Die Psyche ist etwas, das wir bei anderen Menschen zwar vermuten, aber nicht wahrnehmen können. Wir können nur aus dem Verhalten anderer auf das Vorliegen psychischer Vorgänge und Strukturen schließen- Und das tun wir im Alltag ständig. Wissenschaftlich reicht das aber nicht aus, denn hier muß alles rational zugehen. Hier entscheidet das Denken als eine psychische Funktion über das, was wissenschaftlich ist und anerkannt werden kann. Das gilt zumindest in den westlichen Kulturen und für den dort geltenden Wissenschaftsbegriff. Ob sich andere Kulturen dem anschließen oder nicht, müssen wir zur Kenntnis nehmen, kann uns aber höchstens in der Kommunikation mit ihnen interessieren, nicht in unserer Wissensschaftskultur.

Verhaltenswissenschaft läßt sich experimentell und strikt natur-
wissenschaftlich experimentell betreiben[1], denn Verhalten läßt sich wahrnehmen und mehr oder minder exakt messen. Denken läßt sich nicht wahrnehmen und nicht messen. Die das Denken beherrschenden Kategorien[2] und
Möglichkeiten lassen sich ermitteln, was sie für die Erkenntnis nicht wahr-
nehmbarer psychischer Vorgänge und Fakten bedeuten, läßt sich ableiten,
aber nicht messen und entzieht sich dem naturwissenschaftlichen Experiment. Und so stehen wir zwischen Naturwissenschaft und Geisteswissen-
schaft, so werden wir nur im Methodenmix zu wertvollen Erkenntnissen
kommen.

Wie sich beides vereinbaren läßt, möchte ich in den folgenden Ausführungen darstellen.

Neufahrn 2005

Der Verfasser

---

[1] Theoretische Physik ist auch eine exakte Naturwissenschaft, experimentiert aber nicht.
[2] vgl. Kant: Kritik der reinen Vernunft

Inhaltsverzeichnis

Vorwort.. 5

Zur Einführung... 9

Das Informationsverarbeitungssystem..............................9

Das Dilemma unserer Erkenntnis.. 9

Kausalität, Determinismus, Zufall und Chaos.................... 15

Informationen... 20

Die Denkfunktion..30

Kategorien.. 30

Übertragung ins Psychische 42

Codeinterpretation... 50

Verknüpfungen... 72

Verknüpfung syntaktischer Komponenten.........................76

Formale, codierte Beschreibung.. 85

Übersetzung und Darstellung... 87

Übereinstimmungen..96

Zwischen Input und Output.. 101

Wahrnehmungsphänomene..101

Die Ergebnisse der Ausdruckspsychologie..................... 104

Verhaltensanalytische Ergänzungen...............................105

Interpretation der Übergangsfunktionen........................109

Eigenheiten menschlicher Wahrnehmung......................... 117

Simulationsrechnung.. 120

Verhaltensanalyse... 127

Verhaltensgestalten...131

Differenzierte Form.. 131

Elementare Kurzform... 179

Codierungen und ihre Interpretation..................................... 193

Grundsätzliches.. 193

Lexikon der Persönlichkeitsmerkmale.. 195

Terminitabellen zur Befunderstellung... 322

  Basistabellen.. 323

  Begabungsrichtungen (In)... 381

  Entwicklungstrends der Individualinstanz............................ 383

  elementare Einsatzgebiete... 387

  Störungsquellen (>5,0) 391

  Lü-Werte... 395

  Kleine Terminitabellen.. 396

Ausblick   435

Literaturverzeichnis.. ... 437

Zur Einführung

Das Informationsverarbeitungssystem

Inbesondere die Vertreter der Kognitionswissenschaft betonen die Rolle, die Informationen und deren Verarbeitung und Nutzung für den Menschen und sein Verhalten wie sein Befinden spielen. Was aber sind Informationen und wie wirken sie? Ehe wir diese Frage jedoch beantworten können, müssen wir zunächst die Frage nach ihrem „Wirkungskreis" beantworten. Das bedeutet, daß wir uns mit dem System „Mensch" beschäftigen müssen, mit seiner Doppelnatur als körperliches und psychisches Wesen.

Das Dilemma unserer Erkenntnis

Vester hat in seinem Buch *„Neuland des Denkens"*(München 1984) herausgestellt, daß das sog. lineare Denken bisheriger Erkenntnisgewinnung und Forschungsweise uns in eine Sackgasse führen muß. Er hat dabei versucht, anhand von Beispielen aufzuzeigen, wohin dieses "klassische" Denken führt. Nähere und präzisere Angaben darüber, wie das Denken verändert werden muß, sucht man allerdings vergebens. So hat er herausgearbeitet, daß wir es in der Natur nicht mit linearen Vorgängen zu tun haben, sondern stets ein komplexes Geschehen vorliegt. Andere - nicht so bekannte - Autoren sprechen in diesem Zusammenhang vom reduktionistischen Denken der klassischen Wissenschaften, das dazu führt, nicht die realen Phänomene, sondern aus dem Zusammenhang herausgegriffene und abstrahierte Teilvorgänge zu analysieren und darauf Theorien aufzubauen. Das verdeutlicht, daß wir uns um die Systeme als Ganzes bemühen müssen, wozu eine Umstellung des Denkens erforderlich sein wird. Allerdings ist das nicht - wie so oft mißdeutet - dahingehend zu verstehen, daß eine Analyse damit entfallen darf - auch die der Teile nicht - .

Die Entwicklung bis hin zum wissenschaftlichen Denken der heutigen Zeit vollzog sich in Jahrtausenden, und auch das nur für eine kleine Schicht der Völker, vor allen Dingen westlicher Kultur. Viele Individuen in der technisierten „westlichen" Welt haben diesen Schritt noch keineswegs vollzogen. Das magische und physiognomische Denken der frühen Vorfahren haben sie noch nicht abgelegt. Nur in einem scheinen sie sich vielfach einig, sie denken „kausal", wenn sie oft auch nicht so handeln. Und soweit sie ein wenig in die wissenschaftliche Denkweise vorgedrungen sind, dann auch streng deterministisch. Man huldigt im allgemeinen dem Prinzip von Ursache und Wirkung, wobei viele dann soweit gehen, daß bei gegebenem Anfangszustand jedes künftige Ereignis exakt vorauszusagen sein muß. Das ist der Standpunkt der Naturwissenschaften gegen Ende des 19. Jahrhunderts, den viele Behavioristen bis heute nicht überwunden haben.

Dieser streng deterministische Standpunkt konnte aber schon bald nicht einmal mehr in der Physik aufrechterhalten werden. Und je weiter unser Wissen fortschreitet, um so deutlicher wird dieses. Wir stoßen auf Systeme, in denen vom physikalisch-chemischen Erkenntnisstand her kleinste Veränderungen zu Effekten führen, die sich aus ihnen nicht deterministisch erklären lassen. Noch deutlicher wird dieses, wenn man biologische oder gar soziale Vorgänge betrachtet. Das bedeutet, daß die Kriterien und Methoden unseres Denkens und Arbeitens in Wissenschaft und Praxis überdacht werden müssen. Das heißt, daß wir erst die Eigenarten der zu erfassenden Systeme herausfinden müssen und dann zu prüfen haben, welche Mittel unser eigenes Erkenntnissystem zur Beschreibung solcher Systeme zur Verfügung hat, besonders dann, wenn wir diese Systeme von außen nicht direkt wahrnehmen können. Erst dann können wir die zur Lösung der Probleme erforderlichen Methoden entwickeln.

Betrachten wir uns zunächst einmal ganz naiv die Welt um uns herum, so stellen wir fest, daß viele Vorgänge, die wir zunächst isoliert wahrnehmen, bei näherem Hinsehen häufig miteinander verbunden sind und einander gegenseitig beeinflussen. Welche Verbindungen und welche Einflüsse bestehen, können wir in vielen Fällen nicht erkennen. Dieses Nichtwissen bedrückt irgendwo und verlangt nach Erklärungen, die oft nur mühsam zu gewinnen sind. Sie zu finden, verlangt soviel Anstrengungen, daß wir uns oft scheuen, sie auf uns zu nehmen, und uns damit begnügen, Teile zu kennen und zu verstehen. So schließen wir dann auch - wenn zwei Phänomene mehrmals zusammen bzw. nacheinander vorkommen - das eine sei eine Folge des anderen, obwohl sie vielleicht gar nichts miteinander zu tun haben. Diese naive Form der Herstellung von Zusammenhängen oder Abhängigkeiten treiben wir neuerdings auch mit Methoden der Statistik, etwa der Korrelationsrechnung. Damit wird das Ergebnis aber keineswegs besser. Wir „bilden" hierbei vielfach Systeme, obwohl es gar keine sind. Das heißt aber, daß wir uns darüber klar werden müssen, was der Terminus System bedeutet oder bedeuten soll.

Zu diesem Zweck überlegen wir uns, was zu einem System gehört. Das sind sicher irgendwelche Gegenstände oder Inhalte, die miteinander verknüpft sind. Damit daraus ein System wird, müssen die derart verknüpften Inhalte als Ganzes Wirkungen auslösen. Diese Wirkungen können die Folge der Einflüsse anderer Phänomene auf das System sein, sie können aber auch das Ergebnis der Eigendynamik des Systems sein. Das setzt dann voraus, daß das System eine Richtungskomponente entwickelt, die man als Zielgebung bezeichnen kann. Bei alledem ist davon auszugehen, daß sowohl Inhalte als auch Verknüpfungen, Wirkungen und Zielgebung mehr oder minder stark sein können. So mag es dann Systeme ohne Wirkungen - nach außen - geben, auch solche, die keine Einflüsse von außen aufnehmen. Man spricht dann von geschlossenen Systemen. Es mag Systeme geben, in denen die Gegenstände kaum miteinander verknüpft sind, auch solche, in denen die Zielrichtung verschwindet oder nahezu verschwindet. Im Hinblick auf diese Mehrdimensionalität wollen wir daher definieren:

Ein System ist eine mehr oder minder große Menge von mehr oder minder miteinander verknüpften Faktoren, die ihrerseits eine gewisse

Gegenständlichkeit, eine mehr oder minder ausgeprägte Richtung aufweisen sowie mehr oder minder dementsprechende Wirkungen ausüben.

Aus Gründen der Einheitlichkeit des Begriffssystems - auch im Hinblick auf die bestehende Literatur - bezeichnen wir die Faktoren als **Elemente** des Systems, ihre Gegenständlichkeit als **Sigmatik (sigmatische Komponenten)**, die Verknüpfungen als **Syntaktik (syntaktische Komponenten)**, die Richtungen als **Semantik (semantische Komponenten)** und die Wirkungen als **Pragmatik (pragmatische Komponenten)** des Systems. Wohlgemerkt, Sigmatik, Syntaktik, Semantik und Pragmatik sind keineswegs Unter- oder Teilsysteme. Sie sind nur die Aspekte eines Systems, gewissermaßen die verschiedenen Perspektiven, unter denen wir gewöhnlich ein System betrachten.

Hier mag der Einwand kommen, daß wir mit dieser Zerlegung in Aspekte dem klassischen linearen Denken Vorschub leisten, es durch die Hintertür wieder einführen. Wir sind zu einer solchen Zerlegung aufgrund der Bauart unserer Wahrnehmung gezwungen, wenn wir Systeme vollständig erfassen und beschreiben wollen. Zugleich gibt die Erkenntnis, daß es sich bei den Aspekten nicht um Teilsysteme handelt, klar zu erkennen, daß man sich auch nicht auf einen oder einige Aspekte beschränken darf, denn dann gelangt man wiederum zum linearen Denken und zur linearen Erkenntnis. Man kann sich also nicht darauf beschränken, nur die Beziehungen, die Relationen oder Verknüpfungen der Phänomene zu betrachten, wie es vor allem in den alten Naturwissenschaften oft der Fall war..

Im nichtlinearen Denken muß es vielmehr darauf ankommen, ein System in all seinen Aspekten zugleich zu erfassen, zu beschreiben und darzustellen, zugleich die Ergebnisse der Aspektanalysen miteinander zu einer Systembestimmung zu verbinden. Ob das in anschaulicher Weise möglich ist, erscheint im Hinblick auf die Bauart der menschlichen Natur allerdings keineswegs als sicher. Sollte sich erweisen, daß dieses tatsächlich im allgemeinen oder im besonderen Falle nicht möglich ist, erklärt sich damit auch, warum Vester und andere Autoren keine genaueren Angaben zum vernetzten Denken machen konnten, solange sie sich in der allgemeinen Sprache ausdrückten.

In der Kybernetik und Informationstheorie gilt „*Informationsverarbeitende Systeme gelten für die Kybernetik als gleichartig, wenn ihre Funktion gleich ist*"[3] . Das bedeutet, daß für diese Betrachtungsweise die Sigmatik und teilweise auch die Semantik eines Systems unwesentlich sind, daß es hier lediglich auf die Syntaktik und die Pragmatik ankommt. Nun ist aber ein technisches System, z.B. eine EDV-Anlage, das die gleiche Funktion wie ein Zentralnervensystem, bzw. ein Teil davon, ausübt, keineswegs mit diesem identisch. Es ist nicht dasselbe, wenn es vielleicht auch gleiche oder gleichartige Funktionen ausübt. Es ist lediglich ein Funktionsmodell des nervösen Systems, keine Beschreibung des nervösen Systems. Wir wollen daher für unser Vorgehen festhalten:

Systeme gelten dann als gleich, wenn sie sigmatisch, semantisch, syntaktisch und pragmatisch gleich vollständig sind und ihre Funktion und Struktur gleich sind.

Das bedeutet, daß wir uns im Zuge einer neuen Denkweise nicht auf die üblichen Analogien berufen können. Das heißt zugleich, daß wir uns auch nicht, wie es in der Kybernetik häufig geschieht, auf die formalen und syntaktischen Aspekte beschränken können. Mathematische Methoden und Strukturen, die rein syntaktischer Natur sind, mögen ein wichtiges Hilfsmittel sein, sind aber keineswegs ausreichend. Sie können vor allen Dingen semantische Aspekte nicht erfassen. Es klingt daher plausibel, wenn Lem[4] Zweifel hegt, ob die allgemeine Mathematisierung, die in den Wissenschaften stattgefunden hat, glücklich war. So sind dann weder die Mathematik allein noch die bekannte Sprache geeignete Mittel der Systembestimmung und -beschreibung[5]. Wir benötigen eigentlich eine neue, eine Metasprache, um aus dem linearen Denken herauszufinden. Ob und wie eine solche Metaspra-

---

[3] H. Anschütz: a. a. O. S. 14
[4] S. Lem: Summa technologiae, Frankfurt 1981
[5] Die modernen Naturwissenschaften lassen es dann auch nicht bei rein formalen Formen bewenden, sondern ergänzen dieses durch sigmatische und semantische Codes.

che aussieht und aussehen kann, können wir sicher erst dann angeben, wenn wir Systeme an sich, aber auch unser Erkenntnissystem näher kennen.

Da wir Systeme an sich oft nicht erkennen können, sondern immer nur jene Teile, die unser eigenes System zu erkennen vermag, und das nicht nur von der Anschauung, sondern auch vom Erschließen und Beschreiben her, ist es wesentlich, sich mit diesem Erkenntnissystem und seinen Kategorien vor allem dort zu beschäftigen, wo wir ein System von außen nicht wahrnehmen können. Vorher aber noch einiges Grundsätzliches. Insbesondere außerhalb der rein mechanischen Vorgänge, vor allem bei lebendigen Systemen, müssen wir zudem berücksichtigen, daß außerphysikalische und nichtchemische Erscheinungen maßgeblich wirksam werden, die wir Informationen nennen.

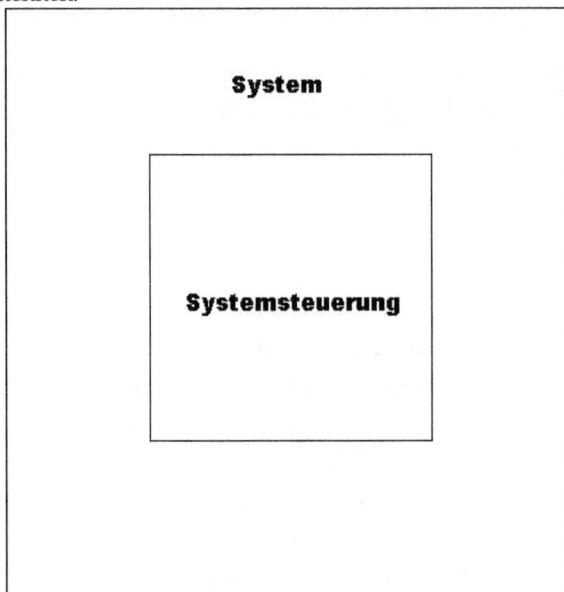

```
┌─────────────────────────────────┐
│                                 │
│   System                        │
│                                 │
│      ┌───────────────────────┐  │
│      │                       │  │
│      │   Systemsteuerung     │  │
│      │                       │  │
│      │                       │  │
│      └───────────────────────┘  │
│                                 │
└─────────────────────────────────┘
```

Mit Hilfe derartiger Informationen beherrscht die Systemsteuerung derartige Systeme und ihre Reaktionen.

14

Kausalität, Determinismus, Zufall und Chaos

Menschen sind seit Jahrtausenden gewohnt zu versuchen, Zukünftiges vorauszusehen bzw. dafür zu sorgen, daß die Ereignisse den gewünschten Gang nehmen. Von magischen und physiognomischen Vorstellungsweisen bis zu religiösen Konzeptionen haben sie sich bemüht, richtige Prognosen des Geschehens zu stellen bzw. herbeizuführen. Vor dem Einsetzen moderner naturwissenschaftlicher Denkweisen wurde dabei vor allem Wert darauf gelegt, Vorzeichen zu deuten, die Götter gnädig zu stimmen usw.. Seit Galilei und Newton hat sich dieses grundlegend geändert. Alles muß nach unseren Vorstellungen einen zureichenden Grund haben. Wir Menschen des 20. Jahrhunderts sind es - wenigstens zu einem beträchtlichen Teil der Bevölkerung der westlichen Industrienationen - gewohnt, davon auszugehen, daß alles nach dem Prinzip von Ursache und Wirkung funktioniert. Und wenn dieses einmal nicht zuzutreffen scheint, sind wir nur zu gern bereit, uns damit zu trösten, daß wir entweder nicht alle Ursachen erfaßt bzw. genau genug ermittelt haben oder aber die geltenden Gesetze nicht genügend kennen.

Auf der Basis dieser Kausalitätsvorstellung entwickelte sich vor allem in Philosophie und Erkenntnistheorie der Determinismus, mit dem wir insbesondere im naturwissenschaftlichen Unterricht grundlegend vertraut gemacht wurden. Die Grundkonzeption dieser Erkenntnisweise besagt, daß alle Erscheinungen der Welt, um mit Anschütz zu sprechen[6], streng aus ihren Ursachen nach bestehenden Gesetzmäßigkeiten ableitbar sind, „ein Anfangszustand bestimmt eindeutig alle weiteren Zustände". Das heißt, daß bei Kenntnis eines Systems in einem bestimmten Augenblick alle vorherigen wie späteren Zustände eindeutig und präzise angegeben werden können. Dort wo wir dieses nicht können, liegt es nach deterministischer Meinung lediglich an der Beschränktheit unserer Beobachtungsdaten und Verarbeitungsmöglichkeiten, nicht aber in der Natur der Sache.

Diese Vorstellungsweise beherrscht weitgehend die Gebildeten unserer Gesellschaft. Sie basiert allerdings auf der Voraussetzung, daß alle Pro-

---

[6] H. Anschütz: a. a. O. S. 14

zesse reversibel, d.h. umkehrbar sind. Sie setzt zudem voraus, daß die Systeme sich grundsätzlich in einem Gleichgewichtszustand befinden. Schon die Betrachtung thermodynamischer Vorgänge lehrt allerdings, daß viele Prozesse nicht reversibel sind. Der zweite Hauptsatz der Thermodynamik, der mit der Einführung der Entropie einhergeht, zeigt dieses deutlich. Er besagt, daß größere Wärmegehalte stets abnehmen und ein Ausgleich nach unten stattfindet, wobei man auch vom Wärmetod gesprochen hat. Solange nur eine verschwindende Entropie erzeugt wird - wie in Sonderfällen -, haben wir nahezu einen Gleichgewichtszustand vor uns, aber nur dann[7]. Sobald dieses nicht mehr der Fall ist, treten merkwürdige Abweichungen auf, wie Prigogine und Stengers gezeigt haben. *„Im Unterschied zu gleichgewichtsnahen Situationen wird das Verhalten eines gleichgewichtsfernen Systems hochgradig spezifisch. Das Gesamtverhalten des Systems läßt sich nicht mehr aus einem allgemeingültigen Gesetz ableiten. Jedes System stellt einen gesonderten Fall dar,..."*[8]

Diese - insbesondere auch aus dem Verhalten chemischer Systeme gewonnenen - Erkenntnisse zeigen, daß die uns so vertraute Determiniertheit des Geschehens allem Anschein nach nur ein Sonderfall der Prozesse in der Welt ist. Und je größer die Komplexität eines Systems ist, desto eher entstehen Instabilitäten. Dazu führen Prigogine und Stengers an anderer Stelle aus *„Es läßt sich nämlich zeigen, daß, je komplexer ein System ist, die für seinen Zustand potentiell gefährlichen Schwankungen um so zahlreicher sind."* [9] Das heißt wiederum, daß der uns besonders aus der klassischen Physik, aber oft auch schon aus dem Alltag gewohnte Determinismus anscheinend gar nicht so sicher ist, wie wir es glauben. Sollte das etwa bedeuten, daß alle unseren bisherigen Erkenntnisse falsch sind? sicher nicht, wenn sich diese Systeme im Gleichgewicht befinden bzw. sich nicht weit von dem Gleichgewicht entfernen. Um mit Prigogine und Stengers zu sprechen *„Wir müssen deshalb die Schwelle ermitteln, die Entfernung vom Gleichgewicht, bei welcher Schwankungen zu einem neuen Verhalten führen können, das sich grundlegend von dem <<norma-*

---

[7] I. Prigogine u. I. Stengers: Dialog mit der Natur, München 1980 S. 147
[8] I. Prigogine u. I. Stengers: Dialog mit der Natur, München 1980 S. 153
[9] I. Prigogine u. I. Stengers: Dialog mit der Natur, München 1980 S. 182

16

len>> *stabilen Verhalten unterscheidet, durch das Gleichgewichts- oder gleichge-wichtsnahe Systeme sich auszeichnen."*[10] . Das ist erforderlich, damit wir wissen, wann wir von deterministischen Systemen im Sinne der bei uns üblichen Betrachtungsweise ausgehen können. Dabei ist der Satz von Krech und Crutchfield zu bedenken[11]: *„Von allen dynamischen physikalischen Systemen, die das Universum konstituieren, ist der Mensch das komplexeste"*.

Wie sich gegen Ende des vorigen Abschnitts schon andeutete, sind streng deterministische Vorgänge eher eine Besonderheit als das Übliche. Und je komplexer Systeme sind, desto seltener gehorchen sie den Prinzipien des unbedingten Determinismus. Das zeigen nicht nur die Beobachtungen bei biologischen und organischen Systemen, sondern auch jene im Bereiche physikalischer Vorgänge, ganz besonders mikrophysikalischer Prozesse, ob es sich dabei nun um thermodynamische oder atomare Vorgänge handelt. Prigogine und Stengers führen dazu aus: *„Die neue Entwicklung im Bereich der Physik veranlaßt uns nämlich, die Allgemeingültigkeit des von uns sogenannten Boltzmannschen Ordnungsprinzips zu bezweifeln, jener Ansicht des Alltagsverstandes, daß die durchschnittliche Aktivität einer sehr großen Population dem Durchschnitt der individuellen Verhaltensweisen entspricht. Eine weit vom Gleichgewicht entfernte funktionierende Ordnung kann deshalb einer Organisation ähneln, weil sie aus der Verstärkung einer mikroskopischen Schwankung hervorging, die genau im <<richtigen>> Augenblick einen Reaktionsweg aus einer Reihe von weiteren, ebenso möglichen Wegen begünstigt. Unter bestimmten Umständen können also individuelle Verhaltensweisen eine ausschlaggebende Rolle spielen."*[12] Weiter führen beide aus, wieso es zu Erkenntnissen kommen konnte und kam, die streng deterministischer Natur sind *„Das Gesetz der großen Zahlen definiert das auf Schwankungen beruhende Niveau des normalen Rauschens. Ohne dieses Gesetz wäre eine makroskopische Beschreibung mit Hilfe von Mittelwerten weder in den Natur- noch in den Sozialwissenschaften möglich."*[13].

---

[10] I. Prigogine u. I. Stengers: Dialog mit der Natur, München 1980 S. 149
[11] Krech und Crutchfield: Elements of Psychology, New York 1958
[12] I. Prigogine u. I. Stengers: Dialog mit der Natur, München 1980 S. 175
[13] I. Prigogine u. I. Stengers: Dialog mit der Natur, München 1980 S. 178

Das heißt, daß nur die große Zahl der Fälle, die geprüft und untersucht wird, Grundlage einer streng deterministischen Betrachtungsweise ist. Ohne ein derartiges Vorgehen wäre wahrscheinlich die newtonsche Mechanik als Auslöser deterministischer Betrachtungsweisen gar nicht „entstanden".

Hierbei handelt es sich nicht nur um sog. Zufälligkeiten. Die Prozesse laufen durchaus im Sinne eines Ursache-Wirkungsverhältnisses ab, das aber keinesfalls im deterministischen Sinne, bei denen nicht nur gleiche Ursachen gleiche Wirkungen, sondern auch ähnliche Ursachen ähnliche Wirkungen im Sinne einer Gestaltidentität hervorrufen. Es können vielmehr unähnliche Ursachen ähnliche Wirkungen bzw. ähnliche Ursachen (kleine Ursachen oder Ursachenänderungen) zu sehr unähnlichen Wirkungen führen. Es wird also keineswegs das Prinzip durchbrochen, daß jeder Vorgang seine Ursache hat, aber spezifisch muß diese Ursache nicht unbedingt sein, schon gar nicht proportional.

Zudem muß bedacht werden, daß Ursachen nicht nur Einwirkungen von innen, im Sinne der Instabilität, sondern auch solche von außen bei jedem Prozeßsystem sein können. Prigogine und Stengers führen dazu aus: *„Es gibt allerdings noch eine andere Quelle der Instabilität, eine andere Art der Schwankungen. Die Schwankungen, deren Auswirkungen wir bislang erörtert haben, betreffen, wie schon erwähnt, bereits im System vorhandene Bestandteile. Was geschieht jedoch, wenn infolge von unkontrollierbaren Ereignissen (z.B. Mutationen, technische Neuerungen) neuartige Bestandteile eingeführt werden, die an den Prozessen des Systems teilnehmen und sich mit ihrer Hilfe vermehren können? Das Problem der Stabilität gegenüber dieser Art der Veränderung kann folgendermaßen formuliert werden*

Die neuen Bestandteile, in geringer Menge eingeführt, ziehen eine neue Reihe von Reaktionen zwischen den Systembestandteilen nach sich. Diese neue Reihe von Reaktionen tritt dann zu der bisherigen Funktionsweise innerhalb des Systems in Konkurrenz. Wenn das System gegenüber dieser Einmischung <<strukturstabil>> ist, wird die neue Funktionsweise sich nicht durchsetzen können, und die

<<Innovationen>> werden nicht überleben. Wenn die strukturelle Schwankung sich dagegen durchsetzen kann, wenn beispielsweise die Kinetik, dank derer die <<Innovatoren>> sich vermehren, genügend schnell ist, so daß diese, statt zerstört zu werden, das System erobern, dann wird das ganze System eine neue Funktionsweise annehmen, und seine Aktivität wird von einer neuen <<Syntax>> bestimmt."[14]

Das heißt aber auch, daß derartige Änderungen nicht zufällig oder willkürlich sind. Sie haben ihre Ursachen, nur läßt sich die Wirkung im Einzelfalle nicht voraussagen. Und das gilt nicht nur für Mikroprozesse, sondern generell für komplexe Systeme. Man kann diese Frage daher auch nicht umfassend quantitativ in Form von Gleichungen beschreiben.[15] Dieses Phänomen wird besonders deutlich am Beispiel der neuerdings in den Blickpunkt der Forschung gerückten Fraktale. Auch hier besteht lediglich die Möglichkeit, die Systeme zu erfassen und zu beschreiben. Ihr Verhalten läßt sich nicht voraussagen, zumindest nicht im Einzelfalle. Es geht uns dabei wie den Psychologen. Zwar können sie den Verhaltenstrend eines Individuums bei gegebener Umwelt prognostizieren, aber es ist ihnen unmöglich, exakte Prognosen des Verhaltens aufgrund der Kenntnis der Persönlichkeitsstruktur bei bestimmten Reizsituationen anzugeben, die sich dann auch immer erfüllen.

Wir müssen daher davon ausgehen, daß komplexe Systeme zwar deterministische Züge aufweisen, aber im Grunde chaotischer, nicht klassisch-deterministischer Natur sind, wir also ständig mit Überraschungen rechnen müssen und keineswegs in der Lage sind, auftretende oder veranlaßte Veränderungen in ihren Konsequenzen im Einzelfalle zu prognostizieren. Nur mit Mittelwerten können wir arbeiten.

Daraus folgt weiterhin, daß wir nach dem Gesetz der großen Zahl Einrichtungen schaffen können, wenn wir die Gesetze der Physik bzw. Chemie zugrunde legen. Diese Einrichtungen werden im allgemeinen so funktionieren, wie es die Gesetze „verlangen". Es wird aber auch immer wieder vorkommen, daß die eine oder andere Konstruktion sich irregulär

---

[14] I. Prigogine u. I. Stengers: Dialog mit der Natur, München 1980 S. 183
[15] I. Prigogine u. I. Stengers: Dialog mit der Natur, München 1980 S. 184

verhält und damit die jeweilige Prognose nicht stimmt. Das Chaos des Einzelfalles durchbricht die Prognose, und das nicht etwa, weil wir fehlerhaft gearbeitet haben, sondern weil es in der Natur des komplexen Systems liegt, wobei die Erkenntnisse der fuzzy logic (weder 0: falsch noch 1: wahr, irgendwo dazwischen; 0,x wahr) noch nicht einmal berücksichtigt sind.

Informationen

Nicht nur beim Menschen, sondern vor allem bei allen biologischen Systemen beobachten wir, daß durch chemische oder physikalische Einwirkungen Folgen ausgelöst werden, die sich mit den Eigenschaften von Energie und Materie nicht erklären lassen.[16] Man spricht in diesem Zusammenhang von Informationen. Allerdings fehlt es bisher an einer positiven Definition dieses Begriffes. Zwar kann man diesen Terminus im alltäglichen Sinne einer Nachricht verstehen oder umschreiben, aber eindeutig ist eine solche Transformation nicht. Ausgehend von der Tatsache, daß physikalische und chemische Vorgänge eine gewisse Struktur oder Gestalt haben, die wir als Signalmuster oder Anordnungsfolge oder Verknüpfung von Signalen bezeichnen, gelangen wir zum syntaktischen Aspekt der Information. Diese Signalmuster werden von Empfängersystemen mit Bedeutungen versehen und führen damit zu Wirkungen. Dabei kann ein bestimmtes Signalmuster für unterschiedliche Empfängersysteme unterschiedliche Bedeutung haben, nicht nur quantitativ, sondern auch qualitativ, u.U. auch gar keine. Am deutlichsten beobachten wir dieses beim Menschen, wenn er eine geschriebene oder gedruckte Nachricht erhält. Weder die Druckerschwärze noch das Papier bestimmen die vom Leser aufgenommene Information, sondern die Buchstaben- und Wortmuster und ihre Verknüpfungen, wobei durchaus der gleiche Drucktext für verschiedene Menschen unterschiedliche Bedeutung und Wirkung haben kann. Es kommt also nicht auf die übertragene Energie und nicht auf die Eigenschaften der Materie an, wenn auch die Signale chemi-

---

[16] H. Anschütz: a. a. O. S. 14

scher oder physikalischer Natur sind. Jede Information ist zwar an einen materiellen oder energetischen Träger gebunden, das Signal, aber nicht mit ihm identisch.

Auch hier begegnen wir wieder unterschiedlichen Aspekten, wie sie schon bei der Betrachtung von Systemen, insbesondere menschlichen, auftauchten:

Aspekte	Informationstheorie	Rezeption	Wahrnehmung
Sigmatik	Signale	Sinnesreizungen	Dinge
Syntaktik	Signalmuster	Erregungsgestalten	Strukturen
Semantik	Bedeutungen	Aufforderung	Zielrichtungen
Pragmatik	Wirkungen	Reaktionen	Verläufe

Es kommt also nicht nur auf das Signal, sondern auch auf das Signalmuster an, es kommt zudem auf das empfangende System an, ob ein solches Signalmuster Bedeutung gewinnt und Wirkungen auslöst, wenn man von rein physikalisch-chemischen Wirkungen der Energie und Materieeigenschaft der Signale absieht, die auch dann ihnen entsprechende Wirkungen erzeugen.

Das bedeutet, daß hier sozusagen eine neue Dimension neben Materie und Energie das Geschehen, Zustand und Verhalten von Systemen beeinflußt, also in unsere Beschreibung der Systeme einfließen muß. Daraus ergibt sich eine ganze Reihe von Fragen. Zu ihnen gehört naturgemäß die nach einem Darstellungsschlüssel für Informationen. Ebenso wird es erforderlich, die Eigenschaften von Informationen und ihren Wirkungen zu erfassen und zu beschreiben, wobei naturgemäß auch die Besonderheiten der Sende- und Empfangssysteme sowie das Problem der Übertragung von Informationen zwischen ihnen nicht außer Acht bleiben dürfen. Ein besonderes Problem entsteht dadurch, daß u.U. unterschiedliche Signalmuster gleiche Bedeutung gewinnen und gleiche Wirkungen bei demselben Empfänger auslösen, daß ferner die unterschiedlichen Signalmuster auch auf unterschiedlichen Signalen beruhen können. Wir müssen also davon ausgehen, daß das Gebiet der

Informationen mindestens ebenso umfangreich ist wie das der Materieei-
genschaften und Energieumsetzungen. Zugleich aber verkompliziert es sich
dadurch, daß es ganz besonders auf die individuelle Eigenart des Empfängers ankommt, nicht mehr wie in Physik und Chemie auf seine prinzipi-
elle Beschaffenheit, auf seine Art, sondern auf seine Spezifität.

Betrachten wir also zunächst die Grundeigenschaften der Information. Dabei möge die folgende Graphik helfen:

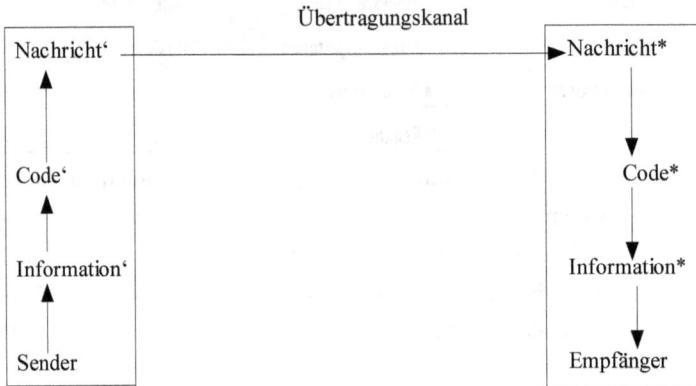

Übertragungskanal

Nachricht' ──────────────────────────► Nachricht*
    ▲   │
    │   ▼
Code'   Code*
    ▲   │
    │   ▼
Information'   Information*
    ▲   │
    │   ▼
Sender   Empfänger

Die Signalmuster werden über einen Kanal übertragen, wobei innerhalb der
Übertragungskette unterschiedliche Medien liegen können, die eine Transformation des Signalmusters nötig machen können. Innerhalb des Übertra-
gungskanals bestehen u.U. Störungen, durch die das Signalmuster verändert
wird, evtl. bis zur Unkenntlichkeit. Dadurch, aber auch infolge von Unterschieden zwischen dem Code', aufgrund dessen der Sender die Information
in ein bestimmtes Signalmuster umsetzt, und dem Code*, mit dessen Hilfe
der Empfänger die Signalmuster entschlüsselt, können Wirkungen beim
Empfänger erzielt werden, die vom Sender nicht beabsichtigt sind.

Für einen Beobachter geht es darum, Sigmatik, Semantik, Syntaktik
und Pragmatik der Informationsprozesse zu ermitteln. Während sich die Sigmatik und Syntaktik durch eine Analyse der Signalmuster im Übertra-

gungskanal erfassen lassen, setzt die Semantik eine Beobachtung des Senders und Empfängers voraus, ebenso die Pragmatik.

Wesentlich ist bei alledem der Code, unter dem eine Zuordnung von Zeichenfolgen aus dem zur Verfügung stehenden Zeichenrepertoire zu dem Informationsgehalt zu verstehen ist. Letztlich heißt dieses, daß dabei eine Zeichenmenge (Informationsgehalt) auf eine andere (Signalmuster) abgebildet wird.[17] Dabei ist davon auszugehen, daß jedes informationsverarbeitende System (IVS) ein bestimmtes Repertoire von Zeichen für den Ausgang, das Senden und ebenso ein solches für den Eingang, das Empfangen besitzt. Solche Repertoires sind Grundlagen der Informationstheorie. Diese Repertoires sind stets endliche Zeichenmengen. Sie besitzen eine bestimmte Mächtigkeit, die man erhält, wenn man jeder einzelnen Bedeutung eine Zahl zuordnet.

In der reinen Informationstheorie, die stark von Nachrichtentechnik und Computerwissenschaft beeinflußt ist, werden Zeichenrepertoires im allgemeinen mit Hilfe der Signale 0 und L dargestellt, also im binären Zahlensystem. Dadurch wird es möglich, räumliche Zeichenanordnungen in zeitliche Muster umzusetzen und umgekehrt. Die Informationstheorie, die fast ausschließlich dieses Signalrepertoire verwendet, bestimmt mit seiner Hilfe auch den Informationsgehalt einer Nachricht zu „Eine Nachrichtenmenge wird gemessen in Anzahl von Zeichen des Minimalrepertoires, die zur vollständigen Beseitigung der Unsicherheit notwendig ist."[18] Als Maßeinheit wird dafür das "bit" verwendet. Damit führt die Informationstheorie Semantik und Pragmatik der Information ausschließlich auf syntaktische Gegebenheiten zurück. Es ist aber fraglich, ob das den realen Gegebenheiten außerhalb der Nachrichtentechnik entspricht, ob damit nicht wieder nur ein Sonderfall wie bei der Betrachtung von Systemen im seltenen Gleichgewicht verabsolutiert wird.

Das zeigt sich besonders deutlich, wenn man sich einmal der Superzeichenbildung zuwendet. Gehen wir von unserer Wahrnehmung aus, so

---

[17] H. Anschütz: a. a. O. S. 30
[18] H. Anschütz: a. a. O. S. 39

sehen wir auf einer Wiese 10 einzelne, konkrete Kühe. Um diese Information weiterzugeben, bedarf es eines Codes, der einmal Zahlbegriffe und darüber hinaus den Begriff Kuh als Abstraktum enthält. D.h., wir übersetzen konkrete Sachverhalte in abstrakte Begriffe, die gewissermaßen Superzeichen der konkreten Gegebenheiten darstellen, viele Einzelinformationen zusammenfassen. Damit einher geht naturgemäß ein Bedeutungswandel. Neue Signalmuster mit umfassenderer Bedeutung treten - gerade in der Wissenschaft - an die Stelle von konkretisierenden Signalmustern. Dementsprechend sinkt die notwendige Signalzahl, aber nicht auch immer der Informationsgehalt. Das bedeutet, daß es gefährlich ist, sich auf den syntaktischen Aspekt der Informationen und der Informationsgehaltsbestimmung zu beschränken. Das heißt aber zugleich, daß wir auf jeden Fall prüfen müssen, in welcher Weise sich Informationen möglichst vollständig erfassen und beschreiben lassen.

Wie schon angedeutet, verschlüsselt jeder Sender die von ihm abzugebenden Informationen. Er verwendet dazu einen ihm zur Verfügung stehenden Code, und zwar möglichst jenen, von dem er annehmen kann, daß der Empfänger ebenfalls über diesen verfügt und folglich in der Lage ist, die im Zuge der Codierung entstehende Nachricht zu entschlüsseln oder zu decodieren. Nur so besteht die Möglichkeit für den Sender, bei dem Empfänger die gewünschten Wirkungen auszulösen. Dabei muß es sich in der Praxis keineswegs darum handeln, daß die Information für den Empfänger neu ist, wie es die informationstheoretische Betrachtungsweise fordert, denn nur dann ist es nach ihr eine Information. Es kann durchaus sein, daß die Information schon vorhanden ist, durch die neue Nachricht nur aktiviert oder verstärkt wird, was besonders beim Lernen wichtig ist.

Während die Informationstheorie von dem Gedanken ausgeht, daß durch die Signalmuster auch Semantik und Pragmatik der Information eindeutig bestimmt sind, kann davon z.B. bei der menschlichen Kognition und Kommunikation keineswegs ausgegangen werden, weil die Codes der verschiedenen Menschen vielleicht ähnlich, aber keineswegs identisch sind. So bezeichnet zum Beispiel das Signalmuster „recht" für einen Norddeutschen etwas anderes als für einen Süddeutschen. Die Ursache für diese Gleichsetzung ebenso wie für die Vernachlässigung der Sigmatik, also für die Signale, liegt eben darin, daß die Informationstheorie ursprünglich für die Nachrichtentechnik entwickelt wurde, in der weitgehend mit standardisierten Bedeutungsgehalten und Codes gearbeitet wird. Auf organische Systeme trifft dieses aber keineswegs zu, so daß wir hier klar unterscheiden müssen.

Das wird noch deutlicher, wenn wir die Übertragungskanäle berücksichtigen. Der optische Übertragungskanal beim Menschen arbeitet u.a. mit dem Signalmuster der Schrift, teilweise sehr unterschiedlicher Schriften, wenn man etwa die chinesische, die griechische, die kyrillische oder die lateinische oder die „deutsche" Schrift betrachtet. Zudem kommen unterschiedliche Buchstabenformen bzw. Schrifttypen in den einzelnen Schriften vor. Die Signale ändern dabei ihr Aussehen, die Signalmuster sind nicht identisch. Ähnliches gilt auch für den akustischen Kommunikationskanal beim Menschen. Die Sprachen sind unterschiedlich, der Tonfall wechselt von Person zu Person, Hochsprache und Dialekte sind zu unterscheiden. Das bedeutet, daß die Signalmuster, also die Syntaktik jeweils große Unterschiede bei gleicher Semantik und Pragmatik aufweisen, daß auch die Sigmatik, also die Signale in ihrer physikalischen bzw. chemischen Beschaffenheit stark voneinander abweichen. Das heißt, daß in einer allgemeinen Systemtheorie eine Beschränkung auf syntaktische Aspekte der Information nicht erlaubt sein kann.

Wenn wir von den Übertragungskanälen sprechen, müssen wir berücksichtigen, daß diese oft außerhalb von Sender und Empfänger liegen. Sie werden folglich auch von anderen Faktoren beeinflußt oder gestört. Derartige Störungen können zu Veränderungen der Signalmuster führen. Die Folge ist, daß u.U. beim Empfänger ein andere Nachricht ankommt, als der Sender abgesandt hat. Selbst bei gleichem Code von Sender und Empfänger besteht folglich die Gefahr, daß ganz andere Informationen empfangen werden, als abgesandt wurden. Um dieses zu vermeiden, besonders wenn mit derartigen Störungen gerechnet werden muß, ist es erforderlich, solche Nachrichten gewissermaßen mehrfach zu senden, um etwaige Veränderungen zu „überlisten" oder aber Signalmuster zu verwenden, die auch dann noch einwandfrei entziffert werden, wenn sie im Übertragungskanal verändert werden. Das ist meistens nur dadurch möglich, daß man „mehr Worte macht als nötig", also weitschweifig sendet. Man spricht in diesem Zusammenhang von der Redundanz. Es gibt in jedem Sender-Empfängerverhältnis für eine Informationen stets ein Signalmuster, das minimalste Redundanz aufweist, das aber auch am störanfälligsten ist.

Der Übertragungskanal muß nun keineswegs einheitlich sein. Im Zuge der Nachrichtenübermittlung können durchaus verschiedene Kanäle nacheinander oder zugleich verwendet werden. So wird beim Telephonieren folgende Kanalfolge gewählt:

Sprechorgane--->Luft--->Mikrophon--->Telefonkabel--->Ohrhörer-->Luft--->Ohr.

Jedesmal findet eine Übersetzung des einen Signalmusters in das nächste statt. Man spricht dabei von Transformation. Diese Transformation bildet eine weitere Störquelle. Hier kann es zu Veränderungen kommen, nicht nur der Sigmatik, also der Signale, sondern auch der Signalmuster, woraus sich dann aufgrund der bestehenden Codes beim Empfänger Änderungen der erfaßten Bedeutungen und damit der Wirkungen herausbilden.

Es wurde schon angedeutet, daß durch Informationen Wirkungen beim Empfänger ausgelöst werden bzw. ausgelöst werden können. Und dabei handelt es sich um solche, die nicht den bekannten Gesetzen der Physik und Chemie gehorchen. Das bedeutet, daß die Wirkungen keinesfalls physiko-chemischen Energie- oder Materiewirkungen entsprechen. Aufgrund kleinster Energiemengen werden u.U. große Wirkungen in energetischer Hinsicht erzeugt. So löst der Schrei eines Tieres u.U. eine gewaltige Fluchtwelle einer ganzen Herde aus. Aber auch in technischen Systemen werden durch schwächste Impulse u.U. große Wirkungen ausgelöst. Ganz besonders deutlich treten solche Erscheinungen in Systemen zutage, die fähig sind zu lernen.

Betrachtet man dazu nun hochkomplexe Systeme, die sich nicht im stabilen Gleichgewicht befinden, die mehr oder minder um eine solche Gleichgewichtslage herumpendeln, aber auch auf Informationen und nicht nur auf physikochemische Energie- und Materiewirkungen reagieren, so erkennt man, wie groß die Wahrscheinlichkeit zu „ungewöhnlichen" Reaktionen bei solchen Systemen ist. Das heißt aber, daß wir gerade hier nicht nur die Signale, die ja materielle bzw. energetische Elemente sind und entsprechende physikalische und chemische Wirkungen auslösen, sondern auch die Signalmuster, die von ihnen getragen werden, beachten müssen ebenso wie deren Informationsgehalt im Einzelfalle, der ja von der speziellen Beschaffenheit des Systems abhängt. Besonders in biologischen Systemen spielen derartige Signalmuster als Informationsträger eine wichtige Rolle, wenn es um die Steuerung dieser Systeme geht. Das betrifft nicht nur das in sich geschlossene individuelle biologische System, sondern ebenfalls die aus vielen solchen Systemen gebildeten Gesamtsysteme gleicher und ungleicher Organismen, also biologische Sozialkörper und Biotope. Selbstverständlich gilt das auch für Menschen und menschliche Sozialkörper sowie ihr Dasein in ihrer Umwelt. Um dieses in den Griff zu bekommen, brauchen wir, insbesondere die Kognitionswissenschaft eine Beschreibungs- und Darstellungsform für Informationen an sich und speziell. Da diese wiederum alle vier Aspekte aufweisen, ist es unumgänglich sie alle 4 zu erfassen. Also müssen wir zunächst die Signale beschreiben, die sigmatische Seite, was in gleicher Weise wie bei Systemen geschehen könnte. Dann sind die Signalmuster aufzuzeichnen, ob dazu unsere syntaktischen Verknüpfungsfunktionen aus der Sprache genügen, erscheint fraglich. Eher dürfte dieses schon auf der semantischen Seite und im pragmatischen Aspekt möglich werden. Das heißt, daß wir nach neuen Schlüsseln suchen müssen. Natürlich kann es dabei nicht mehr Komponenten geben, als unser Erkenntnissystem zuläßt, das mehr als das Denksystem umfaßt, aber wir müssen später auch einmal die Frage stellen, was diese elementaren syntaktischen Kategorien in informationstheoretischer Hinsicht für Bedeutungen haben.

Um nun ein Doppelsystem wie das psychophysische beim Menschen zu steuern, bedarf es eines zentralen Steuerungszentrums, wenn nicht schwer zu beherrschende Abstimmungsprobleme ständig stören sollen, etwa wie nachstehend:

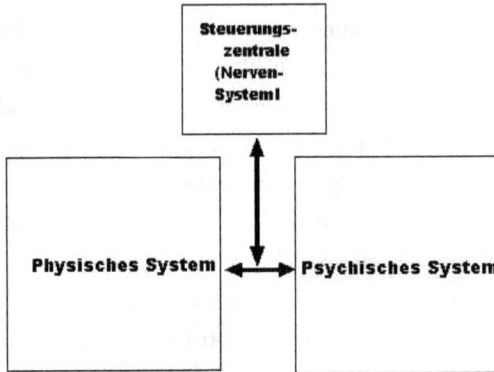

Das bedeutet, daß ein einheitliches Steuerungs- und Verarbeitungszentrum für Informationen von außen wie solche aus dem physischen und aus dem psychischen Teil kommend vorhanden sein muß, und das kann nach unserer heutigen Kenntnis nur das Zentralnervensstem sein. Damit ist allerdings keine absolute Störungsfreiheit verbunden, denn von der Zentrale vorgenommene Codierungen müssen keineswegs von den beiden Systemteilen in gleicher Weise interpretiert werden, so daß u.U. entgegengesetzte Reaktionen auftreten können[19]. Natürlich treten auch Codierungen auf, die nur für einen der beiden Systemteile Informationscharakter haben. Und so muß auch die Möglichkeit bestehen, daß die Zentrale in entscheidenden Fällen unterschiedliche Codierungen für die Empfänger wählt. Für den Kognitionsprozeß ergibt sich danach der folgende Prozeßverlauf:

---

[19] wie man teilweise beobachten kann

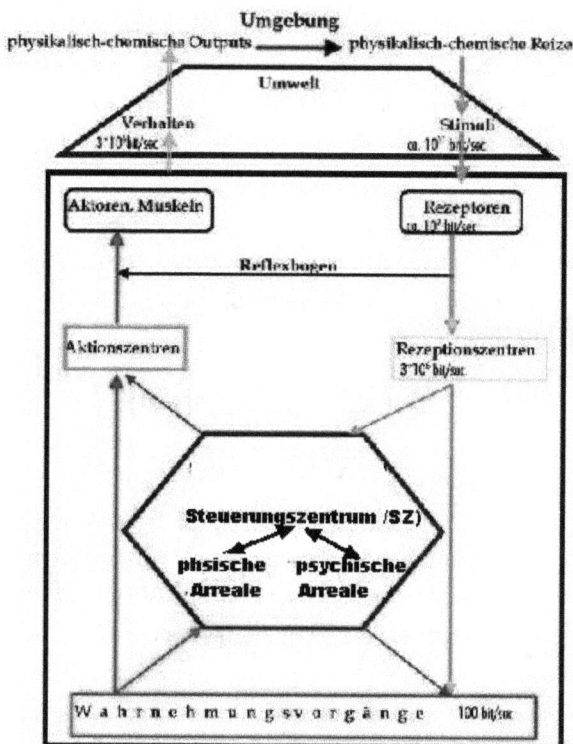

Umgebung

physikalisch-chemische Outputs → physikalisch-chemische Reize

Umwelt

Verhalten 3·10³bit/sec — Stimuli ca. 10⁹ bit/sec

Aktoren, Muskeln — Rezeptoren ca. 10⁹ bit/sec

Reflexbogen

Aktionszentren — Rezeptionszentren 3·10⁶ bit/sec

Steuerungszentrum (SZ)

phsische Areale   psychische Areale

Wahrnehmungsvorgänge   100 bit/sec

Da nun das physische System wahrnehmbar, teilweise wenigstens meßbar ist, läßt es sich offensichtlich direkt beschreiben, was für das psychische System und seine Vorgänge nicht gilt, denn hier sind nur die kognitiven Äußerungen bzw. Reaktionen wahrzunehmen und zu beobachten. Alles andere läßt sich von außen nur erschließen, wenn auch auf vielfältige Weise. Soweit es die wissenschaftliche Erkenntnis angeht, allerdings nur rational, also mit Hilfe des Denkens. Das gilt zumindest in der westlichen Kultur, in der wir uns bewegen. Da das Denken ein Teil der Prozesse des psychischen Systemteils ist, heißt das, daß auf das psychische System mit Hilfe eines Teils desselben geschlossen werden muß. Damit man sich dabei keinen Irrtümern aussetzt, muß man allerdings dieses Denken sehr genau kennen, da es die erschlossenen Faktoren aufgrund seiner Beschaffenheit mitbestimmen wird, andere rein rational nicht erhältlich sind. Es bleibt dann also die Frage, ob das Ergebnis die Realität beschreibt oder nur ein Denkkonstrukt dieser Realität ist, aber vielleicht besser noch ein solches als Erkenntnisgrundlage als gar keins.

Natürlich heißt das, daß das Erschlossene immer wieder an den Beobachtungen überprüft werden muß. Allerdings sind dazu auch neuere Erkenntnisse zu Fragen der Kausalität zu berücksichtigen (s.o.).

Die Denkfunktion

Kategorien

Geht man davon aus, daß die menschliche Persönlichkeit ein hochkomplexes dynamisches kybernetisches Informationsverarbeitungssystem ist, so muß eine der ersten Aufgaben der Forschung darin bestehen, ein möglichst vollständiges und differenziertes Beschreibungssystem hierfür zu entwickeln. Da die Persönlichkeit bzw. ihre Wirkungsgrößen aber nur zu erschließen, nicht wahrzunehmen sind, und dieses rational, also wissenschaftlich oder denkend erfolgen soll - wenigstens in unserem Kulturraum -, muß man zunächst die Kategorien des Denkens kennen, innerhalb der allein sich diese Beschreibung bewegen kann und darf.

Die Kategorien des Denkens in unserem westlichen Kulturraum spiegeln sich am besten in unseren Sprachen. Diese wiederum zeichnen sich durch ihre Trennung von Subjekt und Objekt aus, die durch Verben (Prädikate) verbunden und evtl. durch Adjektive und Adverbien ergänzt werden. Subjekte und Objekte kommen im Singular (Einheit), Plural gleicher Elemente (Vielheit) und Plural ungleicher Elemente (Allheit) vor. Die Prädikate sind im allgemeinen Verben, die sowohl in passiver (innenorientierter, in-

tegrierender) und aktiver (außenorientierter, assimilierender) Form stehen.
Fügen wir diese grundlegenden Merkmale zusammen, so folgt:

	Subjekt		Objekt (Welt)	
Prädikat	*assimilierend*	*integrierend*	*assimilierend*	*integrierend*
Einheit	P	R	U	Ü
Vielheit	K	B	G	S
Allheit	E	O	F	T

Das bedeutet, das das System durch 12 Elemente[20] bestimmt sein
muß, die wir mit entsprechenden Buchstaben codiert haben, da wir sie ja
noch nicht kennen, unsere gewachsene Sprache daher auch keine exakt pas-
senden Wörter dafür hat, sich höchstens einige Termini als Symbole oder
Umschreibungen für sie anbieten. Wie das aussehen könnte, zeigt die
folgende Tabelle, die aber in einem anderen Sprachraum anders aussehen
könnte.

	Innen		Außen	
	Assimilation	*Integration*	*Assimilation*	*Integration*
Einheit, Person	Natur, Leben	Idee, Geist	Welt, Diesseits	Gott, Jenseits
Vielheit,Personen	Kultur, viele Leben	Seele, Humanität	Herrschaft	Fürsorge
Allheit, Alles	Qualität, Kunst	Ordnungen,Organi-sation	Zukunft/Ferne	Nähe, Tradition

Versuchen wir nun in einem nächsten groben Schritt diesen Code
für die Beschreibung der Persönlichkeit als psychisches Informationsver-
arbeitungszentrum oder -Areal zu interpretieren, so erhalten wir als
Bescheibungselemente (p= person, als relativ unabhängige Module)

---

[20]vgl. P.R. Hofstätter: Psychologie, Stichwort: Persönlichkeit

elementär	innerlich		nach außen	
prädikativ	*aktiv*	*passiv*	*aktiv*	*passiv*
	assimilierend	*integrierend*	*assimilierend*	*integrierend*
generell	Intention	Steuerung	Welt	Weltferne
Einheit(linear)	*Es, Erleben*	*Ratio, Planung*	*Außenwelt*	*Regeln*
Erleben/Leben	Primitivperson	Ichperson	Umweltperson	Überichperson
	Pp	**Rp**	**Up**	**Üp**
Vielheit (planar)	*Gesellschaft*	*Menschen*	*Herrschaft*	*Fürsorge*
Sozial	Kulturperson	Beziehungsperson	Gestaltungsperson	Sozialperson
	Kp	**Bp**	**Gp**	**Sp**
Allheit(kubisch)	*Wagen, Mut*	*Wägen, Vorsicht*	*Expansion*	*Behauptung*
	Einstellungsperson	Ordnungsperson	Fortschrittsperson	Traditionsperson
	Ep	**Op**	**Fp**	**Tp**

Diese Elemente lassen sich auch graphisch darstellen, etwa in Form eines 12strahligen Diagramms, wie Wittlich es verwendet hat:[21]

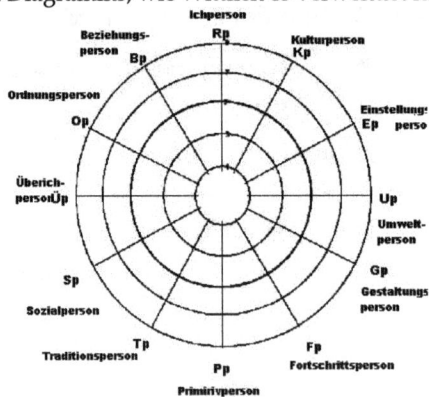

---

[21] B. Wittlich: Angewandte Graphologie, Berlin 1948

Ebenso wie man ihre Verknüpfungen darstellen kann:

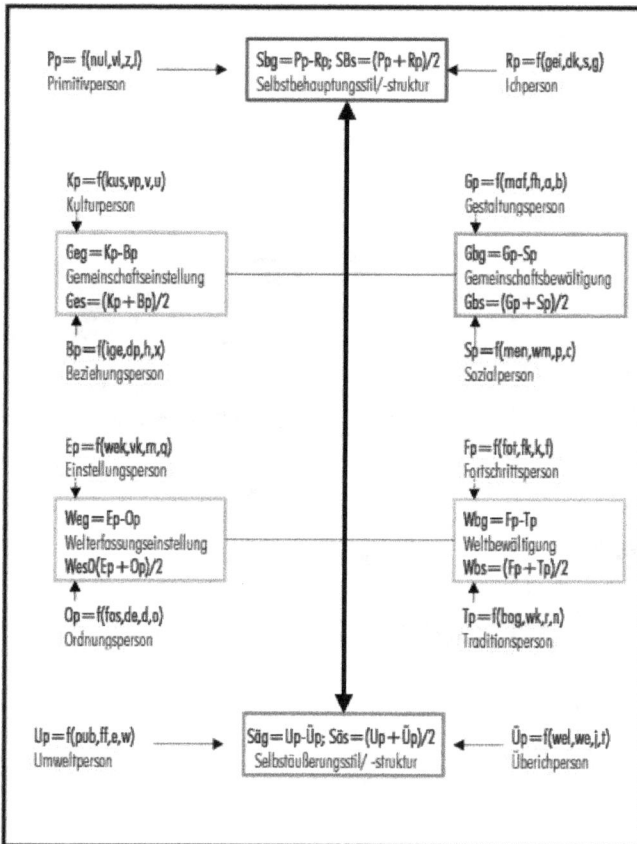

$Pp=f(nul,vl,z,l)$
Primitivperson
→
$Sbg=Pp\text{-}Rp;\ SBs=(Pp+Rp)/2$
Selbstbehauptungsstil/-struktur
←
$Rp=f(gei,dk,s,g)$
Ichperson

$Kp=f(kus,vp,v,u)$
Kulturperson

$Gp=f(maf,fh,a,b)$
Gestaltungsperson

$Geg=Kp\text{-}Bp$
Gemeinschaftseinstellung
$Ges=(Kp+Bp)/2$

$Gbg=Gp\text{-}Sp$
Gemeinschaftsbewältigung
$Gbs=(Gp+Sp)/2$

$Bp=f(ige,dp,h,x)$
Beziehungsperson

$Sp=f(men,wm,p,c)$
Sozialperson

$Ep=f(wek,vk,m,q)$
Einstellungsperson

$Fp=f(fot,fk,k,f)$
Fortschrittsperson

$Weg=Ep\text{-}Op$
Welterfassungseinstellung
$WesO(Ep+Op)/2$

$Wbg=Fp\text{-}Tp$
Weltbewältigung
$Wbs=(Fp+Tp)/2$

$Op=f(fos,de,d,o)$
Ordnungsperson

$Tp=f(bog,wk,r,n)$
Traditionsperson

$Up=f(pub,ff,e,w)$
Umweltperson
→
$S\ddot{a}g=Up\text{-}\ddot{U}p;\ S\ddot{a}s=(Up+\ddot{U}p)/2$
Selbstäußerungsstil/ -struktur
←
$\ddot{U}p=f(wel,we,j,t)$
Überichperson

und dazu noch einige weitergehende:

$$(Sbg+Säg)/2 = Ey$$

$$(Sbs+Säs)/2 = Eys$$

$$(Geg+Gbg)/2 = Mn \qquad (Ey+Mn+Wt)/3 = IN$$

$$(Ges+Gbs)/2 = Mns \qquad (Eys+Mns+Wts)/3 = In$$

$$(Weg+Wbg)/2 = Wt$$

$$(Wes+Wbs)/2 = Wts$$

Selten sind nun in hochkomplexen Systemen die Elemente als solche direkt erfaßbar oder gar meßbar. Meistens bieten sie aus unterschiedlichen Perspektiven Aspekte oder Komponenten, aus denen sie zusammenzufügen sind. Diese Perspektiven bezeichnet man als Aspekte oder Komponenten der Elemente. Wir kennen aus der Kybernetik 4 solcher Perspektiven, eine sigmatische (inhaltliche, Material), eine semantische (richtungsbestimmende), eine pragmatische (verlaufbestimmende) und eine syntaktische (verknüpfende). Wenden wir dieses an, so folgen für die Elementenaspekte[22] (Komponenten):

[22]sprachlich gewissermaßen als adjektivistische Ergänzung

Sigmatischer Aspekt (Wissen, Erfahrung, Fertigkeiten)

	Subjekt		Objekt	
prädikativ	*aktiv*	*passiv*	*aktiv*	*passiv*
	assimilierend	*integrierend*	*assimilierend*	*integrierend*
sigmatisch	Lebenraumwissen	Systemwissen	Weltwissen	Weltanschauungswissen
Einheit(linear)	*Konkretes*	*Abstraktes*	*Weltliches*	*Ideologisches*
Persönliches	Sinnliches, Anschauliches	Unanschauliches	Kommunikatives	Vorschriften, Gebote
....	**nul**............	**gei**............	**pub**............	**wel**............
Vielheit (planar)	*Kulturelles*	*Humanes*	*Machtwissen*	*Sozialwissen*
Soziales	Sprache und Geschichte	Mensch, Menschliches	Politisches, Führung	Anpassung, Pflege
....	**kus**............	**ige**............	**maf**............	**men**............
Allheit(kubisch)	*Qualitäten*	*Ordnungen*	*Fernes, Neues*	*Sicherndes*
Gegenstände	Werkwissen	Formalwissen, Systeme	Fortschrittswissen	Schutz, Bewährtes
	wek............	**fos**............	**fot**............	**bog**............

Semantischer Aspekt (Ziele, Motive, Bedürfnisse)

	Subjekt		Objekt	
prädikativ	*aktiv*	*passiv*	*aktiv*	*passiv*
	assimilierend	*integrierend*	*assimilierend*	*integrierend*
semantisch	intentionale	dämpfende	extraversive	intraversive
Einheit(linear)	*vitale*	*geistige*	*weltliche*	*taxonomische*

Personmotive	sinnlich-geniessende	wissenschaftliche	kommunikative	abgrenzende, wertende
	l	g	w	t
Vielheit (planar)	*universale*	*humane*	*bewältigende*	*caritative*
Sozialmotive	soziokulturelle	humanistische	machende, lenkende	sorgende, feminine
	u	x	b	c
Allheit(kubisch)	*qualitative*	*organisierende*	*ergreifende*	*bewahrende*
Lebensmotive	künstlerisch-quali-tative	systematisierende	aneignend, ge-winnend	erhaltend, be-hauptend
	q	o	f	n

Pragmatischer Aspekt (Verlauf, Dynamik, Temperament)

	Subjekt		Objekt	
prädikativ	*aktiv*	*passiv*	*aktiv*	*pass*
	assimilierend	*integrierend*	*assimilierend*	*integrierend*
pragmatisch	Unmittelbarkeit	Verhaltenheit	agierend	erhaltend
Einheit(linear)	*Zyklothymie*	*Schizothymie*	*Extraversion*	*Intraversion*
Grundverläufe	ursprünglich	überlegend	kontaktierend	distanzierend
	z	s	e	j
Vielheit (planar)	*Versatilität*	*Human-bindung*	*Aktivität*	*Pathik*
Sozialverläufe	gefühlslebhaft	gefühlstief	gestaltend	anpassend, Hingabe
	v	h	a	p
Allheit(kubisch)	*Sanguinik*	*Melancholie*	*Kaptation*	*Retention*
Handlungsverläufe	frisch (manisch)	ernst (depressiv)	expansiv	beharrend
	m	d	k	r

syntaktischer Aspekt (Fähigkeiten, Begabungen)

	Subjekt		Objekt	
prädikativ	*aktiv*	*passiv*	*aktiv*	*passiv*
	assimilierend	*integrierend*	*assimilierend*	*integrierend*
funktionell	Wahrnehmungs-ergebnis	Denkergebnis	Fertigungsergebnis	Bewußtheitsergebnis
Einheit(linear)	$vl = A^1$:	$a \leq x \geq b$ $=dk$: $[a,b]$	$ff \in M$	$we = a$
	lineare Vorstellung	Wesentliches	Feinfertigung	Klarheit, Bestimmtheit
	Augen-,Ausdehnungsmaß	Denkkanaltrennung	Feingeschick	Willensenergie
Vielheit (planar)	$vp = A^2$	$dp = f(x)$	$fh = N \cap M$	$wm = {>} a$
	planare Vorstellung	Adaption von Inputs	Ausschnittfertigung	erweitertes Ergebnis
	Formvorstellung	Denkplastizität	Handgeschick	Willensmobilität
Allheit(kubisch)	$vk = A^3$	$de = f(xy)$	$fk = N \cup M$	$wk = {<} a$
	kubische Vorstellung	Verknüpfung von Diversem	Gesamtfertigung	eingeengtes Ergebnis
	räumliche Vorstellung	Denkelastizität	Bewegungskoordination	Willenskonstanz

Soweit es sich um die sigmatischen, semantischen und pragmatischen Komponenten und natürlich auch die Elemente handelt, kommen sie in unterschiedlichen Zuständen[23] vor, von denen wir 4 kennen, nämlich:

· α- Zustand: ausgebildet, fertig, reif,

---

[23]sprachlich gewissermaßen die adverbialen Modi

- β-Zustand: unausgewachsen, unfertig, infantil, hintergründig, physiognomisch
- δ-Zustand: gehemmt, gestaut, verdrängt, Rotationen
- γ-Zustand: atavistisch, wahnhaft, verschroben, Turbulenzen

Sie treten allerdings meistens offensichtlich nicht isoliert in Erscheinung, sondern bilden Resultanten, wobei δ-Zustände α-Formen schwächen im allgemeinen aber realitätsangemessene (positiv-reale) Resultanten entstehen, γ-Zustände β-Formen zu realitätsunangemessenen (positiv-imaginären) Resultanten verstärken.

Ebenso hat Mitscherlich, der mehr vom psychologischen, weniger vom philosophischen Standpunkte her an dieses Problem heranging[24], dargelegt, daß wir drei Bildungsebenen durchlaufen, die der Sachbildung, der Affektbildung und der Sozialbildung, wobei er sie sowohl innersubjektiv als auch außersubjektiv im Umgang mit der Welt sieht. Da Bildungsmöglichkeiten das Grundgerüst unserer Erkenntnis darstellen, würde sich daraus folgendes System ergeben:

	Subjekt	Objekt
affektiv	1	2
sozial	3	4
sachlich	5	6

Da zudem jeder Bildungsprozeß aus zwei Schritten besteht, aus der Aneignung und der Verarbeitung - oder wie Mitscherlich es nennt, aus der Assimilation und der Integration -, ergibt sich das folgende 12er-System:

	Subjekt		Objekt	
	assimilierend	integrierend	assimilierend	integrierend
affektiv	01	02	03	04
sozial	05	06	07	08
sachlich	09	10	11	12

---

[24] A. Mitscherlich: Auf dem Wege zur vaterlosen Gesellschaft, Serie Piper 45

womit wir wiederum bei 12 Kategorien wären. Überlegt man sich zudem, daß in der affektiven Ebene das Individuum, also die Einheit, in der sozialen der Plural gleicher Objekte, nämlich der Personen, der Menschen, in der sachlichen Ebene der Plural der Inhalte, Dinge wie Menschen steht, entsprechen diese Ebenen der kantschen Unterscheidung in Einheit, Vielheit und Allheit.

Natürlich müssen wir - wie schon angespochen - davon ausgehen, daß die 4 Zustände nicht isoliert zur Wirkung kommen, sondern in einer Art Resultante aktualisiert werden, denn sonst käme ja keine ausgeprägte Perspektive zustande. Die Frage ist dabei, wie solche Resultantenbildungen vollzogen werden. Vom System der Denkkategorien her müßte sie in allen damit zu erfassenden Formen gleich sein. Gehen wir von Erkenntnissen der theoretischen Psychologie aus[25] , so wäre ein Ansatz in Determinantenform heranzuziehen und zugleich zum System der komplexen Zahlen überzugehen:

$$\begin{vmatrix} f_1(\alpha_y) & if_2(\beta_y) \\ f_3(\gamma_y) & f_4(\delta_y) \end{vmatrix}$$

Daraus folgt dann:

$$y_\# = (y'+iy'') = f_1(\alpha_y)^* f_4(\delta_y) -i^* f_2(\beta_y)^* f_3(\gamma_y)$$

Das kann explizit z.B. wie folgt aussehen

$$y = y'+iy'' = \alpha_y^*(a+\cos10\delta_y) + i^*\beta_y^*(b+\sin10\gamma_y).$$

Die Werte von a und b wären dann im Zuge entsprechender Simulationen zu bestimmen. Sicher werden sie von der Skalierungswahl abhängen. Und dazu würde ich eine Skala von 1-minimale über 5- durchschnittliche bis 9-maximale Ausprägung verwenden und vorschlagen.

---

[25] B. Waszkewitz: F. d. theoretischen Psychologie a. a. O. S. 46

Damit ist aber immer noch nicht die Frage geklärt, wie die Aspekt-dimensionen (Komponenten) zu den von uns vielfach nicht als Ganzes zu erfassenden Systemdimensionen oder Elementen des Systems zu verknüpfen sind. Wir haben aufgrund unserer Wahrnehmungsweise ja zunächst nur die Perspektiven betrachtet, müssen also jetzt die Frage beantworten, wie sich solche Perspektiven zusammenfügen. Soweit es im Psychischen den sigmati-schen und den syntaktischen Aspekt angeht, also die Inhaltsqualität und -quantität sowie die Verknüpfungsquantität, steigern sie das Potential eines Systems. Und das anscheinend proportional, wenn auch nicht linear. Man müßte also die Quantitäten der jeweiligen Aspektdimensionen miteinander multiplizieren. Die Resultanten der Richtungs- und Verlaufskomponenten bilden zusammen die Dynamik. Sie wären folglich vektorähnlich (etwa als komplexe Zahlen) zu addieren. Fügt man das zusammen, so erhält man:

$$\text{Element } x = f(\,|\,X_c\,|\,{}^*X_t{}^*(X_d+X_m)),$$

wobei X_d und X_m komplexe Zahlen sind. Will man dabei in einer Skala von 1 bis 9 bleiben, potenziert man das $|\,X_c\,|\,{}^*X_t{}^*(X_d+X_m)$ mit 0,3. Ob und inwieweit dieses für die verschiedensten Systeme gilt, also eine Folge des System-charakters selbst oder unseres Erkenntnissystems ist, wäre noch zu untersu-chen[26]. Jedenfalls gilt das auch nur, wenn jede dieser Größen in der Skala von 1 bis 9 vorliegt und man eine vollständige Systemfaktorenbeschreibung erhal-ten will.

Nachstehend dazu zunächst eine Graphik der Komponentenstruk-turen sowie eine Darstellung der im komplexen Zahlraum zu beschreibenden Resultanten von Elementen und Komponenten.

---

[26] vgl. auch Waszkewitz: Steuerungs- und Verhaltenssysteme, Stuttgart 1999

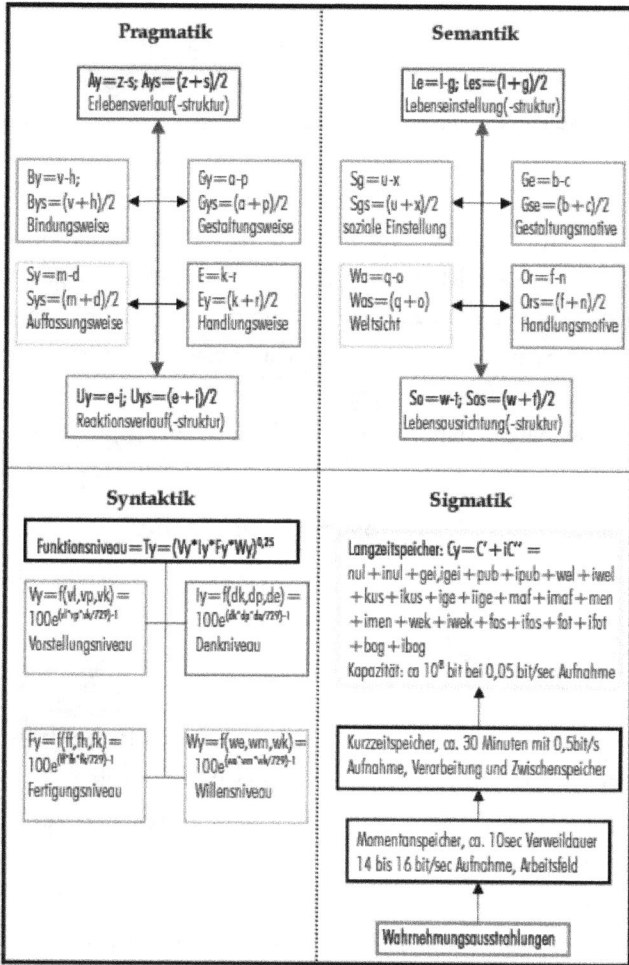

Das alles läßt sich auch sprachlich interpretieren, wobei man allerdings berücksichtigen muß, daß entscheidend die Buchstabencodes sind, die sprachlichen Beschreibungen nur Auslegungen dieser Codes sind, da die Sprachentwicklung von den veränderten Erkenntnissen noch keine Notiz genommen hat. Und so muß man sich dann mit näherungsweisen Umschreibungen zufrieden geben. Das gleiche Problem taucht noch einmal auf, wenn man die in der Skala von 1 bis 9 angegebenen Ausprägungen der Größen sprachlich interpretieren will. Man ist dann darauf angewiesen, sich der Charaktereigenschaftsbezeichnungen unserer Sprache zu bedienen, die nur ungefähr zutreffend sein können, die zudem nicht genau definiert sind. Und um Willkür und Subjektivität einzuschränken bedarf es fixierter Verzeichnisse für die Code-Werte und deren sprachliche „Übersetzung" und entsprechender Definitionsverzeichnisse. Auch sollte man sich überlegen, standardisierte Textprogramme einzuführen, um derartige Beschreibungen von dem Stil des Schreibenden zu entsubjektivieren, also eine Fülle geistiger, so völlig nicht naturwissenschaftlicher, schon gar nicht behavioristischer Prozesse als Grundlage einer Beschreibung des psychischen Steuerungsprozesses.

Übertragung ins Psychische

Im Hinblick auf diese Überlegungen erhält man das folgende Schema als Beschreibungssystem für die nicht wahrnehmbare, lediglich zu erschließende Persönlichkeit als psychisches Informationsverarbeitungsarreal:[27]

Elemente	Aspekt	Komponenten
Pp Primitivperson	Sigmatik	**nul- lebenspraktisches Wissen**
α- natürliche Emotionalität	(Cy)	α-lebensnahe Inhalte
β- impulsive Triebhaftigkeit		β-lebensnaher Hintergrund
γ-motorische Störungen		γ- vitale Wahnvorstellungen
δ-Affektarmut		δ- verdrängte Vitalinhalte
	Semantik	**1- vitale Bedürfnisse**
	(My)	α- angemessene
		β- infantile-übersteigerte
		γ- suchthafte
		δ- Welt ohne Aufforderung

---

[27]Die sprachlichen Bezeichnungen dienen nur der Orientierung und einer ersten Interpretation, maßgebend sind die Buchstabencodes.

	Syntaktik (Ty)	vl- lineare Vorstellfähigkeit
	Pragmatik (Dy)	z-Zyklothymie α- unmittelbar β- überschwenglich γ- hyperkinetisch δ- impulslos
Rp Rationalperson α- Vernünftigkeit β- Vernünftelei γ- Desorientierung δ- Verwahrlosung	Sigmatik	**gei- geistiges Wissen** α- gedankliche Inhalte β- gedankliche Hintergründe γ- utopische Wahninhalte δ- geistige Verdrängungen
	Semantik	**g- geistige Bedürfnisse** α- erkenntnistheoretische β- spekulative γ- paranoide δ- geistfremde, -feindliche
	Syntaktik	**dk- Denkkanaltrennung**
	Pragmatik	**s- Schizothymie** α- diszipliniert, überlegt β- schematisch, eingeengt γ- verwirrt, weltfremd δ- steuerlos, abhängig
Up Umweltperson α- Weltzuwendung β- Darstellung γ- Hysterie δ- Umweltängste	Sigmatik	**pub- weltliches Wissen** α- gesellschaftliche Inhalte β- weltliche Hintergründe γ- weltliche Wahnideen δ- weltliche Verdrängungen

	Semantik	**w- weltliche Bedürfnisse** α- Öffentlichkeit β- Prestige γ- Beachtungssucht δ- Öffentlichkeitsangst
	Syntaktik	**ff- Fingergeschick**
	Pragmatik	**e- Extraversion** α- kontaktaktiv β- ansprüchig γ- narzißtisch δ- kontaktgehemmt
Üp Überichperson α- Innenorientierung β- Egozentrizität γ- ideologische Zwänge δ– Opportunismus	**Sigmatik**	**wel – Ideologiewissen** α- weltanschauliche Inhalte β- weltanschauliche Hintergründe γ- ideologische Wahnideen δ- ideologische Verdrängungen
	Semantik	**t- taxonomische Bedürfnisse** α- weltanschauliche Bindung β- weltanschauliche Fixierung γ- Ideologiewahn δ- neutralistische Gehemmtheit
	Syntaktik	**we- Willensenergie**
	Pragmatik	**j- Intraversion** α- reservier β- isoliert γ- Flucht-,Totstellreflexe δ- zudringlich

Kp Kulturperson α- Idealismus β- Schwärmerei γ- Phobische Zwänge δ- Indolenz	Sigmatik	**kus- Sozialwissen** α- kulturelle Inhalte β- kulturelle Hintergründe γ- verschrobene kulturelle Inhalte δ- kulturelle Verdrängungen
	Semantik	**u- universale Bedürfnisse** α- Kulturbedürfnisse β- zweckferne Bedürfnisse γ- A-Funktionalismus δ- Kulturängste
	Syntaktik	**vp- planare Formvorstellung**
	Pragmatik	**v- Versatilität** α- agil, sprühend β- unruhig, unstet γ- ekstatisch δ– gehemmt, träge
Bp Beziehungsperson α- Humanität β- Sentimentalität γ- pranoide Projektion δ- Humanitätsängste	Sigmatik	**ige- Humanwissen** α- menschliche Inhalte β- menschliche Hintergründe γ- Sendungswahnformen δ- humane Verdrängungen, Tabus
	Semantik	**x- Individuationsbedürfnisse** α- Selbstverwirklichungsbedürfnis β- Absonderungsbedürfnisse γ- Ichwahn δ- Ichzweifel
	Syntaktik	**dp- Denkplastizität**

	Pragmatik	h- Conjunktivität
		α- gefühlstief
		β- romantisch
		γ- ichhafte Gefühle
		δ- bindungsgehemmt
Gp Gestaltungsperson	Sigmatik	**maf- Machtwissen**
α-Gestaltungsaktivität		α-Führungs-, Gestaltungsinhalte
β- Machertum		β- Gestaltungshintergründe
γ- Bewältigungswahn		γ- Bewältigungswahnideen
δ-Gestaltungsgehemmtheiten		δ- Machtverdrängungen
	Semantik	**b- Bewältigungsbedürfnis**
		α-Führungs-, Gestaltungsstreben
		β- Unterdrückungsstreben
		γ- Zerstörungssucht
		δ- Gestaltungsängste
	Syntaktik	**fh- Handgeschick**
	Pragmatik	**a- Aktivität**
		α- angreifend, durchsetzend
		β- aggressiv-heftig
		γ- rücksichtslos-streitsüchtig
		δ- aggressionsgehemmt
Sp Sozialperson	Sigmatik	**men- Anpassungswissen**
α- Hingabe		α- soziale Inhalte
β- Nachgiebigkeit		β- soziale Hintergründe
γ- Funktionalschwäche		γ- Sozialutopien
δ- Sozialängste		δ- Soziale Verdrängungen

	Semantik	**c- caritative Bedürfnisse**
		α- Beteiligungsdrang
		β- Fürsorgedrang
		γ- Betreuungssucht
		δ- Sozialängste
	Syntaktik	**wm- Willensmobilität**
	Pragmatik	**p- Pathik**
		α- empfänglich
		β- beeinflußbar
		γ- haltlos
		δ- hingabegehemmt
Ep Einstellungsperson	Sigmatik	**wek- Werkwissen**
α- Sicherheit		α- Qualitätsinhalte
β- Unbedenklichkeit		β- Qualitätshintergründe
γ- Größenwahn		γ- Qualitätswahnvorstellungen
δ- Minderwertigkeitsgefühle		δ- Qualitätenverdrängungen
	Semantik	**q- Qualitätsbedürfnisse**
		α- Qualitäts-, ästhetisches Streben
		β- Effektstreben
		γ- verschrobenes Effektstreben
		δ- Nivellierungsstreben
	Syntaktik	**vk-kubische Vorstellung**
	Pragmatik	**m- Sanguinik**
		α- optimistisch
		β- leichtfertig
		γ- manisch
		δ- verängstigt

Op Ordnungsperson α- Abwägen β- Pedanterie γ- Wahrnehmungsstörungen δ- Chaotismus	Sigmatik	**fos- Formalwissen** α- Ordnungsinhalte β- Ordnungshintergründe γ- verschrobene Ornungsformen δ- verdrängte Ordnungsformen
	Semantik	**o- Ordnungsbedürfnisse** α- Systematisierungsdrang β- Schematisierungsdrang γ- Ordnungszwänge δ- Ordnungsängste
	Syntaktik	**de-Denkelastizität**
	Pragmatik	**d-Melancholie,** α- ernst, tiefsinnig β- verdrossen, mißmutig γ- depressiv-leer δ- getrieben-flüchtig
Fp Fortschrittsperson α- Expansivität β- Veränderungsdrang γ- Veränderungssucht δ- Fremdheitsängste	Sigmatik	**fot- Zukunftswissen** α- Zukunftsinhalte β- Zukunftshintergründe γ- utopistische Wahninhalte δ- Zukunftsverdrängungen
	Semantik	**f- Bedürfnisse der Ferne** α- Bedürfnis nach Unbekanntem β- Abwechslungssuche γ- Abenteuersucht δ- Veränderungsängste
	Syntaktik	**fk- Bewegungskoordination**

	Pragmatik	k- Kaptation
		α- schwungvoll
		β- hektisch-cholerisch
		γ- eruptiv
		δ- kaptativ gehemmt
Tp Traditionsperson	Sigmatik	**bog- Sicherheitswissen**
α- Bewahrung		α- ökonomisch-traditionelle Inhalte
β- Verfestigung		β- Sicherheitshintergründe
γ- Retardation		γ- lokale Wahnvorstellungen
δ- Wurzellosigkeit		δ- Sicherheitsinhaltsverdrängungen
	Semantik	**n-Bedürfnisse der Nähe**
		α- Vertrautheitssuche
		β- Absolutheitssuche
		γ- Stabilitätssucht
		δ- Ängste vor dem Üblichen
	Syntaktik	**wk- Willenskonstanz**
	Pragmatik	**r- Retention**
		α- unbeirrbar
		β- stur-phlegmatisch
		γ- negativistisch
		δ- retentiv gehemmt

Erst auf der Basis eines derartigen Beschreibungssystems läßt sich Persönlichkeitspsychologie - egal von welchem Standpunkt aus, ob behavioristisch, analytisch oder kognitivistisch - systematisch betreiben,[28] wobei stets zu beachten ist, daß die Codebuchstaben und nicht die sprachlichen Interpretationen das Wesentliche sind. Und um das noch deutlicher klarzustellen, erscheint es mir angebracht, die Codes der Zustände von Elementen und Kom-

---

[28]vgl. B. Waszkewitz: Psychologie der Persönlichkeit, Stuttgart 2003

ponenten sprachlich näher zu erläutern, gewissermaßen als Interpretation der Codes.

Codeinterpretation

Bezeichnung	Pp- Primitivperson [29]
γPp	atavistische Grenzform _Motor Disturbances_ motorische Störungen, bizarre Haltungen, wiederholte eigenartige und manierierte Gesichts- und Körperbewegungen, Hyperkinese; Primitivismen, Echopraxien, pervertierte Genußsucht, Zurück-zur-Natur- Wahn
δPp	**gehemmte Grenzform** _emotionale Gehemmtheit_:: Welt hat keinen Aufforderungscharakter, natürliche und unmittelbare Reaktionen sind nicht möglich, Starre, Leere, Impulslosigkeit, Affektarmut, ängstliche Genußunfähigkeit, die Welt verliert für das Subjekt den Aufforderungscharakter zum Handeln und vor allem zum aktiven Erleben, zu affektiver Assimilation; es bilden sich Starre, Leere, Impulslosigkeit und Affektarmut, wobei körperliche, organische, sensuale und vitale Genußwünsche nicht entfaltet werden; das führt zu Desinteresse am lebendigen und sinnlichen Geschehen und zur Ausbildung von Genußunfähigkeit im Vitalen aus Angst.
βPp	**infantile Form,** _Triebhaftigkeit,_ Kreatürlichkeit des Erlebens, kindliche Unmittelbarkeit, Genießernaturell, Eindrucksabhängigkeit des Erlebens, Impulsivität, Augenblicksabhängigkeit, übertriebene Genußwünsche,
αPp	**reife Form** _Emotionalität,_ Natürlichkeit und Unmittelbarkeit des Erlebens, aus dem Es heraus erleben, Anschauungsnähe, Alltagsnähe, Genußfähigkeit, Zyklothymie, Seele, physiologische und vitale Bedürfnisse, praktische Ausrichtung, Augenmaß,

---

[29] zu den atavistischen Grenzformen sei auf Lorr verwiesen, Stichwort Psychose in Arnold/Eysenck/Meili: Lexikon der Psychologie, Freiburg 1987

γz	**intentionale Turbulenz** hyperkinetisches und primitives Verhalten, evtl. verbunden mit Echopraxien, groteske und bizarre Motorik
δz	**intentionale Gehemmtheit** die Welt verliert für das Subjekt den Aufforderungscharakter zum Handeln und vor allem zum aktiven Erleben, zu affektiver Assimilation; es bilden sich Starre, Leere, Impulslosigkeit und Affektarmut
βz	**impulsiv,** überschwengliche und augenblicksabhängige Reaktionsweise
αz	**natürlich,** unmittelbar, initiativ, emotional, ursprünglich
γl	**vitale Turbulenz** verschrobene, pervertierte Genußwünsche, Suchtformen des Genusses
δl	**vitale Gehemmtheit** bei der körperliche, organische, sensuale und vitale Genußwünsche nicht entfaltet werden; das führt zu Desinteresse am lebendigen und sinnlichen Geschehen und zur Ausbildung von Genußunfähigkeit im Vitalen aus Angst.
βl	**Genußhaftigkeit,** Genußstreben, übersteigerte vitale Neigungen
αl	**natürliche und angepaßte vitale und physiologische Neigungen** und Strebungen
vl	**lineare** Vorstellfähigkeit, Augenmaß, lineare Vorstellbegabung
γnul	**vitale Wahnvorstellungen,** Zurück-zur-Natur-Wahn
δnul	**verdrängte vitale,** physiologische sinnenhafte Inhalte
βnul	**vertiefte bis magische vitale,** lebensnahe Inhalte, physiognomisches Hintergrundwissen im Organischen
αnul	**lebenspraktische Einzelkenntnisse** und –erfahrungen, Lebens- und Naturwissen
Bezeichnung	Rp- Rationalperson

γRp	**atavistische Grenzform,** *Disorientation,* Desorientierung, funktionale Desorientierung hinsichtlich Zeit und Ort, es kann zur Unfähigkeit kommen, Menschen wiederzuerkennen, die der Patient kennen müßte, traumhaftes und nebelhaftes Erleben, Verwirrtheitszustände, paranoide Neugier, Gefühl durch das Schweigen anderer ausgeschlossen zu werden, esoterische Wahnvorstellungen,
δRp	**gehemmte Grenzform,** *rationale Gehemmtheit;* es fehlt an Steuerung der Abläufe und damit der Bezug zu Ordnungen und Regeln, es fehlt aber auch das Leiden daran, Züge neurotischer Verwahrlosung treten hervor, Irrationalität, Unvernunft, indirekte Augenblicksabhängigkeit, Uninteressiertheit, Angst vor eigener Neugier, die vernunftbestimmte Ichsteuerung wird nicht herausgebildet; es bilden sich Steuer- und Disziplinlosigkeit, Unvernunft und die sog. Neurotische Verwahrlosung.
βRp	**infantile Form,** *Vernünftelei,* Neigung zu Schematismus und eingeengtem Formalismus, Züge von Schablonenhaftigkeit, Enge, Intellektualismus, irrationale Weltfremdheit,
αRp	**reife Form,** *Vernünftigkeit,* Überlegung, Selbstdisziplin, Steuerung und kritische Haltung, Geist, noetischer Oberbau, Ichperson, intellektuelle, rationale Bedürfnisse, theoretische Ausrichtung, Unterscheidungsschärfe,
γs	**Ichturbulenz,** herabgesetztes Realitätsbewußtsein, traumhaftes und nebelhaftes Erleben, Verwirrtheitszustände
δs	**Ichgehemmtheit,** die vernunftbestimmte Ichsteuerung wird nicht herausgebildet; es bilden sich Steuer- und Disziplinlosigkeit, indirekte Augenblicksabhängigkeit, Unvernunft und die sog. neurotische Verwahrlosung
βs	**Verregelung,** Schablonisierung, Einengung, Schematismus, Drillformen

αs	**Rationalität,** Überlegung, planvoll, kritisch, diszipliniert, gesteuert
γg	**mentale Turbulenz,** paranoide Neugier, verschrobener Informationsdrang, der Kranke fühlt sich durch das Schweigen anderer ausgeschlossen und hat das Gefühl, die anderen ließen ihn auflaufen
δg	**mentale Gehemmtheit,** bei der die Ausbildung geistiger Bedürfnisse und Interessen verhindert wurde; es fehlt an Informationsdrang und natürlicher Neugier, es entsteht eine gedankliche Uninteressiertheit
βg	**weltfremde Neigungen,** spekulative, intellektualistische Neigungen,
αg	**theoretische Neigungen,** ideelle, geisteswissenschaftliche Neigungen
dk	**geistige Unterscheidung,** analytisches Denken, geistige Kanaltrennung
γgei	**mentale Wahnvorstellungen,** idealistische, weltferne, esoterische Wahn- und Zwangsideen
δgei	**verdrängte Gedanklichkeit,** ohne Ideale und theoretische Hintergründe, verdrängte theoretische Erkenntnisse
βgei	**vertieftes, idealistisches geistiges** Rüstzeug, esoterisch gefärbte Hintergrundinhalte
αgei	**geistige und gedankliche Einzelinhalte,** Ideen-Vielwissen, vielfältige theoretische Kenntnisse
Bezeichnung	**Up- Umweltperson**

γUp	**atavistische Grenzform** *Excitement* Erregungszustand mit beschleunigter Sprache, laut, schwer zu unterbrechen, erhöhte Stimmungslage und Selbstwertschätzung, ungezügelter und schauspielerischer Ausdruck, hysterische Reaktionen, Selbstbespiegelungen, narzißtische Reaktionen, exhibitionistische Zwänge,
δUp	**gehemmte Grenzform** *Zuwendungsgehemmtheit:* Umweltangst, Scheu, Kontakthemmungen in dinglicher und menschlicher Hinsicht, Öffentlichkeitsscheu, Aussteigermentalität, Anspruchsängste, es bildet sich keine aktive Zuwendung zur Welt und Umwelt heraus; Isolierungstrends, Kontaktscheu und Kontakthemmungen werden deutlich. Bedürfnisse der Weltzuwendung und der erlebenden Teilnahme der Welt konnten nicht entfaltet werden; ängstliches Desinteresse gegenüber Öffentlichkeit, Gesellschaft und Welt, Anspruchsängste, Öffentlichkeitsscheu und Aussteigertendenzen sind die Folge.
βUp	**infantile Form,** *Darstellungsdrang* Prestige- und Statusdrang, will auf sich aufmerksam machen und dadurch Beziehungen zur Umwelt gewinnen, Geltungsdrang,
αUp	**reife Form** *Weltzuwendung* extravertiertes Verhalten, sucht Gesellschaft und Öffentlichkeit, wendet sich der Welt zu, Aufgeschlossenheit, Geselligkeitsbedürfnisse, Selbstschätzungsbedürfnisse, Feingeschick
γe	**Extraversive Turbulenz** Selbstbespiegelungen, narzißtische, hysterische Reaktionen, selbstbezogene Umweltassimilation
δe	**Extraversive Gehemmtheit** es bildet sich keine aktive Zuwendung zur Welt und Umwelt heraus; Isolierungstrends, Kontaktscheu und Kontakthemmungen.
βe	**Auffälligkeit**, darstellerisch, aufgeblasen,
αe	**Außenwendung,** Außenorientierung, Kontaktoffenheit

γw	**Publikumsturbulenz,** verschrobene Welt. und Öffentlichkeitssucht, hysterische Selbstdarstellungssucht, exhibitionistische Zwänge
δw	**Welt- und Publikumsgehemmtheit** ,Bedürfnisse der Weltzuwendung und der erlebenden Teilnahme der Welt konnten nicht entfaltet werden; ängstliches Desinteresse gegenüber Öffentlichkeit, Gesellschaft und Welt, Anspruchsängste, Öffentlichkeitsscheu und Aussteigertendenzen sind die Folge.
βw	**Suche nach Ansehen,** Prestigeverlangen, Statusdrang
αw	**Öffentlichkeitszuwendung,** gesellschaftliche und gesellige Neigungen
ff	manuelles Fein- und Fingergeschick
γpub	**weltlich orientierte Wahnvorstellungen** zur eigenen Bedeutung
δpub	**Verdrängung weltlicher Realitäten,** Weltfluchtideen, Angst vor vielen Menschen und weiten Räumen
βpub	**gesellschaftliche,** weltliche u. öffentliche Hintergrundsinhalte evtl. magischer Art
αpub	**vielerlei gesellschaftliche** Einzelinhalte und Kenntnisse
Bezeichnung	Üp- Überichperson
γÜp	**atavistische Grenzform** *Anxious Depression* ängstliche Verstimmung, von unbestimmter Angst, aber auch bestimmten Sorgen wird berichtet, die Stimmung ist dysphorisch bei gleichzeitigen Selbsterniedrigungstendenzen, zusätzlich sind Schuldgefühle und Gewissensbisse über wirkliche oder eingebildete Verfehlungen zu beobachten, Verfolgungsängste, inadäquate Fluchtreaktionen, totstellreflexartige Mechanismen, Unheimlichkeitsaffekte, ideologische Zwänge und Verabsolutierungen, Gerechtigkeitszwänge, religiöses Eiferertum,

δÜp	**gehemmte Grenzform,** _integrative Gehemmtheit_ : Verlust der inneren Orientierung, fehlende Werthaltungen und Distanz, Abhängigkeit von Außenlenkung, fehlende Fluchtdistanz, Angst vor dem Alleinsein, rücksichtslose Aufdringlichkeit, Neutralismus, Relativismus, Opportunismus, areligiös, amoralisch, es entwickelt sich keine Fluchtdistanz, die Orientierung aus sich heraus bleibt verschlossen; es bilden sich rücksichtslose Aufdringlichkeit und Angst vor dem Alleinsein, die Welt wird affektiv nicht integriert.
βÜp	**infantile Form,** _Egozentrizität_ bezieht alles auf sich, übertriebene Schamgefühle und Gewissensreaktionen, Unfreiheit, Isolierung, Abkapselung, übermäßige Verschlossenheit, orthodoxe und fanatische ideologische Haltungen,
αÜp	**reife Form** _Innenlenkung_ orientiert sich an inneren Wertvorstellungen, wahrt Abstand und Distanz, Intraversion, Streben nach Werten, ideologische Bedürfnisse (u.a. religiöse Bedürfnisse, ethische Vernünftigkeit), Bewußtheitsklarheit,
γi	**Intraversive Turbulenz,** Verfolgungsängste, inadäquate Fluchtreaktionen, totstellreflexartige Mechanismen, Unheimlichkeitsaffekte
δi	**Intraversive Gehemmtheit,** es entwickelt sich keine Fluchtdistanz, die Orientierung aus sich heraus bleibt verschlossen; es bilden sich rücksichtslose Aufdringlichkeit und Angst vor dem Alleinsein, die Welt wird affektiv nicht integriert
βi	**Isolation,** Verbergen, Verstecken, unfrei, befangen
αi	**Zurückhaltung,** Verhaltenheit, Distanzierung, Reserve
γt	**Taxonomische Turbulenz,** verschrobene, irreale Wertbedürfnisse, ideologische Zwänge und Verabsolutierungen, Gerechtigkeitszwänge, religiöses Eiferertum

δt	Taxonomische Gehemmtheit, das Wertstreben wurde nicht ausgebildet; Angst vor der Entwicklung eigener bzw. Übernahme fremder Wertsysteme und Bewertungen führt zu Neutralismus, Relativismus, Areligiosität, Amoralität und Opportunismus.
βt	Orthodoxie, ideologische Engstirnigkeit, ideologistisch, frömmelnd, illiberal
αt	ethisch, weltanschaulich festgelegt und gebunden, Werthaltung,
we	Entschlossenheit, Bewußtheitsklarheit, Deutlichkeit
γwel	taxonomische Wahnvorstellungen, religiöse, ideologische, weltanschauliche Wahnvorstellungen, verschrobene Wertmaßstäbe
δwel	gehemmte ideologische Inhalte, Neutralismus, Amoralität als Folge verdrängter ethischer und ideologischer Inhalte
βwel	fundierte, evtl. magische ideologische Konzeptionen, weltanschauliches utopisches Hintergrundwissen,
αwel	ideologisches Einzelwissen, vielerlei weltanschauliche Kenntnisse und Erfahrungen
Bezeichnung	Kp- Kulturperson
γKp	atavistische Grenzform, _Obsessional Phobic_ phobischer Zwang mit unkontrollierbaren Handlungen und Ritualen, wiederkehrende ungewollte Ideen, bestimmte Ängste und Ideen über Persönlichkeitsveränderungen und Irreales, halluzinäre, rauschhafte Zustände, kultureller Sendungswahn, Kulturaposteltum, Maschinenstürmerei,

δKp	**gehemmte Grenzform,** *Gefühlsreaktionsgehemmtheit:* Verlust der Mitte, Funktionalismus, Angst vor Kultur und lebhaften Gefühlen, Gefühlsindolenz und –trägheit, nicht zu begeistern, Unfähigkeit vorhandene Bindungen zu lösen, gefühlshaftes Kleben, interesselos gegenüber Sprache, Kultur etc., Zweckfunktionalismus, geht mit einem Verlust der gefühlsmäßigen Äußerungsfähigkeit als Basis der inneren Assimilation sozialer Verbindungen einher, so daß sich keine Begeisterungsfähigkeit bilden kann; diese Menschen können sich innerlich nicht auf neue Menschen einstellen und auf sie zugehen, sind unfähig vorhandene Bindungen zu lösen und gegen neue einzutauschen. Es sind Gefühlsindolenz und –trägheit zu verzeichnen.
βKp	**infantile Form,** *Schwärmerei* übersteigerte, unstete Gefühlsäußerungen mit ekstatischen und illusionären Zügen, Ästhetizismus, zweckentfremdete Schöngeistigkeit, Antifunktionalismus,
αKp	**reife Form,** *Idealismus* kulturelle Orientierung, Lebhaftigkeit der sozialen, kulturellen und sprachlichen Äußerungen, Äußerungsleichtigkeit, Gefühlslebhaftigkeit, Wachsamkeit, kulturelle Bedürfnisse, schöngeistige Bedürfnisse, Formensinn
γv	**Versatile Turbulenz,** halluzinäre Zustände, illusionäre, rauschhafte Schwärmereien
δv	**Versatile Gehemmtheit,** geht mit einem Verlust der gefühlsmäßigen Äußerungsfähigkeit als Basis der inneren Assimilation sozialer Verbindungen einher, so daß sich keine Begeisterungsfähigkeit bilden kann; diese Menschen können sich innerlich nicht auf neue Menschen einstellen und auf sie zugehen, sind unfähig vorhandene Bindungen zu lösen und gegen neue einzutauschen. Es sind Gefühlsindolenz und -trägheit zu verzeichnen
βv	**Erregbarkeit,** Geschwätzigkeit, Schwärmerei, ekstatische Reaktionen
αv	**Äußerungsleichtigkeit,** agil, sprühend, lebhaft, begeistert

γu	**Universale Turbulenz,** verschrobener Kulturfanatismus, kultureller Sendungswahn, Bilderstürmerei, Maschinenstürmerei, Kulturaposteltum, Kultur-Erneuerer
δu	**Universale, kulturelle Gehemmtheit,** führt dazu, daß sich kein Interesse an Kultur, Sprache und Werden der Gesellschaft herauszubilden vermag, so daß häufig Zweckfanatismus, Kulturabwehr und Überbetonen des Zivilisatorisch-Funktionellen erscheinen.
βu	**Schöngeistigkeit,** Kulturschwärmerei, Antifunktionalismus
αu	**Kulturgebundenheit,** Idealismus, historische Neigungen
vp	**Formvorstellvermögen,** Formensinn
γkus	**Universalwahnideen,** verschrobene kulturelle, historische Inhalte, Sprachverschrobenheiten
δkus	**reine Zweckinhalte** infolge von Kulturabwehr und Verdrängungen kultureller und sprachlicher Inhalte; Kulturbanausentum
βkus	**umfassendes, tiefgründiges Kulturwissen,** fundierte Kenntnisse und Erfahrungen in historischer, sprachlicher und kultureller Hinsicht vielfach nur begrenzt real
αkus	**kulturelle Einzelkenntnisse und –erfahrungen,** vielfältige sprachliche Möglichkeiten
Bezeichnung	Bp- Beziehungsperson
γBp	**atavistische Grenzform,** *Paranoid Projection* Verfolgungswahn mit ungerechtfertigten fixen Ideen, die Personen aus der Umgebung des Individuums aggressive, verfolgerische und kontrollierende Absichten zuschreiben, verschrobene, auf die eigene Person gerichtete Bindungen, Hundeheimweh, persönlicher Sendungswahn, dabei sich von anderen verfolgt fühlen,

δBp	**gehemmte Grenzform,** *Humanitätsängste:* Angst vor dem Menschlichen, vor Partnerschaften, aber auch der Selbstverwirklichung, Rückzug ins Kollektiv, Züge der Kälte und Unpersönlichkeit, fehlende innere soziale Beziehungen, und Bindungen, Gemütsarmut, betonte Sachlichkeit als Sublimation, führt zur Nichtausbildung der integrierenden sozialen Tiefenfunktion und damit zu einem Fehlen sozialer Bezogenheit und Bindungen, was als Kälte und Gemütsarmut erscheinen kann.
βBp	**infantile Form,** *Sentimentalität* Gefühlchen, Gefühlsduselei, romantische Schwärmerei, Gemütsegoismus, Singularisierung, Ichbetonung,
αBp	**reife Form,** *Humanität* Gefühlstiefe und Bindungsfähigkeit verbunden mit Eigenständigkeit des gefühlsmäßigen Erlebens, Individualität, Gemüt, Bedürfnis nach Selbstbestimmung und Selbstverwirklichung in dem Zusammenleben mit anderen, geistige Einfälle und Adaption,
γh	**Conjunktive Turbulenz,** verschrobene, auf die eigene Person gerichtete Bindungen, etwa auch in Form des krankhaften Hundeheimwehs
δh	**Conjunktive Gehemmtheit,** führt zur Nichtausbildung der integrierenden sozialen Tiefenfunktion und damit zu einem Fehlen sozialer Bezogenheit und Bindungen, was als Kälte und Gemütsarmut erscheinen kann.
βh	**Romantik,** Ichbindung der Gefühle, Gefühlssentimentalität
αh	**Wärme,** Gefühlstiefe, Bindungstiefe, Sensitivität
γx	**Personale Individuationsturbulenz,** verschrobene Selbstverwirklichungswünsche, Icherhebungszwänge, persönlicher Sendungswahn

δx	**Personale Gehemmtheit,** Individuationstendenzen wurden nicht entfaltet; kollektivistische Neigungen aus Angst vor dem Selbstsein sowie überbetonte Sachlichkeit als Negation von Gefühlen als Substitutionserscheinung treten hervor
βx	**Singularisierung,** Vereinzelung, Absonderungsneigungen
αx	**Selbstverwirklichung,** Individuation, Ichverwirklichung in der Gemeinschaft
dp	**Denkplastizität,** Denkadaption, Informationsaufnahme von innen und außen, Einfälle, Kreativität, Phantasie
γige	**Individuationswahn,** größenwahnähnliche Inhalte, Sendungsideen, Ichgottvorstellungen
δige	**Individuationsgehemmtheiten,** Angst vor dem Selbstsein, vor Selbstverwirklichung und ähnlichen Neigungen und Verdrängung entsprechender Inhalte
βige	**fundiert wirkende psychologische Kenntnisse und Erfahrungen,** menschliche (romantisierte) Hintergrundinhalte
αige	**psychologische Einzelkenntnisse und –erfahrungen,** menschliche und gefühlsmäßige Einzelinhalte
Bezeichnung	Gp- Gestaltungsperson
γGp	**atavistische Grenzform,** *Hostile Belligerence* aggressive Streitsucht, bei der Beschwerden über Aggressivität und Ressentiment gegen andere üblich sind, die Schuld an Schwierigkeiten und Versagen anderen gegeben wird, Selbstzerfleischungs- und –zerstörungsreaktionen, verschrobene Macht- und Herrschaftssüchte,

δGp	**gehemmte Grenzform,** _Machtängste:_ Gestaltungsgehemmtheiten, Aggressionsgehemmtheiten, Bewältigungsgehemmtheiten, Angst, anderen ins Gehege zu kommen, Angst vor dem Sichdurchsetzen, fehlender sozialer Ehrgeiz aus Angst, Nichtentfaltung aktiven Handelns in sozialen Bezügen, wodurch Selbstdurchsetzung und Angriffslust verlorengehen, es entsteht ständige Angst, anderen ins Gehege zu kommen oder sie zu verletzen.
βGp	**infantile Form,** _Beherrschung_ Machtwünsche, Züge von Herrschsucht und Aggressivität, Schärfe der Reaktionen, Hitzigkeit, Machenwollen um jeden Preis,
αGp	**reife Form,** _Gestalten_ Aktivität des Gestaltens und Machens, aber auch der Durchsetzung, Führungs- und Lenkungsdrang, Leistungsbedürfnis, manuelles Tun,
γa	**Aggressionsturbulenz,** Aggressivität gegen die eigene Person, Selbstzerfleischungsreaktionen
δa	**Aggressionsgehemmtheit,** Nichtentfaltung aktiven Handelns in sozialen Bezügen, wodurch Selbstdurchsetzung und Angriffslust verlorengehen, es entsteht ständige Angst, anderen ins Gehege zu kommen oder sie zu verletzen.
βa	**Aggressivität,** Heftigkeit, Schärfe der Reaktionen
αa	**Aktivität,** angreifend, durchsetzend,
γb	**Bewältigungsturbulenz** Zerstörungszwänge, verschrobene Macht- und Herrschaftsbedürfnisse ohne Rücksicht auf die eigene Person
δb	**Bewältigungsgehemmtheit** bei der keine gestaltenden und konstruktiven Bedürfnisse entfaltet wurden; es entwickeln sich keinerlei Macht- und Führungsansprüche, kein sozialer Ehrgeiz, männliche und gestaltende Rollen machen Angst und werden daher abgelehnt.

βb	**Überwältigung,** Unterdrückung, Machtstreben
αb	**Gestaltung,** Lenkung, Leitung, Bestimmung, Bewältigung
fh	**Handgeschick,** manuelle Fähigkeiten
γmaf	**Bewältigungswahn,** verschrobene Macht-, Blut-, Zerstörungs- und Terrorinhalte
δmaf	**verdrängte Macht- und Führungswünsche,** unterdrückte und gestaute Gestaltungsvorstellungen, wagt keine Gedanken dahingehend
βmaf	**fundierte Lenkungsinhalte,** Gestaltungs- und Steuerungshintergrundinhalte häufig mit magischen Akzenten
αmaf	**Gestaltungseinzelwissen und –erfahrungen,** Einzelinhalte zu Lenkungs- und Steuerungsthemen
Bezeichnung	Sp- Sozialperson
γSp	**atavistische Grenzform,** *Functional Impairment* Funktionale Schwäche mit Beschwerden über die Unfähigkeit, sich zu konzentrieren, zu arbeiten oder Entscheidungen zu treffen; Interesse an anderen Menschen, am anderen Geschlecht oder gesellschaftlicher Aktivität ist herabgesetzt oder fehlt, Verführbarkeits- und Hingabezwänge; Zwang, Unbrauchbares zu erhalten;
δSp	**gehemmte Grenzform,** *Sozialängste:* Angst vor der Anpassung an soziale Gegebenheiten, Neigung zu unangemessenem Freiheitsdrang, unsensibel, rigide, vertrauenslos in sozialer Hinsicht, Angst vor sozialen Aufgaben, vor Helfen, Hegen und Pflegen, Hingabegehemmtheit, Nichtentfaltung von Beeindruckbarkeit und Sensibilität - besonders im Umgang mit der sozialen Umwelt - , das führt zu Rigidität, Vertrauenslosigkeit, Anpassungsunfähigkeit, Mangel an Lösung und Entspannung.

βSp	**infantile Form,** _Abhängigkeit_ Nachgiebigkeit, Beeinflußbarkeit, erdrückende Fürsorge, die keinen echten Halt und keine wirkliche Hilfe gibt, die zur Beherrschung anderer führt, Herrschen durch Schwäche,
αSp	**reife Form,** _Hingabe_ soziale Bedürfnisse, Engagement in der Gemeinschaft, Dienstbereitschaft, Anpassung, Beeindruckbarkeit, Hegen und Pflegen, soziale Anpassung, fluktuierende Aufmerksamkeit, Bewußtheitsweite,
γp	**Pathische Turbulenz,** Nachgiebigkeitszwänge, Verführbarkeits- und Hingabezwänge
δp	**Pathische Gehemmtheit,** Hingabegehemmtheit, Nichtentfaltung von Beeindruckbarkeit und Sensibilität – besonders im Umgang mit der sozialen Umwelt - , das führt zu Rigidität, Vertrauenslosigkeit, Anpassungsunfähigkeit, Mangel an Lösung und Entspannung .
βp	**Weichheit,** Nachgiebigkeit, Beeinflußbarkeit, Verführbarkeit
αp	**pathisch,** beeindruckbar, empfänglich, sensibel, hingabefähig
γɕ	**Soziale Turbulenz** verschrobenes Sozial- und Pflegebedürfnis, der Kranke muß auch dort helfen, wo keine Hilfe gebraucht wird, Unbrauchbares zu retten und zu erhalten, ist er gezwungen
δɕ	**Soziale Gehemmtheit** bei der keine sozialen und caritativen Bedürfnisse ausgebildet werden; diese Menschen können weder andere Menschen noch Gegenstände hegen und pflegen, geschweige denn Verständnis für sie entwickeln.
βɕ	**Bemutterungsdrang,** Mitläufertum, übertriebene, evtl. auch erdrückende Fürsorglichkeit
αɕ	**Beteiligungsdrang,** Anpassungsneigung, Dienstbereitschaft, Helfenwollen, Pflegenwollen, pflegendes Erhalten, Serviceneigungen

wm	**Willensmobilität,** Horizontweite, fluktuierende Aufmerksamkeit, Bewußtheitsweite, Willensreagibilität
γmen	**soziale Wahnvorstellungen,** sozialutopische Inhalte, feministische Wahnideen und Verschrobenheiten, mütterlichkeitsideologische Wahninhalte
δmen	**feminine, soziale Verdrängungen,** Angst vor weiblichen Inhalten, männliche Protestinhalte,
βmen	**fundierte evtl. magische soziale Inhalte,** Dienst-, Service-, Anpassungs-, Pflege- und Wartungshintergrundinhalte
αmen	**Soziale Einzelkenntnisse und –erfahrungen,** Einzelinhalte aus den Bereichen des Dienens, Pflegens und der Wartung
Bezeichnung	Ep- Einstellungsperson
γEp	**atavistische Grenzform,** *Grandiosity* Größenwahn, eine Einstellung der Überlegenheit verbunden mit unberechtigten Gefühlen, über ungewohnte Kräfte zu verfügen; göttliches Sendungsbewußtsein kann ebenfalls beobachtet werden; ideenflüchtige Reaktionen, bei denen alles unabhängig von den Realitäten durch eine rosarote Brille betrachtet wird, Qualitätswahn, Künstlerwahn,
δEp	**gehemmte Grenzform,** *Minderwertigkeitsgefühle:* manische Gehemmtheit, Lebensangst, Depressionen, depressive Verstimmungen, reine Nützlichkeitshaltungen, Quantitätssucht als Kompensation, Frische und Selbstvertrauen werden nicht ausgebildet, womit ein Verlust von Wagemut, Optimismus und Risikobereitschaft ebenso verbunden ist wie Lebensangst, Minderwertigkeitsgefühle und Depressionen.
βEp	**infantile Form,** *Unbedenklichkeit* überhöhte Risikobereitschaft, Mangel an Selbstkritik, Hektik, Leichtfertigkeit, Flüchtigkeit, Tollkühnheit, effekt- und äußerlichkeitsorientiert

αEp	**reife Form,** *Sicherheit* Frische, Heiterkeit, sanguinisch, Selbstvertrauen, Wagemut, ästhetische Bedürfnisse, musische und künstlerische Bedürfnisse, Qualitätssinn, plastische Vorstellung,
γm	**Manische Turbulenz,** unruhige, hektische, ideenflüchtige Reaktionen, bei denen alles unabhängig von Realitäten durch die besonders rosarote Brille betrachtet wird
δm	**Gehemmtheit des Manischen,** Frische und Selbstvertrauen werden nicht ausgebildet, womit ein Verlust von Wagemut, Optimismus und Risikobereitschaft ebenso verbunden ist wie Lebensangst, Minderwertigkeitsgefühle und Depressionen.
βm	**Unbedenklichkeit,** Leichtfertigkeit, Flüchtigkeit, Oberflächlichkeit
αm	**Sicherheit,** Selbstgefühl, Optimismus, Frische, Heiterkeit
γq	**Qualitätenturbulenz,** verschrobene Effektbedürfnisse, Geschmacksverirrungen, Künstlerwahn, Qualitätswahn
δq	**Qualitätengehemmtheit,** es entsteht keine Beziehung zur Qualität und zu Qualitätsunterschieden; es besteht kein Interesse für Qualitäten und deren Wirkungen, für musische und ästhetische Phänomene, es wird aus Angst oft in eine reine Nützlichkeitseinstellung und Quantitätssucht ausgewichen
βq	**Kitsch,** Effektbedürfnisse, Veräußerlichungen,
αq	**ästhetische Bedürfnisse,** Geschmack, Qualitätssinn, musisch, künstlerische Neigungen,
vk	**kubische Vorstellfähigkeit,** räumliches Vorstellvermögen,
γwek	**Qualitätswahnideen,** irreale Gütevorstellungen, verschrobene ästhetische Inhalte, bizarre Inhaltsformen
δwek	**verdrängte Qualitätsinhalte,** amusisch, Quantitätswahn, Kunstbanauseninhalte
βwek	**fundierte häufig magische Qualitätsinhalte,** musische und ästhetische und ästhetisierende Hintergrundwelten

αwek	**vielerlei Qualitätsinhalte,** musische und ästhetische Einzelheitenkenntnisse und –erfahrungen
Bezeichnung	Op- Ordnungsperson
γOp	**atavistische Grenzform,** _Perceptual Distortions_ Wahrnehmungsstörungen, Erlebnisse unechter Wahrnehmungen in Form von Stimmen, die bedrohlich anklagen oder etwas fordern, Beeinträchtigungswahn, Verfolgungsängste, Hoffnungslosigkeit und verschrobene Schuldgefühle, hypochondrische Reaktionen, Kontroll- und Ordnungszwänge,
δOp	**gehemmte Grenzform,** _Ordnungsängste:_ Chaotismus, Angst vor Ordnung, Systematik und Regeln, Mangel an Ernst und Besinnlichkeit, Flachheit, Verantwortungslosigkeit, Nachlässigkeit, Schlamperei, Ernst, natürliche Vorsicht und Besonnenheit werden nicht entfaltet; eine erhebliche Unfähigkeit zum Abwägen, Flachheit, Verantwortungslosigkeit, Leichtsinn und lässige Tollkühnheit werden wirksam.
βOp	**infantile Form,** _Pedanterie_ Übervorsicht, Mißtrauen, Verdrossenheit, Mißmut, strenge, fixierte und wenig sinnvolle Ordnungsbildung, Listenführungsdrang, bürokratische Tendenzen und Verhaltensformen,
αOp	**reife Form,** _Abwägen_ Besinnlichkeit, Besonnenheit, Systematik, Tiefsinn, Ernst, melancholisch, Ordnungsstreben, Streben nach Gliederung und Systematik, Organisationsdrang, intellektuelle Verknüpfungsvielfalt,
γd	**Depressionsturbulenz,** verschrobene Ängste, Verfolgungsängste, Interessenverlust, Hoffnungslosigkeit und verschrobene Schuldgefühle, hypochondrische Reaktionen
δd	**Gehemmtheit des Depressiven,** Ernst, natürliche Vorsicht und Besonnenheit werden nicht entfaltet; eine erhebliche Unfähigkeit zum Abwägen, Flachheit, Verantwortungslosigkeit, Leichtsinn und lässige Tollkühnheit werden wirksam

βd	**Mißmut,** Verdrossenheit, Unlust, Übervorsicht, Pessimismus
αd	**Ernst,** Verhaltenheit, Abwägen, Besonnenheit, Tiefsinn,
γ0	**Ordnungsturbulenz,** Kontroll- und Ordnungszwänge, verschrobene wirklichkeitswidrige Pedanterien
δ0	**Ordnungsgehemmtheit,** die einer Ausbildung von Ordnungsbedürfnissen im Wege steht, so daß keinerlei Beziehungen zum Systematischen, zu Organisationen herausgebildet werden; Schlamperei und Chaotismus sind die Folge.
β0	**Schematismus,** Pedanterie, Listenzwang, Schematismus, Regelabhängigkeit, Normzwang
α0	**Ordnungsstreben,** Gliederungsstreben, Systematisierungsstreben, Organisationsdrang
de	**Denkelastizität,** Kombinationsgabe, praktisches Denken, Gedankenverknüpfung, Denkgewandtheit,
γfos	**Ordnungswahn,** verschrobene, realitätsfremde Ordnungs- und Systemformen, bürokratische Zwänge
δfos	**verdrängte Ordnungsinhalte,** chaotische Vorstellungen, desorganisierte und desorganisierende Inhalte, Ängste vor formalen Inhalten
βfos	**fundierte evtl. idealisierte Ordnungs- und Systeminhalte,** Gliederungs- und Formalisierungshintergrundinhalte
αfos	**vielerlei Ordnungskenntnisse und –erfahrungen,** vielerlei einzelne Formalinhalte
Bezeichnung	Fp- Fortschrittsperson

γFp	**atavistische Grenzform,** _Conceptual Disorganisation_ Auffassungs-störungen, bei denen die Sprache weitschweifig, unzusammen-hängend und ohne Bezug zu gestellten Fragen ist; die gleichen Wörter oder Sätze werden in stereotyper Weise wiederholt, neue Wörter (Neologismen) können erfunden und in die Sprache auf-genommen werden, hyperkinetische Störaktionen, Ver-änderungssucht, Nichtseßhaftigkeit,
δFp	**gehemmte Grenzform,** _Fremdheitsängste:_ Angst etwas zu unter-nehmen, Zukunftsängste, ängstliche Lahmheit und Mattheit, Furcht vor eigenem Handeln, Angst vor Neuem, Fremdem, Fer-nem und Unbekanntem. Unternehmerischer Ausgriff, schwung-volle Expansion werden nicht ausgebildet;
βFp	**infantile Form,** _Überschwang_ Heftigkeit, Hitzigkeit, Abenteu-rertum, Betriebsamkeit, Geschäftigkeit, Abwechslungssucht, Neuheitensucht,
αFp	**reife Form,** _Expansivität_ Schwung, Unternehmungsgeist, chole-risch, eifrig, dynamisch, Bedürfnisse nach Neuem und Ver-änderungen, Zukunftsstreben, progressiv, zielsichere moto-rische Koordination,
γk	**Kaptationsturbulenz,** groteske, situationsunangemessene Impulsivität, hyperkinetische Störaktionen
δk	**Kaptative Gehemmtheit,** unternehmerischer Ausgriff, schwungvolle Expansion werden nicht ausgebildet; Symptome sind ängstliche Lahmheit, Mattheit, Furcht vor eigenem Tun.
βk	**Überschwenglichkeit,** Heftigkeit, Unruhe, Unstetheit, Geschäf-tigkeit
αk	**Schwung,** Expansionsdrang, Eifer, Unternehmungslust,
γf	**Progressionsturbulenz,** Abenteuersucht, Fortschrittswahn, Ver-änderungssucht, verschrobenes Fortschrittsbedürfnis, Nichtseß-haftigkeit

δf	**Progressionsgehemmtheit,** Bedürfnisse nach Entdecken, Veränderungen sind nicht ausgebildet; Angst vor dem Fernen, Fremden, Unbekannten, Fortschritt und vor der Zukunft beherrschen die Einstellung, allem Neuen wird ängstlich aus dem Wege gegangen
βf	**Wechselhaftigkeitstrieb,** Abwechslungsdrang, Abenteuersucht, Veränderlichkeitsdrang
αf	**Fortschrittsstreben,** Zukunftsorientierung, Neuheitensuche, Forschungsdrang,
fk	**Bewegungskoordination,** Geschmeidigkeit, Wendigkeit und Harmonie der körperlichen Bewegungsabläufe
γfot	**Progressionswahnphänomene,** utopistische Zukunftsinhalte, irreale zwanghafte Vorstellungen von Fremden und Fernem
δfot	**verdrängte Progressionsinhalte,** verdrängte Zukunftsinhalte, Fremdenphobien, verdrängte Fremdenvorstellungen
βfot	**fundierte evtl. utopische Progressionsinhalte,** Hintergrundsinhalte fremder, zukünftiger und ferner Art.
αfot	**Vielerlei einzelne Progressionsinhalte,** Einzelkenntnisse und -erfahrungen bezüglich zukünftiger Dinge, Phänomene und fremder und ferner Gegebenheiten
Bezeichnung	Tp- Traditionsperson
γTp	**atavistische Grenzform,** *Retardation* Verlangsamung von Sprache und Vorstellung, Verminderung der motorischen Aktivität bis zur Blockierung, Apathie und Desinteresse an der Zukunft kommen hinzu, Stuporerscheinungen, negativistische Haltungen, Katzenheimweh, Zukunftsphobien,

δTp	**gehemmte Grenzform,** _Traditions- und Vertrautheitsängste:_ Wurzellosigkeit, Mangel an Standpunkt, haltloses Schwanken, Mangel an Bodenständigkeit, kann nicht nein sagen, Flucht vor Sicherem, Gewohntem und Vertrautem Es entwickelt sich keine Behauptung, Festigkeit und Eigenwillen sowie Beharrungsvermögen werden nicht entfaltet; ängstliche Standpunktschwäche sowie wurzel- und haltloses Schwanken sind die Folge,
βTp	**infantile Form,** _Fixiertheit_ Verfertigung, Trotz, Abwehr, Unelastizität, Phlegma, Sturheit, Gewohnheitenverhaftung, Traditionsfixierung, Sicherheit um jeden Preis,
αTp	**reife Form,** _Bewahrung_ Festigkeit, Selbstbehauptung, Traditionsgebundenheit, Traditions- und Besitzbedürfnisse, ökonomische Bedürfnisse, Phlegma, Gelassenheit, Beharrung, Beständigkeit, Bewußtheitsschärfe, fixierende Aufmerksamkeit.
γr	**Retentionsturbulenz,** akinetische Reaktionen, Stuporerscheinungen, negativistische Haltung
δr	**Retentive Gehemmtheit,** es entwickelt sich keine Behauptung, Festigkeit und Eigenwillen sowie Beharrungsvermögen werden nicht entfaltet; ängstliche Standpunktschwäche sowie wurzel- und haltloses Schwanken sind die Folge, Neinsagen wird unmöglich.
βr	**Verfestigung,** Trotz, Abwehr, Phlegma, Sturheit, Unelastizität, Monotonie, Gleichförmigkeit
αr	**Festigkeit,** retentiv, stetig, gleichmäßig, ausdauernd, beständig, beharrlich,
γn	**Lokale Turbulenz,** verschrobene Sicherheitsbedürfnisse, Zukunftsphobien, krankhaftes Katzenheimweh, krankhaftes Kleben am Vergangenen

δn	**Lokale Gehemmtheit,** Bedürfnisse nach Erhaltung und Bewahrung des Vorhandenen und Naheliegenden werden nicht ausgebildet; Traditionen, Gewohntes, Übliches werden abgelehnt, da sich Ängste vor dem Sicheren und Vertrauten herausgebildet haben.
βn	**Gewohnheitsmensch,** Absolutheitssuche, traditionsabhängig, vergangenheitsorientiert,
αn	**Sicherheitsstreben,** traditionell, konservativ, ökonomisch, Vertrautheitssuche,
wk	**Willenskonstanz,** Konzentration, fixierende Aufmerksamkeit, Bewußtheitsschärfe und –genauigkeit
γbog	**Lokale Wahnvorstellungen,** verschrobene Traditions- und Selbstverständlichkeiteninhalte, verschrobene Heimats- und Geborgenheitsvorstellungen und –zwänge
δbog	**verdrängte Selbstverständlichkeiten,** verdrängte Traditionsinhalte, Angst vor Gewohnheiten und Verdrängung derselben
βbog	**fundierte evtl. magische Sicherheitsinhalte,** Wissens- und Erfahrungshintergrund für wirtschaftliche, finanzielle, traditionelle und ähnliche Inhalte mehr oder weniger realer Art
αbog	**vielerlei einzelne Sicherheitsinhalte,** Einzelkenntnisse und –erfahrungen auf wirtschaftlichem, finanziellen, traditionellem etc. Gebiet.

Verknüpfungen

Hinzu kommen die Verknüpfungen der α- und δ- Zustände sowie der β- und γ-Zustände zu den Resultierenden mit einem angemessenen (realen) und einem unangemessenen (imaginären) Teil. Für die Verknüpfungsergebnisse der Resultanten folgen daraus - mit einer schlagwortartigen sprachlichen Umschreibung - nachstehende Folgerungen:

Komponenten	Wirkungsbereiche
im Umgang mit sich selbst	
$(z' + iz'')$: zyklothym - $(s' + is'')$: schizothym	$= Ay' + iAy''$: Allgemeintemperament
$(z' + iz'')$: zyklothym $+$ $(s' + is'')$: schizothym	$= 2(Ays' + iAys'')$: Selbstbehauptungstendenzen
$(e' + ie'')$: extraversiv - $(j' + ij'')$: intraversiv	$= Uy' + iUy''$: Lebenstemperament
$(e' + ie'')$: extraversiv $+$ $(j' + ij'')$: intraversiv	$= 2(Uys' + Uys'')$: Umgangsweisen
$(l' + il'')$: vitale - $(g' + ig'')$: geistige Bedürfnisse	$= Le' + iLe''$: allgemeine Lebenseinstellung
$(l' + il'')$: vitale $+$ $(g' + ig'')$: geistige Bedürfnisse	$= 2(Les' + iLes'')$: Lebensauffassung
$(w' + iw'')$: weltliche - $(t' + it'')$: Wertungsbedürfnisse	$= So' + iSo''$: Sinngehalte
$(w' + iw'')$: weltliche $+ (t' + it'')$: Wertungsbedürfnisse	$= 2(Sos' + iSos''')$: Einstellung zur Umwelt
Im Umgang mit der sozialen Welt	
$(v' + iv'')$: versatil - $(h' + ih'')$: conjunctiv	$= By' + iBy''$: Bindungsstil
$(v' + iv'')$: versatil $+$ $(h' + ih'')$: conjunctiv	$= 2(Bys' + iBys'')$: Gefühlsstruktur
$(a' + ia'')$: aktiv - $(p' + ip'')$: pathisch	$= Gy' + iGy''$: soziale Beziehungsgestaltung
$(a' + ia'')$: aktiv $+$ $(p' + ip'')$: pathisch	$= 2(Gys' + iGys'')$: soziale Handlungsformen
$(u' + iu'')$: universale - $(x' + ix'')$: Humanbedürfnisse	$= Sg' + iSg''$: soziale Einstellung
$(u' + iu'')$: universale $+$ $(x' + ix'')$: Humanbedürfnisse	$= 2(Sgs' + iSgs'')$: Lebensformen
$(b' + ib'')$: gestaltende - $(c' + ic'')$: caritative Bedürfnisse	$= Ge' + iGe''$: soziale Wirkungstrends
$(b' + ib'')$: gestaltende $+$ $(c' + ic'')$: caritative Bedürfnisse	$= 2(Gse' + iGse'')$: soziale Handlungsstruktur
Im Umgang mit den Dingen und Aufgaben	
$(m' + im'')$: sanguinisch - $(d' + id'')$: melancholisch	$= Sy' + iSy'''$: Haltung
$(m' + im'')$: sanguinisch $+ (d' + id'')$: melancholisch	$= 2(Sys' + iSys'')$: Reaktionsweisen
$(k' + ik'')$: kaptativ - $(r' + ir'')$: retentiv	$= Ey' + iEy''$: Arbeitsstil
$(k' + ik'')$: kaptativ $+$ $(r' + ir'')$: retentiv	$= 2(Eys' + iEys'')$: Arbeitshaltung
$(q' + iq'')$: qualitative - $(o' + io)''$: Ordnungsbedürfnisse	$= Wa' + iWa''$: Wahrnehmungsweise
$(q' + iq'')$: qualitative $+ (o' + io'')$: Ordnungsbedürfnisse	$= 2(Was' + iWas'')$: Weltbetrachtungsweise
$(f' + if'')$: progressive - $(n' + in'')$: bewahrende Bedürfnisse	$= Or' + iOr''$: Handlungsausrichtung

$(f' + if'')$:progressive$+ (n' + in'')$:bewahrende Bedürfnisse	$= 2(Ors' + iOrs'')$: Handlungsweisen
Speicherungsbereiche:	
$\alpha_{nul}*(0{,}05 + \cos(10\delta_{nul})) + i\,\beta_{nul}*(0{,}5 + \sin(10\,\gamma_{nul}))$	nul'+inul": lebenspraktische Inhalte
$\alpha_{gei}*(0{,}05 + \cos(10\delta_{gei})) + i\,\beta_{gei}*(0{,}5 + \sin(10\,\gamma_{gei}))$	gei'+igei": geistig-theoretische Inhalte
$\alpha_{pub}*(0{,}05 + \cos(10\delta_{pub})) + i\,\beta_{pub}*(0{,}5 + \sin(10\,\gamma_{pub}))$	pub'+ipub":weltlich-gesellschaftl. Inhalte
$\alpha_{wel}*(0{,}05 + \cos(10\delta_{wel})) + i\,\beta_{wel}*(0{,}5 + \sin(10\,\gamma_{wel}))$	wel'+iwel": weltanschauliche Inhalte
$\alpha_{kus}*(0{,}05 + \cos(10\delta_{kus})) + i\,\beta_{kus}*(0{,}5 + \sin(10\,\gamma_{kus}))$	kus'+ikus": kulturell-sprachliche Inhalte
$\alpha_{ige}*(0{,}05 + \cos(10\delta_{ige})) + i\,\beta_{ige}*(0{,}5 + \sin(10\,\gamma_{ige}))$	ige'+iige": human-psychische Inhalte
$\alpha_{maf}*(0{,}05 + \cos(10\delta_{maf})) + i\,\beta_{maf}*(0{,}5 + \sin(10\,\gamma_{maf}))$	maf'+imaf': Lenkungs-/Gestaltungsinhalte
$\alpha_{men}*(0{,}05 + \cos(10\delta_{men})) + i\,\beta_{men}*(0{,}5 + \sin(10\,\gamma_{men}))$	men'+imen": soziale u. Serviceinhalte
$\alpha_{wek}*(0{,}05 + \cos(10\delta_{wek})) + i\,\beta_{wek}*(0{,}5 + \sin(10\,\gamma_{wek}))$	wek'+iwek": ästhetische, Qualitätsinhalte
$\alpha_{fos}*(0{,}05 + \cos(10\delta_{fos})) + i\,\beta_{fos}*(0{,}5 + \sin(10\,\gamma_{fos}))$	fos'+ifos": formal-systematische Inhalte
$\alpha_{fot}*(0{,}05 + \cos(10\delta_{fot})) + i\,\beta_{fot}*(0{,}5 + \sin(10\,\gamma_{fot}))$	fot'+ifot": progressive, expansive Inhalte
$\alpha_{bog}*(0{,}05 + \cos(10\delta_{bog})) + i\,\beta_{bog}*(0{,}5 + \sin(10\,\gamma_{bog}))$	bog'+ibog": bewahrende, Traditionsinhalte
$(nul + gei + pub + wel + kus + ige + maf + men + wek +$ $fos + fot + bog)/12$	Cy'+iCy": Speichermaterial
	$\lvert Cy \rvert = (Cy'^2 + Cy''^2)^{0{,}43}$
Elemente	$()^{0{,}3}$ dient nur der Einhaltung der Skala 1 9
$(\lvert nul \rvert *vl*(z'+iz''+l'+il'') = Pp'+iPp'')^{0{,}3}$	$(\lvert gei \rvert *dk*(s'+is''+g'+ig'') = Rp'+iRp'')^{0{,}3}$
$(\lvert pub \rvert *ff*(e'+ie''+w'+iw'') = Up'+iUp'')^{0{,}3}$	$(\lvert wel \rvert *we*(i'+ij''+t'+it'') = Üp'+iÜp'')^{0{,}3}$
$(\lvert kus \rvert *vp*(v'+iv''+u'+iu'') = Kp'+iKp'')^{0{,}3}$	$(\lvert ige \rvert *dp*(h'+ih''+x'+ix'') = Bp'+iBp'')^{0{,}3}$
$(\lvert maf \rvert *fh*(a'+ia''+b'+ib'') = Gp'+iGp'')^{0{,}3}$	$(\lvert men \rvert *wm*(p'+ip''+c'+ic'') = Sp'+iSp'')^{0{,}3}$
$(\lvert wek \rvert *vp*(m'+im''+q'+iq'') = Ep'+iEp'')^{0{,}3}$	$(\lvert fos \rvert *de*(d'+id''+o'+io'') = Op'+iOp'')^{0{,}3}$
$(\lvert fot \rvert *fk*(k'+ik''+f'+if'') = Fp'+iFp'')^{0{,}3}$	$(\lvert bog \rvert *wk*(r'+ir''+n'+in'') = Tp'+iTp'')^{0{,}3}$
Pp:Primitivperson - Rp: Ichperson	$= Sbg'+iSbg''$: Selbstbestimmung
(Pp:Primitivperson + Rp: Ichperson)/2	$= Sbs'+iSbs''$: Selbstbetrachtung
Up: Umweltperson - Üp: Überichperson	$= Säg'+iSäg''$: Selbstäußerung
(Up: Umweltperson + Üp: Überichperson)/2	$= Säs'+iSäs''$: Weltverhältnis
(Sbg+Säg)/2	$= Eg'+iEg''$: Egoerlebens- und -lebensstil

(Sbs+Säs)/2	= Egs'+iEgs": Egoeinstellung
Kp: Kulturperson - Bp: Beziehungsperson	= Geg'+iGeg": Gemeinschaftsstil
(Kp: Kulturperson + Bp: Beziehungsperson)/2	= Ges'+iGes": Gemeinschaftseinstellung
Gp: Gestaltungsperson - Sp: Sozialperson	= Gbg'+iGbg": Gemeinschaftsbewältigungsstil
(Gp: Gestaltungsperson + Sp: Sozialperson)/2	= Gbs'+iGbs": Gemeinschaftsbewältigungsein- stellung
(Geg+Gbg)/2	= Mn'+iMn": sozialer Begegnungsstil
(Ges + Gbs)/2	= Mns'+iMns": soziale Begegnungshaltung
Ep: Einstellungsperson - Op: Ordnungsperson	= Weg'+iWeg": Welterfassungsstil
(Ep: Einstellungsperson + Op: Ordnungsperson)/2	= Wes'+iWes": Welteinstellung
Fp: Fortschrittsperson - Tp: Traditionsperson	= Wbg'+iWbg": Weltbewältigungsstil
(Fp: Fortschrittsperson + Tp: Traditionsperson)/2	= Wbs'+iWbs": Handlungseinstellung
(Weg+Wbg)/2	= Wt'+iWt": Weltbegegnungsstil
(Wes+Wbs)/2	=Wts'+iWts": Weltbegegnungshaltung
(Summe der pragmatischen Komponenten)/12	= Dy'+iDy": mittlere dynamische Struktur
(Dy'/Dy")	= Dyg: dynamische Stabilität
(Summe der semantischen Komponenten)/12	= M'+iM": mittlere Bedürfnisstruktur
(M'/M")	= Myg: Bedürfnisstabilität
(Summe der sigmatischen Komponenten)/12	=Cy'+iCy": mittlere Speicherstruktur
(Eg+Mn+Wt)/3	= IN'+iIN": Gesamterscheinungsbild
(Summe der Elementenwerte)/12	= In'+iIn": Grundstruktur
(In'/In")	: Ing: Gesamtstabilität und -reife
Vy. Vorstellpotential	
vl: lineare Vorstellfähigkeit	
vp: planare Vorstellfähigkeit	$Vy = 100 * e^{(vl*vp*vk/729)-1}$ pkt
vk: kubische Vorstellfähigkeit	
ly. Denkpotential	
dk: Denkkanaltrennung	

dp: Denkplastizität	$ly = 100*e^{(dk*dp*de/729)-1}$ pkt
de: Denkelastizität	
Fy. Fertigungspotential	
ff: Feingeschick	
fh: Handgeschick	$Fy = 100*e^{(ff*fh*fk/729)-1}$ pkt
fk. Bewegungskoordination	
Wy. Bewußtheitspotential	
we: Willensenergie	
wm: Willensmobilität	$Wy = 100*e^{(we*wm*wk/729)-1}$ pkt
wk: Willenskonstanz	
Ty. Gesamtbegabungspotential	$Ty = (Vy*ly*Fy*Wy)^{0,25}$

Verknüpfung syntaktischer Komponenten

Bei der Suche nach den Beziehungen der Komponenten untereinander fanden die verschiedensten Autoren heraus, daß bestimmte Dimensionen anscheinend enger zusammengehören als andere. Warum das so ist, läßt sich bis heute lediglich unter Bezug auf menschliche Denkkategorien entscheiden. Die Ursache kann sowohl in der Eigenart der Individualinstanz als auch in der Besonderheit der Modellkonstruktionen oder in der Natur unseres Erkenntnissystems liegen. Soweit solche Beziehungen vorliegen, handelt es sich um Polaritätsbeziehungen gemäß folgender Definition[30]

Zwei oder mehr Größen sind zueinander polar, wenn sie stets zusammen vorkommen, wenn auch in wechselnder Stärke, Verteilung und Form, dabei dem gleichen Funktionskreis zugehören, aber verschiedene Aufgaben innerhalb dieses Funktionskreises zu lösen haben.

Bei genauerer Betrachtung erkennt man, daß die Komponenten des syntaktischen Aspekts ihre Besonderheiten aufweisen, daß der jeweilige Funktionskreis innerhalb der assimilierenden bzw. integrierenden Kompo-

---

[30] B. Waszkewitz: Fundamente der Persönlichkeitspsychologie, München 1960, S. 69

nenten liegt. Es muß daher vor an die folgenden Polaritätsbeziehungen gedacht werden[31]:

vl mit vp und vk	dk mit dp und de
ff mit fh und fk	we mit wm und wk

Aufgrund dieser Überlegungen und mannigfacher Beobachtungen ist nun davon auszugehen, daß sich bei bestehender Polarität engere Verknüpfungen zwischen den beteiligten Komponenten herausbilden. Deren Ergebnisse wollen wir im syntaktischen Aspekt Potentiale nennen. Mit derartigen Verknüpfungen haben sich verschiedene Autoren beschäftigt, wobei sie allerdings meistens im Sinne der Korrelationsrechnung und Faktorenanalyse oder der Vektoralgebra davon ausgegangen sind, daß Polarität eine Orthogonalität der Faktoren voraussetzt, also davon auszugehen ist, daß die jeweiligen Komponenten senkrecht zueinander angeordnet sind[32]. Daß dieses nicht der Fall sein muß, lehren Mathematik und Physik. Auch nicht senkrecht zueinander angeordnete Größen bzw. Kräfte können unabhängig voneinander sein[33].

Eines der ersten Maßsysteme der Begabungsforschung war der IQ oder Intelligenzquotient, den W. Stern einführte. Er ergibt sich aus

100 mal Intelligenzalter/ Lebensalter

Da die Intelligenzfaktoren, auch die Denkfunktionen ihre Entwicklung mit etwa 14-18 Jahren abschließen - nicht zu verwechseln mit der Fertigkeit, das vorhandene Potential anzuwenden -, ist die Verwendung des so definierten IQ nur bis zu diesem Alter sinnvoll, denn später muß danach der IQ ständig sinken. Aus diesem Grunde verwenden Behavioristen und die meisten Intelligenztests nicht den IQ, sondern deinen SW oder Standardwert. Dieser baut auf dem Mittelwert einer Normalverteilung auf, der gleich 100 gesetzt wird. Das heißt zugleich, daß sowohl der arithmetische Mittelwert als auch der Me-

---

[31] was sich mit dem Ansatz von Wenzl zur Intelligenz deckt
[32] P.R. Hofstätter: Psychologie a. a. O. S. 145, so auch Wenzl.
Mettjat & Wehner in Arnold/Eysenck/ Meili(Her.): a. a. O. Sp.2334 ff
[33] das wird beim Einsatz der Korrelationsrechnung oft nicht bedacht

dian 100 betragen. Dann hat man es bei < SW 70 mit Schwachsinnigen und bei > 135 mit Genialen zu tun. Studien an Vertretern der Genialen zeigen, daß auch Standardwerte von 180 und mehr erreicht werden. Wo aber ist die Grenze, die allem Biologischen innewohnt? Darüber hinaus tritt das Problem auf, daß wir es hier mit sehr relativen Werten zu tun haben. Und das umso mehr, sobald es sich um Probanden aus unterschiedlichen Kulturen handelt. Theoretisch ist ein solcher Ansatz sicher nicht haltbar, wenn er sich auch innerhalb einer Kultur praktisch bewähren mag.

Im übrigen bleiben bei der „Wertschätzung" der Intelligenz im Sinne des Aufbaus der Intelligenztests in unserem Lande andere syntaktische Persönlichkeitsfunktionen sehr häufig auf der Strecke. Sie werden wenig geachtet, wenig gefördert, ja vernachlässigt und damit Menschen in Richtungen und Laufbahnen gedrängt, die sie überfordern, während Laufbahnen auf der Basis ihrer speziellen syntaktische Persönlichkeitsfunktionen ihnen nicht nur ihr Auskommen, sondern auch ihre Lebensqualität hätten bringen können. Aber blicken wir einmal auf die heutigen wissenschaftlichen Erkenntnisse, auch jene in Übersee.

Hierbei zeigt sich, daß die sog. Intelligenzforschung sich mehr von praktischen Belangen, von den Verwendungsmöglichkeiten und Anwendungsnotwendigkeiten als von nach Erkenntnis strebenden Überlegungen leiten läßt. Das deutet sich dann auch in den Definitionen an[34]. Während kognitivistisch eingestellte Forscher von einer Disposition, Tendenz oder hypothetischen „mental" Processes sprechen, betrachten die Behavioristen die Intelligenz als einen Satz von erworbenen Verhaltensweisen. Ganz allgemein ergibt sich also, *daß unter der Intelligenz ein Konventionskonstrukt zum Verständnis und zur Prognose von Verhalten in Leistungen verlangenden Anpassungssituationen verstanden wird.*

Infolgedessen müßte man den IQ, den man nach Vernon abschaffen sollte, neu definieren. Und das geschah dadurch, daß man annahm, daß die Intelligenz in der Bevölkerung normal verteilt ist.

---

[34] zitiert nach Aiken a. a. O., S. 365 f

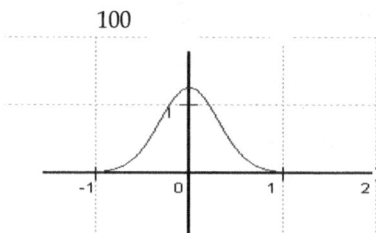

100

-1   0   1   2

Doch kehren wir nun zur begabungswissenschaftlichen Betrachtungsweise zurück. Geht man konsequent vor und mißt auch die Komponenten der syntaktischen Komponenten nach einer einheitlichen Skala von 1 bis 9, so kann man die von jeweils drei Komponenten gebildeten Grundfunktionspotentiale errechnen. Folgt man der bei Intelligenztests üblichen Methode, so müßte man diese Werte addieren. Berücksichtigt man, daß es sich um unterschiedliche Qualitäten (Dimensionen) handelt, kann eine Addition zu einem einheitlichen Wert - wie bei Meter und Sekunde - nicht erlaubt werden. Das weist daraufhin, daß eine multiplikative Verknüpfung anzusetzen ist, wie an anderer Stelle geschehen[35].

Dafür spricht zudem, daß ein Ausfall einer Komponente die Effektivität der zugehörigen Grundfunktion mehr beeinträchtigt, als die Addition darstellen würde[36]. Gehen wir z.b. davon aus, daß wir die prozentuale Effektivität dadurch ermitteln, daß wir das Resultat der Verknüpfung der Werte der Komponenten durch den Maximalwert dieser Verknüpfungen dividieren, erhalten wir bei der Addition z.B.

(7+7+1)/27= 14/27 = 0,5185 oder 51,85 % also einen etwas über dem Mittel liegenden Wert. Bei einer Multiplikation folgt (7*7*1)/729= 49/729= 0,0672 oder 6,72%, was den Beobachtungen der Psychiatrie besser entspricht. Ähnlich stellen wir fest, daß Menschen, bei denen eine Komponente deutlich

---

[35]B. Waszkewitz: Fundamente der theoretischen Psychologie a. a. O. S. 51f
[36] wie die neurologische Literatur zeigt

übermittel entwickelt ist, wesentlich größere Effekte erzielen als dieses bei Verwendung des additiven Verfahrens deutlich wird:

additiv	multiplikativ	
(5+5+9)/27: 66,67%	(5*5*8)/729:	27,43%,
bei Mittelwerten von:		
(additiv	multiplikativ	
(5+5+5)/27 : 55,56%	(5*5*5)/729:	17,15%
also Verhältnissen von:		
additiv	multiplikativ	
1: 1,20	1:1,60	

Dieser prozentuale Effektivitätswert entwickelt allerdings nach oben eine Steigerung, die verdächtig erscheint. Verfolgt man die Leistungen und Effekte genauer, so erkennt man, daß e-Funktionen hier eine große Rolle spielen, denn letztlich handelt es sich ja auch um einen Übergang, wenn auch mehr um einen virtuellen. Ausgehend von der Idealnorm ergäbe sich in etwa die Form[37]:

Funktionalwert FW= 100*e$^{-(1-\text{Effektivitätsgrad})}$

also

$$FWa = 100* \ e^{((a+b+c)/27)-1} \quad \text{bzw.} \quad FWm = 100*e^{(a*b*c/729)-1}$$

für den **Funktionalwert**(a=additiv, m=multiplikativ) der Grundfunktionen.

Bei Verwendung dieser Funktionswerte ergibt sich (für -1 im Exponenten) ein unterer Grenzwert von etwa 36,79 auf einer Idealskala von 0 bis 100. Es erscheint durchaus möglich, auch für andere Spezies vergleichbare Begabungswerte zu bestimmen, wobei es dann darum geht, daß die -1 im Exponenten anwächst. Das weist gleichzeitig daraufhin, daß Menschen unterhalb dieses Wertes von ca. 36,8 nicht „existieren", während die klassische Betrachtungsweise selbst auf einer Normalskala Werte bis hinunter auf Null oder nahe Null zulassen, an die sicher kein existierendes Lebewesen herankommt, denn dann könnte es nicht mehr existieren. Das wird besonders

---

[37] ähnlich den Erkenntnisse der Assoziationsproduktion (vgl. Hofstätter: Psychologie a. a. O. S. 32/33)

deutlich, wenn man einmal die Häufigkeitsverteilungen für additive und multiplikative Verknüpfungen aufstellt und miteinander vergleicht. Dabei muß man ferner unterscheiden, ob die Fähigkeiten V, I, F und W oder aber die ihnen zugrundeliegenden Komponenten normal verteilt sind. Während die meisten Intelligenzforscher eine Normalverteilung der Intelligenz als Ganzes voraussetzen, müßte man - falls man von Anlagebedingtheit ausgeht - eine Normalverteilung der syntaktischen Komponenten und nicht der Fähigkeitspotentiale ansetzen. Das Ergebnis sieht dann (bei Halbstufenwerten [1-9]) wie folgt aus:

Skala	FW-Werte	Gleichver- teilung%	Normalverteilg%	ca IQ	Bezeichnungen
1,0 bis 1,5	36,80 bis 36,96	0,45	0,00000024613	<15	unfähig
1,6 bis 2,0	36,97 bis 37,19	2,28	0,00088103927	>15	unbegabt
2,1 bis 2,5	37,20 bis 37,58	5,54	0,00619189451	>30	minder begabt
2,6 bis 3,0	37,59 bis 38,18	8,42	0,20197007121	>40	gering begabt
3,1 bis 3,5	38,19 bis 39,02	11,68	3,62578863424	>50	mäßig begabt
3,6 bis 4,0	39,03 bis 40,16	12,54	18,89000852670	>70	unterdurchschnittlich begabt
4,1 bis 4,5	40,17 bis 41,69	12,29	37,09438240215	>90	durchschnittlich begabt
4,6 bis 5,0	41,70 bis 43,67	10,34	29,64547330764	>105	gut durchschnittlich begabt
5,1 bis 5,5	43,68 bis 46,22	9,87	7,81159852981	>110	überdurchschnittlich begabt
5,6 bis 6,0	46,23 bis 49,47	8,38	2,51464656343	>120	ziemlich begabt
6,1 bis 6,5	49,48 bis 53,62	6,61	0,18304531740	>130	gut begabt
6,6 bis 7,0	53,63 bis 58,89	4,84	0,02440750821	>140	sehr begabt
7,1 bis 7,5	58,90 bis 65,62	3,56	0,00063803463	>150	besonders begabt
7,6 bis 8,0	65,63 bis 74,25	2,04	0,00090844902	>165	überragend begabt
8,1 bis 8,5	74,26 bis 85,42	0,94	0,00000367255	>190	hochbegabt
8,6 bis 9,0	85,43 bis 100	0,2	0,00000001799	>215	genial begabt

Die folgende Graphik vermittelt einen optischen Eindruck dieser Erkenntnisse für normal verteilte Komponenten:

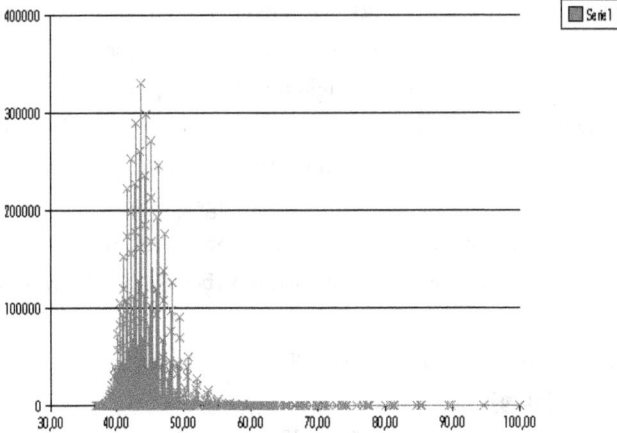

Im Gegensatz dazu die Normalverteilungskurve:

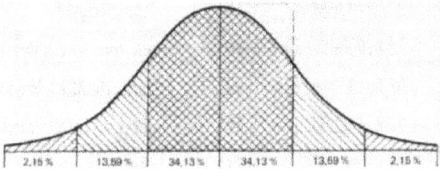

Den Unterschied zwischen Gleich- und Normalverteilung der Komponenten zeigt die vorstehende Graphik, vielleicht deutlicher als die Zahlentabellen.

Das heißt, daß im Grunde nur eine Minderheit der Bevölkerung zu den jeweiligen Höchstleistungen das erforderliche Potentialniveau mitbringt, was nicht mit der erforderlichen Intelligenz gleichzusetzen ist. Das leuchtet allgemein ein, sobald es sich z.B. um manuelle und physische Fähigkeiten handelt, wird auch noch weitgehend anerkannt, soweit Vorstellfähigkeiten in Frage stehen, etwa in technischen Berufen. Sobald es aber um das meistens

82

fälschlich als Intelligenz bezeichnete Denkpotential oder um Willens- und Bewußtheitspotentiale geht, legt sich so etwas wie ein Tabuvorhang über das Geschehen. Bleibt dann allerdings die Frage zu beantworten, warum gerade in dieser Hinsicht in der Praxis so wenige herausragen, wie es die vorstehende Graphik der Verteilung erkennen läßt.

Es ist also höchstens 1/100000 % der Bevölkerung in der Lage, höchsten Ansprüchen in einer der Begabungsfunktionen gerecht zu werden, etwa insgesamt 1/1000% sehr hohen und etwa insgesamt 1% überdurchschnittlichen. Daraus ergeben sich naturgemäß einschneidende Folgerungen für eine optimale Gestaltung von Bildungs- und Ausbildungswesen, aber auch der Berufswelt, wenn nicht ein großer Teil der Bevölkerung beschäftigungslos und durch Automaten ersetzt werden soll.

Betrachten wir nun nicht nur die einzelnen Grundfunktionen, sondern die Gesamtheit des syntaktischen Aspektes, so taucht die Frage auf, wie das Gesamtpotential Ty zu ermitteln ist, dem die sog. Intelligenzforschung angeblich nachspürt. Der Potentialwert FW_T ergibt sich, da wiederum unabhängige Größen wirksam sind und die Grundfunktionspotentiale verschiedene Dimensionen aufweisen sicher ebenfalls nicht additiv. Machen wir auch hier einen multiplikativen Ansatz, so können wir davon ausgehen, daß die höheren Werte noch unwahrscheinlicher werden als bei den einzelnen Grundfunktionspotentialen. Dennoch wird man hierbei nicht mehr auf eine e-Funktion zur Berechnung übergehen müssen. Vielmehr dürfte die Verwendung des geometrischen Mittels den Tatsachen gerecht werden, denn sind alle 4 Werte gleich, so bleibt die Gesamtbefähigung auf dem jeweiligen Level. Fällt dagegen ein Funktionswert ab, so sinkt der Level insgesamt, und zwar auch dann, wenn die Summe aller Potentiale dabei gleich bleibt. D.h., es ist auszugehen von:

$$Ty = (Vy*Iy*Fy*Wy)^{0,25}$$

Zugleich bedeutet dieses für Begabungstests im Gegensatz zu Intelligenztests, daß bei der Ermittlung der Begabungseffektivitäten die Testwerte, also die Werte der Aufgabenreihen untereinander multiplikativ zu verknüpfen sind.

Es ist nun nicht immer leicht, sich zwischen den verschiedenen Skalenwerten auf diesem Sektor zurechtzufinden. Insbesondere die SW (Standardwerte) sind von Verfahren zu Verfahren recht unterschiedlich und kaum vergleichbar. Aus diesem Grunde geben manche Testautoren eine Vergleichstabelle zwischen ihren Standardwerten und dem IQ auf der Basis einer Normalverteilung in der Bevölkerung. Dieser IQ darf aber nicht vom Standpunkte der Sternschen Definition her gesehen werden. Aus eben diesem Grunde findet der Leser nachstehend eine Vergleichstabelle. Sie erlaubt eine Orientierung zwischen Skalenwerten auf unserer Skala von 1 bis 9, FW- und IQ-Angaben . Ich hoffe, daß sie dem Leser die Orientierung erleichtert:

9er Skala	FWpkt	IQ	9erSkala	FWpkt	IQ
1,00	36,84	0	5,10	44,13	107
1,10	36,86	3	5,20	44,61	110
1,20	36,88	7	5,30	45,12	113
1,30	36,90	10	5,40	45,66	117
1,40	36,93	13	5,50	46,22	120
1,50	36,96	17	5,60	46,81	122
1,60	37,00	20	5,70	47,43	124
1,70	37,04	21	5,80	48,08	126
1,80	37,08	23	5,90	48,76	128
1,90	37,14	24	6,00	49,47	130
2,00	37,19	25	6,10	50,23	132
2,10	37,26	27	6,20	51,01	134
2,20	37,33	30	6,30	51,84	136
2,30	37,41	32	6,40	52,71	138
2,40	37,49	34	6,50	53,62	140
2,50	37,58	35	6,60	54,57	142
2,60	37,69	37	6,70	55,58	144

2,70	37,79	40	6,80	56,63	146
2,80	37,91	43	6,90	57,73	148
2,90	38,04	45	7,00	58,89	150
3,00	38,18	50	7,10	60,11	152
3,10	38,32	53	7,20	61,39	155
3,20	38,48	55	7,30	62,73	157
3,30	38,65	57	7,40	69,30	160
3,40	38,83	60	7,50	65,62	165
3,50	39,02	62	7,60	67,18	170
3,60	39,22	64	7,70	68,81	175
3,70	39,43	67	7,80	70,54	180
3,80	39,66	70	7,90	72,35	185
3,90	39,91	73	8,00	74,25	190
4,00	40,16	75	8,10	76,26	195
4,10	40,44	78	8,20	78,37	200
4,20	40,72	82	8,30	80,60	205
4,30	41,03	86	8,40	82,95	210
4,40	41,35	90	8,50	85,42	215
4,50	41,69	92	8,60	88,03	220
4,60	42,04	94	8,70	90,78	225
4,70	42,42	96	8,80	93,69	230
4,80	42,81	98	8,90	96,76	245
4,90	43,23	100	9,00	100,00	250
5,00	43,67	103			

Formale, codierte Beschreibung

Bei der Fülle der Verknüpfungsergebnisse wird es allerdings schwierig, deren Codes sprachlich in kurzer Form zu interpretieren. Verwendet man im Hinblick auf die Vielzahl der zu beachtenden Verknüpfungen zur übersichtlichen Darstellung einer solchen Beschreibung ein Tabellenkalkulationsprogramm, das die diversen Verknüpfungsvorschriften automatisch ausführt, so erhält man folgendes Bild:

	+	+i	||		+	+i		+	+i	||				
z*	#	#	#	Ay	#	#	nul*	#	#	#	vl*	#	Vy	#
s*	#	#	#	Ays	#	#	gei*	#	#	#	dk*	#	ly	#
e*	#	#	#	Uy	#	#	pub*	#	#	#	ff*	#	Fy	#
i*	#	#	#	Uys	#	#	wel*	#	#	#	we*	#	Wy	#
v*	#	#	#	By	#	#	kus*	#	#	#	vp*	#	Ty	#
h*	#	#	#	Bys	#	#	ige*	#	#	#	dp*	#		
a*	#	#	#	Gy	#	#	maf*	#	#	#	fh*	#		
p*	#	#	#	Gys	#	#	men*	#	#	#	wm*	#		
m*	#	#	#	Sy	#	#	wek*	#	#	#	vk*	#		
d*	#	#	#	Sys	#	#	fos*	#	#	#	de*	#		
k*	#	#	#	Ey	#	#	fot*	#	#	#	fk*	#		
r*	#	#	#	Eys	#	#	bog*	#	#	#	wk*	#		
Dy	#	#	#	Dyg	#		Cy	#	#	#				
I*	#	#	#	Le	#	#								

						γ	δ		γ	δ		γ	δ		
g*	#	#	#	Les	#	#	z	#	#	l	#	#	nul	#	#
w*	#	#	#	So	#	#	s	#	#	g	#	#	gei	#	#
t*	#	#	#	Sos	#	#	e	#	#	w	#	#	pub	#	#
u*	#	#	#	Sg	#	#	j	#	#	t	#	#	wel	#	#
x*	#	#	#	Sgs	#	#	v	#	#	u	#	#	kus	#	#
b*	#	#	#	Ge	#	#	h	#	#	x	#	#	ige	#	#
c*	#	#	#	Gse	#	#	a	#	#	b	#	#	maf	#	#
q*	#	#	#	Wa	#	#	p	#	#	c	#	#	men	#	#
o*	#	#	#	Was	#	#	m	#	#	q	#	#	wek	#	#
f*	#	#	#	Or	#	#	d	#	#	o	#	#	fos	#	#
n*	#	#	#	Ors	#	#	k	#	#	f	#	#	fot	#	#
My	#	#	#	Myg	#		r	#	#	n	#	#	bog	#	#

	+	+i	||		+	+i		+	+i	γ	δ	
Pp	#	#	#	Sbg	#	#	Eg	#	#	Pp	#	#
Rp	#	#	#	Sbs	#	#	Egs	#	#	Rp	#	#
Up	#	#	#	Säg	#	#				Up	#	#

86

Üp	#	#	#	Säs	#	#				Üp	#	#
Kp	#	#	#	Geg	#	#	Mn	#	#	Kp	#	#
Bp	#	#	#	Ges	#	#	Mns	#	#	Bp	#	#
Gp	#	#	#	Gbg	#	#				Gp	#	#
Sp	#	#	#	Gbs	#	#				Sp	#	#
Ep	#	#	#	Weg	#	#	Wt	#	#	Ep	#	#
Op	#	#	#	Wes	#	#	Wts	#	#	Op	#	#
Fp	#	#	#	Wbg	#	#				Fp	#	#
Tp	#	#	#	Wbs	#	#				Tp	#	#
In	#	#	#	Ing	#		IN	#	#	Lü	#	

Die # stehen dabei für berechnete Zahlwerte zwischen 1,0 und 9,0, zu * müssen die α-, β-, γ- und δ-Werte jeweils aus dem Verhalten des Menschen ermittelt werden. Dieses Ergebnis läßt schon erahnen wie komplex und vielfältig die menschliche Persönlichkeit ist und wie aufwendig es sein wird, die Persönlichkeit einer Person so zu analysieren, daß man sie in derart differenzierter Weise beschreiben kann. Außer dem mit dieser Darstellung vertrauten Fachmann versteht das jedoch keiner. Es muß für Nichtfachleute interpretiert werden.

Übersetzung und Darstellung

Eine Übersetzung in die Sprache ist allerdings nur näherungsweise möglich, setzt außerdem voraus, daß die verwendeten Termini näher beschrieben sind[38], zumal nur wenige Menschen mit Sprachtermini für die Persönlichkeitsbeschreibung etwas anfangen können. Unter diesen Umständen erscheint der nachstehende Standardtext zusammen mit geeigneten Auswertungstabellen, die für die einzelnen Zahlwerte jeder Größe definierte Termini enthalten, für die Codewerte zur verfasserunabhängigen und damit objektiven Interpretation geeignet[39].

Persönlichkeitsbasisbefund (DPb 2.4.1.)

Name:

---

[38] wie etwa in Waszkewitz: Lexikon der Persönlichkeitsmerkmale, Stuttgart 2004

[39] vgl. B. Waszkewitz: Psychodiagnostisches verhaltens- und gestaltungsanalytisches Praktikum, Stuttgart 2003

Alter:

Vorbildung:

Beruf:

Untersuchungsmaterial:

Prüfverfahren:

Die Komplexität und Vielschichtigkeit der menschlichen Persönlichkeit an sich läßt es nicht zu, sie mit wenigen Angaben zu erfassen und zu charakterisieren. Nicht nur, daß zwischen Wirkung und Strukturen oft große Unterschiede auftreten, auch muß man daran denken, daß in unterschiedlichen Lebensbereichen oft sehr verschiedene Wesenszüge wirksam werden, was in unserer Sprache zu einem Neben- und Nacheinander unterschiedlicher Formen führen muß.

Der erste Eindruck, den man von dieser Persönlichkeit gewinnt, pendelt im allgemeinen zwischen *IN* und *iIN*. Dieser bildet sich auf einer *Ing In* Grundlage verbunden mit *iIn* Zügen bei |*In*| Intensität und *Ty* Begabungen. Den Verlauf des inneren Geschehens bestimmen dabei generell die *Dyg Dy* Tendenzen begleitet von *iDy* Zügen. Die allgemeine Ausrichtung und Einstellung werden von einer *Myg* sowie *My* und zugleich *iMy* Struktur beherrscht.

Auf dieser Basis entwickelt sich eine *Eg* sowie *iEg* Form des Selbst, die von einer *Egs*, dabei *iEgs* Struktur getragen wird. Das führt zu einem *Sbg* aber auch *iSbg* Erlebnisstil auf der Basis einer *Sbs* Erlebnisweise mit *iSbs* Zügen. Dazu trägt ein *Pp* sowie *iPp* Es bei, das die Impulse liefert, sowie ein *Rp* und *iRp* Ich, das die Übersicht und Lenkung managen soll. Dahinter findet man *z*, aber auch *iz* Emotionalität und mit *s* und *is* Steuerungsfunktionen. Dazu gehören ferner *l* sowie *il* vitale sowie *g* und *ig* geistige Bedürfnisse als richtungsgebende Momente. Damit gelangt dieser Mensch zu einer *Ay* Selbstbehauptung mit *iAy* Zügen und einem *Ays* und *iAys* Verhaltensstil, wenn es um die Behauptung der eigenen Person und ihrer Erlebnisweise geht. Die Ausrichtung dieser Kräfte und Abläufe wird dabei von einer *Le*, aber auch *iLe*

Einstellung mitbestimmt und von einem *Les* sowie *iLes* Verhaltenstrend begleitet.

Nach außen bildet dabei ein *Säg*, aber auch *iSäg* Stil der Begegnung mit der Welt an sich und der Gesellschaft, der von einem *Säs* sowie *iSäs* Verhalten unterstützt wird. Der Umwelt wendet dieser Mensch sich nämlich im allgemeinen *Up*, wenn auch *iUp* zu, während von seinem Überich *Üp* und *iÜp* Impulse ausgehen, die seine Haltung zu und in dieser Welt mitformen. Das von *e* und *ie* Zügen bestimmte Herausgehen aus sich führt in Verbindung mit der *j*, aber auch *ij* Orientierung von innen heraus zu einem *Uy* und *iUy* Verhaltensstil bei einer *Uys* und *iUys* Reaktionsweise. *w* sowie *iw* bestimmen dabei zusammen mit *t* taxonomischen Vorstellungen und *it* Bedürfnissen die *So* und auch *iSo* Einstellung zur Welt an sich und *Sos* und *iSos* Verhaltenstrends in ihr.

In sozialer Hinsicht wirkt die Persönlichkeit *Mn* und *iMn* bei vorwiegend *Mns* und *iMns* Verhaltensweisen. Dahinter steht im allgemeinen eine *Geg*, aber auch *iGeg* Einstellung zur Gemeinschaft mit anderen bei *Ges* und *iGes* Reaktionsweisen. Verbunden damit ist eine *Kp* zugleich auch *iKp* soziale Ansprechbarkeit, und das bei einer *Bp* Einstellung mit *iBp* Zügen zu humanen Fragen und Beziehungen. Entscheidend sind hierbei einerseits eine *v*, aber auch *iv* Gefühlslebhaftigkeit und andererseits eine *h* und *ih* wirkende Gefühlsart. Hinzu kommen *u* und *iu* als universale Interessen sowie *x* und auch *ix* als humane Grundbedürfnisse, die die Ausrichtung der sozialen Gefühle beeinflussen. Das führt logischerweise zu einem *By* sowie *iBy* inneren Bindungsstil bei einem *Bys* und *iBys* Bindungsverhalten. Dazu gehören dann *Sg* aber auch *iSg* Einstellungen verbunden mit *Sgs* und *iSgs* Tendenzen im inneren Kontext mit sich und anderen Menschen.

Sobald es um die Auseinandersetzung mit und das Leben in der sozialen Umwelt geht, stößt man bei diesem Menschen auf *Gbg*, aber auch *iGbg* Züge sowie ein *Gbs* und *iGbs* Verhalten. Dieses ist gepaart mit einer *Gp* Bewältigungsweise verbunden mit *iGp* Zügen sowie einer *Sp* und *iSp* Anpassung, die auf einer *a*, wenn auch *ia* Gestaltungsaktivität und einem *p*

Hingabestil mit *ip* Tendenzen basieren. Dementsprechend ist von einem *Gy* und *iGy* Gestaltungsstil in sozialen Beziehungen auszugehen, und das bei *Gys* und *iGys* Reaktionsweisen. Hierbei wirken *b*, aber auch *ib* Bewältigungsverlangen und *c* sowie *ic* richtungsweisend mit, was zu *Ge* und auch *iGe* als Zielsetzungen und *Gse* verbunden mit *iGse* Einstellungen im Umgang mit Menschen und sozialen Gegebenheiten führen dürfte.

Im Umgang mit den Dingen, Problemen und Aufgaben des Lebens und auch des Berufs stößt man im vorliegenden Falle generell bei diesem Menschen auf einen *Wt* und doch *iWt* wirkenden Handlungsstil auf der Basis einer *Wts* und *iWts* Handlungsstruktur. Dabei werden die mannigfachen Eindrücke von ihm *Weg*, aber auch *iWeg* erfaßt, was auf dem Hintergrund einer *Wes* Grundauffassung des Geschehens mit *iWes* Zügen zu werten ist. Die allgemeine Einstellung zu derartigen Situationen erscheint dabei *Ep* und *iEp*, wobei die erfaßten Inhalte weitgehend *Op* und *iOp* verarbeitet werden dürften. Naturgemäß wird die Art, wie die Eindrucke erfaßt und verarbeitet werden weitgehend von dem *m*, jedoch auch *im* Selbstgefühl und der *d* sowie *id* Grundstimmung beeinflußt. Natürlich spielen dabei auch *q* und *iq* Qualitäts- sowie *o* und *io* Ordnungsbedürfnisse eine nicht zu unterschätzende Rolle. Dementsprechend ist von einem *Sy* und auch *iSy* Haltungsstil sowie einem *Sys* und *iSys* Verhaltenstrend auszugehen. Die Wahrnehmung als Basis des Erfaßten wird dabei von *Wa* und auch *iWa* Zügen sowie den zugehörigen *Was* und *iWas* Weltbetrachtungstendenzen bestimmt.

Der Umgang mit den Situationen, Dingen, Aufgaben und Problemen wird im allgemeinen von einem *Wbg* aber auch *iWbg* Aktionsstil im Rahmen einer *Wbs* sowie *iWbs* Weltbewältigungsweise geleitet. Dahinter stehen einerseits Züge von *Fp* und *iFp*, andererseits solche von *Tp* und *iTp*. Als Quellen wirken vom Verlauf her sowohl *k* als auch *ik* sowie *r* als auch *ir*. Dem entspricht dann ein *Ey* Arbeitsstil mit *iEy* Reaktionsweise zusammen mit einem *Eys* und *iEys* Einsatzverhalten. Die Richtungsgebung bleibt dabei weitgehend von *f* und *if* sowie von *n* und *in* abhängig. Dementsprechend wird die Handlungsorientierung im allgemeinen *Or* aber auch *iOr* erscheinen. Das wiederum geht auf die *Ors* und *iOrs* Strukturen zurück.

Dabei bringt er eine *Iy* Denkbegabung mit. Die *Wy* ausgeprägte Willens- und Bewußtheitsfähigkeit steht wie die anderen Begabungen im Dienste der aufgezeigten Persönlichkeitszüge und wird von ihnen eingesetzt. Insgesamt gesehen entwickelt er an integrierenden, d.h. verarbeitenden Begabungen *we,wm,wk* Bewußtheit und *dk,dp,de* Denken. Bei *we* Entscheidungsweise und Bewußtheitsklarheit kann er das Wesentliche geistiger Probleme *dk* erkennen, d.h. zugleich analytisch denken. Auf dieser Grundlage entwickelt er eine *we#dk* Urteilsweise. Auf die Vielfalt der Eindrücke spricht er *wm* an, wie es seinem Bewußtseinshorizont entspricht. Innere, aber auch äußere Informationen nimmt er geistig *dp* auf, um sie im Zuge der Informationsverarbeitung zu nutzen. Das ist die Grundlage für eine *wm#dp* Lernweise und Informationsverarbeitung. Da er zudem über die Fähigkeit verfügt, sich seiner Bewußtheitsschärfe entsprechend *wk* zu konzentrieren und seine Gedanken und Denkinhalte *de* miteinander zu verknüpfen, steht ihm eine *wk#de* Kombinationsweise zur Bewältigung praktischer Probleme zur Verfügung.

Auf Seiten der assimilierenden, gestaltenden Begabungen finden sich *Vy* Vorstellungs- und *Fy* Fertigungsfähigkeiten. Das *vl* lineare Vorstellvermögen als Basis der Distanzeneinschätzung verbindet sich mit *ff* Fingergeschick zu *vl#ff* Feingeschick. Von der Handfertigkeit her erweist er sich als *fh* entwickelt, und das bei *vp* Formvorstellungsvermögen, so daß damit zu rechnen ist, daß er handwerklich *vp#fh* arbeiten wird. Infolge der *vk* ausgebildeten räumlichen Vorstellfähigkeit und *fk* wirkenden Bewegungskoordination kann im allgemeinen mit einer *vk#fk* Ausführungsweise bei Gestaltungsprozessen gerechnet werden.

Als Material zur Lebensbewältigung und Informationsverarbeitung stehen dieser Persönlichkeit aus subjektiver Sicht insgesamt *Cy und iCy*, dabei

- *nul und inul* zu lebenspraktischen Themen
- *gei und igei* zu geistigen und wissenschaftlichen Fragen
- *pub und ipub* gesellschaftlicher und weltlicher Art

- *wel und iwel* weltanschaulicher und ideologischer Art
- *kus und ikus* kultureller und sprachlicher Art
- *ige und iige* humaner, psychologischer und pädagogischer Probleme
- *maf und imaf* zu Führungs- und Dominationsproblemen
- *men und imen* zu sozialen und Servicethemen
- *wek und iwek* zu Werk- und Qualitätsfragen
- *fos und ifos* zu formalen und Ordnungsstrukturen
- *fot und ifot* zu technologischen und progressiven Problemen
- *bog und ibog* zu ökonomischen und Sicherungsproblemen zur Verfügung, die zusammen mit den Eigenschaften der Persönlichkeit die vorhandenen Begabungen........ ausgerichtet erscheinen lassen.

Dementsprechend liegen ihm Aufgaben und Betätigungen folgender Art am ehesten:

Zu bedenken sind im Rahmen der Lebensgestaltung als hintergründige Störungsquellen dynamischer und struktureller Art:

.-.

Beim Lesen dieses Textprogramms, bei dem an die Stelle der im Schrägdruck gesetzten Codes die entsprechenden Termini aus den Auswertungstabellen[40] zu setzen sind, wird deutlich, wie komplex und differenziert, evtl. auch widersprüchlich eine menschliche Persönlichkeit ist. Und es erscheint wenig ratsam, dieses in ein Gutachten im üblichen Sinne überführen zu wollen. Erstens wird man dabei immer wieder den einen oder anderen Zug unter den Tisch fallen lassen, zweitens kann man das nur in seinem eigenen Stil, den der Leser meistens mißverstehen wird. Schließlich ist das, was dabei entsteht, wie Klages es einmal ausgedrückt hat, ein Kunstwerk, also keine objektive und wissenschaftliche Beschreibung mehr.

Will oder braucht man es nicht so differenziert, sollte man nicht willkürlich das eine oder andere im obigen Text streichen, sondern sich auf die Elemente, evtl. durch syntaktische Komponenten ergänzt, beschränken. Dann

---

[40] vgl. Anhang

erhält man zwar in vielen Details keine Auskünfte, aber der Kern der Individualinstanz wird vollständig beschrieben:

Persönlichkeitskurzbefund (DPbk)

Name:

Alter:

Vorbildung:

Beruf:

Untersuchungsmaterial:

Prüfverfahren:

Die Komplexität und Vielschichtigkeit der menschlichen Persönlichkeit an sich läßt es nicht zu, sie mit wenigen Angaben zu erfassen und zu charakterisieren. Ein solcher Kurzbefund kann daher lediglich als vorläufige Orientierung dienen. Der erste Eindruck, den man von dieser Persönlichkeit gewinnt, pendelt im allgemeinen zwischen *IN* und *iIN*. Dieser bildet sich auf einer *Ing In* Grundlage verbunden mit *iIn* Zügen bei | *In* | Intensität und *Ty* Begabungen.

Auf dieser Basis entwickelt sich eine *Eg* sowie *iEg* Form des Selbst, die von einer *Egs*, dabei *iEgs* Struktur getragen wird. Das führt zu einem *Sbg* aber auch *iSbg* Erlebnisstil auf der Basis einer *Sbs* Erlebnisweise mit *iSbs* Zügen. Dazu trägt ein *Pp* sowie *iPp* Es bei, das die Impulse liefert, sowie ein *Rp* und *iRp* Ich, das die Übersicht und Lenkung managen soll. Nach außen bildet dabei ein *Säg*, aber auch *iSäg* Stil der Begegnung mit der Welt an sich und der Gesellschaft, der von einem *Säs* sowie *iSäs* Verhalten unterstützt wird. Der Umwelt wendet dieser Mensch sich nämlich im allgemeinen *Up*, wenn auch *iUp* zu, während von seinem Überich *Üp* und *iÜp* Impulse ausgehen, die seine Haltung zu und in dieser Welt mitformen.

In sozialer Hinsicht wirkt die Persönlichkeit *Mn* und *iMn* bei vorwiegend *Mns* und *iMns* Verhaltensweisen. Dahinter steht im allgemeinen eine *Geg*, aber auch *iGeg* Einstellung zur Gemeinschaft mit anderen bei *Ges* und *iGes* Reaktionsweisen. Verbunden damit ist eine *Kp* zugleich auch *iKp* soziale Ansprechbarkeit, und das bei einer *Bp* Einstellung mit *iBp* Zügen zu humanen Fragen und Beziehungen. Sobald es um die Auseinandersetzung mit und das Leben in der sozialen Umwelt geht, stößt man bei diesem Menschen auf *Gbg*, aber auch *iGbg* Züge sowie ein *Gbs* und *iGbs* Verhalten. Dieses ist gepaart mit einer *Gp* Bewältigungsweise verbunden mit *iGp* Zügen sowie einer *Sp* und *iSp* Anpassung.

Im Umgang mit den Dingen, Problemen und Aufgaben des Lebens und auch des Berufs stößt man im vorliegenden Falle generell bei diesem Menschen auf einen *Wt* und doch *iWt* wirkenden Handlungsstil auf der Basis einer *Wts* und *iWts* Handlungsstruktur. Dabei werden die mannigfachen Eindrücke von ihm *Weg*, aber auch *iWeg* erfaßt, was auf dem Hintergrund einer *Wes* Grundauffassung des Geschehens mit *iWes* Zügen zu werten ist. Die allgemeine Einstellung zu derartigen Situationen erscheint dabei *Ep* und *iEp*, wobei die erfaßten Inhalte weitgehend *Op* und *iOp* verarbeitet werden dürften. Der Umgang mit den Situationen, Dingen, Aufgaben und Problemen wird im allgemeinen von einem *Wbg* aber auch *iWbg* Aktionsstil im Rahmen einer *Wbs* sowie *iWbs* Weltbewältigungsweise geleitet. Dahinter stehen einerseits Züge von *Fp* und *iFp*, andererseits solche von *Tp* und *iTp*.

Dabei bringt er eine *Iy* Denkbegabung mit. Die *Wy* ausgeprägte Willens- und Bewußtheitsfähigkeit steht wie die anderen Begabungen im Dienste der aufgezeigten Persönlichkeitszüge und wird von ihnen eingesetzt. Insgesamt gesehen entwickelt er an integrierenden, d.h. verarbeitenden Begabungen *we,wm,wk* Bewußtheit und *dk,dp,de* Denken. Bei *we* Entscheidungsweise und Bewußtheitsklarheit kann er das Wesentliche geistiger Probleme *dk* erkennen, d.h. zugleich analytisch denken. Auf dieser Grundlage entwickelt er eine *we#dk* Urteilsweise. Auf die Vielfalt der Eindrücke spricht er *wm* an, wie es seinem Bewußtseinshorizont entspricht. Innere, aber auch äußere Informationen nimmt er geistig *dp* auf, um sie im Zuge der Informationsverarbeitung zu nutzen. Das ist die Grundlage für eine *wm#dp* Lernweise und Informationsverarbeitung. Da er zudem über die Fähigkeit verfügt, sich seiner Bewußtheitsschärfe entsprechend *wk* zu konzentrieren und seine Gedanken und Denkinhalte *de* miteinander zu verknüpfen, steht ihm eine *wk#de* Kombinationsweise zur Bewältigung praktischer Probleme zur Verfügung.

Auf Seiten der assimilierenden, gestaltenden Begabungen finden sich *Vy* Vorstellungs- und *Fy* Fertigungsfähigkeiten. Das *vl* lineare Vorstellvermögen als Basis der Distanzeneinschätzung verbindet sich mit *ff* Fingergeschick zu *vl#ff* Feingeschick. Von der Handfertigkeit her erweist er sich als *fh* entwickelt, und das bei *vp* Formvorstellungsvermögen, so daß damit zu rechnen ist, daß er handwerklich *vp#fh* arbeiten wird. Infolge der *vk* ausgebildeten räumlichen Vorstellfähigkeit und *fk* wirkenden Bewegungskoordination kann im allgemeinen mit einer *vk#fk* Ausführungsweise bei Gestaltungsprozessen gerechnet werden.

Dementsprechend liegen ihm Aufgaben und Betätigungen folgender Art am ehesten:

Zu bedenken sind im Rahmen der Lebensgestaltung als hintergründige Störungsquellen grundsätzlicher Art :

-.-

Auch diese auf das Elementare beschränkte Beschreibung bietet noch eine Fülle von Tatbeständen, die vielfältige Rückschlüsse und Folgerungen zulassen. In einem weiteren Schritt, und der dürfte dann eine Mischung aus geistes- und naturwissenschaftlichen Methoden erfordern, muß es dann darauf ankommen, die den Elementen- und Komponentenzustandswerten zuzuordnenden Verhaltensgestalten herauszufinden und die gefundenen auf ihre Validität und Relianilität zu überprüfen. Erst wenn man diese kennt, läßt sich in einem nächsten Schritt Persönlichkeitsdiagnostik betreiben. Deren Ergebnisse lassen sich dann wieder zur Überprüfung der geisteswissenschaftlichen Konzeption verwenden, wobei aber stets zu berücksichtigen ist, daß wir es hier mit einem hochkomplexen chaotisch-deterministischen System zu tun haben, das zudem nicht der einfachen klassischen, sondern der Fuzzy Logik gehorcht, so daß nur in Mittelwerten klassische Übereinstimmungen zu finden sein werden. Dabei gibt es eine Fülle infrage kommender Verhaltensbereiche und Erfassungstechniken, so daß eine Vielzahl diagnostischer Instrumente denkbar ist, worauf ich hier aber nicht im einzelnen eingehen will. Wesentlich ist allerdings, daß dabei die Gesetze des Übergangs vom Physischen zum Psychischen und umgekehrt grundsätzlich bekannt sind, weshalb wir uns vor weiteren Überlegungen mit ihnen später noch intensiver beschäftigen müssen.

Übereinstimmungen

Wenn man sich mit den Ausführungen der Charakterologen und Persönlichkeitspsychologen unterschiedlicher Coleur beschäftigt, so stellt man vielfältige Affinitäten zwischen den hier entwickelten Größen und deren Faktoren fest. Man stellt dabei aber auch fest, daß viele von ihnen sich immer nur mit einem oder zwei Aspekten der Elemente beschäftigt haben, wie die folgende Übersicht verdeutlicht:

z	**Zyklothymie***(Cattell, Kretschmer)*, Emotionalität *(Waszkewitz)*, Es° *(Freud)*, Seele°˚ *(Klages)*, endothymer Grund °*(Lersch)*, cycloide Disposition *(Guilford)*, Primitivperson° *(v. Holzschuher)*, Intentionalität *(Schultz-Hencke)*, Eshaftigkeit *(Miller)*,
s	**Schizothymie** *(Kretschmer)*, Rationalität *(Waszkewitz)*, Ichhaftigkeit *(allg. Tiefenpsychologie)*, Geist °*(Klages)*, Ich°*(Freud)*, noetischer Oberbau° *(Lersch)*, Noopsyche° *(Pophal)*, Ichstärke *(Cattell)*, Kritiksucht *(Guilford)*, Ordnungsbezüge *(Dührssen)*, Ichperson°*(v. Holzschuher)*,
j	**Intraversion** *(Waszkewitz)*, paranoide Schizothymie *(Cattell)*, Introversion *(C.G. Jung)*, Zurückhaltung *(Guilford)*, Affektstauung, viskös *(Kretschmer)*, spastisch, e*(Szondi)*,
e	**Extraversion** *(C.G. Jung)*, großzügige und unternehmungslustige Zyklothymie *(Cattell)*, Sich-zur-Schautragen *(Klages)*, hysteroid, hy *(Klages, Szondi)*, Durchsetzung als Gegenpol zur Schüchternheit *(Guilford)*, Geltungs- und Darstellungsstreben *(allg. Charakterkunde)*, Kontaktstreben *(Cattell, Guilford)*, Außenwendung *(Verdeutschung der Extraversion)*,

˚ in diesen Fällen liegen Tendenzen in Richtung zugehörigem Element vor

r	**Retention** *(Schultz-Hencke),* Gelassenheit*(Guilford),* Egosystole, k *(Szondi),* Phlegma *(klassische Temperamentenlehre),* phlegmatische Frustrationstoleranz *(Cattell),* Analität *(Freud),* Selbstbehauptung *(Klages),*
k	**Kaptation** *(Schultz-Hencke),* Oralität *(Freud),* Egodiastole, p *(Szondi),* cholerisch *(klassische Temperamentenlehre),* Hyperaktivität *(Cattell),* Impulsivität *(Guilford),* Schwung*(allg. Charakterkunde),* Expansionsdrang *(Waszkewitz),*
p	**Pathik** *(Lersch),* Weiblichkeit *(Weininger),* Femininität *(Psychiatrie),* Sozialisation *(Guilford),* empfindsame und einbildungsreiche Emotionalität *(Cattell),* Hingabe *(Dührssen),* Weichheit *(allg. Charakterologie),* soziale Anpassung *(Waszkewitz),* h *(Szondi) ,*
a	**Aktivität** *(Waszkewitz),* Aggression *(Freud),* Dominanz *(Cattell),* Männlichkeit *(Weininger),* Feindseligkeit *(Guilford),* Durchsetzung *(allg. Charakterologie),* s *(Szondi),*
d	**Depressivität** *(Psychiatrie),* Melancholie, *(klassische Temperamentenlehre),* Schwermut, Tiefsinn, Ernst, Getragenheit *(allg. Charakterkunde),* melancholische Tendenz *(Cattell),* Depression *(Guilford),* d *(Szondi),*
m	**Manie** *(Psychiatrie),* sanguinisch *(klassische Temperamentenlehre),* Selbstsicherheit *(Cattell),* Selbstvertrauen *(Guilford),* Risikobereitschaft *(Verkehrspsychologie),* m *(Szondi),*
h	**humane** Conjunktivität *(Waszkewitz),* Gefühlstiefe *(Klages),* sensitive Überempfindlichkeit *(Guilford),* Sozialisiertheit, Kultiviertheit *(Cattell),* Gemüt *(Klages, allg. Charakterologie),*
v	**Versatilität** *(Waszkewitz),* Wachsamkeit *(Guilford),* bohemienhafte Unbekümmertheit *(Cattell),* Gefühlslebhaftigkeit *(Klages),*
l	**Lebensbedürfnisse** *(Waszkewitz),* organische Bedürfnisse *(Guilford),* Geschlechtserg *(Cattell),* Genußbedürfnisse *(allg. Charakterologie),* physiologische Grundbedürfnisse *(Maslow)*
g	**Geistige Bedürfnisse** *(Waszkewitz),* Neugier *(Kinderpsychologie),* Neugier-erg *(Cattell),* wissenschaftliche Interessen*(Guilford),* intellektuelle Bedürfnisse *(Murray)*

c	**Caritative Bedürfnisse** *(Waszkewitz)*, Schutz-erg*(Cattell)*, soziale Bedürfnisse *(Maslow)*, soziales Fürsorgebedürfnis *(Guilford)*
b	**Machtstreben** *(Adler)*, politische Werthaltung *(Spranger)*, Leistungsbedürfnis *(Guilford)*, Durchsetzungs- und Feindseligkeitsbedürfnis *(Cattell)*, Bedürfnis des Machens (*Klages)*, Bewältigungsbedürfnis *(Waszkewitz)*
o	**Ordnungsbedürfnisse** *(Guilford)*, Systematisierungsbedürfnisse *(Waszkewitz)*, ästhetische Vernünftigkeit (Regelung) *(Klages)*
q	**Qualitätsbedürfnisse** *(Waszkewitz)*, ästhetische Bedürfnisse (Gestaltungsdrang) *(Klages)*, musische Bedürfnisse *(Pädagogik)*, künstlerische Bedürfnisse *(Murray)*
n	**Bedürfnisse der Nähe** *(Lersch)*, Bedürfnis nach sicherer und vertrauter Umgebung *(Guilford)*, Traditions- und Besitzbedürfnisse *(Klages)*, ökonomische Bedürfnisse *(Spranger)*
f	**Bedürfnisse der Ferne** *(Lersch)*, Bedürfnisse nach Neuem und Veränderung *(Waszkewitz)*, spontane Egoismen (*Klages)*, Bedürfnis nach Umsturz und Revolution *(Guilford)*, Reformbedürfnisse, Fortschrittsstreben *(allg. Charakterologie)*
t	**Taxonomische Bedürfnisse** *(Waszkewitz)*, Bedürfnis nach Werten, ethische Vernünftigkeit *(Klages)*, ideologische Bedürfnisse *(Maslow)*, ethische Werthaltungsbedürfnisse *(Spranger)*, religiöse Bedürfnisse (sentiments) *(Cattell, Guilford)*
w	**Weltliche Bedürfnisse** *(Waszkewitz)*, Bedürfnisse nach Zuwendung *(Guilford)*, Prestige und Anerkennung *(Maslow)*, Darstellungsstreben *(Pophal)*, Geselligkeitsbedürfnisse(-erg) *(Cattell)*, Selbstschätzungsbedürfnisse *(Klages)*
x	**Individuationsbedürfnisse** *(Waszkewitz)*, Bedürfnis nach Selbstbestimmung *(Guilford)*, Bedürfnis nach Selbstverwirklichung *(Maslow)*, Selbstsentiments *(Cattell)*
u	**Universale Bedürfnisse** *(Waszkewitz)*, kulturelle Bedürfnisse *(Guilford, Cattell)* , schöngeistige Bedürfnisse *(allg. Charakterologie)*

we	**Willensenergie** *(Mierke)*, Entschlußkraft *(Klages)*, Bewußtseinsstärke *(Waszkewitz)*, Entscheidungskraft
wm	**Willensmobilität** *(Mierke)*, Willensansprechbarkeit *(Klages)*, Bewußtseinsweite *(Waszkewitz)*, fluktuierende Aufmerksamkeit *(Rohracher)*, Horizontweite der Aufmerksamkeit
wk	**Willenskonstanz** *(Mierke)*, Willensfähigkeit der Gefühle *(Klages)*, Konzentration, fixierende Aufmerksamkeit *(Rohracher)*, Bewußtseinsschärfe *(Waszkewitz)*
dk	**Kanaltrennung des Denkens** *(Waszkewitz)*, Tiefendimension der Intelligenz *(Wenzl)*, geistige Unterscheidungsfähigkeit, Trennung des Wesentlichem vom Unwesentlichen, analytische Intelligenz *(Sternberg)*
dp	**Intellektuelle Plastizität**, *(Mierke)*, intellektuelle Adaptionsfähigkeit, *(Piaget)*, Breitendimension der Intelligenz *(Wenzl)*, geistige Aufnahmefähigkeit und Anpassungsfähigkeit, Einfälle, kreative Intelligenz *(Sternberg)*, Denkplastizität *(Waszkewitz)*
de	**Intellektuelle Elastizität** *(Mierke)*, Beweglichkeit des Denkens *(Klages)*, geistige Verknüpfungsfähigkeit, Höhendimension der Intelligenz *(Wenzl)*, Kombinationsgabe, praktische Intelligenz *(Sternberg)*, Denkelastizität *(Waszkewitz)*
ff	**Feingeschick**, Fingergeschick, Feinbeweglichkeit, manuelles Feingeschick *(Huth)*
fh	**Handgeschick**, manuelle Fähigkeiten in der Materialgestaltung, soweit es sich nicht nur um Feinstarbeiten handelt *(Huth)*
fk	**Bewegungskoordination**, Geschicklichkeit und Harmonie der Bewegungskoordination, wozu u. a. auch das Beidhandgeschick gehört
vl *	**Lineare Vorstellfähigkeit**, Augenmaß, Distanzerfassung, Einschätzung von Entfernungen und Abständen, auch bei Vorstellungen
vp *	**Planare Vorstellfähigkeit**, Formvorstellvermögen, Flächenvorstellvermögen, Einschätzung von Form- und Flächenrelationen , zur Präsentation von Vorstellungen

vk *'	**Kubische Vorstellfähigkeit**, räumliches Vorstellungsvermögen, Befä-
	higung zur Umsetzung zweidimensionaler Darstellungen sowie von
	Vorstellungen ins Plastische und Dreidimensionale.

Da es für strenge Behavioristen keine generellen Persönlichkeitsfaktoren gibt, tauchen diese in dem Verzeichnis als Autoren nicht auf, während sich zwischen den geisteswissenschaftlichen und den naturwissenschaftlichen[41] Ansätzen vielerlei Übereinstimmungen in sich und mit dem obigen Beschreibungssystem ergeben.

---

* nähere Angaben hierzu in Arnold/Eysenck/Meili. Lexikon der Psychologie, Freiburg 1987
[41] wozu auch die Faktorenanalytiker zu rechnen sind.

Zwischen Input und Output

Wahrnehmungsphänomene

Die Psychologie hat sich seit ihren Anfängen als Wissenschaft intensiv mit dem Problem beschäftigt, welche Zusammenhänge zwischen dem Input und den sog. Empfindungen bestehen. Insbesondere war sie daran interessiert, welche Folgen Veränderungen der Reizstärke für die der Empfindungsstärke (besser Wahrnehmungsstärke) beim Menschen haben. Mögen die Nervenleitungen auch, nach dem heutigen Wissensstande, Reizstärke und Reizqualitäten proportional weiterleiten, spätestens in den von den Rezeptionszentren ausgehenden Impulsen findet eine Änderung statt.

Insbesondere Weber und Fechner, aber auch andere haben eine Vielzahl von Experimenten erdacht und durchgeführt, um Antwort auf diese Fragen geben zu können. Ihre Ergebnisse werden allerdings vielfach nicht richtig wiedergegeben und vor allem oft unrichtig interpretiert. So ergab sich nach Rohracher - in seiner Einführung in die Psychologie - *„Die Reizstärke muß in einem gleichbleibenden Verhältnis steigen, damit aufeinanderfolgende Reize als eben merklich stärker empfunden werden ‚oder' die relative Unterschiedsschwelle bleibt konstant."*[42] Das heißt:

$$E= k*ln(R-R_0)+C$$

Hofstätter schreibt im Fischer Lexikon Psychologie unter dem Stichwort **Psychophysik** dazu *„Sowohl das Webersche als auch das Fechnersche Gesetz (ein >Weber-Fechnersches Gesetz< gibt es nicht!) haben sich in der empirischen Forschung als bloße Approximation der tatsächlichen Verhältnisse erwiesen; sie gelten meist nur im Mittelbereich des Reizkontinuums, der allerdings für praktische Zwecke und im Alltagsleben am wichtigsten zu sein pflegt."* [43]

Sicher, Weber und Fechner haben ihre Erkenntnisse nicht zusammengeführt, was aber keineswegs ausschließt, daß spätere Generationen die-

---

[42] H. Rohracher: Einführung in die Psychologie, 5. Aufl.
[43] P.R. Hofstätter: Psychologie a. a. O. Stichwort *Psychophysik*

ses tun und dann von einem Weber-Fechnerschen Gesetz sprechen. Das trifft auch auf Witting zu, der in seiner Differentialrechnung die Ergebnisse beider Gesetze miteinander verbunden und mathematisch analysiert hat „*Bei einer gewissen Reizschwelle R_0 beginnt die Empfindung E, die bei wechselndem Reiz R bis zu einem Höchstwert H der Empfindung ansteigt. Der Zuwachs ΔE ist nun proportional zu dem Zuwachs ΔR des Reizes und zugleich proportional der Differenz (H-E). Wir erhalten also zunächst die Differenzgleichung*

$$\Delta E = k*(H-E)*\Delta R,$$

die empirisch gefunden wurde. Gehen wir nun zur Differentialgleichung über $dE=k*(H-E)dR$, so kommt als Lösung in bekannter Weise

$$\ln(H-E) = - k*R + C.$$

Aus der Bedingung E=0 für $R=R_0$ ergibt sich $C = kR_0 + \ln H$ und daraus die Gleichung:

$$E = H\left(1 - e^{-k(R-R_0)}\right)$$

die natürlich nur für $R > R_0$ gilt." [44]

Berücksichtigt man nun, daß die Stimuli, also die wirkenden Reizsituationen bzw. ihre nervösen Abbilder als Schwingungsvorgänge nicht durch reelle Werte allein beschrieben werden können und zudem nicht isolierte Reize wirken, sondern stets eine Kombination von Figur- und Hintergrundfaktoren Grundlage der Bildung der Erregungsgestalten ist, so muß man zunächst den nur reellen Ansatz der Psychophysik verlassen. Wir müssen vielmehr feststellen, daß die Erregungsgestalt von Figurstimuli St_f und Hintergrundstimuli St_h bestimmt wird, wobei sich rein quantitativ die Werte beider im Sinne komplexer Zahlen darstellen lassen. Das bedeutet, daß sich bei einer Fortsetzung ins Qualitative das Ergebnis von Witting wie folgt ändert:

$$Eg = H_{E*}\left(1 - e^{-\lambda(St_f + St_h)}\right)$$

---

[44] Witting: Differentialrechnung, Sammlg. Göschen, Bd. 87, 1949

Setzt man für $St_f + iSt_h = St' + iSt'' = St$, so erhält man für die Wahrnehmung, die eine Funktion der sich bildenden Erregungsgestalt und der Persönlichkeit bzw. der Individualinstanz ist, (Wg=f(Eg,In)

$$Wg = H_{E'}(1 - e^{-\lambda(St+In)})$$

(In= Individualinstanz= Persönlichkeitsmodell)

als Übergangsfunktion von den Stimuli als Reizfolge im Kognitionsprozeß zur Wahrnehmung. Diese Funktion zeigt einmal, daß sowohl die im Weberschen als auch die im Fechnerschen Gesetz dargelegten Sachverhalte dadurch beschrieben werden. Zugleich ergeben sich daraus die individuellen Unterschiede der Wahrnehmung bei gleichen Stimulikonfigurationen. Ferner wird deutlich, daß auch in den Grenzbereichen, in denen St gegen Null geht, von der Individualinstanz Impulse für eine „Wahrnehmung" ausgehen können, worauf noch zurückzukommen sein wird. Schließlich ergibt sich unter Berücksichtigung dessen, daß St eine Summe im Komplexen ist, daß es im Quantitativen stets auf Reizfigur und Reizhintergrund ankommt, was besonders in den Grenzbereichen zu Unterschieden gegenüber den Ergebnissen mit Funktionen im Reellen führen muß. Es handelt sich hier also nicht mehr um eine gestaltidentische, sondern um eine konforme Abbildung. Das berücksichtigt auch der neuere Ansatz mit dem Potenzgesetz:

$$Wp = \kappa\phi^a \quad [45]$$

nicht.

Ein wesentliches Problem der Wahrnehmungspsychologie bleibt damit einerseits die Größe H_E, die letztlich ein Maß für die individuelle Höchstgrenze, damit für die Spanne der Wahrnehmungsintensität, also auch ihre Differenzierung darstellt. Da diese bei ein und demselben Individuum für die verschiedensten Sinnesgebiete keineswegs gleich sein muß, ergeben sich naturgemäß bei jedem einzelnen Menschen unterschiedliche Differenzierungen für die verschiedenartigen Wahrnehmungsfelder. Entsprechendes gilt auch für λ im Exponenten, der für die Unterschiedsschwelle steht, die selbstver-

---

[45] vgl. Arnold/Eysenck/Meili: Lexikon der Psychologie, Freiburg 1987, Stichwort:*Psychophysik*

ständlich auf verschiedenen Sinnesgebieten unterschiedlich ist. Allerdings muß man zudem damit rechnen, daß auch diese Größe keineswegs bei verschiedenen Menschen gleich ist. Es ist nach meinen Erfahrungen - besonders in der Pädagogik, Berufsberatung und Personalauslese - vielmehr davon auszugehen, daß auch λ individuell unterschiedliche Werte annimmt, wenn ich auch keine Gelegenheit hatte, dieses zu messen.

Diese Überlegungen zeigen deutlich, daß schon rein von der Signalverarbeitung her erhebliche Unterschiede zwischen den Individuen bestehen, also die Umwelten der Menschen sich in vielerlei Hinsicht unterscheiden. Damit wird es dann allerdings schwierig, den chemisch-physikalischen Realitäten, d.h. auch den Nachrichten aus dem zentralnervösen System generell Informationswerte zuzuordnen. Das ist sicher auch einer der Gründe, weshalb Testwerte keineswegs ohne eine sorgfältige Exploration und möglichst nicht ohne Verhaltensanalyse zu bewerten sind. Hinzu kommt naturgemäß der Einfluß der Individualinstanzstruktur auf die Wahrnehmung gemäß Verhaltenssteuerungsmodell, wodurch weitere Unterschiede der Interpretation der Signalgestalten entstehen.

Die Ergebnisse der Ausdruckspsychologie

Auch mit der Übergangsfunktion vom „Psychischen" zum Verhalten haben sich viele Autoren beschäftigt. Zunächst war dieses die Domäne der Ausdrucksforscher, allen voran Darwin, Piderit, Klages, Pophal u.a..[46] Die Dissertation des Verfassers brachte eine erste Korrektur der Analogietheorien der klassischen Ausdruckspsychologie. Eine völlige Neubearbeitung und Herleitung der Ausdrucksgesetze ging 1959 vom Verfasser aus und fand ihren Niederschlag in *Abriß der Ausdruckstheorie*, die damals in der Psychologischen Rundschau erschien. Unter Verwendung mathematischer Leerstruk-

---

[46]vgl. Waszkewitz: 1952_Ausdruckspsychologie (pdf-Datei), auch Waszkewitz: Wissenschaftliche Graphologie, Teil I, Stuttgart 1998

turen der Differential- und Integralrechnung gelang es, zu noch präziseren Erkenntnissen vorzudringen.[47]

Etwa zum gleichen Zeitpunkt vollzog sich auch in der deutschen Psychologie ein Wandel, der für die weitere Arbeit der Ausdruckspsychologen entscheidend war. Die allgemeine Wendung zur Sozialpsychologie läßt die rein individuelle Betrachtungsweise ihre souveräne Stellung verlieren. Die Umwelt, also auch die jeweilige Umweltsituation, gewinnen an Bedeutung. Damit kommt es zur Erkenntnis, daß die bisherigen Überlegungen relativ sind, zumal die Ausdruckspsychologie in ihren Ausdrucksgesetzen diese Einflüsse kaum oder gar nicht beachtet hatte, wenn die Praktiker sich ihrer Bedeutung auch stets bewußt waren. Hier fand also der entsprechende Prozeß statt wie in der Wahrnehmungspsychologie durch die Berücksichtigung der Individualinstanz.

Verhaltensanalytische Ergänzungen

Auch vom Standpunkte einer kybernetischen Psychologie ließ sich die isolierte ausdruckspsychologische Behandlung dieser Fragestellungen nicht aufrechterhalten. Es wurde erforderlich, den Input zu integrieren. Zudem war zu beachten, daß die psychischen Faktoren keine linearen bzw. skalaren Größen sind. Eine Darstellung der wirkenden Algorithmen im Reellen konnte diesen Erkenntnissen nicht gerecht werden. Nur durch eine Fortsetzung ins Komplexe bestand evtl. die Möglichkeit, zu Übergangsfunktionen vorzudringen, die den Beobachtungen gerecht werden. Führt man eine solche Fortsetzung ins Komplexe durch, so erhält man als Funktion im Komplexen:

$$Ve = H_v(1 - e^{-\mu(Wg+In)})$$

Ohne uns zunächst um die Entstehung von Wg zu kümmern (s.o.) läßt sich auch hier wieder feststellen, daß Veränderungen im Ergebnis, also im Verhalten um so geringer werden, je größer (Wg+In) wird. Das haben auch die

---

[47] Waszkewitz: Abriß der Ausdruckstheorie in Psychologische Rundschau Heft 3/X/59 S. 191ff; Waszkewitz: Persönlichkeit und Verhalten, Stuttgart 1998, S. 83 ff

neueren Simulationsrechnungen gezeigt[48]. Um im einzelnen verständlich zu machen, was diese Funktion bedeutet, müssen wir sie ein wenig unter Zuhilfenahme der Erkenntnisse der Funktionentheorie interpretieren.

Zu diesem Zwecke vergegenwärtigen wir uns zunächst, daß es sich bei einer solchen negativen e-Funktion im Komplexen um eine sog. konforme Abbildung handelt. Das weist uns darauf hin, daß hier eine andere Art der Abbildung stattfindet als sie von der bisherigen Ausdruckspsychologie beschrieben wurde. Es ergibt sich auch hier eine Gestaltidentität, aber nicht durchgängig, sondern nur bei kleinen Änderungen. Bei größeren Änderungen in **Wg** oder **In** kann man nicht mehr von einer Gestaltgleichheit sprechen. Da derartige größere Änderungen im Input in der Realität aber die Regel sind, müssen wesentliche Verhaltensänderungen bei den Menschen einkalkuliert werden, wenn hier auch die wirkende Fuzzy Logik vor Extremen bewahren dürfte. Das gilt natürlich besonders in Krankheitsfällen und bei außergewöhnlichen äußeren Umständen. Man kann daher hier in der Analyse auch nicht nach den Prinzipien der klassischen Kausalität im Sinne streng determinierter Systeme detailhaft vorgehen. Das bedeutet, daß Prognosen mit erheblichen Unsicherheiten behaftet sein werden, die nicht berücksichtigt zu haben, eine der wesentlichen Fehlerquellen der klassischen Ausdruckspsychologie darstellt.

Infolge der Verlegung ins Komplexe beschreibt die Grundgleichung zugleich eine Drehung der Abbildung gegenüber dem Abgebildeten. Dieser Tatbestand ist allgemein geläufig, etwa wenn ein Affekt auf ein anderes Ziel als seinen Auslöser gerichtet wird. Eine weitere Eigenschaft der Grundgleichung ist ihre endliche Periodizität. Das bedeutet, daß jedes Verhaltenssymptom mehrere, aber keineswegs unendlich viele Hintergründe (Komponenten und Elemente) aufweisen kann. Daraus ergibt sich im Hinblick auf die Vielzahl der St' und St'', daß nur eine begrenzte Zahl von Elementen der Individualstruktur als Wirkungsgrößen infrage kommt. Eine Auflösung dieser qualitativen Vieldeutigkeit dürfte nur auf dem Wege über die Komplexdiag-

---

[48] B. Waszkewitz: Psychologie der Persönlichkeit, S. 167ff, Stuttgart 2003

nostik möglich sein, wobei auch die Technik der Parallelverfahren und Mehr-fachuntersuchungen eine wichtige Rolle spielt. Demgegenüber verliert die früher vielfach diskutierte quantitative Vieldeutigkeit an Bedeutung, wenn auch eine gewisse quantitative Unbestimmtheit infolge der mangelhaften Kenntnis der Werte Hv und μ zurückbleibt.

Während die bisherigen Überlegungen mehr eine allgemeine Inter-pretation der Grundgleichung umfassen, müssen wir nun feststellen, ob sich aufgrund funktionentheoretischer Erkenntnisse weitere Schlüsse ziehen lassen. Dabei ist zunächst auf den Cauchyschen Integralsatz hinzuweisen:

„Ist f(z) in einem einfach-zusammenhängenden Gebiet regulär, so ist

$$\oint_{(C)} f(z)dz$$

Null, wenn C einen beliebigen geschlossenen in G liegenden Weg bezeichnet."[49]

Um daraus das verhaltensanalytisch relevante Ergebnis zu ge-winnen, muß zunächst festgestellt werden, was das Integral als solches für uns aussagt. Eine geometrische Interpretation wie im Reellen ist hier nicht möglich, lediglich eine Bedeutungsübertragung. Danach stellt das Integral die Gesamtheit des psychischen Ablaufes bzw. des Verhaltens in der Situati-on dar. Das bedeutet dann psychologisch, daß das Integral des Verhaltens-symptomwertes gleich Null ist, wenn von Wg_0 ausgehend zu einem belie-bigen Zustand Wg der Weg sich bei Wg_0 wieder geschlossen hat. Anders formuliert heißt dieses, daß das Ruheverhalten identisch bleibt, solange Wg sich nicht dauerhaft ändert. Das erklärt, weshalb viele Reize und Erregungen im Verhaltensbild keine dauerhaften Spuren hinterlassen. Diese dauerhaften Spuren können erst dann entstehen, wenn bei gleichbleibenden St Verände-rungen in In entstehen bzw. umgekehrt. Treten solche dauerhaften Ver-änderungen in Wg und In zugleich auf, läßt sich über das Ergebnis erst etwas

---

[49]K. Knoop: Funktionentheorie I und II, Sammlung Göschen Bd. 668 und 703

sagen, wenn man die Resultanten beider vorher und nachher miteinander vergleicht.

Ein weiterer Satz der Funktionentheorie lautet:

„Ist f(z) eine im Gebiet G eindeutige und stetige Funktion, ist z= z° ein beliebiger, aber weiterhin fester Punkt in G und ist das Integral

$$\int_{z^{\circ}}^{z} f(z)dz$$

unabhängig vom Wege, wofern dieser nur ganz in G verläuft, so liefert sein Wert eine in G reguläre Funktion F (z) der oberen Grenze z, falls dieser Punkt und der Integrationsweg ganz in G liegen." [50]

Dieser Satz greift noch einmal auf, daß das Integral vom Wege unabhängig ist, nicht aber unabhängig von Wg. Psychologisch bedeutet dieses, daß es auf den Endzustand Wg_1+In ankommt, aber nicht darauf, wie und auf welchem Wege es dazu gekommen ist. Das ist für die psychologische Verhaltensanalyse besonders bedeutsam, denn sie braucht folglich nicht zu prüfen, auf welchen Wegen es im Einzelfalle zu der jeweils beobachteten Konstellation gekommen ist[51]. Das bestätigen die Ergebnisse der praktischen Diagnostik, die sonst de facto unmöglich wäre. Zum anderen zeigt obiger Satz, daß die Gesamtheit des Verhaltens, die im Integral zum Ausdruck kommt, eine reguläre Funktion, also eine konforme Abbildungen einschließende Funktion der Grenzbedingungen des Verhaltens darstellt.

Unsere Abbildungsfunktion ist eine periodische Funktion, die keine Häufungsstellen im Endlichen hat.[52] Im Endlichen - dem wissenschaftlich untersuchten Bereich - können demnach nur endlich viele Möglichkeiten für Σ(Wg+In) bestehen. Infolgedessen kann es nur eine endliche Zahl von In-Werten, also individualinstanzlichen Dimensionen geben. Das entspricht den

---

[50] K. Knopp: a. a. O.
[51] solange der Weg in G, also im „Gewohnten und Bekannten" bleibt
[52] K. Knopp: a. a. O.

Erkenntnissen der kybernetischen Persönlichkeitstheorie ebenso wie denen der Faktorenanalytiker.

Interpretation der Übergangsfunktionen

Ausgehend von der Tatsache, daß Grundlage dieses Informationsverarbeitungsprozesses die nervösen Vorgänge - somit ein physisches Geschehen - sind, muß nun zunächst die Frage beantwortet werden, welche Umformungen beim Übergang vom Physischen zum Psychischen und umgekehrt stattfinden. Diese Übergangsfunktionen sind sehr kompliziert und lassen sich nur mathematisch behandeln und beschreiben, wie schon Roth in Anlehnung an Händler[53] dargelegt hat. Nachfolgend will ich versuchen, die wesentlichen Aussagen dieser Übergangsfunktionen in die Sprache zu übersetzen - wenigstens näherungsweise -.

1. Zwischen den Stimuli (St) und der Wahrnehmung (Wg) besteht keine eindeutige und konstante Beziehung, denn es herrscht eine konforme Abbildung, d.h. keine Kongruenz und nur bei kleinen Änderungen eine Ähnlichkeit und Gestaltidentität. Aufgrund dieser Stimuli-Wahrnehmungs-Inkonstanz lösen gleiche Reizkonfigurationen u.U. unterschiedliche Wahrnehmungen aus, was auch damit zusammenhängt, daß die Wirkungen der Individualinstanz nicht immer gleichbleibend sind.

2. Erregungsgestalten als Basis der Wahrnehmung unterliegen der spontanen Tendenz zur gestalthaften Organisation, d.h., daß die Einzelreize wie gemeinsam wirkende Kräfte zu einer Einheit verbunden werden, der die Einzelwerte nicht ohne weiteres entnommen werden können. Diese Strukturierungstendenz ist die Basis der Ganzheitlichkeit der Wahrnehmung und ihrer Inobjektivität.

3. Die Wahrnehmungsgestalten heben sich als abgesonderte, umgrenzte, gegliederte und möglichst geschlossene Bereiche (Figuren) von einem wenig

---

[53] E. Roth: Persönlichkeitspsychologie, 6. Aufl.

oder unstrukturierten (imaginären) Grund ab, der meistens nicht bewußt wird. Diese Figur-Grund-Trennung wird ebenfalls von der Individualinstanz (In) mitbestimmt und bedingt die Subjektivität der Wahrnehmung mit.

4. Wahrnehmungsgestalten werden infolge der Mitwirkung der Individualinstanz an ihrem Zustandekommen als bedeutungsvoll erlebt. Diese Wahrnehmungssemantik, d.h. das Versehen der Reizkonfigurationen mit Bedeutungen, ist also eine Funktion der Individualinstanz und ihrer Besonderheit und damit Auslöser entsprechenden Verhaltens.

5. Durch Kurzzeitigkeit der Darbietung oder Unvollständigkeit der Stimuli uneindeutige Erregungsgestalten werden durch die Prägnanztendenz zu möglichst symmetrischen und vollständigen Wahrnehmungsgestalten ergänzt, die nicht der vorhandenen Reizkonfiguration entsprechen müssen. Das erleichtert die Orientierung bei unvollständiger Reizaufnahme, birgt aber die Gefahr von Falschwahrnehmungen.

6. Durch Mitwirkung der Individualinstanz entsteht u.a. auch bei Änderungen der Reizkonfiguration eine Konstanz der Wahrnehmungsinhalte, die durch die Mitwirkung des Speichers und seiner Inhalte an der Wahrnehmung zustandekommt. Dieses Konstanzprinzip bewirkt, daß Inhalte auch unter veränderten Darbietungsbedingungen erkannt werden können, etwa Kohle im Keller und im Sonnenlicht als solche.

7. Gleich strukturierte Reizkonfigurationen führen auch bei Verschiedenheit der Einzelreize zu gleichartigen Erregungsgestalten. Diese Transposition ermöglicht z.B. das Wiedererkennen einer Melodie in anderer Tonart.

8. Die Wahrnehmungsintensität wird sowohl von den Figurstimuli- als auch von den Hintergrundstimuliintensitäten bestimmt, ist also auch eine Folge des jeweils herrschenden Kontrastes.

9. Die Verhaltensintensität ($|Ve|$) wird - abgesehen von Dämpfungsfaktoren - primär von der Ausschlagsfähigkeit des Verhaltensapparates(H_V) bestimmt.

10. Eine Steigerung des Aufnahmesensibilitätspotentials (H_E) führt ebenfalls zu einer Intensivierung des Verhaltens, so daß auch die individuelle Aufnahmesensibilität für die Intensität individueller Reaktionen bedeutsam ist.

11. Wachsende Stimuliintensität steigert die Verhaltensamplitude, d.h. Ausschläge und Wirkungen des Verhaltens. Je stärker die Reize, um so intensiver sind im allgemeinen die Reaktionen.

12. Wachsende innere Spannungen der Individualinstanz steigern ebenfalls die Verhaltensamplitude, führen zu heftigeren Reaktionen.

13. Die Verhaltensamplitude fällt beim Übergang zu In -> 0 stärker ab als beim Übergang St -> 0, d.h. die Verhaltensintensität wird stärker von den Persönlichkeitsspannungen als von der Stimuliintensität beeinflußt.

14. Die Abbildung des Psychischen auf das Verhalten ist ebenfalls eine konforme Abbildung. Das heißt, daß nur bei kleinen Änderungen der Resultante aus Wahrnehmung und Individualinstanz die zugehörige Verhaltensänderung gestaltgleich bzw. ähnlich oder analog ist, keineswegs aber kongruent ist. D.h., kleine Verhaltensänderungen lasen auf kleine psychische Änderungen schließen, während große Änderungen im allgemeinen auf andersartige psychische Faktoren hinweisen.

15. Das Verhalten ist grundsätzlich von der Resultante aus Wahrnehmung und Individualinstanz bestimmt, somit von Umwelt (nicht zu verwechseln mit Umgebung) und Persönlichkeit abhängig.

16. Bei der Abbildung der Resultanten aus Wahrnehmung und Individualinstanz, aber auch schon jener aus Erregungsgestalt und Individualinstanz können Richtungsverschiebungen auftreten, die am Verhalten nicht ablesbar sind. Das schränkt die Möglichkeit ein, dem Verhalten semantische (Bedürfnis-)Aspekte zu entnehmen.

17. Jede Verhaltenserscheinung ist vieldeutig hinsichtlich dessen, was sie über die Besonderheit der Individualinstanz aussagt.

18. Erst die Analyse des Verhaltens unter verschiedenen Reizkonfigurationen ermöglicht eine genauere Bestimmung der Faktoren der Individualinstanz

19. Gleichstarke Änderungen des Verhaltens erfordern zu ihrem Zustandekommen um so stärkere Änderungen der Resultante aus Wahrnehmung
und Individualinstanz je mehr sich der Ausgangszustand der Ausschlags-
fähigkeitsgrenze (H_v) nähert.

20. Dauerhafte Änderungen des Verhaltens eines Menschen treten nur dann
auf, wenn eine dauerhafte Änderung der Individualinstanz und/oder der
Stimulikonfiguration vorliegt, die nicht mit der objektiven Reizkonfiguration verwechselt werden darf. Dauerhafte Verhaltensänderungen setzen also Persönlichkeitsänderungen und/oder Umweltänderungen voraus.

21. Jede Verhaltensäußerung kann die konforme Abbildung:

· einer ihm in Sinne des psychophysischen Parallelismus einfach und direkt
zugeordneten Erscheinung wie „Verhaltenslebhaftigkeit: innerer Lebehaf-
tigkeit" (**direkte Konformität**)

· einem vom Individuum verfolgten Zweck und sei dieser auch rudimentär
wie „Zähnefletschen: Abwehr, Wut" (**Zweckkonformität**)

· einer von der gestalteten Materie geforderten Gesetzmäßigkeit, wie „Nor-
mschrift: Beschriftung technischer Zeichnungen" (**unpersönliche Gestaltung)**

· einer bewußten persönlichen Absicht oder Haltung der Persönlichkeit, soweit diese der tatsächlichen psychischen Struktur gemäß ist, wie „Anfangs-
betonung in der Schrift: Geltungsstreben (**Gestaltungskonformität aus
Wahlverwandtschaft)**

· einer bewußten persönlichen Absicht oder Haltung der Persönlichkeit, soweit diese der tatsächlichen psychischen Struktur derselben kompensatorisch überlagert ist, wie „Verschnörkelung: Übertönung von Kleinheitsge-
fühlen (**Kompensations- bzw. Substitutionsgestaltungskonformität)**

· einer unbewußten persönlichen Absicht oder Haltung der Persönlichkeit,
soweit diese der tatsächlichen psychischen Struktur gemäß ist, (**Darstel-
lungskonformität aus Wahlverwandtschaft)**

· einer unbewußten persönlichen Absicht oder Haltung der Persönlichkeit,
soweit diese der tatsächlichen psychischen Struktur derselben kompensato-

risch überlagert ist,(**Kompensations- oder Substitutionsdarstellungskonformität**)

· einer vitalräumlichen Einbettung von biologisch-zweckgerichteten persönlichen Vorgängen, wie „vom Körper wegweisende Bewegungen : Hinwendung, Expansion" (**vitalräumliche Einbettungskonformität**)

· einer von Erziehung und Umwelt beeinflußten Abbildung von der Persönlichkeit vorgestellter Umweltsituationen wie abendländisch „links: Vergangenheit; rechts: Zukunft; oben: Geistiges; unten: Triebhaftes usw." (**vorstellungsräumliche Einbettungskonformität**)

sein.

22. Rückschlüsse aus dem Verhaltensgesamt auf die Beschaffenheit der Individualinstanz, also der individuellen Persönlichkeit, sind nur möglich, soweit ein entsprechendes Modell der Individualinstanz und ihrer Dimensionen sowie der Stimulikonfigurationen vorliegt. Das gilt nur unter den Einschränkungen von Satz 16.

23. Das Verhältnis der Werte von Wahrnehmung und Individualinstanz entscheidet darüber, ob das Verhalten eines Menschen mehr von seiner Persönlichkeit oder der wahrgenommenen Situation bestimmt wird

Betrachten wir nun wieder das IVS-Mensch-Modell von vorhin, so stellen wir zunächst fest, daß die aus den Stimuli aufgebauten Erregungsgestalten unserem Erleben - zumindest unserem bewußten Erleben - nicht zugänglich sind. Sie werden von den Rezeptionszentren anscheinend in alle Richtungen ausgestrahlt. Dabei erregen sie auch die Faktoren der Individualinstanz. Bei ihrer Weiterführung in die Rindenregionen, in denen der Wahrnehmungsprozeß sich vollzieht, treffen sie hier mit den Reaktionen der Individualinstanzfaktoren zusammen. Aus der Verknüpfung beider entsteht dann die individuelle Wahrnehmung der jeweiligen Stimulikonfiguration. Diese Wahrnehmung hat daher subjektiven Charakter. Bei alledem muß man sich darüber klar sein, daß die Übergangsfunktionen eine konforme Abbildung beschreiben, die nur bei kleinen Änderungen der Ausgangswerte gestaltgleiche Abbildungen hervorrufen. Was das heißt, zeigen die folgenden

Tabellen und Grafiken. Zu diesem Zwecke wollen wir eine Abbildung einer Figur Z in eine W nach der folgenden Gleichung: W= 2*(1-e-(0.02+0.02i)*(Z)) vornehmen, wobei Z= z'+iz" zu setzen ist. Um dieses möglichst einfach zu gestalten, wählen wir drei verschiedene z, dazu zunächst die Rechnungen:

z'_1	i''_1	W'_1	i''_1
0,001	0,0005	1,9999	0,00002
0,020	0,0005	1,9991	0,00078
0,020	0,0100	1,9988	0,00040
0,001	0,0100	1,9995	-0,00036
z'_2	iz''_2	W'_2	iW''_2
1,0	0,5	1,9408	0,02
20,0	0,5	1,2276	0,50
20,0	10,0	1,0757	0,22
1,0	10,0	1,5791	-0,29
z'_3	iz''_3	W'_3	iW''_3
2,0	1,0	1,8832	0,04
40,0	1,0	0,6262	0,62
40,0	20,0	0,5548	0,23
2,0	20,0	1,2055	-0,45

Es sind also 3 Rechtecke, wobei die der z-Ebene ineinandergreifen. Im Hinblick auf die 1000 bis 2000fache Vergrößerung von z_2 und z_3 gegenüber z_1 wurde graphisch nicht ganz maßstabsgerecht verfahren, denn dazu hätte der Platz nicht ausgereicht. Es kam auch vor allem darauf an, die Änderungen der Gestalten zu demonstrieren. Je weiter die Eckpunkte der Ausgangsrechtecke auseinander liegen, desto mehr weicht das Bild in der w-Ebene von der Rechteckform, der Grundgestalt ab. Übersetzt man dieses im Sinne gestaltpsychologischer Betrachtungsweisen, so verändert sich die Gestalt gegenüber ihrer Ausgangsform (z) umso stärker, je größer die Abweichungen werden. Anders ausgedrückt heißt dieses:

Eine konforme Abbildung ist eine gestaltgleiche Abbildung, solange die Änderungen sehr klein bleiben. Sobald größere Änderungen oder Unterschiede auftreten, verschwindet die Gestaltidentität.

Das ist äußerst wichtig, denn das heißt, daß es auf eine sehr differenzierte, nicht elementenhafte Analyse der Verhaltens**gestalten** ankommt, wenn man aus ihm die richtigen Schlüsse auf die Persönlichkeit eines Menschen ziehen will. Tatsächlich findet man derartige Abbildungen in psychologischen Vorgängen und Prozessen sehr häufig, was nur dann darzustellen ist, wenn man sich des komplexen Zahlensystems und der Funktionentheorie bedient. Aus diesem Grunde werden wir uns im Zuge der weiteren Ausführungen dieser Leerstrukturen bedienen. Das scheint, wenn man Roger Penrose (Computerdenken, Spektrum Heidelberg, Ohne Jahreszahlangabe) folgt, im übrigen für viele Naturvorgänge zu gelten. Ihre Beschreibung kommt im allgemeinen ohne einen Rückgriff auf das System der komplexen Zahlen nicht aus.

Natürlich ist die im obigen Beispiel gewählte Funktion nicht ganz einfach. Es gibt auch im komplexen Zahlensystem Funktionen einfacherer Art, deren Abbildungen einfacher sind. Ich habe obiges Beispiel gewählt, weil uns gerade dort, wo es um die Übergänge zwischen physischem und psychischen Geschehen derartige Formen begegnen, und zwar bei den Übergängen in beiden Richtungen. Ähnlichen Formen begegnet man auch dort, wo es sich darum handelt, Schwingungen mathematisch zu beschreiben. Auch dabei muß man sich des komplexen Zahlensystems und seiner Funktionen bedienen. Das trifft dann auch für alle Formen elektromagnetischer Prozesse zu, die ja eine wesentliche Rolle im Bereich der nervösen Prozesse spielen. Graphisch sieht das in unserem Falle dann wie folgt aus.

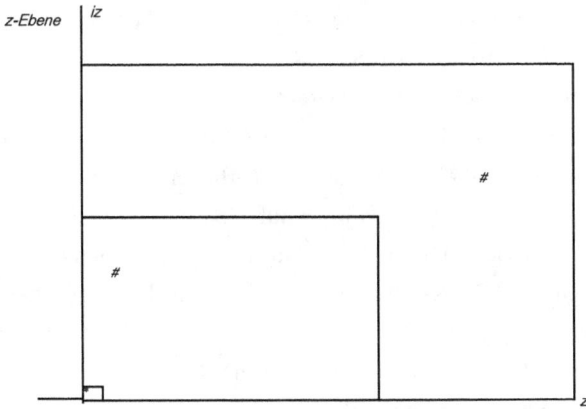

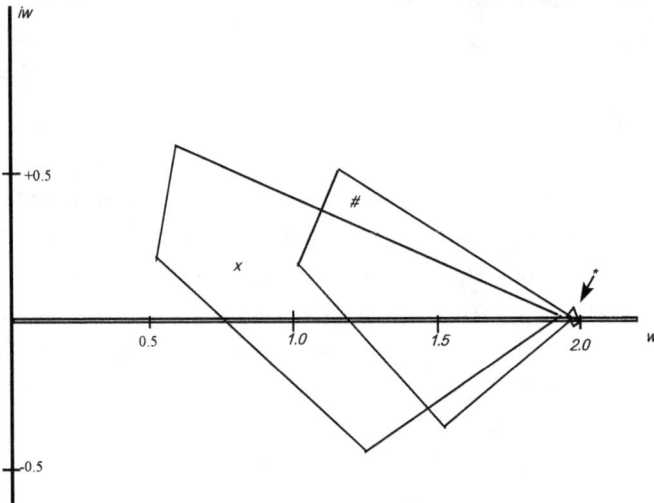

Die Anwendung dieser Erkenntnisse setzt - wie dargelegt - ein differenziertes und vollständiges Modell der Persönlichkeit voraus.

Simulationsrechnungen weisen auf weitere Erscheinungen und Probleme in diesem Zusammenhang hin, doch zunächst noch einiges zur Wahrnehmung.

Eigenheiten menschlicher Wahrnehmung

Insbesondere die Allgemeine Psychologie hat sich mit einer Fülle psychischer Vorgänge und Erscheinungen beschäftigt. Vorausgesetzt, daß das hier entwickelte Modell vollständig und treffend ist, müssen sich die von der Allgemeinen Psychologie gewonnenen Gesetze zwangsläufig ergeben. Ich möchte im Laufe dieses Abschnitts aufzeigen, daß das der Fall ist. Dazu kann ich allerdings nicht auf alle Einzelheiten eingehen. Ich werde mich auf einige grundlegende und besonders wissenswerte Aspekte beschränken. Zu diesem Zweck soll zunächst noch einmal darauf hingewiesen werden. daß in den Rezeptoren die Reize in körpereigene Signale transformiert werden. Da diese Rezeptions- und Transformationsprozesse nicht bei allen Menschen gleich gut funktionieren, können die Impulse nicht in allen Fällen die gleichen sein. Deutlich wird dieses z.B. bei Augenfehlern, zumal man manche von ihnen mit technischen Mitteln ausgleichen kann , wodurch sich der Einfluß derartiger Unterschiede bestimmen läßt. Die hierbei herausgebildeten körpereigenen Signale werden dem Modell zufolge im Zentralnervensystem (ZNS) in den Rezeptionszentren zusammengefaßt. Hierbei handelt es sich um in tieferen Schichten des Zentralnervensystems liegende Zentren.

Wie die Übergangsfunktion lehrt, kommt es zunächst zur Ausbildung der strukturierten Erregungsgestalten $Eg=\Sigma St_i = \Sigma(St'_i + iSt''_i)$, die Gestaltcharakter haben. Es bildet sich demnach eine Resultante der komplexen Eingangsgrößen. Das Ganze, die Erregungsgestalt Eg, ist also etwas anderes als die arithmetische Summe im Reellen, ist demnach mehr als die Summe der Teile, wenn man bei dem Wort Summe an seine im Alltag übliche Form denkt. Unter Berücksichtigung der Rechenoperationen im Komplexen ergibt sich, daß die Erregungsgestalten Resultanten aus den Einzelerregungen sind, wobei jeweils Realteil (Figur) und Imaginärteil (Grund, Hintergrund) zusammenwirken.

Betrachtet man sich dazu einen vereinfachten Fall $z = a+bi$, so ändert sich z sowohl bei Änderungen in a (Figur) als auch bei solchen in b (Hintergrund). Dieses entspricht allen bekannten Beobachtungen, ein Phänomen, das in den Anfangszeiten psychologischer Forschung viel Verwirrung gestiftet hat. Nehmen wir nun zwei solcher Stimuli x= a+bi; y= c+di und bilden daraus z=(a+c)+i(b+d), so erkennen wir auch hier das Prinzip, denn es addieren sich ja nicht nur die Figur-, sondern auch die Hintergrundstimuli. Auch dann, wenn x oder y keine oder fast keine Imaginärwerte aufweisen würde, würde für z über die Addition der Figuranteile hinaus der Hintergrundswert des einen Stimuli für beide Figurteile wirksam, was dann dazu führt, daß auch die Figuren nicht einfach eine arithmetische Summe im Reellen bilden. So ergibt sich der von den Gestaltpsychologen nachgewiesene Gestaltcharakter der Erregungsgestalten zwangsläufig aus den Übergangsfunktionen und unserem Modell[54]. Er ist danach aber nicht eine Eigenschaft unserer Wahrnehmung, sondern liegt vor dem Wahrnehmungsprozeß und geht in ihn ein. Das heißt aber, daß die Erregungen der Individualinstanz schon Gestaltcharakter haben. Und das ist notwendig, wenn hier gezielt Assoziationen geweckt werden sollen, wie es lt. Beobachtung der Fall ist.

Analysieren wir $\Sigma z_i = \Sigma(x_i + iy_i)$ weiter, so folgt, daß unterschiedliche x und y Werte zu gleichen z-Werten führen können. Das bedeutet, daß unterschiedliche Stimuli gleiche Erregungsgestalten erzeugen können. Das entspricht der Tatsache, daß das rezeptive Unterscheidungsvermögen des Menschen begrenzt ist. Zugleich ergibt sich aus den Eigenschaften komplexer Zahlen, daß Änderungen im Imaginärteil - also des Hintergrunds - zu völlig anderen Zahlen führen. Das heißt, daß Änderungen des Hintergrundes, vor allem größere, wesentlich andere Erregungsgestalten als Basis der Wahrnehmung entstehen lassen, so daß eine *Figur-Erregungsgestalten-Inkonstanz* die Folge sein muß. Dieses Phänomen wurde vielfach beobachtet. Nicht immer wurde berücksichtigt, daß derartige Phänomene ihre Ursache in der Komplexität der Stimuli und ihrer Verknüpfung, nicht in der Besonderheit der Wahrnehmungsfunktion haben. Andererseits können kleine Ausfälle im Realteil bzw. im Imaginärteil der Stimuli aufgrund der Eigenart der Resultantenbildung und der verminderten Wahrnehmungsdifferenzierung nahezu wirkungslos bleiben. Man spricht dabei von der *Prägnanztendenz* [55], die sich darin zeigt, daß unvollständige Figuren automatisch zu vollständigen, zu

---

[54] P.R. Hofstätter: Psychologie a. a. O. S. 155ff
[55] P.R. Hofstätter: Psychologie a. a. O. S. 164

118

„guten Gestalten" ergänzt werden. Das kann allerdings auch dazu führen, daß es zu wirklichkeitsfremden Erregungsgestalten kommt, die nicht immer in der Wahrnehmung korrigiert werden. Auch die *Transponierbarkeit*[56], die z.b. dazu beiträgt, daß eine Melodie auch dann erkannt wird, wenn alle Töne geändert wurden, wie bei einer Übertragung in eine andere Tonart, folgt unmittelbar aus dem Ansatz im Komplexen. Hierbei findet lediglich eine Translation der Erregungsgestalt statt, bei der die Struktur erhalten bleibt. Auch die optischen Täuschungen werden durch diese Beschreibung im Komplexen ohne irgendwelche Zusatzannahmen erklärt, denn wirksam werden nicht die Einzelreize, sondern die Stimuliresultanten. Der gewählte Ansatz beschreibt zudem die Scheinbewegungen, bei denen viele minimale Veränderungen der Erregungspunkte kurvenartige Verläufe der Resultanten erzeugen. Auch das Phänomen der Kippfiguren erklärt sich ohne Zusatzannahme, wenn man sich überlegt, daß bei ihnen ja Figur und Hintergrund - also Realteil und Imaginärteil - annähernd gleich sind. Real- und Imaginärteil können vertauscht werden, und schon haben wir ein Phänomen von der Art der Kippfiguren. Im übrigen finden wir das auch im Alltag, und zwar dort, wo üblicherweise gesehene Figuren zum Hintergrund des zur Figur aufgerückten Hintergrundes werden.

Das gut bekannte *Konstanzprinzip*, das z.B. bewirkt, daß trotz großer Helligkeitsunterschiede Steinkohle sowohl im dunklen Keller als auch im hellen Sonnenschein schwarz erscheint, dürfte einerseits eine Folge der Transponierbarkeit sein, muß zum anderen als Ergebnis der Mitwirkung der Individualinstanz beim Wahrnehmungsvorgang zugeschrieben werden. Hierbei geht es insbesondere dann um die Mitwirkung vorhandener Speicherinhalte als Basis, Steinkohle als solche zu erkennen, obwohl die physikalischen Eingangsreize in beiden Fällen sehr verschieden sind.

Bei alledem muß man berücksichtigen, daß im Zuge der Resultantenbildung, die gewissermaßen zu Superzeichen führt, der Informationsgehalt in syntaktischer Hinsicht ständig vermindert wird. Das gilt so nicht für den Bedeutungsgehalt, den semantischen Aspekt der Signale, hier kann gerade das Gegenteil der Fall sein. Soweit es sich um den syntaktischen In-

---

[56] P.R. Hofstätter: Psychologie a. a. O. S. 156

formationsgehalt handelt, wird die Einheit des bit verwendet, die sich für den semantischen Aspekt nicht eignet, was Informationstheoretiker leider oft übersehen, wie eingangs schon erwähnt. Soweit es also den syntaktischen Informationsgehalt und auch -durchsatz angeht, muß man nach heutigen Erkenntnissen davon ausgehen, daß unsere Sinnesorgane etwa 10^8 bis 10^{11} bit/s aufnehmen. Dieses vermindert sich in den Rezeptionszentren durch Resultantenbildung auf etwa $3*10^6$ bit/s. In der Wahrnehmungsstufe bleiben dann noch 100 bit/s übrig. Dabei ist aber wohl davon auszugehen, daß bei diesem Übergang in die Rindenregionen des Hirns der Code geändert wird.

Simulationsrechnung

Diese Formalisierung verlangt natürlich eine Überprüfung. Diese läßt sich am zweckmäßigsten durch Fortschreibung in Form von Simulationsrechnungen vollziehen. Hierzu eignet sich die Wahrnehmungsübergangsfunktion schon deshalb am besten, weil die Psychophysik auf diesem Gebiete eine Fülle von Ergebnissen vorzuweisen hat, mit denen die Werte der Simulationsrechnung zu vergleichen sind.

Aus $Wg = H_E (1 - e^{-\lambda(St+In)})$ ergibt sich - da es sich um komplexe Werte in λ, St und In handelt - wenn man davon ausgeht, daß der komplexe Wert in λ sich aus gleich großem Real- und Imaginärteil zusammensetzt (x-ix) und H_E =1 gesetzt wird -

$$Wg = H_E*(1 - e^{-(x-ix)*(In'+iIn''+St'+iSt'')})$$

$$= 1 - e^{-(xIn'+ixIn''+xSt'+ixSt''-ixIn'+xIn''-ixSt'+xSt'')} \quad (\text{für } H_E = 1)$$

$$= 1 - e^{-x(In'+St'+In''+St'')}*e^{-ix(In''+St''-In'-St')}$$

$$= 1 - \cos(x*R_i)* e^{-(x*R)} + i\sin(x*R_i)*e^{-(x*R)}$$

(darin ist R = Summe der Realteile und Imaginärteile von St und In;

R_i = Summe der Realteile von St und In minus Summe der Imaginärteile von St und In)

Gleichermaßen ergibt sich für Ve

$$Ve = H_V * (1 - (\cos(x*R_i) * e^{-(x*R)} - i\sin(x*R_i) * e^{-(x*R)}))$$

Da der Betrag von λ und μ bis heute nicht genau bekannt ist, trigonometrische Funktionen aber zyklisch (2π) sind und nicht davon auszugehen ist, daß sie sich überlappen, sind λ und μ unter Berücksichtigung der gewählten Skalen festzulegen. Gehen wir von den möglichen Skalenwerten aus und betrachten H_V als Verstärkungsfaktor, der jederzeit als Multiplikator für die Ergebnisse eingesetzt werden kann, selbst wenn wir seine Größe noch nicht kennen, so folgt: im Realteil reichen die Skalenwerte bei unserer In- Skala von -9 bis +9, im Imaginärteil von -9.0 bis +9.0, so daß sich insgesamt 324 Kombinationen ergeben. Rechnet man 2π für 324 Kombinationen, erhält man pro Version 0.019 oder ca. 0.02. =x.

Um die Bedeutung der In-Struktur zu verdeutlichen, füge ich einen „Reife- oder Spannungswert" Ing hinzu[57], wobei jeweils der In´-Wert durch den In´´-Wert dividiert wird.

Ing	In´	In"	St´	St"	Wg´	Wg"	|Wg|	Ve´	Ve"	|Ve|	Vp
2,5	5	2	0,0	0,00	0,1260	-0,0499	0,1355	0,127391	-0,052718	0,137868	0,0000
2,5	5	2	0,0	0,03	0,1266	-0,0495	0,1359	0,127408	-0,052721	0,137885	0,0447
2,5	5	2	0,0	0,03	0,1268	-0,0497	0,1362	0,127408	-0,052727	0,137888	0,0503
2,5	5	2	0,0	0,03	0,1270	-0,0498	0,1364	0,127409	-0,052732	0,137890	0,0582
2,5	5	2	0,0	0,03	0,1271	-0,0500	0,1366	0,127410	-0,052738	0,137893	0,0675
2,5	5	2	0,1	0,03	0,1273	-0,0501	0,1368	0,127410	-0,052743	0,137896	0,0775
2,5	5	2	0,1	0,03	0,1275	-0,0503	0,1370	0,127411	-0,052749	0,137898	0,0879
2,5	5	2	0,1	0,03	0,1277	-0,0504	0,1373	0,127412	-0,052754	0,137901	0,0985
2,5	5	2	0,1	0,03	0,1278	-0,0506	0,1375	0,127412	-0,052760	0,137904	0,1093
2,5	5	2	0,1	0,03	0,1280	-0,0508	0,1377	0,127413	-0,052765	0,137907	0,1201
2,5	5	2	0,2	0,03	0,1299	-0,0525	0,1401	0,127420	-0,052825	0,137936	0,2373
2,5	5	2	0,2	0,03	0,1299	-0,0525	0,1401	0,127420	-0,052825	0,137936	0,2373
2,5	5	2	0,3	0,03	0,1317	-0,0540	0,1423	0,127427	-0,052880	0,137963	0,3399
2,5	5	2	0,4	0,03	0,1334	-0,0556	0,1445	0,127433	-0,052934	0,137990	0,4395

---

[57] Dieser Wert wird uns später noch näher beschäftigen

2,5	5	2	0,5	0,03	0,1352	-0,0571	0,1468	0,127440	-0,052989	0,138018	0,5368
2,5	5	2	0,6	0,03	0,1369	-0,0586	0,1490	0,127447	-0,053043	0,138045	0,6322
2,5	5	2	0,7	0,03	0,1387	-0,0602	0,1512	0,127454	-0,053097	0,138072	0,7260
2,5	5	2	0,8	0,03	0,1404	-0,0617	0,1534	0,127461	-0,053151	0,138099	0,8186
2,5	5	2	1,0	0,03	0,1439	-0,0647	0,1578	0,127476	-0,053259	0,138154	1,0004
2,5	5	2	2,0	0,03	0,1614	-0,0794	0,1799	0,127554	-0,053790	0,138432	1,8663
2,5	5	2	3,0	0,03	0,1788	-0,0935	0,2018	0,127641	-0,054309	0,138714	2,6880

Ing	In´	In"	St´	St"	Wg´	Wg"	|Wg| =WG	Ve´	Ve"	|Ve| = VE	Vp
1,0	1	1	0,0	0,00	0,0373	0,0000	0,0373	0,037969	-0,000682	0,037975	0,0000
1,0	1	1	0,0	0,03	0,0380	0,0004	0,0380	0,037989	-0,000688	0,037995	0,0447
1,0	1	1	0,0	0,03	0,0382	0,0002	0,0382	0,037989	-0,000695	0,037996	0,0503
1,0	1	1	0,0	0,03	0,0384	0,0000	0,0384	0,037989	-0,000702	0,037996	0,0582
1,0	1	1	0,0	0,03	0,0386	-0,0002	0,0386	0,037989	-0,000708	0,037996	0,0675
1,0	1	1	0,1	0,03	0,0387	-0,0004	0,0388	0,037989	-0,000715	0,037996	0,0775
1,0	1	1	0,1	0,03	0,0389	-0,0005	0,0389	0,037989	-0,000722	0,037996	0,0879
1,0	1	1	0,1	0,03	0,0391	-0,0007	0,0391	0,037989	-0,000728	0,037996	0,0985
1,0	1	1	0,1	0,03	0,0393	-0,0009	0,0393	0,037989	-0,000735	0,037996	0,1093
1,0	1	1	0,1	0,03	0,0395	-0,0011	0,0395	0,037989	-0,000742	0,037996	0,1201
1,0	1	1	0,2	0,03	0,0415	-0,0031	0,0416	0,037989	-0,000815	0,037998	0,2373
1,0	1	1	0,2	0,03	0,0415	-0,0031	0,0416	0,037989	-0,000815	0,037998	0,2373
1,0	1	1	0,3	0,03	0,0433	-0,0049	0,0436	0,037990	-0,000881	0,038000	0,3399
1,0	1	1	0,4	0,03	0,0451	-0,0067	0,0456	0,037990	-0,000948	0,038002	0,4395
1,0	1	1	0,5	0,03	0,0470	-0,0085	0,0477	0,037991	-0,001014	0,038004	0,5368
1,0	1	1	0,6	0,03	0,0488	-0,0103	0,0499	0,037992	-0,001080	0,038007	0,6322
1,0	1	1	0,7	0,03	0,0506	-0,0121	0,0520	0,037992	-0,001146	0,038010	0,7260
1,0	1	1	0,8	0,03	0,0525	-0,0139	0,0543	0,037993	-0,001212	0,038013	0,8186
1,0	1	1	1,0	0,03	0,0561	-0,0174	0,0587	0,037996	-0,001343	0,038019	1,0004

| 1,0 | 1 | 1 | 2,0 | 0,03 | 0,0744 | -0,0347 | 0,0820 | 0,038015 | -0,001993 | 0,038067 | 1,8663 |
| 1,0 | 1 | 1 | 3,0 | 0,03 | 0,0926 | -0,0513 | 0,1058 | 0,038046 | -0,002629 | 0,038137 | 2,69 |

Dabei gelten folgende Korrelationswerte (Produktmomentkorrelation)

	Ing=2,5	Ing=1,0		Ing=2,5	Ing=1,0
St´/Wg´	+0,9070	+0,9070	WG/VE	+0,9999	+0,9784
St´/Wg´´	-0,9068	-0,9068	Wg´/Ve´	+0,9049	+0,8417
St´/WG	+0,9519	+0,9519	Wg´/Ve´´	-0,9070	-0,9070
St´/Ve´	+0,9049	+0,8413	Wg´´/Ve´	-0,9033	-0,8340
St´/Ve´´	-0,9069	-0,9069	Wg´´/Ve´´	+0,9070	+0,9070
WG/Wp	+0,9990	+0,9967			

Daraus ergibt sich dann, daß die Wahrnehmung im Realteil, im Imaginärteil und im Gesamtbetrag hoch mit dem Realteil der Stimuli positiv bzw. negativ korreliert. Das heißt, daß Realteil und Gesamtwert sich gleichsinnig entwickeln, Imaginärteil, als Hintergrundwerte gegensinnigen Verlauf nehmen, mit wachsenden St´ also immer kleiner werden, wodurch der Kontrast wächst, und das unabhängig vom Grad der Stabilität und Reife der Individualinstanzstruktur (Ing). Das gilt – worauf ich später zurückkomme – nicht in gleicher Weise für die Realteile der Verhaltenswerte. Auch hinsichtlich der Wahrnehmungsgesamtbeträge und der Ergebnisse nach dem Potenzgesetz der Psychophysik[58] sinkt die Gleichsinnigkeit mit abnehmender Stabilität der Individualinstanzstruktur (Ing). Das gilt auch – noch deutlicher – für die Gesamtbeträge zwischen WG und VE, wie für die Realwerte beider. Man erkennt also:

- Die Wahrnehmungsgesamt- sowie die -figurintensität verlaufen der Figurstimuliintensität entsprechend, unabhängig von der Stabilität der Individualinstanzstruktur

- Die Hintergrundintensität der Wahrnehmung verläuft gegensinnig zur Figurstimulusintensität unabhängig von der Stabilität der Individualinstanzstruktur

---

[58] Vgl. Arnold/Eysenck/Meili: Lexikon der Psychologie a. a. O. Stichwort: "Psychophysik"

- Die Wahrnehmungsgesamtintensität und die Verhaltensgesamtintensität verlaufen gleichsinnig, ebenso die Wahrnehmungsfigur- und die Verhaltensfigurintensität, wobei die Gleichsinnigkeit mit Verminderung der Stabilität der Individualinstanzstruktur abnimmt.

- Die Wahrnehmungsgesamtintensitäten korrelieren hoch mit den entsprechenden Werten aus dem Potenzgesetz, wobei die Korrelationswerte bei Verminderung der Stabilität in der Individualinstanz abnehmen, wahrscheinlich weil das Potenzgesetz Hintergrundanteile unberücksichtigt läßt. Auf die Zusammenhänge mit den Ve-Werten kommen wir später im Zuge der Verhaltensanalyse zurück.

Als nächstes betrachten wir nun die Verläufe für unterschiedlich Ing-Werte bei konstanten St-Werten und variablen In-Werten, hierzu zunächst die Korrelationen:

	1+xi	3+xi	5+xi	7+xi	9+xi
Ing/WG	-0,8086	-0,7731	-0,7471	-0,7265	-0,7071
Ing/Wg′	-0,8246	-0,8239	-0,8231	-0,8223	-0,8213
Ing/Wg′′	-0,8451	-0,8443	-0,8435	-0,8428	-0,8422
Ing/VE	-0,8204	-0,7768	-0,7455	-0,7216	-0,6998
Ing/Ve′	-0,8258	-0,8250	-0,8242	-0,8233	-0,8223
Ing/Ve′′	-0,8258	-0,8454	-0,8446	-0,8438	-0,8431
WG/VE	0,999773	0,999956	0,999990	0,999974	0,999945

Dazu nun die Ergebnisse der Simulationsrechnung:

Ing	In′	In″	St′	St″	Wg′	Wg″	|Wg| = WG	Ve′	Ve″	|Ve| =VE
1,0000	1,0	1,0	0,80	0,30	0,0572	-0,0090	0,0579	0,03817	-0,00121	0,038190
0,5000	1,0	2,0	0,80	0,30	0,0750	0,0088	0,0755	0,05706	0,01673	0,059459
0,3333	1,0	3,0	0,80	0,30	0,0927	0,0259	0,0963	0,07589	0,03396	0,083144
0,2500	1,0	4,0	0,80	0,30	0,1104	0,0423	0,1183	0,09467	0,05048	0,107288
0,2000	1,0	5,0	0,80	0,30	0,1281	0,0581	0,1407	0,11337	0,06633	0,131347
0,1667	1,0	6,0	0,80	0,30	0,1458	0,0732	0,1631	0,13199	0,08150	0,155124

0,1429	1,0	7,0	0,80	0,30	0,1634	0,0877	0,1854	0,15051	0,09603	0,178535
0,1250	1,0	8,0	0,80	0,30	0,1809	0,1017	0,2075	0,16893	0,10992	0,201540
0,1111	1,0	9,0	0,80	0,30	0,1984	0,1150	0,2293	0,18723	0,12318	0,224121

lng	ln'	ln"	St'	St"	Wg'	Wg"	$\lvert Wg \rvert$ =WG	Ve'	Ve"	$\lvert Ve \rvert$ =VE
3,0000	3,0	1,0	0,80	0,30	0,0934	-0,0431	0,1028	0,07483	-0,03758	0,083736
1,5000	3,0	2,0	0,80	0,30	0,1098	-0,0254	0,1127	0,09230	-0,01958	0,094350
1,0000	3,0	3,0	0,80	0,30	0,1262	-0,0083	0,1265	0,10974	-0,00228	0,109766
0,7500	3,0	4,0	0,80	0,30	0,1427	0,0081	0,1429	0,12716	0,01435	0,127966
0,6000	3,0	5,0	0,80	0,30	0,1591	0,0240	0,1609	0,14453	0,03032	0,147679
0,5000	3,0	6,0	0,80	0,30	0,1755	0,0392	0,1799	0,16185	0,04565	0,168166
0,4286	3,0	7,0	0,80	0,30	0,1919	0,0538	0,1993	0,17911	0,06034	0,188999
0,3750	3,0	8,0	0,80	0,30	0,2083	0,0679	0,2191	0,19629	0,07442	0,209923
0,3333	3,0	9,0	0,80	0,30	0,2246	0,0813	0,2389	0,21339	0,08790	0,230779

lng	ln'	ln"	St'	St"	Wg'	Wg"	$\lvert Wg \rvert$ = WG	Ve'	Ve"	$\lvert Ve \rvert$ =VE
5,0000	5,0	1,0	0,80	0,30	0,1294	-0,0746	0,1494	0,11151	-0,07112	0,132261
2,5000	5,0	2,0	0,80	0,30	0,1445	-0,0570	0,1554	0,12761	-0,05313	0,138226
1,6667	5,0	3,0	0,80	0,30	0,1597	-0,0399	0,1646	0,14371	-0,03581	0,148107
1,2500	5,0	4,0	0,80	0,30	0,1749	-0,0235	0,1765	0,15982	-0,01913	0,160959
1,0000	5,0	5,0	0,80	0,30	0,1902	-0,0077	0,1903	0,17591	-0,00310	0,175936
0,8333	5,0	6,0	0,80	0,30	0,2054	0,0075	0,2056	0,19198	0,01232	0,192370
0,7143	5,0	7,0	0,80	0,30	0,2207	0,0222	0,2218	0,20801	0,02712	0,209766
0,6250	5,0	8,0	0,80	0,30	0,2359	0,0363	0,2387	0,22399	0,04133	0,227770
0,5556	5,0	9,0	0,80	0,30	0,2511	0,0499	0,2560	0,23992	0,05496	0,246129

Ing	In'	In"	St'	St"	Wg'	Wg"	|Wg| = WG	Ve'	Ve"	|Ve| =VE
7,0000	7,0	1,0	0,80	0,30	0,1652	-0,1036	0,1950	0,14809	-0,10195	0,179794
3,5000	7,0	2,0	0,80	0,30	0,1791	-0,0861	0,1987	0,16287	-0,08403	0,183270
2,3333	7,0	3,0	0,80	0,30	0,1931	-0,0692	0,2051	0,17769	-0,06674	0,189810
1,7500	7,0	4,0	0,80	0,30	0,2071	-0,0528	0,2138	0,19253	-0,05008	0,198938
1,4000	7,0	5,0	0,80	0,30	0,2212	-0,0370	0,2243	0,20739	-0,03403	0,210161
1,1667	7,0	6,0	0,80	0,30	0,2353	-0,0218	0,2363	0,22224	-0,01858	0,223019
1,0000	7,0	7,0	0,80	0,30	0,2494	-0,0071	0,2495	0,23709	-0,00372	0,237120
0,8750	7,0	8,0	0,80	0,30	0,2636	0,0070	0,2637	0,25192	0,01057	0,252138
0,7778	7,0	9,0	0,80	0,30	0,2777	0,0206	0,2785	0,26671	0,02429	0,267815

Ing	In'	In"	St'	St"	Wg'	Wg"	|Wg| = WG	Ve'	Ve"	|Ve| =VE
9,0000	9,0	1,0	0,80	0,30	0,2007	-0,1302	0,2392	0,18447	-0,13018	0,225778
4,5000	9,0	2,0	0,80	0,30	0,2134	-0,1128	0,2414	0,19799	-0,11237	0,227652
3,0000	9,0	3,0	0,80	0,30	0,2263	-0,0960	0,2458	0,21157	-0,09517	0,231985
2,2500	9,0	4,0	0,80	0,30	0,2392	-0,0798	0,2521	0,22519	-0,07857	0,238508
1,8000	9,0	5,0	0,80	0,30	0,2522	-0,0641	0,2602	0,23886	-0,06256	0,246918
1,5000	9,0	6,0	0,80	0,30	0,2652	-0,0489	0,2696	0,25255	-0,04713	0,256913
1,2857	9,0	7,0	0,80	0,30	0,2782	-0,0343	0,2803	0,26626	-0,03226	0,268207
1,1250	9,0	8,0	0,80	0,30	0,2913	-0,0202	0,2920	0,27997	-0,01795	0,280544
1,0000	9,0	9,0	0,80	0,30	0,3044	-0,0066	0,3044	0,29367	-0,00417	0,293701

Auch hier beschränken wir uns zunächst auf die Wahrnehmungswerte. Dabei zeigt sich, daß mit zunehmender Stabilität der Individualinstanzstruktur die Wahrnehmungsintensitäten – gleiche Stimuli vorausgesetzt – abnehmen, also entgegengesetzt verlaufen. Je höher dabei die Stabilitätswerte sind, desto geringer ist diese Gegensinnigkeit. Das bedeutet, daß mit zunehmender Instabilität die Stimuli größere Veränderungen auslösen, daß im Falle erhöhter Stabilität stärkere Stimuli benötigt werden, um gleiche Wirkungen zu erzeugen. Umgekehrt ergibt sich daraus, daß eine erhöhte Sensibilität für Wahrnehmungen, also Eindrücke mit einer Verminderung der Robustheit und Stabilität der Individualinstanzstruktur verbunden ist. Das heißt aber auch, daß die erhöhte Anfälligkeit eine Folge erhöhter unangemessener Faktorenanteile ist, wie natürlicherweise in den Entwicklungsjahren.

Es zeigt sich, daß rein quantitativ die Intensitätsverhältnisse beider Ansätze einander entsprechen (Korrelation +0,9994). Die Korrelation beider Reihen (in komplexer wie in reeller Darstellung) zeigt nahezu Identität an. Bedenkt man allerdings, daß es sich um komplexe Größen handelt, so muß man auch das Argument beachten, das mit wachsendem Betrag immer kleiner wird, wobei $Wg = Wg' + iWg''$ gilt.

Verhaltensanalyse

Wie eingangs dargelegt, müssen wir die Informationsverarbeitungsprozesse und ihre Größen aus dem Verhalten erschließen. Dieses Verhalten unter jeweils gegebenen Bedingungen zeigt keineswegs linearen Charakter, weder bezogen auf die Reizkonfiguration noch hinsichtlich der mitwirkenden Verarbeitungsfaktoren. Es ergibt sich, daß das Verhalten von der Wahrnehmung - nicht von der Reiz- oder Stimulikonfiguration direkt - und der Individualinstanz bestimmt wird. Sie bestimmt also das Verhalten in stärkerem Maße als die Stimulikonfiguration, wenn sie auch selbst teilweise Funktion der Stimulikonfiguration ist. Wieder haben wir es dabei mit einer konformen Abbildung zu tun, also einer konformen Abbildung einer konformen Abbildung, so daß der bekannte Satz von Klages, wonach jeder psychische Vorgang von einem ihm analogen Ausdrucksgeschehen begleitet wird, nur in sehr engen Grenzen Gültigkeit hat. Es wird dadurch verständlich, daß gerade in der Ausdruckspsychologie Wahrheit und Irrtum so dicht beieinander liegen. Das gilt insbesondere für den Eindruck vom Ausdruck der anderen, da der Empfänger eine anders aufgebaute Individualinstanz aufweist als der Sender. Er kann daher auch nur selten die Auswirkungen der jeweiligen Stimulikonfigurationen auf den Sender abschätzen. Das erschwert naturgemäß auch die wissenschaftliche Verhaltensanalyse als Mittel zur Bestimmung der

Werte der Individualinstanzdimensionen. Um dennoch aus dem Verhalten eines Menschen Rückschlüsse auf Struktur und Dimensionswerte seiner Individualinstanz ziehen zu können, ist es nötig, eine zu den Elementen- und Komponentenzustandsausprägungen der Individualinstanz möglichst differenzierte Verhaltensgestaltensystematik zu entwickeln und zu validisieren, so daß die quantitativen Unterschiede der Symptomgestalten nur noch kleine Änderungen darstellen. Nur dann besteht eine Chance, eine realitätsgerechte Erfassung der Wahrnehmungs- und Individualinstanzwerte zu erzielen. Das gilt sowohl für die Fremd- als auch für die Selbstanalyse.

Damit man dabei die Anteile von Stimulikonfiguration bzw. Wahrnehmung und Individualinstanz, die sich in einer Resultante verbunden haben, herausfiltern kann, muß das Verhalten stets unter verschiedenen Umständen, also bei unterschiedlichen Stimulikonfigurationen bzw. Fragestellungen analysiert werden. Es ist folglich eine Langzeitanalyse erforderlich. Soweit Selbstanalysen vorgenommen werden sollen (Fragebogen, Persönlichkeitsinventare usw.), müssen stets mehrere Fragen zu jeder Dimension gestellt werden, und zwar unter Änderung der Kontextbeziehungen. Will man mehr als erste Orientierungswerte für eine weitergehende Untersuchung gewinnen, benötigt man mindestens zwei Durchgänge bei Fragebogenanalysen, wobei die Verwendung von Parallelverfahren zweckmäßig ist, sich bei großen Itemzahlen erübrigen kann. Generell ist es somit unzulässig, wenn etwa eine Persönlichkeitsdiagnose, und sei es nur eine partielle, nach nur einer Methode bzw. nur einem Durchgang vorgenommen wird. So darf man keineswegs eine schriftpsychologische partielle Persönlichkeitsdiagnose nach nur einer Schriftprobe vornehmen. Ein Schreibverhaltenstest, wie der Verfasser in Anlehnung an Überlegungen von E.v.Niederhöffer vorgeschlagen hat, kann ein Hilfsmittel sein, aber auch nur ein begrenztes. Wesentlicher für derartige Diagnosen ist Schriftmaterial aus verschiedenen Zeiträumen zu unterschiedlichen Anlässen. Auch ist dabei stets zu bedenken, daß Menschen dieselben Stimulikonfigurationen keineswegs objektiv wahrnehmen, so daß es zweckmäßig ist, dafür zu sorgen, daß die Symptombestimmung des Verhaltens oder solcher Verhaltensprodukte durch mehrere verschiedene Personen erfolgt. Die Bestimmungsunterschiede sollten diskutiert und abgestimmt werden. Wo dieses aus welchen Gründen auch immer nicht möglich ist, kann eine Mittelwertbildung bis zu einem gewissen Grade einen Ausgleich schaffen, wie es die entsprechenden Auswertungsprogramme verwirklichen sollten.

Infolge des komplexen Charakters der Übergangsfunktionen ist für Wahrnehmung wie Verhalten mit Richtungsverschiebungen zu rechnen. Diese können gerade im Rahmen gestaltungsanalytischer Untersuchungsverfahren (Handschrift, WZT, WaZT usw.) zu Problemen führen, da sie an dem Gestaltungsprodukt nicht erkennbar werden. Aber auch bei allen anderen verhaltensanalytischen Instrumenten sind sie wirksam. Ausfiltern kann man sie nur, wenn das Verhalten eines Menschen in sehr unterschiedlichen Situationen analysiert wird. Eine längere Beobachtung bzw. mehrfache Analyse und ein Ausgleich über eine Mittelwertbildung ist daher erforderlich. Das heißt, daß jede menschliche Verhaltensäußerung letztlich vieldeutig bleibt, und das nicht nur wegen der Periodizität der Übergangsfunktionen.

Zu beachten ist im Zuge der Analyse menschlichen Verhaltens zudem, daß der syntaktische Informationsgehalt - über alle Verhaltensbereiche addiert - beträchtlich ist. Rein syntaktisch geht man davon aus, daß der Informationsgehalt des Outputs des Menschen bei etwa $3*10^6$ bit/s, also ca. 10^{10} bit/h liegt. Diese Fülle entzieht sich der menschlichen Wahrnehmung, die lediglich bis zu ca. $3,6*10^5$ bit/h umfaßt, also etwa ein dreißigtausendstel. Man kann folglich in einem Analysegang auch zeitlich und von der Aufnahmekapazität her nur einen geringen Bruchteil menschlichen Verhaltens erfassen, wenn man auch bedenken muß, daß diese Werte digitaler Natur sind, während die gestalthaften Symptome eher Analog- bzw. Ganzheitscharakter aufweisen.

Naturgemäß arbeiten wir mit Mittelwerten, was den Anschein erwecken könnte, daß wir es mit streng deterministischen Zuständen und Vorgängen zu tun haben. Dabei haben wir trotz der Schwingungseigenschaften der Signale des zentralen Steuerungssystems die Zeitfunktion und die Veränderungen der Zustände und Vorgänge in der Zeit nicht einbezogen. Durch sie entstehen aber ständige Wechsel der effektiven Werte der Zustandsgrößen der *In*, so daß selbst bei Kenntnis aller Grunddimensionswerte, also der Mittelwerte, eine exakte Prognose des Verhaltens auch dann nicht möglich wird, wenn die Reizkonfigurationen eindeutig und exakt zu bestimmen sind. Dieses gilt für alle hochkomplexen Systeme, die zu zahlreichen, für ihren Zustand potentiell gefährlichen Schwankungen neigen und damit in gleichgewichtsferne Situationen geraten. Hierbei wird also besonders deutlich, daß wir es mit einem deterministisch-chaotischen System beim Menschen zu tun haben. Was für die Psychologie ohne Rückgriff auf die Schwingungsvorgänge greifbar und nicht nur in Umrissen beschreibbar bleibt, sind die Mittelwerte. Diese wiederum erwecken leicht den Eindruck einer Konstanz und eines Gleichgewichtszustandes, die in Wirklichkeit nicht bestehen, und das ist dann speziell das Problem von Gutachtern, die Verhaltensprognosen erstellen sollen.

Ein Blick auf die oben wiedergegebenen Simulationsrechnungsergebnisse zeigt zudem, daß |Wg| und |Ve| deutlich positiv miteinander korrelieren, daß diese Korrelation um so höher ist, je stabiler die psychische Struktur ist. Die Steigerung der Beträge im Vergleich zueinander ist jedoch deutlich unterschiedlich, denn während die Wahrnehmungsintensität bei geringeren Individualwerten und gleichen Stimuliveränderungen wesentlich schneller wächst, treten wenig Veränderungen auf der Verhaltensseite ein, die Erregungen bleiben weitgehend interner Art. Dabei bleiben die Quantitätswerte bei geringeren Individualwerten generell deutlich niedriger. Das heißt zunächst, daß Verhalten und Verhaltensänderungen in ihrer Intensität deutlich von der psychischen Intensität der Persönlichkeit mitbestimmt werden.

Die Korrelation zwischen Wahrnehmungsfigur und Verhaltensfigur ist bei höheren Individualwerten größer, ebenso wie die zwischen Stimulifigur und Verhaltensfigur. Demgegenüber bleibt die Korrelation der Hintergrundswerte konstant, wenn die Figurhintergründe konstant bleiben. Überhaupt wachsen bei gleichem Stabilitätsgrad und steigendem |In| die Verhaltensintensitäten, sie hängen also von der „Vitalität" der Person ab, sie ändern sich aber nicht mit dem Stabilitätsgrad. Wohl aber ändert sich mit sinkendem Stabilitätsgrad bei konstanten |In| die Korrelation zwischen Wahrnehmungs- und Verhaltensintensität bis hinein in negative Werte. Überhaupt nimmt die Korrelation zwischen dem Stabilitätsgrad und der Verhaltensintensität ab, reicht teilweise bis in den negativen Bereich, wie auch - wenn auch wesentlich geringer – eine Verminderung der Korrelation von Ing und Ve´ festzustellen ist. Das weist darauf hin, daß die Verhaltensfiguränderungen sich bei abnehmender Stabilität nicht mehr ganz gleichsinnig zu deren Abnahme verhalten, alles Erscheinungen, die von der experimentellen naturwissenschaftlichen Psychologie längst festgestellt wurden, ohne daß die Zusammenhänge bedacht wurden.

Verhaltensgestalten

Differenzierte Form

Es wurde schon darauf hingewiesen, daß die Analyse der Zuordnung von Verhaltensgestalten zu den entsprechenden Persönlichkeitsfaktoren in den Bereich der experimentellen Psychologie gehört, was aber im Sinne einer theoretischen Psychologie keineswegs ausschließt, daß die Theorie dazu eine Vorausschau liefert. Und dazu dienen ja die Übergangsfunktionen. Führt man das durch, so findet sich eine Vielzahl von Entsprechungen, wie die folgende Übersicht zeigt, wobei wir uns zunächst auf die Komponenten beschränken:

αnul	Besitzt vielerlei Einzelkenntnisse vom Leben und vom Lebendigen.
αnul	Verfügt über vielerlei naturkundliche Einzelkenntnisse.
αnul	Weiß vielerlei über die Natur und das organische Leben, verfügt über vielerlei biologische Kenntnisse in Tier- und Pflanzenwelt
αnul	Es sind vielerlei Erfahrungen und Kenntnisse aus dem täglichen Leben und vom Alltagsgeschehen vorhanden.
βnul	Hat fundierte Kenntnisse und Erfahrungen vom Alltag, vom Leben und Lebendigen

βnul	Verfügt über umfassendes und fundiertes biologisches Wissen und Kenntnis der Zusammenhänge.
βnul	Das Wissen über die Natur u. das organische Leben ist umfassend und fundiert und umfaßt auch tieferliegende Zusammenhänge.
βnul	Vertiefte und fundierte Erfahrungen zum täglichen Leben und den wirkenden Zusammenhängen liegen vor.
γul	Wird von Genußvorstellungen aller Art beherrscht
γnul	Leidet unter hartnäckigen Natürlichkeits-Vorstellungen und bekämpft alles Künstliche und Gemachte
γnul	Leidet unter bedrängenden sexuellen Vorstellungen
γnul	Leidet unter nahrungs- und getränkebezogenen fixen Ideen und „Sehnsüchten"
δnul	Genuß und Genießen sowie Genußmittel kommen in ihrer (seiner) Vorstellungswelt nicht vor
δnul	Vorstellungen und Gedanken sind farblos und unanschaulich
δnul	Sexuelle Vorstellungen und Inhalte kommen bei ihr (ihm) nicht vor
δnul	anschauliche und sinnliche Vorstellungen sind unbekannt und nicht vorhanden
αgei	Besitzt vielerlei Einzelkenntnisse in Erkenntnislehre und -theorie.
αgei	Verfügt über vielerlei wissenschaftliche Einzelkenntnisse.
αgei	Verfügt über vielerlei theoretische, vor allem auch geisteswissenschaftliche Einzelkenntnisse.
αgei	Es sind vielerlei Kenntnisse philosophischer Art und von vielen Schriften und philosophischen Autoren und auch von der Bedeutung der von ihnen benutzten Wörter und Begriffe vorhanden
βgei	Verfügt über umfassendes und fundiertes Allgemeinwissen
βgei	Verfügt über fundiertes Wissen in Erkenntnislehre und –theorie und erfasst damit die Hintergründe wissenschaftlicher Erkenntnisgewinnung.

βgei	Verfügt über fundiertes und umfassendes wissenschaftliche Wissen und ist der Lage einschlägige Fachzeitschriften zu lesen und die Inhalte zu verstehen.
βgei	Fundierte und umfassende theoretische Kenntnisse sind vorhanden und dadurch besteht viel Verständnis für die bestehenden Zusammenhänge in der Welt.
γgei	Lebt in einer hochgeistigen-philosophischen Begriffswelt
γgei	Entwickelt das eigene Leben beherrschende praxisferne, unwirkliche und utopische Vorstellungen
γgei	Entwickelt das eigene Leben beherrschende hochgeistige, idealistische und unalltägliche Vorstellungen
γgei	Esoterische und übersinnliche Vorstellungen sind beherrschend und bedrängen
δgei	Lehnt wissenschaftliche Inhalte, theoretische Begriffe und Begriffssysteme kategorisch ab.
δgei	Geisteswissenschaftliche Inhalte, philosophische, erkenntnistheoretische und philologische Inhalte werden strikt abgelehnt, ihnen geht man aus dem Wege
δgei	Geistige und theoretische Vorstellungen werden strikt abgelehnt, hat keine Ideale,
δgei	Esoterische und spiritistische Vorstellungen sind unbekannt und werden strikt abgelehnt
αpub	Besitzt vielerlei Werbe- und Propagandakenntnisse.
αpub	Verfügt über vielerlei Verkaufskönnen und –erfahrung.
αpub	Verfügt über vielerlei Kenntnisse in Fragen der Repräsentation, Politik, des Auftretens und Verhaltens in der Öffentlichkeit usw..
α pub	Es sind breite und vielerlei Einzelkenntnisse von der Gesellschaft, von den Vorgängen in Staat und Gemeinde und den dort geltenden Vorschriften vorhanden
βpub	Verfügt über umfassende Werbe- und Propagandakenntnisse einschließlich der unbewußten Wirkungen der Werbemaßnahmen.

βpub	Verfügt über umfassendes Verkaufskönnen und fundierte Verkaufserfahrung.
βpub	Verfügt über fundierte Erfahrungen in Fragen der Repräsentation, Politik usw. und erkennt die Zusammenhänge und Hintergründe der Ereignisse
βpub	Verfügt über fundiertes und umfassendes Wissen von der Gesellschaft, ihren Wirkungsmechanismen und den herrschenden Zusammenhängen
γpub	Beschäftigt sich ausgiebig mit Repräsentationsfragen und der eigenen Bedeutung in der Welt
γpub	Genießt in den eigenen Gedanken großes Prestige
γpub	Ist gedanklich und in der eigenen Vorstellung hoch dekoriert oder müßte hoch dekoriert werden
γpub	Vorstellungen von einer besonderen Rolle der eigenen Person in der Welt sind beherrschend
δpub	Staat und Gesellschaft, Gemeinde und Nachbarschaft kommen in ihren (seinen) Gedanken nicht vor
δpub	Entwickelt nur private Gedanken und Vorstellungen
δpub	Beschäftigt sich nicht mit der Öffentlichkeit
δpub	Gesellschaftliche Vorstellungen und Beziehungen sind nicht vorhanden
αwel	Besitzt vielerlei Kenntnisse in Rechts-, vor allem Strafrechtsfragen.
αwel	Verfügt über vielerlei Kenntnisse der Ethik, von unterschiedlichsten Moralvorstellungen usw.
αwel	Besitzt vielerlei Kenntnisse auf religiösem Gebiete, in Glaubensfragen und verschiedenen religiösen Vorstellungen
αwel	Eine Vielzahl weltanschaulicher Inhalte, d.h. moralischer, sittlicher, aber auch religiöser Vorstellungen ebenso wie politischer Ansichten ist vorhanden
βwel	Verfügt über umfassende Kenntnisse in Rechts-, vor allem Strafrechtsfragen.

βwel	Verfügt über fundiertes Wissen der Ethik, von Moralvorstellungen, bestehenden Unterschieden und Zusammenhängen mit Handeln und Einstellung der Menschen usw.
βwel	Hat umfassende und fundierte Kenntnisse auf religiösem Gebiete, kennt die Zusammenhänge und Hintergründe religiöser Darlegungen und Unterschiede.
βwel	Verfügt über umfassende und fundierte Kenntnisse weltanschaulicher Inhalte, ihrer Hintergründe und Auswirkungen auf das Leben der Menschen
γwel	Nach ihren (seinen) Grundsätzen sind die meisten Menschen ungläubig und unmoralisch
γwel	Entwickelt streng orthodoxe religiöse Vorstellungen
γwel	Nur die eigenen moralischen Vorstellungen sind richtig
γwel	Nur die eigenen weltanschaulichen Vorstellungen sind richtig und wahr
δwel	Beschäftigt sich nie mit ideologischen Inhalten und Überzeugungen
δwel	Religiöse, Glaubens- und ähnliche Inhalte werden strikt gemieden
δwel	Moralische Vorstellungen gibt es bei ihr (ihm) nicht
δwel	Weltanschauliche Vorstellungen aller Art sind nicht vorhanden
αkus	Besitzt vielerlei Einzelkenntnisse der menschlichen Kultur und Kulturen.
αkus	Verfügt über vielerlei einzelne pädagogische und erzieherische Erfahrungen.
αkus	Hat vielerlei literarische Einzelkenntnisse, ist belesen, kennt Werke der verschiedensten Autoren (Schriftsteller und Dichter)
αkus	Vielerlei historische (geschichtlichen) Einzelkenntnisse liegen vor, die wesentlichen Ereignisse der Weltgeschichte und ihre zeitliche Fixierung sind bekannt
βkus	Verfügt über umfassendes Wissen der menschlichen Kultur und Kulturen.

βkus	Verfügt über umfassende pädagogische und erzieherische Erfahrungen.
βkus	Besitzt fundiertes und umfassendes literarisches Wissen.
βkus	Verfügt über fundiertes historisches (geschichtliches) Wissen, kennt die Hintergründe der Ereignisse und ihre Zusammenhänge
γkus	Erhält Weisungen aus dem Jenseits
γkus	Weiß allein, was sprachlich richtig und wertvoll ist
γkus	Weiß allein, was literarisch wertvoll ist
γkus	Was kulturell wertvoll ist wird von ihm (ihr) bestimmt und festgelegt
δkus	Die Sprache ist grob, derb und fehlerhaft
δkus	Literarische Inhalte und Vorstellungen kommen nicht vor
δkus	Sprachliche Feinheiten und Inhalte spielen bei ihr (ihm) keine Rolle
δkus	Kultur interessiert nicht
αige	Besitzt vielerlei Kenntnisse der menschlichen Psyche und Persönlichkeit und ihrer Wirkungen
αige	Verfügt über vielerlei Einzelkenntnisse in Fragen der Selbstverwirklichung, und weiß, wie man ihre (seine) Möglichkeiten zur Entfaltung und zur Geltung bringen kann
αige	Hat vielerlei Einzelerfahrungen in und mit - nicht nur erotischen - Partnerschaften (gleich- bzw. gegengeschlechtlichen).
αige	Vielerlei Einzelkenntnisse von menschlicher Bildung und Entwicklung, von der Reifung und dem Erwachsenenwerden sowohl in heutiger als auch in früherer Zeit liegen vor
βige	Verfügt über fundiertes Wissen von der menschlichen Psyche und Persönlichkeit und den wirkenden Zusammenhängen
βige	Verfügt über fundierte Erfahrung in Fragen der Selbstverwirklichung
βige	Hat langjährige und fundierte Erfahrungen in und mit Partnerschaften.

βige	Verfügt über umfassendes Wissen von menschlichen Bildungsvorgängen und Reifungsprozessen und ihren Hintergründen.
γige	Wir von hohen Humanitätsidealen einer geläuterten und besseren Menschheit beherrscht
γige	Ist sich gewiß, daß die eigenen Gedanken von außen und von oben eingegeben werden
γige	Wird von Sendungsideen beherrscht
γige	Man ist oder fühlt sich gottähnlich
δige	Alle Behauptungen zu menschlichen Gefühlen, Bindungen und kameradschaftlichen Beziehungen hält sie (er) für frei erfunden und für irreale Wahnideen
δige	Mit Partnerschaftsfragen wird sich nicht beschäftigt, denn Partnerschaft ist unsinnig und irreal
δige	Menschliche Gefühle passen nicht in den Rahmen der eigenen Vorstellungen und kommen im eigenen Gedankengut nicht vor
δige	Menschliche Bindungen passen nicht in den Rahmen der Vorstellungen und spielen keine Rolle
αmaf	Besitzt vielerlei Einzelkenntnisse in der Ausübung von Macht und von Mitteln zur Machtgewinnung.
αmaf	Verfügt über vielerlei Erfahrungen im Konstruieren und Gestalten von Geräten und Einrichtungen
αmaf	Verfügt über vielerlei Erfahrungen mit Lenkungsituationen und Lenkungsaufgaben.
αmaf	Vielerlei Führungs- und Leitungskenntnisse, Wissen und Erfahrungen, wie man im Einzelfalle führen und lenken muß, wozu und mit welchen Mitteln zu arbeiten ist, sind vorhanden
βmaf	Verfügt über fundierte und umfassende Kenntnisse in der Ausübung von Macht, den Machtinstrumenten und den Hintergründen dazu.

βmaf	Verfügt über fundierte Erfahrungen im Konstruieren und Gestalten von Dingen und Situationen
βmaf	Verfügt über umfassende Führungserfahrungen für alle Situationen des Management.
βmaf	Verfügt über umfassende Führungs- und Leitungskenntnisse für jede Situation und die jeweiligen Zusammenhänge.
γmaf	Wird von Gedanken der Überwältigung und Beherrschung anderer bestimmt und getrieben
γmaf	Es beherrschen sie (ihn) Gedanken der Zerstörung und Vernichtung
γmaf	Wird von Gedanken der Macht und Machtausübung beherrscht
γmaf	Vorstellungen von überragenden und alles vernichtenden Waffen sind beherrschend
δmaf	Männlichkeitsinhalte und Machtgedanken gehören nicht in ihre (seine) Vorstellungswelt
δmaf	Gestaltungs- und Konstruktionsinhalte gehören nicht in ihre (seine) Vorstellungswelt
δmaf	Weltbeherrschungsideen gehören nicht in die eigene Vorstellungswelt
δmaf	Leitungs- und Lenkungstrategien gehören nicht in diese Vorstellungswelt
αmen	Besitzt vielerlei Einzelerfahrungen in der Beratung von Menschen.
αmen	Verfügt über vielerlei therapeutische und heilkundliche Einzelkenntnisse.
αmen	Hat vielerlei Erfahrungen in der Betreuung von und Hilfe für Menschen.
αmen	Vielerlei Erfahrungen in der Pflege und Erhaltung von Dingen und in der Wartung und Wiederherstellung ihrer Form und Funktion sind verfügbar.

βmen	Verfügt über umfassende, gründliche Erfahrungen in der Beratung von Menschen einschließlich des Wissens um die zu beachtenden Zusammenhänge.
βmen	Verfügt über fundierte therapeutische und heilkundliche Kenntnisse.
βmen	Hat fundierte Erfahrungen in der Betreuung von und Hilfe für Menschen.
βmen	Verfügt über fundierte Erfahrungen und Kenntnisse in der Pflege und Erhaltung von Dingen
γmen	Die Gedanken kreisen ständig um Fragen der Sorge für andere und anderes, denn nach ihrer (seiner) Meinung muß sie (er) im entscheidenden Moment ja für Hilfe sorgen
γmen	Glaubt, allein von allen echte mütterliche Gedanken zu hegen
γmen	Nur sie (er) selbst ist ein sozial denkender Mensch
γmen	Die eigenen Gedanken werden ständig von anderen beeinflußt
δmen	Feministische Gedanken und Inhalte finden bei ihr (ihm) keinen Platz
δmen	Mütterliche Vorstellungen sind ihr (ihm) fremd
δmen	Vorstellungen des Pflegens und Helfens haben bei ihr (ihm) keinen Platz
δmen	Soziale Vorstellungen haben hier keinen Platz
αwek	Besitzt vielerlei einzelne Architekturkenntnisse.
αwek	Verfügt über vielerlei Einzelkenntnisse auf dem Gebiet der Malerei.
αwek	Verfügt über vielerlei Einzelkenntnisse auf musikalischem Gebiet.
αwek	einiges Kunstverständnis, Kenntnisse in der Malerei, Architektur, Bildnerei und Musik aufgrund von Einzeldaten sind vorhanden
βwek	Verfügt über umfassende und fundierte Architekturkenntnisse, der Stile, Planungen und Materialien.
βwek	Verfügt über fundiertes und umfassendes Wissen auf dem Gebiet der Malerei, der Stile und Techniken.

βwek	Verfügt über fundiertes und gründliches musikalisches Wissen.
βwek	Besitzt umfassendes und fundiertes Kunstverständnis.
γwek	Beschäftigt sich ausschließlich mit Fragen der Ästhetik und Schönheit
γwek	Entwickelt ständig nur Gedanken an moderne Kunstrichtungen
γwek	Nur Gedanken an die Kunst und Schönheit beschäftigen sie (ihn) ständig
γwek	Ihn (Sie) beschäftigen ständig nur Gedanken an die Qualität und Güte
δwek	Es fehlen jegliche Vorstellungen davon, was schön und ästhetisch ist
δwek	Mit Kunst und Künstlerischem wird sich nie beschäftigt
δwek	Qualitätsvorstellungen sind ihr (ihm) fremd, Fragen der Qualität beschäftigen sie ((ihn) nicht
δwek	Kunst und Schönheit sind fremd und ohne Bedeutung
αfos	Besitzt vielerlei Einzelkenntnisse in Kybernetik und Systemtheorie.
αfos	Verfügt über vielerlei mathematische Einzelkenntnisse.
αfos	Hat vielerlei detailhafte Erfahrungen mit unterschiedlichen Organisationen bzw. in der organisatorischen Gestaltung von Abläufen.
αfos	Vielerlei Einzelerfahrungen in Verwaltungsfragen vom Erstellen von Schriftstücken über deren Abfertigung bis zur Ablage sind verfügbar
βfos	Verfügt über fundierte Kenntnisse in Kybernetik und Systemtheorie in Theorie und Anwendung.
βfos	Verfügt über gründliche und fundierte mathematische Kenntnisse in Theorie und Anwendung.
βfos	Besitzt fundierte und umfassende Organisationserfahrungen.
βfos	Verfügt über umfassende Erfahrungen in Verwaltungsfragen und die herrschenden Zusammenhänge der Büroorganisation

140

γfos	Hat bei Rechenaufgaben große Schwierigkeiten und verrechnet sich immer wieder
γfos	Gedanken kreisen ständig um Ordnungen und Systematik, bürokratische Ordnungen und Einrichtungen sind mir wichtig
γfos	Nur mathematische Gedanken sind gute Gedanken, es interessiert nur, was sich mathematisch ausdrücken und beschreiben läßt
γfos	Nur formale Gedanken sind gute Gedanken, Organisation ist wesentlich, Menschen und Inhalte nur Nebensache und unwichtig
δfos	Beschäftigt sich nicht mit kybernetischen Inhalten, Fraktale, Chaostheorien und ähnliche Gedankengänge werden strikt abgelehnt
δfos	Mit Systemen und Organisationsfragen beschäftigt sie (er) sich nicht, denn von ihnen kommt alles Unheil, sie sind die Ursache für Arbeitsplatzverluste, Einengungen und Zwänge in Leben und Beruf
δfos	Lehnt Mathematik und mathematische Überlegungen ab, ist mathematisch unbegabt, hatte schon auf der Schule Schwierigkeiten mit diesem Fach
δfos	Formale Inhalte aller Art werden gemieden und nicht behalten, auch wenn sie gelernt werden müssen,
αfot	Besitzt vielerlei Kenntnisse von Utopien und Zukunftswünschen und –vorstellungen der Menschen.
αfot	Ist mit vielerlei Neuheiten und Neuerfindungen vertraut.
αfot	Hat vielerlei Einzelkenntnisse von modernen u. zukünftigen Entwicklungen z.B. in der Informationstechnologie, Biotechnologie, Gentechnologie usw..
αfot	Vielerlei Einzelkenntnisse in neuzeitlicher Technik, insbesondere auch in Haus- und Haushaltstechnik stehen zur Verfügung
βfot	Verfügt über fundiertes Wissen von Utopien und Zukunftswünschen der Menschen und ihren Hintergründen.
βfot	Ist mit allen Neuheiten, die auf den Markt kommen, gründlich vertraut.

141

βfot	Hat fundierte Kenntnisse von modernen u. zukünftigen Entwicklungen.
βfot	Verfügt über fundiertes und gründliches Wissen in neuzeitlicher Technik.
γfot	Beschäftigt sich nur mit Abenteuern und Abenteurern, verfolgt ihre Wege und ihre Schicksale.
γfot	Beschäftigt sich nur mit fernen Ländern, Dingen und Exoten, lernt nur zugehörige Inhalte hinzu, alles andere interessiert nicht
γfot	Nur mit Neuheiten beschäftigt sie (er) sich in Gedanken, nur Unbekanntes und Zukünftiges hat im eigenen Gedächtnis Platz
γfot	Beschäftigt sich in erster Linie mit Zukunftsromanen, wissenschaftlichen Zukunftsutopien und ähnlichen Inhalten
δfot	An Fremde, Unbekannte, Exoten und an ferne Länder verschwendet sie (er) keine Gedanken
δfot	Mit unbekannten Inhalten und zukünftigen Ereignissen und Geschehnissen beschäftige er (sie) sich nicht, hat Angst vor allem Unbekannten
δfot	Lehnt fremde, ungewohnte Gedanken und Vorstellungen ab, beschäftigt sich nie mit den Vorstellungen anderer Kulturen und Glaubensrichtungen
δfot	Zukunftsvorstellungen und Neuheiten spielen keine Rolle, mit ihnen wird sich nicht beschäftigt
αbog	Besitzt vielerlei Einzelkenntnisse in Eigentums- und Besitzfragen.
αbog	Verfügt über vielerlei Einzelkenntnisse in Geld- und Finanzfragen.
αbog	Verfügt über vielerlei Einzelkenntnisse von Überlieferungen und Traditionen der Heimat und darüber hinaus.
αbog	Vielerlei ökonomische und wirtschaftliche Einzelkenntnisse sind vorhanden, der Proband weiß vielerlei von den Vorkommnissen in der Wirtschaft, von Buchhaltung, Geld und Finanzen
βbog	Verfügt über fundiertes Wissen in Eigentums- und Besitzfragen sowie der Zusammenhänge und Hintergründe.

βbog	Verfügt über fundiertes Wissen in Geld- und Finanzfragen und des Börsengeschehens sowie der bestehenden Zusammenhänge
βbog	Verfügt über fundiertes Wissen von Überlieferungen und Traditionen.
βbog	Besitzt gründliches ökonomisches und wirtschaftliches Wissen, kennt die Zusammenhänge und Hintergründe
γbog	Die Gedanken kreisen ständig um das eigene Geld und tatsächliches oder vermeintliches Vermögen und dessen Erhaltung und Sicherung
γbog	Gedanken kreisen ständig um die Überlieferungen, um die Traditionen, denen ich sie (er) sich nicht entziehen kann, die sie (ihn) verfolgen und gefesselt halten
γbog	Die Gedanken kreisen ständig um die eigene Sicherheit, um Schutzmaßnahmen für die eigene Person, um Gefahren, die es zu bannen gilt
γbog	Kennt sich in allen Fragen des Sparens, Sammelns und des Aufbewahrens bestens aus
δbog	Es fehlen alle nötigen Kenntnisse, um die Wirtschaftlichkeit irgendwelcher Vorgänge beurteilen zu können
δbog	In Traditionen und dem, was üblich ist, kennt sie (er) sich nicht aus, haßt alles Übliche, alle Gewohnheiten, lehnt es strikt es ab, sich mit Selbstverständlichkeiten der eigenen Umwelt zu beschäftigen oder sich nach ihnen zu richten
δbog	Besitzvorstellungen und wirtschaftliche Überlegungen sind ihr (ihm) fremd, lehnt es ab, sich mit Geld und Finanzen – auch den eigenen - zu beschäftigen, haßt es, mit Geld zu tun zu haben
δbog	Sicherheitsheits- und Schutzüberlegungen sind fremd, mit Schutzeinrichtungen , egal ob gegen wilde Hunde, Diebe oder Eindringlinge, wird sich nicht beschäftigt
αz	Braucht eine Arbeit, bei der selbst gehandelt werden muß, eine praktische Tätigkeit.

αz	Richtet ihr (sein) Leben am Sinnlichen und Anschaulichen, am Offensichtlichen aus.
αz	Ergreift im Leben und im Beruf ständig die Initiative, gibt immer wieder Impulse an andere
αz	Reaktionen im Leben erfolgen unmittelbar, ohne lange zu überlegen und viel nachdenken zu müssen, so wie es im Augenblick gerade richtig ist oder erscheint, es folgt ein ursprüngliches, unmittelbares, natürliches und ungekünsteltes Verhalten, emotionale gefühlshafte und affektive Äußerungsweise
βz	Reagiert oft impulsiv und ohne lange zu überlegen.
βz	Läßt sich von den Eindrücken des Augenblicks und momentanen Umständen oft leiten.
βz	Orientiert sich nur am Anschaulichen und Sinnlichen, von denen sie (er) sich leiten läßt, nur was wahrgenommen wird existiert.
βz	Handelt immer wieder unüberlegt und unkritisch aus dem Augenblick heraus, reagiert impulsiv; impulsive, überschwengliche Äußerungsweise
γz	Ist sinnlich übererregbar und explosiv.
γz	Bewegungsweise und meine Bewegungsaktivität sind übersteigert und unharmonisch.
γz	Die Bewegungen sind oft grotesk und bizarr.
γz	Ist für sich selbst und andere unberechenbar, plötzlich überkommen sie (ihn) dranghaft störende Reaktionsweisen.
δz	Eindrücke von außen gleiten einfach ab.
δz	Regt nichts auf, die Welt reizt sie (ihn) nicht.
δz	Fehlt es am Antrieb und dem Impuls zum Handeln..
δz	Große Angst, aus eigenem Antrieb zu handeln.
αs	Kontrolliert das eigene Tun stets sorgfältig und handelt nach festlegtem Plan.
αs	Handelt meistens vernünftig, verstandesmäßig und rational.

αs	Ist ein kritischer und prüfender Mensch, dem es darauf ankommt, vernünftig zu handeln.
αs	Auch im Alltag wird stets sorgfältig im voraus geplant und jeder Schritt und jede Handlung überlegt, ehe die Ausführung erfolgt. Das führt zu einem rationalen Verhalten, bei dem sorgfältig zwischen Situationen abgewogen wird; überlegte, vernünftige, kritische Äußerungsweise
βs	Lebt streng und diszipliniert nach ganz Regeln.
βs	Ist ein Verstandesmensch und kühler Rechner.
βs	Liebt schablonenhafte und schematische Arbeiten.
βs	Lebt und arbeitet mit Vorliebe nach einem festen Schema bzw. nach klaren Vorschriften; schematisch-eingeengte Äußerungsweise
γs	Hat oft völlige Bewußtseins- und Erinnerungslücken.
γs	Lebt immer wieder wie im Traum.
γs	Ist häufig völlig verwirrt und durcheinander.
γs	Es fehlt oft der Sinn für das Wirkliche, das Reale und die Realität.
δs	Es fehlt oft die nötige Selbstdisziplin.
δs	Haßt es, vernünftig und diszipliniert zu sein oder sein zu müssen.
δs	Ist im eigenen Tun unvernünftig und unüberlegt
δs	Unbeherrscht und disziplinlos sind Haltung und Verhalten.
αe	Lebt und handelt gern in Gesellschaft und zusammen mit anderen.
αe	Mag in der Umgebung leuchtende Farben.
αe	Hat immer und überall, wo sie (er) hinkommt, viele Bekannte und Bekanntschaften.
αe	Versucht, überall im Alltag, auf der Straße und im Beruf immer wieder mit vielen anderen Menschen in Kontakt und ins Gespräch zu kommen, wendet sich folglich seiner Umwelt, den Menschen und Dingen zu; kraftvolle, kräftige, herausragende Stimme

βe	Sucht im Umgang mit anderen stets, deren Aufmerksamkeit zu wecken und auf sich und das eigene Tun zu lenken.
βe	Legt Wert darauf, am Geschehen in der Nachbarschaft und Gemeinde beteiligt zu sein und in aller Öffentlichkeit mitzumachen.
βe	Kauft viele Dinge nur, um damit bei anderen Menschen Eindruck zu machen.
βe	Legt großen Wert auf Äußerlichkeiten und äußere Erscheinung (Kleidung, Auftreten usw.); schrille, schreiende und aufdringliche Stimmführung
γe	Fühlt sich als Mittelpunkt der Welt, das Geschehen dreht sich in erster Linie um die eigene Person.
γe	Reaktionen auf Einflüsse und Ereignisse sind oft übertrieben und theatralisch.
γe	Fühlt sich selbst am wichtigsten und bedeutendsten, die anderen müssen ihr (ihm) huldigen und sie (ihn) ehren und loben.
γe	Bemüht sich zwanghaft, überall aufzufallen, gibt sich große Mühe, die Aufmerksamkeit anderer zu wecken.
δe	Braucht in der Eisenbahn ein leeres Abteil, denn die Gegenwart anderer Menschen beeinträchtigt ihr (sein) Wohlbefinden und macht ihr (ihm) Angst.
δe	Haßt es, in öffentlichen Verkehrsmitteln dicht gedrängt mit anderen zu fahren oder gar Gespräche zu führen, selbst dann, wenn die Gespräche völlig belanglos sind
δe	Hat im Kontakt mit anderen Hemmungen, wird schnell rot, entwickelt Ängste und fängt u.U. an zu stottern.
δe	Im Umgang mit anderen Menschen scheu und ängstlich, meidet die Begegnung mit anderen, geht ihnen aus dem Wege.
αj	Arbeitet gern allein und für sich, aber nicht isoliert.
αj	Bleibt anderen Menschen gegenüber in der Reserve, geht nicht von sich aus auf sie zu

αj	Legt im Umgang mit anderen Menschen Wert auf Abstand, die eigene Privatsphäre muß gewahrt und geschützt bleiben
αj	Im Umgang mit anderen Menschen - vor allem weniger bekannten – bemüht man sich um Zurückhaltung und Abstand, versucht, nicht aufzufallen und nicht zudringlich zu werden. Es folgt eine reservierte Haltung, distanzierte, reservierte, gebremste Äußerungsweise
βj	Geht am liebsten auf einsamen Wegen allein spazieren.
βj	Zieht sich mit Vorliebe in die eigenen vier Wände zurück.
βj	Geht anderen Menschen - wo immer möglich - aus dem Wege.
βj	Meidet den Kontakt mit anderen Menschen und dem Geschehen in der Welt, wo es möglich ist; äußerungsunwillig, schweigend und schweigsam.
γj	Hat das Gefühl, verfolgt zu werden.
γj	Befindet sich ständig auf der Flucht vor irgendetwas oder irgendjemanden.
γj	Hat das Gefühl, daß alle gegen sie (ihn) sind.
γj	Ihr (ihm) ist stets und überall unheimlich zumute, fühlt sich ständig bedroht
δj	Sitzt lieber allein im Wirtshaus als allein zu Hause.
δj	Wenn sie (er) allein zu Hause bin, fällt ihr (ihm) die Decke auf den Kopf.
δj	Biedert sich gerne und oft bei anderen an.
δj	Große Angst vor dem Alleinsein.
αv	Verfügt über Einfühlungsvermögen gegenüber anderen Menschen, ahnt immer, was sie eigentlich wollen und vorhaben, was sie fühlen und denken.
αv	Kann zu anderen Menschen bestehende Beziehungen leicht lösen.
αv	Reagiert gefühlsmäßig im allgemeinen lebhaft und schnell.

αv	Läßt sich schnell für Neues begeistern, und ist immer sehr interessiert an allem und äußert sich auch schnell und sicher dazu; sprühende, lebhafte und spritzige Äußerungsweise
βv	Wechselt Partner und Freunde ständig.
βv	Ist gefühlsmäßig, vom gefühlsmäßigen Erleben und Reagieren her unstet und wechselhaft, jeden Augenblick wieder anders.
βv	Neigt zu Phantastereien, schwelgt in Utopien und weltfremden Vorstellungen
βv	Beziehungen zu anderen bleiben eher oberflächlich, berühren das eigene Gefühlsleben kaum; unstete, erregte und wechselhafte Sprechweise.
γv	Lebt in Illusionen und reagiert dann ohne Bezug zur Wirklichkeit
γv	Lebt oft wie in einem Rausch.
γv	Gerät leicht außer sich vor Begeisterung und ist dann unberechenbar
γv	Ist ein wirklichkeitsfremder Schwärmer.
δv	Haßt es, immer wieder mit neuen Menschen zusammenzukommen und zusammenzutreffen
δv	Fällt es schwer, andere Menschen, ihre Reaktionen und Motive zu verstehen.
δv	Hat große Schwierigkeiten und auch Angst, sich für irgendetwas zu begeistern
δv	Schwierigkeiten, Gefühle zu zeigen und äußern.
αh	Ist vom Gefühl her ein tief empfindender Mensch, dem dauerhafte Partnerschaft viel bedeutet.
αh	Ist ein gemütvoller und warmherziger Mensch, der sich fest andere Personen gebunden fühlt
αh	Möchte täglich - auch im Beruf - stets mit den gleichen, ihr (ihm) vertrauten Menschen zusammen sein können.

αh	Hat unauflösliche feste und langjährige Freundschaften, die gepflegt, auf großer Wert gelegt wird, auf die es dem Probanden ankommt; melodische, schwingende Sprechweise
βh	Reagiert gegenüber anderen oft unsachlich und persönlich.
βh	Ist ein romantisch veranlagter Mensch und neigt dazu, in Gefühlen zu schwelgen..
βh	Wird leicht sentimental, muß bei rührseligen Szenen in Film und Fernsehen weinen.
βh	Die Einstellung gegenüber anderen ist subjektiv gefärbt und von persönlichen Wünschen mitbestimmt; sentimentale sprachliche Darstellungsweise.
γh	Nach ihrer (seiner) Ansicht haben alle Menschen dieselben Gefühle wie sie (er)
γh	Alle anderen Menschen fühlen wie sie (er), es ist undenkbar, daß normale Menschen andere Gefühle haben als man selbst
γh	Gefühlsmäßig von anderen Menschen abhängig, kann ohne sie nicht leben und sich wohlfühlen.
γh	Leidet unter lebenshemmendem Heimweh nach vertrauten Menschen, leidet, wenn geliebte Personen abwesend sind.
δh	Haßt Dauerfreundschaften und dauerhafte Partnerschaften – z.B. die Ehe
δh	Liebt es, andere bzw. deren Gefühle zu verletzen, ihnen kalt und berechnend gegenüber zu treten.
δh	Haßt es, Gefühle zu haben, hat Angst sich in Gefühle zu verstricken und ausgenutzt zu werden.
δh	lehnt es ab, sich an andere Menschen zu binden, sich gefühlsmäßig zu engagieren und sich ihnen anzuvertrauen.
αa	Braucht in der Arbeit Widerstände und Schwierigkeiten, die zu überwinden sind und hohe Anforderungen stellen.
αa	Ist ehrgeizig und will vorwärtskommen und möglichst viel zu sagen haben.

αa	Legt Wert darauf, sehr selbständig und ohne ständige Weisung und Bevormundung durch andere arbeiten zu können.
αa	Kann sich und die eigene Meinung gegenüber anderen Menschen durchsetzen, kann es nicht nur, will und tut es auch; akzentuierte Sprechweise, deutliche Betonungsakzente
βa	Versucht ständig, andere zu beherrschen und zu kommandieren und kann dabei recht heftig werden.
βa	Reagiert im Leben und gegenüber anderen aggressiv, immer geneigt, sie anzugreifen und zu stören
βa	Reagiert gegenüber anderen Menschen leicht und häufig zu scharf und verletzend.
βa	Setzt sich im Leben hart und gewaltsam durch und gebraucht ständig die Ellenbogen; aggressive, spitze und verletzende Äußerungsweise.
γa	Neigt dazu, sich selbst und die eigenen Lebensgrundlagen zu zerstören.
γa	Ist masochistisch und neigt dazu, sich selbst zu verletzen und zu schädigen, sei es körperlich, psychisch oder sozial.
γa	Muß in der eigenen Umwelt stören, muß eigene Aggressionen bei anderen und an den Dingen loswerden.
γa	Neigt dazu, sich selbst zu zerfleischen, sich selbst zu schaden und sich selbst zu zerstören.
δa	Kann sich nicht durchsetzen, ist unfähig zu führen und anderen zu sagen, was sie tun müssen.
δa	Ist ein sanftmütiger und zaghafter Mensch, hat oft Angst, anderen ins Gehege zu kommen
δa	Lehnt es ab, in Gesellschaft und Beruf aufzusteigen und sich durchzusetzen, ist nicht in der Lage, anderen vorzuschreiben, was sie tun sollen
δa	Ist brav und folgsam und meidet selbständige Handlungen, hält sich lieber an das, was andere sagen

150

αp	Arbeitet gern mit weichem, plastischem Material (Ton, Textilien usw.).
αp	Ist im Kern ihres (seines) Wesens ein weicher Mensch.
αp	Spricht auf Anregungen anderer Menschen jederzeit an, akzeptiert sie, ohne sie deshalb ungeprüft umzusetzen.
αp	Paßt sich den jeweiligen Umständen an und stelle sich innerlich auf sie ein, ohne ihnen jedoch blindlings zu folgen oder sich von ihnen bestimmen zu lassen. Es folgen Aufgeschlossenheit und Sensibilität; fließende und gelöste Sprechweise
βp	Gerät leicht in Abhängigkeit von anderen Menschen und deren Meinung und Tun.
βp	Läßt sich von anderen Menschen beeinflussen, leiten und verführen
βp	Gibt gegenüber den Wünschen, Meinungen und Ansichten anderer leicht nach, ohne sie näher zu prüfen
βp	Der Meinung anderer Menschen schließt man sich meistens an; nachgiebige, beeinflußbare und schlaffe Äußerungsweise.
γp	Fühlt einen Zwang, sich zu unterwerfen, fühlt sich von anderen, von fremden Einflüssen gelenkt.
γp	Fühlt sich unfähig zu arbeiten, kann sich nicht konzentrieren.
γp	Hat das Gefühl, völlig haltlos zu sein und nichts auszurichten.
γp	Fühlt sich immer wieder gezwungen, allen und allem nachzugeben.
δp	Verabscheut natürliche, weiche Arbeitsmaterialien (Holz, Ton, Textilien)
δp	Hat Angst davor, den Wünschen anderer nachzugeben.
δp	Ist von innerer Einstellung und Verhalten starr und unnachgiebig
δp	Lehnt es strikt ab, sich an Menschen anzupassen.
αm	Ist ein heiterer und meistens fröhlich gestimmter Mensch
αm	Sieht zuversichtlich in die Zukunft, erwartet Gutes von ihr

αm	Braucht Risiken und riskante Unternehmungen zum Leben, um sich wohlzufühlen.
αm	Traut sich selbst allgemein im Leben und auch im Beruf viel zu, ist der Meinung, daß man selbst viel bewirken und erreichen kann. Es folgt eine positive lebensbejahende Haltung; sichere, frische Äußerungsweise
βm	Reagiert privat wie beruflich hektisch und übereilt.
βm	Reagiert oft zu schnell, flüchtig und voreilig.
βm	Überschätzt sich und ihr (sein) Können überschätze, nimmt sich mehr vor als sie (er) verwirklichen kann
βm	Reagiert leicht überheblich und selbstgefällig, ist sehr stolz auf sich und seine Erfolge; hektische, überstürzte Sprechweise
γm	Ist immer wieder auf der Flucht vor sich selbst, den eigenen Gedanken und Wünschen.
γm	Risiken gibt es für sie (ihn) in keiner Situation, Gefahren kennt sie (er) nicht.
γm	Hat Schwierigkeiten, eigene Gedanken auch zuende zu führen.
γm	Es fällt sehr schwer, die eigenen Gedanken zusammenzuhalten.
δm	Glaubt, weniger wert zu sein als andere Menschen.
δm	Ist pessimistisch eingestellt.
δm	Leidet unter innerer Unsicherheit und traut sich nichts zu.
δm	Scheut jedes Risiko und jede Gefahr.
αd	Beschäftigt sich gern mit kleinen und feinen Dingen.
αd	Ist ein ernster und besonnener Typ, der eher abwartet
αd	Reagiert im Leben im allgemeinen besonnen und wägt immer Vorteile und Risiken sorgfältig ab
αd	Nimmt Ereignisse, Dinge und Vorgänge im Leben sehr ernst und auch schwer, oberflächliche und flüchtige Reaktionen werden abgelehnt; scharfe und präzise Artikulation, jedes Wort und jede Silbe ist verständlich, nichts wird verschluckt
βd	Reagiert privat wie beruflich übervorsichtig und riskiert nichts

βd	Ist ein wenig ängstlich und besonders vorsichtig in allem, was sie (er) tut.
βd	Sieht schwarz in Gegenwart und Zukunft und erwartet von der Welt und den anderen nichts Gutes.
βd	Ist oft mißmutig und mißgelaunt, wirkt oftmals verdrossen und niedergeschlagen; mißmutige, verdrießliche, wenig offene und freie Äußerungsweise
γd	Trägt sich ernsthaft mit Selbstmordgedanken, denn es gibt für sie (ihn) keine Hoffnung auf Besserung in diesem Leben
γd	Ist oft verzweifelt und völlig deprimiert.
γd	Fühlt sich krank, ihr (ihm) fehlt immer etwas, kann wegen beherrschender Ängste keinen Augenblick genießen,
γd	Ist völlig leer und ausgelaugt, hat keinerlei Spaß und Freude am Leben, im Gegenteil alles ist vergällt.
δd	Kleinigkeiten übergeht und übersieh sie (er) gern, lehnt es auch strikt ab, sich mit ihnen zu beschäftigen
δd	Ist leichtsinnig und begegnet allen Ereignissen in lässiger, eher oberflächlicher Haltung und ohne jede Vorsichtsmaßnahmen.
δd	Ist völlig frei von Angst, kennt keine Angst, handelt oft tollkühn und riskant, komme nie in Versuchung, Risiken zu bedenken, ehe zu handeln ist.
δd	Ist im Tun und bei Äußerungen oft unbesonnen, denke nie an die Folgen des Redens und Handelns.
αk	Trachtet immer wieder danach, Neues in Angriff zu nehmen, Unbekanntes zu erforschen.
αk	Reagiert meistens aktiv und expansiv, versucht, Neues zu entdecken und zu gewinnen
αk	Hat stets etwas vor oder nimmt sich etwas vor, Langeweile gibt es nicht

αk	Ist ein schwungvoller Mensch mit Unternehmungsgeist und Dynamik, verfügt über Elan und Pep; dynamische Sprechweise, schwungvolle, aktive Darstellungsweise
βk	Reagiert immer wieder besonders ungestüm und heftig.
βk	Ist geschäftig und betriebsam und ein wenig umtriebig.
βk	Reagiert immer wieder heftig und hitzig.
βk	Ist innerlich voller Unruhe und Unrast und kommt nicht zu mir zur Ruhe; heftige, hitzige und überstürzende Sprechweise
γk	Kommt innerlich und äußerlich nicht zur Ruhe.
γk	Reagiert immer wieder explosiv und heftig.
γk	Die eigenen Bewegungen sind übertrieben, ausfahrend und überheftig.
γk	Hat Schwierigkeiten, jemals ruhig zu sitzen.
δk	Hat Angst vor Fremden, Unbekanntem und Unerforschtem.
δk	Ist träge und bequem und läßt das Leben an sich vorüberziehen.
δk	Haßt Unruhe und Hektik, aber auch Unbekanntes und Fremdes im Leben.
δk	Hat viel Angst, überhaupt etwas zu unternehmen.
αr	Arbeitet besonders stetig und gleichmäßig
αr	Entwickelt im eigenen Tun - auch in der Arbeit – viel Ausdauer.
αr	Ziele werden beharrlich und unbeirrbar verfolgt, ihr Aufgeben steht nicht zur Debatte
αr	Der eigene Standpunkt wird auch gegenüber anderen - selbst höher gestellten – Menschen behauptet und verteidigt; bestimmte und eindeutige Meinungsäußerung
βr	Vermeidet Änderungen und Veränderungen im eigenen Leben
βr	Hat große Schwierigkeiten, sich in veränderten Situationen umzustellen.
βr	Ist stur, paßt sich nicht an, beharrt stets auf dem eigenen Standpunkt

βr	Hat feste Grundsätze und bleibt ihnen treu.., auch wenn damit andere verletzt werden und man sich selbst Schwierigkeiten einhandelt; monotone, träge und schwerfällige Sprechweise
γr	Fehlt jeder Impuls, sich körperlich und geistig zu bewegen.
γr	Verharrt gerne Stunden in einer Stellung, ohne sich zu bewegen.
γr	Befindet sich prinzipiell in Abwehrstellung zu allen und jedem.
γr	Lehnt alles ab, was auf einen zukommt.
δr	Ist verschwenderisch.
δr	Sobald sie (er) Geld hat, muß es ausgegeben werden.
δr	Hat unüberwindbare Angst, sich auf irgendetwas festzulegen.
δr	Hat große Angst, einen eigenen Standpunkt zu vertreten.
αl	Ist Naturfreund und -liebhaber.
αl	Liebt die Genüsse des Lebens, ohne von ihnen abhängig zu sein.
αl	An Sex und sexueller Betätigung besteht großes Interesse
αl	Praktisches und praktisches Handeln werden bevorzugt, man ist froh, wenn man praktisch Aufgaben lösen kann, anschauliche und alltägliche Darstellungsweise
βl	Mag keine Bücher, insbesondere Romane, lesen
βl	Eingriffe in die Natur durch den Menschen werden strikt abgelehnt.
βl	Wissenschaften und Theorien sollten abgeschafft werden, denn sie richten nur Schaden an.
βl	Man ist ein ausgesprochener Genußmensch; primitive, undifferenzierte und unkritische Äußerungs- und Ausdrucksweise.
γl	Haßt alles Geistige und Wissenschaftliche.
γl	Muß immer etwas Sensationelles erleben, um sich wohlzufühlen.
γl	Läßt sich von den eigenen Trieben und Instinkten leiten.
γl	Ist süchtig und abhängig(Drogen, Alkohol usw.).
δl	Hat Angst vor sinnlichen und körperlichen Genüssen.
δl	Erotisches und Sexuelles ist für sie (ihn) hassenswert.

δl	Haßt Praktisches Tun und Arbeiten
δl	Haßt üppiges Essen und Trinken
αg	Interessiert sich für Philosophie und Geistesgeschichte.
αg	Liest gern, vor allem Sachbücher.
αg	Möchte möglichst alle neuen wissenschaftlichen Erkenntnisse erfahren.
αg	Theoretisch und wissenschaftlich ist man außerordentlich interessiert- vor allem auch geisteswissenschaftlich -; begrifflich bestimmte und eher abstrakte Darstellungsweise
βg	Hat für eine einfache Lebensweise, einfaches Wohnen, Essen und ökologische Betätigungen nichts übrig.
βg	Mag Haus- und Gartenarbeit nicht und versucht, sie stets zu vermeiden und zu umgehen.
βg	Gedankliche Spielereien und Phantasien sind besonders beliebt.
βg	Praktische und alltägliche Arbeiten, z.B. Renovierungen wie Streichen, Tapezieren usw., werden strikt abgelehnt; esoterisch-irreale, welt- und praxisferne Darstellungsweise
γg	Lebt in "höheren" geistigen und geistlichen Welten.
γg	Die anderen Menschen schweigen nur und schließen sie (ihn) ständig aus, lassen sie (ihn) an ihrem Wissen nicht teilhaben und lassen einen dann auflaufen
γg	Ist Anhänger des Spiritismus und des Esoterischen, findet Kontakt zum Außerirdischen und Übersinnlichen.
γg	Ist zwanghaft neugierig, muß alles wissen, kann nie genug erfahren.
δg	Haßt gedankliche Spielereien und Rätselraten, auch Ratespiele
δg	Wissenschaftliche und geistige Gespräche sind für sie (ihn) unnützes Zeug, Unterhaltungen, die sich nicht um handfeste, praktische Inhalte drehen, geht man aus dem Wege.

δg	Haßt Beschäftigung mit geistigen Fragen und Problemen, geistes-wissenschaftliche Erkenntnisse interessieren nicht. Es ist ihr (ihm) egal, wie man zu Erkenntnissen kommt
δg	Theoretischen Fragen wird aus dem Wege gegangen, Neugier ist unbekannt, Hintergründe und Zusammenhänge interessieren nicht.
αw	Interessiert sich für Vorgänge in Staat, Politik und Gesellschaft.
αw	Legt Wert darauf, in der Öffentlichkeit tätig zu sein und zu handeln.
αw	Braucht Feste und Feierlichkeiten, um sich wohlzufühlen.
αw	Es besteht ein ausgeprägtes Interesse am Geschehen in der Ge-meinde und Nachbarschaft; aktive Gesprächsteilnahme
βw	Tritt mit Vorliebe vor anderen in der Öffentlichkeit auf.
βw	Würde gerne im Fernsehen auftreten oder auf der Bühne stehen.
βw	Möchte den eigenen Namen und das eigene Bild unbedingt in der Zeitung sehen.
βw	Möchte gern öffentlich geehrt, belobigt und ausgezeichnet werden, affektierte, gespreizte Äußerungsweise.
γw	Glaubt, überall die erste Geige zu spielen, die Hauptperson zu sein.
γw	Verdient alle Auszeichnungen dieser Welt und wird sie eines Tages auch bekommen.
γw	Die Bedeutung der eigenen Person erkennen alle anderen und auch die Gesellschaft an.
γw	Nach eigener Meinung ist man auf jeden Fall der Größte und Be-deutendste, derjenige, der besondere Beachtung verdient.
δw	Möchte aus dieser Gesellschaft aussteigen und der realen Welt den Rücken kehren.
δw	Hat Angst, vor anderen Menschen reden zu müssen.
δw	Bekommt in größeren Menschenansammlungen Angst.

δw	In der Öffentlichkeit möchte sie (er) unerkannt und unbekannt bleiben.
αt	Ist ein frommer und gläubiger Mensch.
αt	Handelt nach festen, aber nicht sturen moralischen Grundsätzen.
αt	Weltanschauung, Glaube und Wertvorstellungen sind klar und eindeutig, aber keineswegs fundamentalistisch und intolerant.
αt	Feste und eindeutige Moral- und Wertvorstellungen sind vorhanden und werden in die Praxis umzusetzen versucht; korrekte, eindeutige und klare Äußerungsweise
βt	Ist parteipolitisch und weltanschaulich fest gebunden.
βt	Unterscheidet zwischen „Gut und Böse" auch in Kleinigkeiten genauestens.
βt	Die eigenen Vorstellungen von „Gut" und „Böse" sollten unbedingt überall gelten.
βt	„Andersgläubigen" (Religion, Weltanschauung, Partei, usw.) wird mit Mißtrauen und besonderer Vorsicht begegnet; ichbezogene, egozentrische und prinzipienhafte Darstellungsweise
γt	Meint, die meisten Mitmenschen sind moralisch minderwertig.
γt	Macht in moralischer Hinsicht keine Konzessionen, kennt ich keine Entschuldigungen für „unmoralische" Handlungen.
γt	In religiösen Fragen kenne sie (er) keine Toleranz, ist ein Fundamentalist.
γt	Die Moralvorstellungen erscheinen den Mitmenschen überspannt.
δt	Lehnt strenge Gesetze, Prinzipien und Wertordnungen von Grund aus ab.
δt	Haßt strenge Glaubensgemeinschaften, Cliquen und Sekten.
δt	Haßt feste Moral- und Wertvorstellungen.
δt	Haßt weltanschauliche Bindungen und Überzeugungen.
αu	Interessiert sich für Kultur und kulturelle Fragen.
αu	Interessiert sich für Sprache und Sprachen.

158

αu	Für pädagogische (Erziehungs-) Fragen und Probleme besteht besonderes Interesse
αu	Interesse für Literatur, Romane, aber auch Gedichte, Theater und Ähnliches; feinsinnige, einfühlsame Ausdrucksweise
βu	Kultur und kulturelles Geschehen gehen für sie (ihn) über Nützlichkeit und Notwendigkeit.
βu	Versucht, im Leben, alles historisch (geschichtlich) zu sehen und zu deuten.
βu	Schwärmt für und von Literatur, Romanen, Dichtung usw..
βu	Liebesromane und „leichte" Literatur werden bevorzugt und verschlungen; schwärmerisches, „luftiges" Gerede
γu	Meint, Nützlichkeitsdenken und Profitstreben sind auszurotten.
γu	Fühlt sich allein für unsere Kultur und deren Bestand verantwortlich.
γu	Zweckmäßigkeitsdenken ist verwerflich..
γu	Was Kultur ist, weiß nur sie (er).
δu	Hält die Beschäftigung mit Geschichte und Kulturgeschichte für unsinnig.
δu	Alles Schöngeistige und Kulturelle ist ihr (ihm) widerlich.
δu	Bekämpft die Einrichtung "Theater" und ähnliche nutzlose Institutionen.
δu	Haßt Literatur, Bücher, Romane, Gedichte usw.
αx	Trachtet danach, die eigenen Möglichkeiten voll in Harmonie mit anderen zu entfalten.
αx	Ist ein ausgesprochener Individualist und auf Selbstverwirklichung bedacht, aber kein Single.
αx	Sucht im Leben eine dauerhafte, gleichberechtigte menschliche Partnerschaft.
αx	Die eigene Familie bzw. der Partner (Partnerschaft) steht im Mittelpunkt des Interesses und des Handelns;
βx	Nur die eigene Person und Familie interessieren sie (ihn).

βx	Nur die eigenen persönlichen Gefühle sind wichtig.
βx	Neigt dazu, anderen vorzugeben, wie sie leben müssen.
βx	Liebt nur sich selbst und interessiert sich in erster Linie für sich selbst, seine Wünsche und Vorstellungen; subjektive Äußerungsweise und unkritische Gefühlsurteile.
γx	Meint, den Menschen zeigen zu müssen, was Menschsein heißt.
γx	Hält allein sich für eine reife und erwachsene Persönlichkeit.
γx	Sie (er) glaubt, der vollkommenste Mensch auf Erden zu sein.
γx	Die eigene Person ist das Wichtigste auf der Welt.
δx	Meint, die Menschen sind alle gleich, nicht nur vor dem Gesetz.
δx	Dauerhafte Partnerschaften und die Ehe hält sie (er) für Unfug.
δx	Bekämpft die Bildung von Eliten und hält sie für Unfug.
δx	Hat Hemmungen, sie (er) selbst zu sein, die eigene Person zu leben.
αb	Möchte andere und deren Handlungen bestimmen, möchte das Geschehen in der eigenen Umwelt lenken und leiten.
αb	Möchte andere Menschen beherrschen und in eigenem Sinne beeinflussen können
αb	Trachtet im Leben und im Beruf danach, an die Spitze zu gelangen – auch fachlich -, möchte Führungsaufgaben übernehmen und die Vorgänge lenken
αb	Interesse vor allem an technischen Einrichtungen und Vorgängen; angreifende Darstellungsweise, bestimmte Äußerungsweise
βb	Will über andere Menschen und deren Tun und Lassen zu sagen und zu bestimmen haben.
βb	Zerstört gerne, was andere aufgebaut haben, interessiert sich für Mittel und Werkzeuge zur Zerstörung und zum Abriß des Bestehenden
βb	Strebt nach Macht und Einfluß, möglichst über den engeren Kreis des eigenen Lebens hinaus.

βb	Waffen und Waffentechnik, Kriege und Schlachten stehen im Mittelpunkt des eigenen Interesses; spitze, ironische bis sarkastische Äußerungs- und Darstellungsweise.
γb	Meint, zum Herrscher und Diktator über alle bestimmt zu sein und zu sagen zu haben, die anderen müssen gehorchen.
γb	Bedürfnisse und Wünsche anderer Menschen interessieren nicht und sind unwichtig, wo sie sich bemerkbar machen, muß sie (er) sie unterdrücken.
γb	Muß über alle Menschen herrschen und über sie bestimmen, auch dann, wenn man sich selbst damit schadet.
γb	Muß alles zerstören, was in den Weg kommt, kann es nicht vertragen, wenn die Dinge erhalten und intakt bleiben.
δb	Hat große Hemmungen, Macht auszuüben, Haßt Waffen aller Art, mögen sie dem Krieg oder der Jagd dienen, würde sich gegen Angriffe von außen nie wehren aus Angst, den Angreifer ernstlich zu verletzen. Hat auch Angst, etwas zu schaffen, das als Waffe gegen Menschen dienen kann
δb	Hat große Hemmungen und Ängste, etwas nach eigenen Vorstellungen zu gestalten und zu bestimmen.
δb	Haßt Politik, Politiker und alles, was damit zusammenhängt, mag keine Führer und Führungskräfte, lehnt Führungsaufgaben, und leitende Funktionen strikt ab
δb	Haßt die Technik und alles, was damit zusammenhängt, traut keinen Konstruktionen und Ingenieurarbeiten, lehnt das Auto und das Flugzeug als Verkehrsmittel ab.
αc	Interessiert sich für die Lebensumstände anderer Menschen, insbesondere auch für die schwacher und benachteiligter Personen.
αc	Gibt anderen Menschen gern Ratschläge, ohne etwas bestimmen zu wollen.
αc	Interessiert sich besonders für soziale Fragen und Probleme.

αc	Freude, andere zu pflegen, zu hegen, zu schützen und zu umsorgen, zuhörende und aufnehmende Gesprächshaltung
βc	Möchte unbedingt andere Menschen bemuttern und umsorgen.
βc	Verwöhnt andere Menschen gern und wo es nur möglich ist, und das auch gegen ihren Willen.
βc	Die Fürsorge für andere ist ihr (ihm) wichtig und beherrscht das Leben und Streben.
βc	Technischen Aufgaben und Fragen wird aus dem Wege gegangen; unbestimmte, verwaschene und unscharfe Darstellungs- und Sprechweise.
γc	Auch wenn sie (er) selbst darunter leiden muß, kann sie (er) keinem Lebewesen Leid zufügen, dementsprechend kann sie (er) auch kein Fleisch essen.
γc	Muß alle Konflikte dieser Welt lösen und ist damit ständig beschäftigt
γc	Bemuttert alle erreichbaren Menschen, ob sie wollen oder nicht, ob es für sie nötig ist oder nicht.
γc	Fühlt sich innerlich gezwungen, sich überall anzupassen, sich stets nach den anderen und ihren Vorstellungen zu richten.
δc	Ist gegen jede Hilfe für Arme, Schwache und Unfähige, denn die wird doch nur von den meisten ausgenutzt.
δc	Kümmert sich stets zuerst um sich selbst, denn um sich und ihre (seine) Sorgen kümmert sich sonst niemand, es wird auch niemand helfen, wenn man es braucht
δc	Verabscheut soziale Fragen und soziale Betätigungen, denn sie dienen nur der Ausnutzung anderer Menschen und bauen auf deren Gut- und Leichtgläubigkeit auf.
δc	Lehnt die Forderung ab, anderen Menschen zu helfen, fehlt dazu jedes Verständnis; meint, derartige Forderungen sollen nur die eigenen Kreise stören und anderen ein schlechtes Gewissen machen

αq	Ist ein musischer und künstlerischer Mensch.
αq	Interessiert sich für Mode und Modisches.
αq	Hat großes Interesse an Musik.
αq	Großes Interesse für die Kunst, künstlerisches Tun und Schaffen, globale Darstellungsweise, Darstellung in Umrissen und Grundzügen.
βq	Liebt Kitsch, die üblichen Reiseandenken usw..
βq	Nützlichkeitsdenken wird strikt abgelehnt.
βq	Liebt Verschnörkelungen und Überladenheit mit Schmuck und Zierrat.
βq	Nüchterne und sachliche Möbel im Bürostil werden grundsätzlich abgelehnt; flüchtige, oberflächliche und effekthascherische Darstellungsweise.
γq	Meint, Profitdenken sollte strengstens bestraft werden.
γq	Ist ein Qualitätsfanatiker.
γq	Schön kann nur sein, was sie (er) leiden mag.
γq	Meint, ein genialer Künstler zu sein.
δq	Gemälde und Zeichnungen sagen ihr (ihm) nichts.
δq	Ist ein zweckorientierter und amusischer Mensch.
δq	Hat für Kunst und Künstlerisches keinen Sinn und nichts übrig.
δq	Haßt Musik jeder Art und Richtung, insbesondere klassische Formen.
αo	Bei ihr (ihm) muß alles seine Ordnung haben.
αo	Möchte alles organisieren und für Ordnung sorgen.
αo	Arbeitet gern in der Verwaltung und im Büro.
αo	Arbeit mit Zahlen wird bevorzugt, Erfolgserlebnisse, wenn etwas in Zahlen auszudrücken ist; besonnene, abwägende und ordnende Ausdrucksweise
βo	Ist ein pedantischer Mensch und braucht Ordnung bis ins Kleinste.
βo	Liebt Formulare und strenge Ordnungen bis ins Kleinste.

163

βo	Improvisationen und Ungefährlösungen werden strikt abgelehnt
βo	Es muß sich alles berechnen oder doch in Zahlen ausdrücken lassen, damit man sich wohl fühlen kann und zufrieden ist; übervorsichtige, pedantische und in Kleinigkeiten mündende Darstellungsweise.
γo	Führt im Leben über alles und jedes genau Buch.
γo	Ist Bürokrat aus Leidenschaft und verwalte auch das eigene Leben nach strengen Regeln und Vorschriften.
γo	Achtet im Leben und Handeln auf jede Kleinigkeit.
γo	Leidet unter Ordnungs- und Kontrollzwängen, muß immer wieder nachprüfen, ob alles in Ordnung ist.
δo	Übertritt bestehende Vorschriften mit Vorliebe.
δo	Haßt feste Regeln im Leben.
δo	Haßt strenge Ordnungen
δo	Chaos und Unordnung werden zum Leben und Wohlfühlen gebraucht.
αf	Ist an allem Fremden und Unbekannten interessiert.
αf	Reist und fährt gern umher.
αf	Interessiert sich für fremde Länder und Völker und geht aktiv auf Fremde zu.
αf	Am Zukünftigen, an dem, was die Zukunft bringt und bringen könnte, besonders interessiert; .
βf	Meidet alles Alltägliche, gehe dem üblichen Trott möglichst aus dem Wege.
βf	Muß jede Neuheit haben, die auf den Markt kommt.
βf	Ist ein Neuerer, der alles verändern möchte.
βf	Meidet alles Gewohnte und Übliche, alles, was **man** tut; unruhige, sprunghafte Äußerungs- und Darstellungsweise .
γf	Ständige Änderungen oder Veränderungen in meinem Leben müssen unbedingt sein, wenn sie (er) sich wohlfühlen soll.

γf	Sucht den Fortschritt um jeden Preis bei der Gestaltung des täglichen Lebens und auch im Beruf.
γf	Lebt in Utopien und Zukunftsvisionen und handelt möglichst so, wie sie es verlangen.
γf	Braucht unbedingt Abenteuer, ständige Veränderungen und Abwechslungen, immer wieder Neues, um leben zu können.
δf	Haßt Fremdes und Fremdartiges, fährt auch nicht in fremde Länder und ist gegen jede Art von Einwanderung.
δf	Haßt Fortschritt in jeder Form, insbesondere wissenschaftliche und technische Neuerungen machen Angst.
δf	Fühlt sich bei weiten Reisen (Urlaub usw.) und Reisen an nicht vertraute Orten schlecht, auch ungewohnte und fremde Menschen stören ihre (seine) Kreise .
δf	Haßt Orts- und/oder Wohnungswechsel, Änderungen und Veränderungen in der Umwelt ängstigen und beunruhigen.
αn	Wünscht sich eigenen Grund und Boden.
αn	Hält sich im allgemeinen an das, was ihr (ihm) bekannt und vertraut ist und macht keine unnötigen Experimente.
αn	Hält sich vielfach an die Tradition, an das, was m a n in ihren (seinen) Kreisen tut, ohne sich sklavisch daran zu klammern
αn	Geld und materieller Besitz sind wichtig und interessant; eindeutige und beharrende Ausdrucksweise.
βn	Traditionen und Überlieferungen sind für sie (ihn) „heilig", sie zu respektieren und zu befolgen ist Aufgabe und Verpflichtung.
βn	Richtet den eigenen Lebensstil an dem der Eltern aus, versucht, so wie sie zu leben.
βn	Ist gegen jeden Fortschritt, lehnt ihn ab und bekämpft ihn.
βn	Fremdes und Neuartiges stören die eigenen Kreise und das eigene Wohlbefinden; sture Meinungsbehauptung auf der Basis des Gewohnten und Überlieferten.

γn	Bleibt dem Was und dem Wie des bisherigen Handelns unbedingt treu.
γn	Haßt jede Änderung oder Veränderung im eigenen Leben und in der eigenen Umwelt.
γn	Handelt stets exakt, wie es den bisherigen Gewohnheiten entspricht.
γn	Muß aus innerem Zwang immer das tun, was üblich ist und vor allem üblich war.
δn	Haßt es, das zu tun oder tun zu müssen, was üblich ist.
δn	Bricht prinzipiell aus dem Gewohnten und Vertrauten aus.
δn	Fühlt sich zu Hause, in gewohnter Umgebung schlecht und unwohl.
δn	Haßt es, nach Traditionen zu leben und das zu tun, was **m a n** tut.
vl	Kann sicher erkennen, ob verschiedene Gegenstände zueinander passen
vl	Fertigt auch ohne genauen Plan Handarbeiten sicher an.
vl	Hat ein gutes Augenmaß, um Längen und Abstände richtig einzuschätzen.
vl	Eine Strecke ohne Hilfsmittel in 3 gleiche Teile zu teilen, gelingt haargenau.
vl	Sieht sofort, wenn ein Bild schief hängt.
vl	Kann mit bloßem Auge genau feststellen, ob 2 Geraden wirklich parallel sind.
vl	Kann eine Torte ohne Hilfsmittel exakt in 5 gleiche Teile teilen.
vl	Kann Entfernungen exakt schätzen.
dk	Kann gut abstrakt, begrifflich und unanschaulich denken.
dk	Versteht schwierige und komplizierte Aufgabenstellungen stets sofort.
dk	Kann bei geistigen Aufgaben immer schnell Wesentliches von Unwesentlichem unterscheiden.

dk	Bei geistigen Aufgaben wird schnell das Wesentliche, der Kern des jeweiligen Problems erfaßt und erkannt.
dk	Erkennt bei Denkaufgaben schnell die Inhalte, die nicht dazugehören.
dk	Findet zu zwei oder mehr Begriffen - Wörtern - stets den zugehörigen Oberbegriff, also das, was beide gemeinsam haben
dk	Versteht auch komplizierte philosophische Texte.
dk	Hochgeistigen und komplizierten Gedankengängen kann man leicht folgen.
ff	Ist in der Handhabung kleinster Dinge geschickt.
ff	Kann feinmechanische Arbeiten sicher erledigen.
ff	Ist bei feinen Handarbeiten geschickt.
ff	hat sehr geschickte und bewegliche Finger.
ff	Kann Schreibmaschinen- und entsprechende Tastaturen sicher bedienen.
ff	Führt feine Arbeiten an winzigen Bauteilen geschickt aus.
ff	Verfügt über viel Fingerfertigkeit.
ff	Kann geschickt mit Nadel und Faden umgehen.
we	Ihre (Seine) Entscheidungen bleiben unabhängig von anderen Menschen.
we	Setzt sich gegenüber anderen energisch durch.
we	Schließt im Leben und im Beruf keinerlei Kompromisse.
we	Im Beruf wie im Privatleben wird sehr energisch und bestimmt entschieden.
we	Kann sich gut und ohne Schwanken für eine von mehreren Möglichkeiten entscheiden.
we	Das Urteil zu den jeweiligen Situationen ist bestimmt und eindeutig.
we	Kann in allen Lebenslagen eindeutig entscheiden.
we	Lebt sehr bewußt und erkennt deutlich die eigenen Motive und Beweggründe.

vp	Kann komplizierte Flächenfiguren jederzeit aus Dreiecken zusammensetzen
vp	Kann Formenunterschiede exakt unterscheiden.
vp	Kann zerrissene Papierblätter leicht richtig zusammenfügen.
vp	Puzzles werden schnell und sicher gelöst.
vp	Kann auch nur kurz gesehene Möbelformen im Raum genau beschreiben
vp	Erkennt bekannte Personen schon von Ferne an ihrer Gestalt (Figur).
vp	Findet in Suchbildern versteckte Fehler schnell.
vp	Einmal gesehene Formen - auch Gesichter – werden nicht vergessen.
dp	Bei dem, was sie (er) lernt, bilden sich schnell Verbindungen zu schon bekannten Inhalten
dp	Kann Neues leicht und schnell erlernen.
dp	Fallen bei geistigen Aufgaben stets weit vom Thema liegende Inhalte ein, die oft zur Lösung beitragen
dp	Jeden Tag wird Neues hinzugelernt.
dp	Finde bei geistigen Aufgaben oft schon bekannte Inhalte, die zur Lösung führen
dp	Lernt auch bisherigen Erfahrungen widersprechendes Neues leicht
dp	Hat keine Schwierigkeiten, immer wieder umzulernen.
dp	Neue Informationen und Eindrücke werden umgehend verwertet
fh	Die Hände erscheinen sehr beweglich.
fh	Ist handwerklich begabt.
fh	Verfügt über Handgeschick.
fh	In der Arbeit mit den Händen ist man geschickt.
fh	Ist in der Hausarbeit (Putzen, Aufräumen usw.) geschickt.
fh	Kann geschickt mit einfachen Werkzeugen umgehen.
fh	Ist im Modellbau geschickt.

fh	Verfügt über viel Geschick im Basteln .
wm	Kann an mehreren Gesprächen zugleich teilnehmen.
wm	Kann mehrere zugleich stattfindende Vorgänge vollständig verfolgen.
wm	Erfaßt auch Rand- und Nebeneindrücke vollständig.
wm	Auf Anregungen von außen spricht man schnell und voll an.
wm	Reagiert schnell auf Veränderungen und spricht leicht auf sie an.
wm	Ständige Umstellungen bei der Arbeit stören sie (ihn) nicht.
wm	Benötigt im allgemeinen wenig Zeit, um sich auf Arbeitsveränderungen einzustellen.
wm	Reagiert flexibel, wenn sich die Umstände ändern.
vk	Kann anhand eines Luftbildes Höhenunterschiede in der Landschaft klar und deutlich erkennen.
vk	Kann technische Zeichnungen gut lesen und sich die dargestellten Geräte vorstellen.
vk	Kann sich auch nur einmal gesehene Räume später gut vorstellen.
vk	Es besteht ausgeprägtes Können in Raumlehre (Stereometrie).
vk	Bewegt sich in bekannten Räumen auch im Dunkeln, ohne anzustoßen
vk	Kann Zerbrochenes richtig zusammenfügen, ohne erst probieren zu müssen
vk	Kann nach einmaligem Sehen eine Zimmereinrichtung genau beschreiben.
vk	Flächenhafte Bilder (Fotos usw.) werden plastisch und räumlich gesehen und erlebt.
de	Kann eigene mathematischen Kenntnisse mit realen Vorgängen geschickt verknüpfen – auch bei rein geistigen und sozialen Fragestellungen
de	Betrachtet anfallende Denkaufgaben von verschiedenen Seiten zugleich, so daß sie (er) sich selten verrennt.

de	Löst geistige Aufgaben oft in unüblicher Weise erfolgreich, insbesondere bei praktischen Aufgaben kommt ihr (ihm) das zugute
de	Geistig – gedanklich – wird geschickt kombiniert und unterschiedliche Inhalte miteinander verbunden, um damit zur Aufgabenlösung zu finden.
de	Kann auch unbekannte, ihr (ihm) nicht vertraute Probleme recht schnell lösen.
de	Kann verschiedene Inhalte geistig schnell miteinander verknüpfen, auch wenn sie unterschiedlichen Themenkreisen angehören.
de	Findet zu vorgegebenen Inhalten, Wörtern und Begriffen schnell verwandte Bezeichnungen und Inhalte.
de	Geistig vielseitig und denkgewandt, kann sich im Denken schnell umstellen.
fk	Die Bewegungen sind rund und locker.
fk	Reißt nie mit einer Hand wieder ein, was sie (er) mit der anderen aufgebaut hat
fk	Die Körperbewegungen sind geschmeidig.
fk	Ist mit beiden Händen zugleich geschickt.
fk	Ist körperlich fit und gut trainiert.
fk	Ist im allgemeinen körperlich beweglich.
fk	Ihre (seine) Körperbewegungen sind harmonisch.
fk	Hat ein ausgeprägtes Balancegefühl und stabile Gleichgewichtslage.
wk	Kann mich so konzentrieren, daß sie (er) nichts mehr hört, was nicht dazu gehört.
wk	Läßt sich bei der Arbeit nicht ablenken.
wk	Kann sich stunden- oder gar tagelang mit einer Sache beschäftigen.
wk	Bei der Arbeit kann man sich gut konzentrieren

wk	Unruhe in meiner Umgebung lenkt sie (ihn) nicht von der Arbeit ab.
wk	Kann auch bei Lärm und Krach geistig arbeiten.
wk	Alle Arbeiten werden besonders sorgfältig und genau ausgeführt.
wk	Auch wenn andere reden, kann man dabei geistig arbeiten.

Da es für die Elemente bisher nur eine Errechnung aus den Resultanten gibt, erscheint es sinnvoll, etwa umfassende Rotationen und Turbulenzen zusätzlich aus dem Verhalten zu bestimmen:

γPp	Leidet unter Ticks und ähnlichen Erscheinungen
γPp	Leidet unter eigenartigen Gesichts- und Körperbewegungen
γPp	Verharrt immer wieder in einer bizarren Haltung
γPp	Motorische Bewegungsstörungen
δPp	Ist ein trockener und absolut nüchtern denkender Mensch, der sich vom Alltäglichen freihält
δPp	Es fehlt jede Lebensfreude
δPp	Es fehlt jeder Impuls, das eigene Leben selbst in die Hand zu nehmen
δPp	Ist unfähig, irgendetwas zu genießen
γRp	Hat Schwierigkeiten sich mit den Regeln und Ordnungen des Alltags zurechtzufinden und zu arrangieren
γRp	Erlebt alles um sich herum traumhaft und fühle sich dabei häufig verwirrt
γRp	Verliert immer wieder einmal die örtliche Orientierung und verläuft sich auch dort, wo sie (er) schon lange lebt
γRp	Verlust der zeitlichen Orientierung, Fehler im Datum und im Wochentag
δRp	Denkt: Vernunft und Vernünftigkeit des Denkens und Handelns sind Unsinn
δRp	Lehnt jede Art von Selbstdisziplinierung ab
δRp	Braucht und will keine Regeln im eigenen Leben
δRp	Lebt nur dem Augenblick

γUp	Ihr (Ihm) kommt es darauf an, etwas darzustellen und zu repräsentieren, fühlt sich als großartiger Schauspieler und Mime
γUp	Fühlt oft den Zwang, sich und den eigenen Körper vor anderen zu entblößen
γUp	Gerät häufig in Erregung und spricht dann besonders schnell und auch laut
γUp	Gefühl ein ganz besonderes, höheres und außergewöhnliches Wesen zu sein
δUp	Ist öffentlichkeitsscheu und zieht sich völlig ins Private zurück
δUp	Kapselt sich von der Welt und ihrem Geschehen ab
δUp	Ist unfähig, sich dem Leben, den Dingen und Menschen zuzuwenden
δUp	Flüchtet vor dem sogenannten öffentlichen Leben und verschließt sich
γÜp	Meint, ein fundamentalistischer Mensch zu sein
γÜp	Ist oft ängstlich verstimmt aus unbestimmten Ängsten heraus
γÜp	Leidet unter Schuldgefühlen und Gewissensbissen
γÜp	Gefühl von anderen Menschen oder Wesen verfolgt zu werden
δÜp	Orthodoxie und Fundamentalismus gleich welcher Herkunft werden strikt abgelehnt
δÜp	Haßt alle Weltanschauungen und Ideologien
δÜp	Ist ein Opportunist und handelt, wie es gerade vorteilhaft für sich ist
δÜp	Fehlt jede Beziehung zu Religion und Moral
γKp	Meint, die Kultur der Menschheit retten zu sollen
γKp	Haßt Maschinen jeder Art; sie gehören vernichtet, denn sie sind der Feind der Menschheit
γKp	Lebt in der Angst, daß andere Menschen ihre (seine) Persönlichkeit verändern
γKp	Zwanghafte Ängste und Neigung zu unkontrollierbaren Handlungen

δKp	Kommt es darauf an, daß es funktioniert, Kultur ist dummes Gerede
δKp	Wie sie (er) spricht und schreibt ist ihr (ihm) völlig egal, und sei es noch so falsch
δKp	Kann sich für nichts begeistern
δKp	Unfähig, eigene Gefühle zu äußern und zu zeigen
γBp	Fühlt sich immer wieder verfolgt und bedrängt, weil sie (er) so außergewöhnlich ist
γBp	Andere Menschen sind ständig damit beschäftigt, das eigene herausragende Tun zu kontrollieren
γBp	Ist unfähig, sich von anderen Menschen zu lösen, klebt an ihnen und leide unter heftigem Heimweh, wenn vertraute Menschen abwesend sind
γBp	Von Menschen aus der Umgebung verfolgt und angegriffen mit dem Gefühl, daß sie die Person zerstören wollen
δBp	Haßt jede Art „humaner Bestrebungen und Bemühungen", Humanismus und humanistische Strömungen wird strikt abgelehnt
δBp	Engere menschliche Beziehungen machen Angst, menschlichen Verpflichtungen und Beziehungen geh sie (er) aus dem Wege; hält sich für einen kalten Menschen
δBp	Hat keinerlei Bindungen an andere Menschen, ist immer allein, denn echte innere Beziehungen und Gemeinschaften gibt es nicht,
δBp	Fühlt sich nur im Kollektiv wohl, nur dort ist man geborgen und sicher, Eliten und Besonderheiten werden strikt abgelehnt und sollten verboten werden, alle Menschen sind gleich
γGp	Glaubt, dazu ausersehen zu sein, die Probleme dieser Welt zu lösen, alle auftauchenden Schwierigkeiten zu bewältigen
γGp	Wird für einen streitsüchtigen Menschen gehalten, weil sie (er) sich dagegen wehre, von anderen Menschen in Schwierigkeiten gebracht zu werden

γGp	Meint, von anderen ständig angegriffen zu werden, die versuchen sie (ihn) zu unterdrücken, wogegen sie (er) glaubt sich wehren zu müssen
γGp	Gefühl von anderen abgelehnt zu werden, Vorstellung, daß andere sie (ihn) ständig belästigen und in Schwierigkeiten bringen.
δGp	Ist subjektiv unfähig, Probleme zu lösen, Dinge und Situationen zu gestalten, hat große Angst davor, womöglich unwissentlich etwas zu schaffen und zu gestalten
δGp	Traut sich nie, sich durchzusetzen, ihr (ihm) fehlt alle Angriffslust und jeder Eroberungsdrang, folgt nur den anderen
δGp	Meidet Situationen, in denen selbst zu bestimmen ist, was zu geschehen hat und wie es geschehen soll, und das ganz besonders, wenn andere anderer Meinung sind
δGp	Fürchtet sich, Macht zu erhalten und auszuüben, über andere oder über irgendwelche Einrichtungen zu bestimmen oder bestimmen zu müssen
γSp	Fühlt sich unfähig zu geregelter Arbeit
γSp	Ist unfähig, sich auf die eigene Arbeit zu konzentrieren
γSp	Hat keinerlei Interesse am anderen Geschlecht
γSp	Fühlt sich unfähig, Entscheidungen zu treffen und etwas zu bestimmen
δSp	Lehnt es strikt ab, andere Menschen oder irgendwelche Dinge zu pflegen und zu umsorgen
δSp	Es graut vor sozialen Verpflichtungen und Beziehungen
δSp	Traut keinerlei sozialen Beziehungen und Bestimmungen
δSp	Sucht soziale Unabhängigkeit und Freiheit um jeden Preis
γEp	Meint, mehr als alle anderen Menschen bewirken zu können
γEp	Glaubt allen anderen Menschen überlegen, auserwählt und auserkoren zu sein
γEp	Ist von Gott, von einer höheren Macht zu Besonderem berufen, ist ein Gottgesandter

γEp	Verfügt über besondere Kräfte, die von der Natur, von Gott oder ähnlichen Geschöpfen verliehen wurden
δEp	Leidet unter starken Minderwertigkeitsgefühlen und geht jeder Anstrengung aus dem Wege
δEp	hat große Angst vor der Zukunft, es fehlt jeder Optimismus, jeder Lebensmut, hat kein Vertrauen zum Leben und leidet unter starker Lebensangst
δEp	Traut sich im Leben nichts zu, scheut jedes Risiko und ist übervorsichtig, wagt nichts
δEp	Fühlt sich allen Menschen in seiner Umgebung unterlegen, sie alle können und leisten viel mehr als man selbst, sind auch mehr wert und bedeutungsvoller als man selbst, Minderwertigkeitsgefühle sind beherrschend
γOp	Meint, die Welt und das Leben sind trist, trostlos und man sollte sie verlassen
γOp	Für sie (ihn) ist das Leben hoffnungslos, ohne Aussicht auf Besserung
γOp	Die Wahrnehmung ist häufig beeinträchtigt, sie (er) nimmt Falsches wahr
γOp	Hört immer wieder bedrohliche Stimmen
δOp	Braucht Chaos und Unordnung zum Leben, nur das ist Leben für sie (ihn)
δOp	Lehnt es grundsätzlich ab, Verantwortung zu übernehmen
δOp	Hat große Angst vor jeder Art von Ordnung
δOp	n Äußerem, in der Haltung und der Arbeitsweise nachlässig
γFp	Muß immer wieder etwas Neues anfangen, ehe das alte abgeschlossen und erledigt ist
γFp	Erfindet immer wieder neue Wörter und neue Bezeichnungen und glaubt, die Sprache weiter zu entwickeln

γFp	Hat immer wieder Schwierigkeiten, Gehörtes richtig aufzufassen, die gestellten Fragen sind daher häufig unverständlich und unsinnig
γFp	Neigt dazu, häufig die gleichen Wörter und Sätze zu wiederholen, wiederholt immer wieder die gleichen Sachverhalte mit anderen Wörtern und walzt das gleiche Thema immer wieder aus, damit die Umwelt auch wirklich versteht, was gemeint ist
δFp	Könnte sich niemals mit Forschungsaufgaben beschäftigen, die zu einer Veränderung des Weltbildes und der Auffassungen vom Geschehen führen könnten
δFp	Verläßt einen vertrauten und bekannten Ort nie, kommt nie auf die Idee, in eine fremde Stadt zu ziehen oder gar in ein anderes Land zu gehen
δFp	Alles Fremde, alles Ferne, jede Weite, alles, was unbekannt ist, macht Angst, braucht folglich enge und in sich geschlossene Räume und Welten zum Leben
δFp	Hat Angst, selbständig und ohne Anweisung etwas zu unternehmen, große Furcht vor eigenem Tun,
γTp	Interessant ist nur die Vergangenheit, in ihr möchte sie (er) leben und tut das, soweit es möglich ist
γTp	Hat an der Zukunft keinerlei Interesse, sie ist ihr (ihm) völlig egal
γTp	Die Bewegungen sind gebremst und schwerfällig, teilweise blockiert
γTp	Kann sich von einem vertrauten Ort oder Ding nicht losreißen, muß immer wieder dorthin zurückkehren
δTp	Selbstverständlichkeiten, Übliches und Gewohnheiten sind ihr (ihm) ein Greuel
δTp	Verläßt bekannte und vertraute Orte so schnell wie möglich
δTp	Kann nicht n e i n sagen
δTp	Hat Angst vor dem Üblichen und vor sog. Überlieferungen und vor dem, was andere wohl erwarten

Sobald man diese Erkenntnisse z.B. in Fragebogen umsetzt, sollte man nicht versäumen, sog. Lügenfragen (zur Selbstkritikbestimmung) einzuschalten, etwa nach folgendem Muster:

Lü	Hat mitunter Geldsorgen
Lü	Ab und zu fallen ihr (ihm) Gedanken ein, die andere Leute nicht wissen dürfen
Lü	Ab und zu lacht sie (er) über einen unanständigen Witz
Lü	Ab und zu verliert sie (er) die Geduld und wird wütend
Lü	Erzählt ab und zu gern eine kleine Lüge
Lü	Spricht manchmal über Dinge, von denen sie (er) nichts versteht
Lü	Gewinnt viel lieber im Spiel als daß sie (er) verliert
Lü	Erzürnt sich häufiger
Lü	klatscht bzw. tratscht manchmal über andere
Lü	Schiebt manchmal etwas auf, was sofort getan werden sollte
Lü	Unter den Leuten, die sie (er) kennt, sind einige, die sie (er) nicht ausstehen kann
Lü	Gibt hin und wieder ein bißchen und mehr an
Lü	Die Tischmanieren sind zu Hause weniger gepflegt als in Gesellschaft
Lü	Nimmt es mit der Wahrheit nicht immer ganz genau
Lü	Lernt gerne bedeutende Menschen kennen, weil sie (er) sich dann auch wichtiger vorkommt
Lü	Kommt manchmal zu spät zu einer Verabredung oder zur Arbeit

Um einerseits den Fragenbeantworter, aber andererseits auch den Protokollanten vor Halo- sowie Klebereffekten zu bewahren, wird es nötig, eine geeignete Reihenfolge der Verhaltensgestalten zu wählen, wobei sich bisher die Reihenfolge der Komponenten bewährt hat, und zwar zunächst mit den α-Zuständen, dann mit den β-Zuständen, ehe die anderen folgen, wobei die syntaktischen Komponenten zwischengeschoben werden, und das jeweils für alle 4 Items des Zustandes getrennt. Auch die „Lügenfragen" werden in Blöcken zu je 4 Items dazwischen geschaltet. Numeriert man dieses dann durch von

    001 bis 196

    201 bis 396

    401 bis 596

    601 bis 796

so erhält man 4 vollständige Blöcke, die relativ leicht mit Hilfe eines Tabellenkalkulationsprogramms zusammengeführt und in obige Ergebnisform zu bringen sind. Dazu bedarf es dann nur noch einer entsprechenden Bewertungsanweisung, etwa:

Anweisung: Die folgenden Sachverhalte treffen auf den Probanden wie folgt zu:

1- nein, nicht, minimal, eher im Gegenteil,

2 - wenig, kaum, selten

3 - zeitweise, manchmal, mittel, (weiß nicht),

4 - häufig, markant, deutlich

5 - besonders ausgeprägt, sehr stark, immer, überaus,

Kennzeichnen Sie den zutreffenden Wert, indem Sie die entsprechende Ziffer in Spalte A durchstreichen (/). Zwischenwerte (1,5; 2,5; 3,5; 4,5) sind erlaubt.

Selbstverständlich ist auch eine Bewertung in 3 Stufen mit: 1- nein, kaum, 2- zeitweise, mittel, 3- markant, stark, ausgeprägt; möglich. Die Umsetzung in die Ergebnisskala muß dann nur anders als bei der 5er Bewertungsskala gewählt werden, um alle Werte in einer 9er Skala für jeden Zustand zu erhalten:

    5er Bewertungsskala: 2*Mittelwert-1

    3er Bewertungsskala: 4*Mittelwert-3

Das gilt dann auch für die Fragebogendiagnostik, so daß man hierbei die Antwortendifferenzierung nach Eigenart und Vorbildung der Probanden wählen kann,ohne Probanden zu über- oder unterfordern.

Elementare Kurzform

In einer Vielzahl von Fällen und Aufgaben bedarf es einer derart differenzierten Analyse nicht. Dann kann man sich oft mit den Elementenwerten und syntaktischen Komponenten zufrieden geben. Auch dazu lassen sich die entsprechenden Verhaltensgestalten herleiten, wobei allerdings zu bedenken ist, daß die Elemente im allgemeinen nicht direkt, sondern nur über Komponentenzustände ermittelt werden können. Und das sieht dann z.B. wie folgt aus:

αPp	An Sex und sexueller Betätigung besteht großes Interesse
αPp	Praktisches und praktisches Handeln werden bevorzugt, man ist froh, wenn man praktisch Aufgaben lösen kann, anschauliche und alltägliche Darstellungsweise
αPp	Reaktionen im Leben erfolgen unmittelbar, ohne lange zu überlegen und viel nachdenken zu müssen, so wie es im Augenblick gerade richtig ist oder erscheint, es folgt ein ursprüngliches, unmittelbares, natürliches und ungekünsteltes Verhalten, emotionale gefühlshafte und affektive Äußerungsweise
αPp	Es sind vielerlei Erfahrungen und Kenntnisse aus dem täglichen Leben und vom Alltagsgeschehen vorhanden.
αRp	Möchte möglichst alle neuen wissenschaftlichen Erkenntnisse erfahren.
αRp	Theoretisch und wissenschaftlich ist man außerordentlich interessiert- vor allem auch geisteswissenschaftlich -; begrifflich bestimmte und eher abstrakte Darstellungsweise
αRp	Auch im Alltag wird stets sorgfältig im voraus geplant und jeder Schritt und jede Handlung überlegt, ehe die Ausführung erfolgt. Das führt zu einem rationalen Verhalten, bei dem sorgfältig zwischen Situationen abgewogen wird; überlegte, vernünftige, kritische Äußerungsweise
αRp	Es sind vielerlei Kenntnisse philosophischer Art und von vielen Schriften und philosophischen Autoren und auch von der Bedeutung der von ihnen benutzten Wörter und Begriffe vorhanden
αUp	Braucht Feste und Feierlichkeiten, um sich wohlzufühlen.
αUp	Es besteht ein ausgeprägtes Interesse am Geschehen in der Gemeinde und Nachbarschaft; aktive Gesprächsteilnahme

αUp	Versucht, überall im Alltag, auf der Straße und im Beruf immer wieder mit vielen anderen Menschen in Kontakt und ins Gespräch zu kommen, wendet sich folglich seiner Umwelt, den Menschen und Dingen zu; kraftvolle, kräftige, herausragende Stimme
αUp	Es sind breite und vielerlei Einzelkenntnisse von der Gesellschaft, von den Vorgängen in Staat und Gemeinde und den dort geltenden Vorschriften vorhanden
αÜp	Weltanschauung, Glaube und Wertvorstellungen sind klar und eindeutig, aber keineswegs fundamentalistisch und intolerant.
αÜp	Feste und eindeutige Moral- und Wertvorstellungen sind vorhanden und werden in die Praxis umzusetzen versucht; korrekte, eindeutige und klare Äußerungsweise
αÜp	Im Umgang mit anderen Menschen - vor allem weniger bekannten – bemüht man sich um Zurückhaltung und Abstand, versucht, nicht aufzufallen und nicht zudringlich zu werden. Es folgt eine reservierte Haltung, distanzierte, reservierte, gebremste Äußerungsweise
αÜp	Eine Vielzahl weltanschaulicher Inhalte, d.h. moralischer, sittlicher, aber auch religiöser Vorstellungen ebenso wie politischer Ansichten ist vorhanden
αKp	Für pädagogische (Erziehungs-) Fragen und Probleme besteht besonderes Interesse
αKp	Interesse für Literatur, Romane, aber auch Gedichte, Theater und Ähnliches; feinsinnige, einfühlsame Ausdrucksweise
αKp	Läßt sich schnell für Neues begeistern, und ist immer sehr interessiert an allem und äußert sich auch schnell und sicher dazu; sprühende, lebhafte und spritzige Äußerungsweise
αKp	Vielerlei historische (geschichtlichen) Einzelkenntnisse liegen vor, die wesentlichen Ereignisse der Weltgeschichte und ihre zeitliche Fixierung sind bekannt
αBp	Sucht im Leben eine dauerhafte, gleichberechtigte menschliche Partnerschaft.
αBp	Die eigene Familie bzw. der Partner (Partnerschaft) steht im Mittelpunkt des Interesses und des Handelns;
αBp	Hat unauflösliche feste und langjährige Freundschaften, die gepflegt werden, auf die großer Wert gelegt wird, auf die es dem Probanden ankommt; melodische, schwingende Sprechweise
αBp	Vielerlei Einzelkenntnisse von menschlicher Bildung und Entwicklung, von der Reifung und dem Erwachsenwerden sowohl in heutiger als auch in früherer Zeit liegen vor

αGp	Trachtet im Leben und im Beruf danach, an die Spitze zu gelangen – auch fachlich –, möchte Führungsaufgaben übernehmen und die Vorgänge lenken
αGp	Interesse vor allem an technischen Einrichtungen und Vorgängen; angreifende Darstellungsweise, bestimmte Äußerungsweise
αGp	Kann sich und die eigene Meinung gegenüber anderen Menschen durchsetzen, kann es nicht nur, will und tut es auch; akzentuierte Sprechweise, deutliche Betonungsakzente
αGp	Vielerlei Führungs- und Leitungskenntnisse, Wissen und Erfahrungen, wie man im Einzelfalle führen und lenken muß, wozu und mit welchen Mitteln zu arbeiten ist, sind vorhanden
αSp	Interessiert sich besonders für soziale Fragen und Probleme.
αSp	Freude, andere zu pflegen, zu hegen, zu schützen und zu umsorgen, zuhörende und aufnehmende Gesprächshaltung
αSp	Paßt sich den jeweiligen Umständen an und stelle sich innerlich auf sie ein, ohne ihnen jedoch blindlings zu folgen oder sich von ihnen bestimmen zu lassen. Es folgen Aufgeschlossenheit und Sensibilität; fließende und gelöste Sprechweise
αSp	Vielerlei Erfahrungen in der Pflege und Erhaltung von Dingen und in der Wartung und Wiederherstellung ihrer Form und Funktion sind verfügbar.
αEp	Hat großes Interesse an Musik.
αEp	Großes Interesse für die Kunst, künstlerisches Tun und Schaffen, globale Darstellungsweise, Darstellung in Umrissen und Grundzügen.
αEp	Traut sich selbst allgemein im Leben und auch im Beruf viel zu, ist der Meinung, daß man selbst viel bewirken und erreichen kann. Es folgt eine positive lebensbejahende Haltung; sichere, frische Äußerungsweise
αEp	einiges Kunstverständnis, Kenntnisse in der Malerei, Architektur, Bildnerei und Musik aufgrund von Einzeldaten sind vorhanden
αOp	Arbeitet gern in der Verwaltung und im Büro.
αOp	Arbeit mit Zahlen wird bevorzugt, Erfolgserlebnisse, wenn etwas in Zahlen auszudrücken ist; besonnene, abwägende und ordnende Ausdrucksweise
αOp	Nimmt Ereignisse, Dinge und Vorgänge im Leben sehr ernst und auch schwer, oberflächliche und flüchtige Reaktionen werden abgelehnt; scharfe und präzise Artikulation, jedes Wort und jede Silbe ist verständlich, nichts wird verschluckt

αOp	Vielerlei Einzelerfahrungen in Verwaltungsfragen vom Erstellen von Schriftstücken über deren Abfertigung bis zur Ablage sind verfügbar
αFp	Interessiert sich für fremde Länder und Völker und geht aktiv auf Fremde zu.
αFp	Am Zukünftigen, an dem, was die Zukunft bringt und bringen könnte, besonders interessiert; .
αFp	Ist ein schwungvoller Mensch mit Unternehmungsgeist und Dynamik, verfügt über Elan und Pep; dynamische Sprechweise, schwungvolle, aktive Darstellungsweise
αFp	Vielerlei Einzelkenntnisse in neuzeitlicher Technik, insbesondere auch in Haus- und Haushaltstechnik stehen zur Verfügung
αTp	Hält sich vielfach an die Tradition, an das, was m a n in ihren (seinen) Kreisen tut, ohne sich sklavisch daran zu klammern
αTp	Geld und materieller Besitz sind wichtig und interessant; eindeutige und beharrende Ausdrucksweise.
αTp	Der eigene Standpunkt wird auch gegenüber anderen - selbst höher gestellten – Menschen behauptet und verteidigt; bestimmte und eindeutige Meinungsäußerung
αTp	Vielerlei ökonomische und wirtschaftliche Einzelkenntnisse sind vorhanden, der Proband weiß vielerlei von den Vorkommnissen in der Wirtschaft, von Buchhaltung, Geld und Finanzen
βPp	Eingriffe in die Natur durch den Menschen werden strikt abgelehnt.
βPp	Man ist ein ausgesprochener Genußmensch; primitive, undifferenzierte und unkritische Äußerungs- und Ausdrucksweise.
βPp	Handelt immer wieder unüberlegt und unkritisch aus dem Augenblick heraus, reagiert impulsiv; impulsive, überschwengliche Äußerungsweise
βPp	Vertiefte und fundierte Erfahrungen zum täglichen Leben und den wirkenden Zusammenhängen liegen vor.
βRp	Mag Haus- und Gartenarbeit nicht und versucht, sie stets zu vermeiden und zu umgehen.
βRp	Praktische und alltägliche Arbeiten, z.B. Renovierungen wie Streichen, Tapezieren usw., werden strikt abgelehnt; esoterisch-irreale, welt- und praxisferne Darstellungsweise
βRp	Lebt und arbeitet mit Vorliebe nach einem festen Schema bzw. nach klaren Vorschriften; schematisch-eingeengte Äußerungsweise
βRp	Fundierte und umfassende theoretische Kenntnisse sind vorhanden und dadurch besteht viel Verständnis für die bestehenden Zusammenhänge in der Welt.

βUp	Würde gerne im Fernsehen auftreten oder auf der Bühne stehen.
βUp	Möchte gern öffentlich geehrt, belobigt und ausgezeichnet werden, affektierte, gespreizte Äußerungsweise.
βUp	Legt großen Wert auf Äußerlichkeiten und äußere Erscheinung (Kleidung, Auftreten usw.); schrille, schreiende und aufdringliche Stimmführung
βUp	Verfügt über fundiertes und umfassendes Wissen von der Gesellschaft, ihren Wirkungsmechanismen und den herrschenden Zusammenhängen
βÜp	Unterscheidet zwischen "Gut und Böse" auch in Kleinigkeiten genauestens.
βÜp	„Andersgläubigen" (Religion, Weltanschauung, Partei, usw.) wird mit Mißtrauen und besonderer Vorsicht begegnet; ichbezogene, egozentrische und prinzipienhafte Darstellungsweise
βÜp	Meidet den Kontakt mit anderen Menschen und dem Geschehen in der Welt, wo es möglich ist; äußerungsunwillig, schweigend und schweigsam.
βÜp	Verfügt über umfassende und fundierte Kenntnisse weltanschaulicher Inhalte, ihrer Hintergründe und Auswirkungen auf das Leben der Menschen
βKp	Nur die eigenen persönlichen Gefühle sind wichtig.
βKp	Versucht, im Leben, alles historisch (geschichtlich) zu sehen und zu deuten.
βKp	Liebt nur sich selbst und interessiert sich in erster Linie für sich selbst, seine Wünsche und Vorstellungen; subjektive Äußerungsweise und unkritische Gefühlsurteile.
βKp	Liebesromane und „leichte" Literatur werden bevorzugt und verschlungen; schwärmerisches, „luftiges" Gerede
βBp	Die Einstellung gegenüber anderen ist subjektiv gefärbt und von persönlichen Wünschen mitbestimmt; sentimentale sprachliche Darstellungsweise.
βBp	Beziehungen zu anderen bleiben eher oberflächlich, berühren das eigene Gefühlsleben kaum; unstete, erregte und wechselhafte Sprechweise.
βBp	Verfügt über umfassendes Wissen von menschlichen Bildungsvorgängen und Reifungsprozessen und ihren Hintergründen.
βBp	Verfügt über fundiertes historisches (geschichtliches) Wissen, kennt die Hintergründe der Ereignisse und ihre Zusammenhänge

βGp	Zerstört gerne, was andere aufgebaut haben, interessiert sich für Mittel und Werkzeuge zur Zerstörung und zum Abriß des Bestehenden
βGp	Waffen und Waffentechnik, Kriege und Schlachten stehen im Mittelpunkt des eigenen Interesses; spitze, ironische bis sarkastische Äußerungs- und Darstellungsweise.
βGp	Setzt sich im Leben hart und gewaltsam durch und gebraucht ständig die Ellenbogen; aggressive, spitze und verletzende Äußerungsweise.
βGp	Verfügt über umfassende Führungs- und Leitungskenntnisse für jede Situation und die jeweiligen Zusammenhänge.
βSp	Verwöhnt andere Menschen gern und wo es nur möglich ist, und das auch gegen ihren Willen.
βSp	Technischen Aufgaben und Fragen wird aus dem Wege gegangen; unbestimmte, verwaschene und unscharfe Darstellungs- und Sprechweise.
βSp	Der Meinung anderer Menschen schließt man sich meistens an; nachgiebige, beeinflußbare und schlaffe Äußerungsweise.
βSp	Verfügt über fundierte Erfahrungen und Kenntnisse in der Pflege und Erhaltung von Dingen
βEp	Nützlichkeitsdenken wird strikt abgelehnt.
βEp	Nüchterne und sachliche Möbel im Bürostil werden grundsätzlich abgelehnt; flüchtige, oberflächliche und effekthascherische Darstellungsweise.
βEp	Reagiert leicht überheblich und selbstgefällig, ist sehr stolz auf sich und seine Erfolge; hektische, überstürzte Sprechweise
βEp	Besitzt umfassendes und fundiertes Kunstverständnis.
βOp	Liebt Formulare und strenge Ordnungen bis ins Kleinste.
βOp	Es muß sich alles berechnen oder doch in Zahlen ausdrücken lassen, damit man sich wohl fühlen kann und zufrieden ist; übervorsichtige, pedantische und in Kleinigkeiten mündende Darstellungsweise.
βOp	Ist oft mißmutig und mißgelaunt, wirkt oftmals verdrossen und niedergeschlagen; mißmutige, verdrießliche, wenig offene und freie Äußerungsweise
βOp	Verfügt über umfassende Erfahrungen in Verwaltungsfragen und die herrschenden Zusammenhänge der Büroorganisation
βFp	Muß jede Neuheit haben, die auf den Markt kommt.
βFp	Meidet alles Gewohnte und Übliche, alles, was **man** tut; unruhige, sprunghafte Äußerungs- und Darstellungsweise .
βFp	Ist innerlich voller Unruhe und Unrast und kommt nicht zu mir zur Ruhe; heftige, hitzige und überstürzende Sprechweise

βFp	Verfügt über fundiertes und gründliches Wissen in neuzeitlicher Technik.
βTp	Richtet den eigenen Lebensstil an dem der Eltern aus, versucht, so wie sie zu leben.
βTp	Fremdes und Neuartiges stören die eigenen Kreise und das eigene Wohlbefinden; sture Meinungsbehauptung auf der Basis des Gewohnten und Überlieferten.
βTp	Hat feste Grundsätze und bleibt ihnen treu, auch wenn damit andere verletzt werden und man sich selbst Schwierigkeiten einhandelt; monotone, träge und schwerfällige Sprechweise
βTp	Besitzt gründliches ökonomisches und wirtschaftliches Wissen, kennt die Zusammenhänge und Hintergründe
γPp	Leidet unter Ticks und ähnlichen Erscheinungen
γPp	Leidet unter eigenartigen Gesichts- und Körperbewegungen
γPp	Verharrt immer wieder in einer bizarren Haltung
γPp	Motorische Bewegungsstörungen
γRp	Hat Schwierigkeiten sich mit den Regeln und Ordnungen des Alltags zurechtzufinden und zu arrangieren
γRp	Erlebt alles um sich herum traumhaft und fühle sich dabei häufig verwirrt
γRp	Verliert immer wieder einmal die örtliche Orientierung und verläuft sich auch dort, wo sie (er) schon lange lebt
γRp	Verlust der zeitlichen Orientierung, Fehler im Datum und im Wochentag
γUp	Ihr (Ihm) kommt es darauf an, etwas darzustellen und zu repräsentieren, fühlt sich als großartiger Schauspieler und Mime
γUp	Fühlt oft den Zwang, sich und den eigenen Körper vor anderen zu entblößen
γUp	Gerät häufig in Erregung und spricht dann besonders schnell und auch laut
γUp	Gefühl ein ganz besonderes, höheres und außergewöhnliches Wesen zu sein
γÜp	Meint, ein fundamentalistischer Mensch zu sein
γÜp	Ist oft ängstlich verstimmt aus unbestimmten Ängsten heraus
γÜp	Leidet unter Schuldgefühlen und Gewissensbissen
γÜp	Gefühl von anderen Menschen oder Wesen verfolgt zu werden
γKp	Meint, die Kultur der Menschheit retten zu sollen
γKp	Haßt Maschinen jeder Art; sie gehören vernichtet, denn sie sind der Feind der Menschheit

γKp	Lebt in der Angst, daß andere Menschen ihre (seine) Persönlichkeit verändern
γKp	Zwanghafte Ängste und Neigung zu unkontrollierbaren Handlungen
γBp	Fühlt sich immer wieder verfolgt und bedrängt, weil sie (er) so außergewöhnlich ist
γBp	Andere Menschen sind ständig damit beschäftigt, das eigene herausragende Tun zu kontrollieren
γBp	Ist unfähig, sich von anderen Menschen zu lösen, klebt an ihnen und leide unter heftigem Heimweh, wenn vertraute Menschen abwesend sind
γBp	Von Menschen aus der Umgebung verfolgt und angegriffen mit dem Gefühl, daß sie die Person zerstören wollen
γGp	Glaubt, dazu ausersehen zu sein, die Probleme dieser Welt zu lösen, alle auftauchenden Schwierigkeiten zu bewältigen
γGp	Wird für einen streitsüchtigen Menschen gehalten, weil sie (er) sich dagegen wehre, von anderen Menschen in Schwierigkeiten gebracht zu werden
γGp	Meint, von anderen ständig angegriffen zu werden, die versuchen sie (ihn) zu unterdrücken, wogegen sie (er) glaubt sich wehren zu müssen
γGp	Gefühl von anderen abgelehnt zu werden, Vorstellung, daß andere sie (ihn) ständig belästigen und in Schwierigkeiten bringen.
γSp	Fühlt sich unfähig zu geregelter Arbeit
γSp	Ist unfähig, sich auf die eigene Arbeit zu konzentrieren
γSp	Hat keinerlei Interesse am anderen Geschlecht
γSp	Fühlt sich unfähig, Entscheidungen zu treffen und etwas zu bestimmen
γEp	Meint, mehr als alle anderen Menschen bewirken zu können
γEp	Glaubt allen anderen Menschen überlegen, auserwählt und auserkoren zu sein
γEp	Ist von Gott, von einer höheren Macht zu Besonderem berufen, ist ein Gottgesandter
γEp	Verfügt über besondere Kräfte, die von der Natur, von Gott oder ähnlichen Geschöpfen verliehen wurden
γOp	Meint, die Welt und das Leben sind trist, trostlos und man sollte sie verlassen
γOp	Für sie (ihn) ist das Leben hoffnungslos, ohne Aussicht auf Besserung
γOp	Die Wahrnehmung ist häufig beeinträchtigt, sie (er) nimmt Falsches wahr
γOp	Hört immer wieder bedrohliche Stimmen

γFp	Muß immer wieder etwas Neues anfangen, ehe das alte abgeschlossen und erledigt ist
γFp	Erfindet immer wieder neue Wörter und neue Bezeichnungen und glaubt, die Sprache weiter zu entwickeln
γFp	Hat immer wieder Schwierigkeiten, Gehörtes richtig aufzufassen, die gestellten Fragen sind daher häufig unverständlich und unsinnig
γFp	Neigt dazu, häufig die gleichen Wörter und Sätze zu wiederholen, wiederholt immer wieder die gleichen Sachverhalte mit anderen Wörtern und walzt das gleiche Thema immer wieder aus, damit die Umwelt auch wirklich versteht, was gemeint ist
γTp	Interessant ist nur die Vergangenheit, in ihr möchte sie (er) leben und tut das, soweit es möglich ist
γTp	Hat an der Zukunft keinerlei Interesse, sie ist ihr (ihm) völlig egal
γTp	Die Bewegungen sind gebremst und schwerfällig, teilweise blockiert
γTp	Kann sich von einem vertrauten Ort oder Ding nicht losreißen, muß immer wieder dorthin zurückkehren
δPp	Ist ein trockener und absolut nüchtern denkender Mensch, der sich vom Alltäglichen freihält
δPp	Es fehlt jede Lebensfreude
δPp	Es fehlt jeder Impuls, das eigene Leben selbst in die Hand zu nehmen
δPp	Ist unfähig, irgendetwas zu genießen
δRp	Denkt: Vernunft und Vernünftigkeit des Denkens und Handelns sind Unsinn
δRp	Lehnt jede Art von Selbstdisziplinierung ab
δRp	Braucht und will keine Regeln im eigenen Leben
δRp	Lebt nur dem Augenblick
δUp	Ist öffentlichkeitsscheu und zieht sich völlig ins Private zurück
δUp	Kapselt sich von der Welt und ihrem Geschehen ab
δUp	Ist unfähig, sich dem Leben, den Dingen und Menschen zuzuwenden
δUp	Flüchtet vor dem sogenannten öffentlichen Leben und verschließt sich
δÜp	Orthodoxie und Fundamentalismus gleich welcher Herkunft werden strikt abgelehnt
δÜp	Haßt alle Weltanschauungen und Ideologien
δÜp	Ist ein Opportunist und handelt, wie es gerade vorteilhaft für sich ist
δÜp	Fehlt jede Beziehung zu Religion und Moral
δKp	Kommt es darauf an, daß es funktioniert, Kultur ist dummes Gerede
δKp	Wie sie (er) spricht und schreibt ist ihr (ihm) völlig egal, und sei es noch so falsch

δKp	Kann sich für nichts begeistern
δKp	Unfähig, eigene Gefühle zu äußern und zu zeigen
δBp	Haßt jede Art „humaner Bestrebungen und Bemühungen", Humanismus und humanistische Strömungen wird strikt abgelehnt
δBp	Engere menschliche Beziehungen machen Angst, menschlichen Verpflichtungen und Beziehungen geh sie (er) aus dem Wege; hält sich für einen kalten Menschen
δBp	Hat keinerlei Bindungen an andere Menschen, ist immer allein, denn echte innere Beziehungen und Gemeinschaften gibt es nicht,
δBp	Fühlt sich nur im Kollektiv wohl, nur dort ist man geborgen und sicher, Eliten und Besonderheiten werden strikt abgelehnt und sollten verboten werden, alle Menschen sind gleich
δGp	Ist subjektiv unfähig, Probleme zu lösen, Dinge und Situationen zu gestalten, hat große Angst davor, womöglich unwissentlich etwas zu schaffen und zu gestalten
δGp	Traut sich nie, sich durchzusetzen, ihr (ihm) fehlt alle Angriffslust und jeder Eroberungsdrang, folgt nur den anderen
δGp	Meidet Situationen, in denen selbst zu bestimmen ist, was zu geschehen hat und wie es geschehen soll, und das ganz besonders, wenn andere anderer Meinung sind
δGp	Fürchtet sich, Macht zu erhalten und auszuüben, über andere oder über irgendwelche Einrichtungen zu bestimmen oder bestimmen zu müssen
δSp	Lehnt es strikt ab, andere Menschen oder irgendwelche Dinge zu pflegen und zu umsorgen
δSp	Es graut vor sozialen Verpflichtungen und Beziehungen
δSp	Traut keinerlei sozialen Beziehungen und Bestimmungen
δSp	Sucht soziale Unabhängigkeit und Freiheit um jeden Preis
δEp	Leidet unter starken Minderwertigkeitsgefühlen und geht jeder Anstrengung aus dem Wege
δEp	hat große Angst vor der Zukunft, es fehlt jeder Optimismus, jeder Lebensmut, hat kein Vertrauen zum Leben und leidet unter starker Lebensangst
δEp	Traut sich im Leben nichts zu, scheut jedes Risiko und ist übervorsichtig, wagt nichts
δEp	Fühlt sich allen Menschen in seiner Umgebung unterlegen, sie alle können und leisten viel mehr als man selbst, sind auch mehr wert und bedeutungsvoller als man selbst, Minderwertigkeitsgefühle sind beherrschend

δOp	Braucht Chaos und Unordnung zum Leben, nur das ist Leben für sie (ihn)
δOp	Lehnt es grundsätzlich ab, Verantwortung zu übernehmen
δOp	Hat große Angst vor jeder Art von Ordnung
δOp	im Äußerem, in der Haltung und der Arbeitsweise nachlässig
δFp	Könnte sich niemals mit Forschungsaufgaben beschäftigen, die zu einer Veränderung des Weltbildes und der Auffassungen vom Geschehen führen könnten
δFp	Verläßt einen vertrauten und bekannten Ort nie, kommt nie auf die Idee, in eine fremde Stadt zu ziehen oder gar in ein anderes Land zu gehen
δFp	Alles Fremde, alles Ferne, jede Weite, alles, was unbekannt ist, macht Angst, braucht folglich enge und in sich geschlossene Räume und Welten zum Leben
δFp	Hat Angst, selbständig und ohne Anweisung etwas zu unternehmen, große Furcht vor eigenem Tun,
δTp	Selbstverständlichkeiten, Übliches und Gewohnheiten sind ihr (ihm) ein Greuel
δTp	Verläßt bekannte und vertraute Orte so schnell wie möglich
δTp	Kann nicht n e i n sagen
δTp	Angst vor dem Üblichen und vor sog. Überlieferungen und vor dem, was andere wohl erwarten
vl	Fertigt auch ohne genauen Plan Handarbeiten sicher an.
vl	Hat ein gutes Augenmaß, um Längen und Abstände richtig einzuschätzen.
vl	Kann Entfernungen exakt schätzen.
vl	Eine Strecke ohne Hilfsmittel in 3 gleiche Teile zu teilen, gelingt haargenau.
dk	Versteht schwierige und komplizierte Aufgabenstellungen stets sofort.
dk	Kann bei geistigen Aufgaben immer schnell Wesentliches von Unwesentlichem unterscheiden.
dk	Hochgeistigen und komplizierten Gedankengängen kann man leicht folgen.
dk	Bei geistigen Aufgaben wird schnell das Wesentliche, der Kern des jeweiligen Problems erfaßt und erkannt.
ff	Kann feinmechanische Arbeiten sicher erledigen.
ff	Ist bei feinen Handarbeiten geschickt.
ff	Kann geschickt mit Nadel und Faden umgehen.
ff	hat sehr geschickte und bewegliche Finger.

we	Setzt sich gegenüber anderen energisch durch.
we	Schließt im Leben und im Beruf keinerlei Kompromisse.
we	Lebt sehr bewußt und erkennt deutlich die eigenen Motive und Beweggründe.
we	Im Beruf wie im Privatleben wird sehr energisch und bestimmt entschieden.
vp	Kann Formenunterschiede exakt unterscheiden.
vp	Kann zerrissene Papierblätter leicht richtig zusammenfügen.
vp	Einmal gesehene Formen - auch Gesichter – werden nicht vergessen.
vp	Puzzles werden schnell und sicher gelöst.
dp	Kann Neues leicht und schnell erlernen.
dp	Fallen bei geistigen Aufgaben stets weit vom Thema liegende Inhalte ein, die oft zur Lösung beitragen
dp	Neue Informationen und Eindrücke werden umgehend verwertet
dp	Jeden Tag wird Neues hinzugelernt.
fh	Ist handwerklich begabt.
fh	Verfügt über Handgeschick.
fh	Verfügt über viel Geschick im Basteln .
fh	In der Arbeit mit den Händen ist man geschickt.
wm	Kann mehrere zugleich stattfindende Vorgänge vollständig verfolgen.
wm	Erfaßt auch Rand- und Nebeneindrücke vollständig.
wm	Reagiert flexibel, wenn sich die Umstände ändern.
wm	Auf Anregungen von außen spricht man schnell und voll an.
vk	Kann technische Zeichnungen gut lesen und sich die dargestellten Geräte vorstellen.
vk	Kann sich auch nur einmal gesehene Räume später gut vorstellen.
vk	Flächenhafte Bilder (Fotos usw.) werden plastisch und räumlich gesehen und erlebt.
vk	Es besteht ausgeprägtes Können in Raumlehre (Stereometrie).
de	Betrachtet anfallende Denkaufgaben von verschiedenen Seiten zugleich, so daß sie (er) sich selten verrennt.
de	Löst geistige Aufgaben oft in unüblicher Weise erfolgreich, insbesondere bei praktischen Aufgaben kommt ihr (ihm) das zugute
de	Geistig vielseitig und denkgewandt, kann sich im Denken schnell umstellen.
de	Geistig – gedanklich – wird geschickt kombiniert und unterschiedliche Inhalte miteinander verbunden, um damit zur Aufgabenlösung zu finden.

fk	Reißt nie mit einer Hand wieder ein, was sie (er) mit der anderen aufgebaut hat
fk	Die Körperbewegungen sind geschmeidig.
fk	Hat ein ausgeprägtes Balancegefühl und stabile Gleichgewichtslage.
fk	Ist mit beiden Händen zugleich geschickt.
wk	Läßt sich bei der Arbeit nicht ablenken.
wk	Kann sich stunden- oder gar tagelang mit einer Sache beschäftigen.
wk	Auch wenn andere reden, kann man dabei geistig arbeiten.
wk	Bei der Arbeit kann man sich gut konzentrieren
Lü	Hat mitunter Geldsorgen
Lü	Ab und zu fallen ihr (ihm) Gedanken ein, die andere Leute nicht wissen dürfen
Lü	Ab und zu lacht sie (er) über einen unanständigen Witz
Lü	Ab und zu verliert sie (er) die Geduld und wird wütend
Lü	Erzählt ab und zu gern eine kleine Lüge
Lü	Spricht manchmal über Dinge, von denen sie (er) nichts versteht
Lü	Gewinnt viel lieber im Spiel als daß sie (er) verliert
Lü	Erzürnt sich häufiger
Lü	klatscht bzw. tratscht manchmal über andere
Lü	Schiebt manchmal etwas auf, was sofort getan werden sollte
Lü	Unter den Leuten, die sie (er) kennt, sind einige, die sie (er) nicht ausstehen kann
Lü	Gibt hin und wieder ein bißchen und mehr an
Lü	Die Tischmanieren sind zu Hause weniger gepflegt als in Gesellschaft
Lü	Nimmt es mit der Wahrheit nicht immer ganz genau
Lü	Lernt gerne bedeutende Menschen kennen, weil sie (er) sich dann auch wichtiger vorkommt
Lü	Kommt manchmal zu spät zu einer Verabredung oder zur Arbeit

Codierungen und ihre Interpretation

Grundsätzliches

Weiter oben wurde dargelegt, daß die Codierungen einschließlich der Zahl-werte das sind, was zählt. Außer systemerfahrene Fachpsychologen werden andere Personen die Ergebnisse nicht verstehen, also muß man sie in der Pra-xis übersetzen, und das einheitlich, nicht individuell, da das gegen die Forderung der Objectivity der Diagnostik verstoßen würde. Und das war auch der Grund für den Vorschlag eines genormten Textprogramms (Be-fund), damit das Ergebnis vom Stil und der „Kunstfertigkeit" des Schreibers unabhängig wird.

Gleiches gilt nun aber noch in mehrfacher Hinsicht, wobei zunächst an die Aufnahme des Tatbestandes, des Verhaltens usw. gedacht sei. Das heißt also, daß die zu bewertenden Verhaltensgestalten möglichst genau de-finiert und beschrieben sein müssen. Allerdings ist das relativ schwierig in einer pluralistischen, womöglich multikulturellen Umwelt. Hier wird diese Beschreibung vor allem auf eine umfassende Beschreibung aus mehreren Per-spektiven hinauslaufen müssen, denn auf der Ebene der Wahrnehmungsge-stalten gibt es keine einheitliche Wissenschaftssprache mehr. Dementspre-chend verlangt die Anwendung solcher Symptomverzeichnisse vielfach auch eine entsprechende zentrale Schulung, um ein Höchstmaß an einheitlicher Verwendungsweise zu sichern. Das gleiche Problem stellt sich bei der Entwicklung und Anwendung von Fragebogen bzw.Inventaren. Hier greift keine Schulung, hier greift keine wissenschaftliche Terminologie, hier braucht man Beschreibungen aus verschiedenen Perspektiven bzw. unter-schiedliche Formen für verschiedene Bevölkerungskreise, wobei dann noch die Schwierigkeit besteht, jeden Probanden dem richtigen Sprachkreis zuzu-ordnen. Die Folge ist allerdings, daß solche Inventare mit 500 und mehr Items, derer es im Hinblick auf die bestehenden Vieldeutigkeiten bedarf, sehr umfangreich werden. Und das wirkt häufig abschreckend, besonders bei

Menschen, die es nicht gewohnt sind, umfangreichere Texte zu lesen und zu bearbeiten.

Eine weitere Klippe entsteht bei der Auswertung. Nicht nur, daß 500 und mehr Items zusammenzuführen und richtig zuzuordnen mühsam und aufwendig ist und dazu verführt, einer Stegreif-Interpretation zu verfallen. Man muß auch bedenken, daß eine Vielzahl unterschiedlicher Rechengänge zur sachgerechten Zusammenführung der verschiedenen Zustände erforderlich ist, was ziemlich aufwendig ist. Damit diese Auswertung dem Prinzip der Objectivity gerecht wird, muß man sie automatisieren, was im Zeitalter des Computers leicht mit Hilfe von Tabellenkalkulationsprogrammen geschehen kann, in die man die Symptomwerte einträgt, die dort automatisch ihren Elementen- und Komponentenzuständen zugeordnet und bewertet werden. Die dabei erhaltenen Ergebnisse werden dann gemäß Systembild zusammengefügt, und das völlig unabhängig von dem Diagnostiker.

Derselbe Diagnostiker soll dann die Codewerte in sprachlicher Form in den Befund einfügen. Damit er dabei nicht von seinen eigenen, persönlichen Vorstellungen abhängig ist, bedarf es einer Standardübersetzung für die einzelnen Codewerte. Das ist dann gewissermaßen eine Art Vokabelverzeichnis, eine Tabelle der Termini. Von den Termini wird jeweils der dem Codewert entsprechende an die Stelle des Codes in den Standardtext eingesetzt, und damit läßt sich der Befund von persönlichen Einflüssen des Diagnostikers weitgehend frei halten.

Das alles setzt natürlich voraus, daß der Leser - vor auch der professionelle Leser - auch versteht, was die Termini der Verzeichnisse und die des Standardtextes bedeuten. Sie müssen folglich für den Leser näher beschrieben und definiert werden. Und das ist ganz besonders deshalb erforderlich, weil die meisten Menschen unserer Gesellschaft sich mit den Bezeichnungen für Persönlichkeitszustandsbeschreibungen nur noch wenig auskennen. Das gilt nicht nur für die sog. einfachen Leute, das gilt auch für Juristen, Pädagogen, Erzieher usw., die immer wieder mit den Beurteilungen von anderen Menschen konfrontiert sind und darauf Entscheidungen aufbauen müssen. Daher beginnen wir diese durchaus geisteswissenschaftliche Aufgabe hier mit einer Art Lexikon der Persönlichkeitsmerkmale.

Lexikon der Persönlichkeitsmerkmale

(*ergänzt um Auszüge aus dem Glossaren von Zimbardo sowie Krech/Crutschfield*[59])

a: **Aktivitätstemperament:** pragmatische Komponente der Gestaltungsperson

γα **Aggressionsturbulenz,** Aggressivität gegen die eigene Person, Selbstzerfleischungsreaktionen

δα **Aggressionsgehemmtheit,** Nichtentfaltung aktiven Handelns in sozialen Bezügen, wodurch Selbstdurchsetzung und Angriffslust verlorengehen, es entsteht ständige Angst, anderen ins Gehege zu kommen oder sie zu verletzen.

βα **Aggressivität,** Heftigkeit, Schärfe der Reaktionen

αα **Aktivität,** angreifend, durchsetzend,

AAS (allgemeines Adaptions-Syndrom): Zusätzlich zu den Reaktionen, die für einen Stressor spezifisch sind, gibt es ein typisches Muster *unspezifischer* adaptiver physiologischer Mechanismen, das in Reaktion auf fortgesetzte Bedrohung durch fast jeden ernst zu nehmenden Stressor auftritt, mit drei Phasen, einer Alarmreaktion, einer Resistenzphase und einer Erschöpfungsphase. (Zimbardo, S. 579)

aästhetisch: auf Schönheit keinerlei Bezug nehmend, nicht mit antiästhetisch zu verwechseln

ab: vgl. Allgemeinbildungsniveau

abartig: bezeichnet eine ungewöhnliche Art der Verarbeitungsweise von Reizen, und zwar in überstrenger pedantischer Form, hinter der keine Ordnung und kein Ordnungsbedürfnis stehen.

Abbau: betrifft die Verringerung der mentalen Leistungsfähigkeit im Alter, die aber keineswegs generell ist, außer bei bestimmten Erkrankungen

---

[59]Zimbardo: Psychologie 6. Aufl.; Krech/Crutschfield: Grundlagen der Psychologie, Studienausgabe, Augsburg 1998

abenteuerlich: weist auf überhöhte wirklichkeitsunangemessene Formen des Expansionsdranges bei ausgeglichenen, angemessenen Formen der Handlungsorientierung

Abenteuerlust: entwickelt sich aus starken Fortschritts- und Expansionsimpulsen, die im allgemeinen wirklichkeitsangemessen sind.

Abenteuersucht: eine Abenteuerlust, die der bestehenden Wirklichkeit nicht angemessen ist, alles Trachten des Menschen überschwemmt und keinerlei Rücksicht auf sich, andere und anderes nimmt

Abenteuerwünsche: wünscht sich Abenteuer, durchlebt sie evtl. auch in der Vorstellung, ohne sie zu verwirklichen

Abenteurertum : Folge großer Dynamik und besonders hoher Risikobereitschaft

abgekapselt, Abkapselung: wirken Menschen, die nicht nur ein großes Distanzstreben aufweisen, bei denen sich dieses mit Zügen des Verschweigens, Verbergens und Versteckens verbindet

abgrenzend, Abgrenzung: besteht darin, sich von anderen abzusetzen oder fernzuhalten, geschieht zum Selbstschutz, um sich von ihnen abzuheben oder um Freiheit und Entfaltungsspielraum zu gewinnen

abhängig, Abhängigkeit: bezeichnet die Tatsache, daß der Mensch in seinem Leben und Erleben von anderem abhängig ist oder bestimmt wird, was sich sowohl auf soziale, gefühlsmäßige und pathische Einflüsse als auch auf das Gesamterscheinungsbild und die Gesamtstruktur der Persönlichkeit wie auf Umweltbeziehungen, Erlebnisweise und Steuerung sowie auf Urteilsweise und Urteilsfindung im Denken beziehen kann. Teilweise wird „abhängig" in der Umgangssprache zur Kennzeichnung Süchtiger und Höriger verwendet. *Auch Gewöhnung des Körpers an den Konsum von psychoaktiven Drogen.*

ablehnend, Ablehnung: eine eher unangemessene Abwehrhaltung im Rahmen des Strebens nach Nähe und Vertrautheit als Mittel der Sicherung, wie überhaupt der Bewahrungstendenzen, aber auch als Folge von fehlender oder gar gehemmter Weltzuwendung und Öffentlichkeitsausrichtung

Ablenkbarkeit: kann sich nicht auf Dauer konzentrieren

Ablösung: in der psychoanalytischen Behandlung die am Ende stehende Lösung der Bindung des Patienten an den Therapeuten zur Verselbständigung; auch für den Verselbständigungsprozeß junger Menschen gebraucht, die sich aus dem Elternhaus lösen, auch als Abnabelung bezeichnet.

abrupt: plötzlich wechselnde Reaktionsbereitschaften und -formen vor allem im Umgang mit den Dingen und Problemen der Welt, wobei vorhandene weniger angemessene Behauptungsweisen immer wieder von stärkeren Expansionskräften durchbrochen werden.

abschnittsweise: bezeichnet eine Welterfassungsweise, bei der die Eindrücke in Abschnitten und schrittweise, allerdings nicht detail- und bruchstückhaft aufgenommen werden

Absolutheitssuche: Suche nach absolut Gültigem, an das man sich immer halten und an dem man sich immer festhalten kann.

Absolutheitswünsche: Wünsche nach absoluter Überlegenheit und Spitze, meistens eine Form der Haltsuche aus innerer Schwäche oder Angst.

absondernd, Absonderung: ist eine eher unangemessene Umweltbeziehung, bei der wenig Umweltzuwendung mit hohen Ansprüchen hinsichtlich der Aufmerksamkeit anderer einhergeht, tritt als Absonderungsstreben im Zuge der Selbstverwirklichung bei großem Selbständigkeitsdrang und erhöhter Ichbezogenheit hervor und macht sich bei ausgeprägten Individualisten immer wieder bemerkbar.

Absonderungsdrang: findet sich verstärkt oft in der Jugendkrise oder überhaupt in kritischen Situationen, um zur Besinnung zu kommen oder aber dem aktuellen Geschehen auszuweichen.

Abstand nehmend, auf Abstand bedacht: ist eine Form der integrierenden Weltbeziehung, bei der die Person sich nicht unmittelbar mit der Welt einläßt, sondern sie eher aus der Ferne betrachtet und sie mehr mittelbar erlebt.

abstrahierend, Abstraktion: Lösen vom Anschaulichen, hin zur reinen Begrifflichkeit, Formalistik oder Symbolik .

Abstumpfen: häufig wiederholte Eindrücke gleicher Art führen zu verminderter Erregungswirkung und Anregung, weshalb man von einem Abstumpfen spricht

Abwägen: vor einer Stellungnahme, Übernahme oder Reaktion steht eine sorgfältige Prüfung des Für und Wider

abwartend, Abwarten: bezeichnet eine Verzögerung der inneren wie äußeren Reaktion, sei es durch Steuerungsimpulse, sei es durch depressive Tendenzen oder infolge eines engen Aufmerksamkeitshorizonts und verminderter geistiger Aufnahme

Abwechslung, abwechslungsbedürftig: weist auf Trend zur Veränderung hin, der im allgemeinen auf ein erhöhtes Abwechslungsbedürfnis zurückgeht, aber auch die Folge verminderter Sicherungsbedürfnisse sein kann.

Abwechslungsängste: Angst vor Veränderungen, denen sich die Person nicht gewachsen fühlt.

Abwechslungssucht: zur Sucht entartetes Abwechslungsstreben, der Mensch wird abhängig davon, daß stets Neues und Anderes geboten wird.

Abwehr, abwehrend: bezeichnet eine Haltung, die äußere, aber auch innere Eindrücke und Einwirkungen abwehrt, sei es im Zuge der sozialen Außenbeziehungen, der Anpassungsnotwendigkeiten oder aber der Sicherung, Bewahrung und Behauptung der Persönlichkeit, wobei u.U. bestimmte psychische Strategien als Abwehrmechanismen eingesetzt werden.

Abwehrmechanismen, manische: durch Herrschsucht, Überheblichkeit usw. bedingte Abwehr gegen die Erfahrung von Schuldgefühlen, Abhängigkeiten und depressiven Ängsten, wobei „manisch" die Verlaufsweise, nicht Krankhaftes beschreibt.

Abwehrmechanismen, schizoide: „böse" Anteile der Person werden in ein Objekt projiziert, damit abgespalten, so daß sich das Ich entlastet fühlt (kindliche Reaktion). *Aus der Psychoanalyse stammend:Psychische Strategien, die das Ich einsetzt, um Konflikte abzuwehren, z:B. Verdrängung*

Abwehroperotropismus: gefährliche Impulse werden durch Wahl geeigneter Berufe mit besonderer sozialer Verantwortung abgewehrt, wodurch bei kritischen Belastungen meistens größere Katastrophen ausgelöst werden .

abwertend, Abwertung: von Abwertung spricht man, wenn andere oder deren Vorstellungen als minderwertig, irreal usw. hingestellt werden, sei es in der Auseinandersetzung mit ihnen, sei es nur vor sich selbst.

Adaption, geistige (dp) : bezeichnet die Einbeziehung innerer wie äußerer Phänomene in den Denkprozeß, also sowohl die Aufnahme äußerer Einwirkungen als auch die Verwertung eigenen Wissens (Einfälle, kreatives Denken nach Sternberg)

Adaption, hell-dunkel- (sh): Grad des Anpassungstempos der Sehfähigkeit an wechselnde Helligkeitsverhältnisse.

Adjektivliste: bezeichnet eine Beurteilungsliste mit lauter Adjektiven, von denen der Beobachter alle ankreuzt, die nach seiner Meinung auf den zu Beurteilenden zutreffen.

Adoleszens: umfaßt die letzte Phase der Jugendkrise am Übergang zur persönlichen und gesellschaftlichen Selbständigkeit, findet in westlichen Kulturen heute relativ spät statt (psychische Retardation), da die geforderten Voraussetzungen sachlicher und sozialer Art immer umfangreicher werden

ADS (Aufmerksamkeits-Defizit-Syndrom): entspricht nicht ganz dem amerikanischen ADD (Attention Deficit Disorder), bezeichnet aber Schwächen in der Aufmerksamkeitserhaltung, durch die es immer wieder zu Abbruch- und Langeweilereaktionen kommt.

adynamisch: es fehlt an Kraft und Schwung

Affekt, affektiv: heftige Gefühlswallung, die meistens von körperlichen, vegetativen Erscheinungen begleitet wird

Affekt, inadäquater (Schizophrenie): eine Gefühlswallung, die dem Bewußtseinsinhalt nicht entspricht

Affektentzugssyndrome: Synonym für anaklitische Depression

Affektepilepsie : Gegenstück zur genuinen (erblichen) Epilepsie, führt nicht zur allmählichen Verblödung, Anfälle können durch äußere Umstände ausgelöst werden

Affektive Störungen: psychische Störungen, bei denen die Betroffenen entweder übermäßig niedergeschlagen (depressiv) oder übermäßig euphorisch (manisch) oder beides abwechselnd sind, ohne daß eine organische Ursache vorläge (letzteres ist heute nicht mehr ganz sicher)

Affektsteifigkeit: gleich Affektlahmheit für geringe Affekte und verminderte affektive Erregbarkeit

affizierbar: Affizierbarkeit: sind Elemente und Komponenten, wenn sie unausgereift und nicht besonders ausgeprägt sind, wobei dann wechselhafte und unterschiedliche Reaktionsformen herausgebildet werden.

Aggression: Angriffsverhalten jeder Art, wird u.a. durch Nichtbefriedigung von Wünschen ausgelöst, braucht nicht manifest und akut zu werden

aggressiv, Aggressivität: Angriffslust, Ausmaß einer Neigung zu unangemessenen Angriffen auf andere und anderes, vor allem im Umgang mit der sozialen Umwelt.

aggressive Streitsucht: eine Form des Querulantentums (Pseudoquerulant), das mit großer Heftigkeit auf kleine Zurücksetzungen und Ungerechtigkeiten reagiert, aber nicht von sich aus die Gerechtigkeit wiederherzustellen sucht

Aggressivität gegen die eigene Person: führt zu Verletzungen der eigenen Person und ihres Eigentums

agil, Agilität: lebhafte, leichte und „luftige" Reagibilität und Ansprechbarkeit der Emotionen, Weltzuwendung und Gefühle

Agnosie: Unfähigkeit, etwas früher Bekanntes wiederzuerkennen

Agoraphobie: Angst vor großen und öffentlichen Plätzen, vor großen Menschenmassen, Versammlungen und offenen Räumen

Agraphie: Unfähigkeit zu schreiben

Agrypnie: Schlaflosigkeit, Schlafstörungen

Agyiophobie: Straßenangst

Akalkulie: Rechenstörungen

Akarophobie: Furcht vor kleinen Insekten oder auch Nadeln, die unter die Haut gelangen können

akinetische Reaktionen, Akinese: Bewegungsarmut, Unfähigkeit zu Willkürbewegungen trotz intakter Organe

Akkomodation: Anpassung der Augen an unterschiedliche Sehbedingungen, später auch allgemein für aktive Anpassungsvorgänge verwendet, indem Schemata verändert werden, um sie aufzunehmenden Informationen anzupassen. *Auch Veränderung (kognitiver) Schemata, um sie aufzunehmender Information anzupassen oder Widersprüche zu anderen Schemata oder der kognitiven Gesamtstruktur zu lösen.*

Akteuer-Beobachter-Verzerrung: Während der Handelnde seine Handlungen im allgemeinen externen Ursachen zuschreibt, attribuiert ein Beobachter dieselbe Handlung eher internalen Faktoren; meistens verzerren beide.

aktiv, Aktivität: weist auf von innen kommende Antriebe hin, die zu Initiative, zum Handeln und Reagieren drängen, sowohl aus dem Emotionalen als auch der Extraversion, der Gefühle, der Expansion und allgemeiner sozialer Aktivität stammend, sich auch im allgemeinen Erscheinungsbild spiegelnd

aktivierend, Aktivierung: beschreibt eine Form der Gemeinschaftsbewältigung, die anregt und auch andere zu Reaktionen veranlaßt, findet sich auch als Tendenz in dem Gestaltungsbedürfnis

Aktivität des Gestaltens und Machens: Aktivität, die zur Schaffung von Inhalten und Werken eingesetzt wird

Akzeptanz: Aufnahme und Annahme, z.B. des Verhaltens oder der Ansichten anderer Menschen bzw. gegebener Umstände

Alexie: Unfähigkeit zu lesen

Allergie, allergische Reaktionen: Überempfindlichkeit gegenüber einem oder mehreren Reizstoffen, die sowohl durch ursprüngliche körperliche Unverträglichkeiten als auch durch psychische Konstellationen ausgelöst werden kann

allergische Hautreaktionen: treten insbesondere in Form von Ekzemen usw. auf und gehen häufig auf Gehemmtheiten bzw. Rotationen in pathischen Komponenten zurück

Allgemeinbildungsniveau (ab): Umfang und Tiefe des Wissens der Zeit einschließlich des kulturellen Erbes, wird hier und dort auch unter Einbeziehung der sog. Herzensbildung verstanden.

Allgemeines Adaptionssyndrom (AAS): spezifisches Muster unspezifischer physiologischer Anpassungsreaktionen auf fortgesetzte Bedrohung durch fast jeden ernstzunehmenden Stressor. Es ist gekennzeichnet durch drei Phasen: Alermreaktion, Phase der Resistenz, Phase der Erschöpfung.

Allgemeinheitsstreben: Streben nach einer gewissen Gleichheit aller, wobei auch kollektive Tendenzen mitwirken

alltäglich, Alltäglichkeit, Alltagsnähe: Formen der Aufnahme und Reaktionen, die im üblichen alltäglichen Rahmen bleiben, wenig Eigenes und Eigenständigkeit verraten, sowohl in emotionaler Hinsicht als auch im Denken

alltagsfern, Alltagsferne: Reaktionsformen und Strebungen, die wenig Beziehung zum Alltagsgeschehen haben und besonders in der allgemeinen Lebenseinstellung auftauchen, aber nicht unbedingt auf Eigenständigkeit schließen lassen

Alpha-Wellen: EEG-Wllen im Ruhezustand, 8-12 Hz.

Altruismus: Tendenz, das Wohlergehen, die Interessen und das Überleben anderer über das Eigenwohl, das Selbstinteresse und das eigene Überleben zu stellen.

ambivalent, Ambivalenz: gleichzeitiges Bestehen miteinander unvereinbarer bzw. widersprüchlicher Gefühle, Vorstellungen, Wünsche oder Absichten, tritt auch auf, wenn starke angemessene mit starken unangemessenen Formen in der gleichen Komponente oder im gleichen Funktionskreis auftreten, führt dabei auch zu einer Schwächung der Reife und Stabilität

Amentia: meistens im Zusammenhang mit Körperkrankheiten auftauchende Verworrenheiten, Illusionen und Denkstörungen, in der angelsächsischen Literatur: geistige Minderbegabungen

am Funktionieren orientiert: Wahrnehmungsweisen, die sich in erster Linie daran ausrichten, ob die Gegenstände funktionieren, also zweckvoll sind

Amnesie: Gedächtnisausfälle;

Amnesie, anterograde: Verlust der Fähigkeit, neue Erinnerungen zu bilden

Amnesie, retrograde: Verlust der Erinnerung an Ereignisse, die vor der kritischen erfahrung (Schock, Trauma) liegen, die die Amnesie ausgelöst hat.

Amoralität: Fehlen moralischer Wertmaßstäbe und Handlungsschemata, nicht zu verwechseln mit antimoralischen, moralfeindlichen Reaktionen

Amusie: krankhafte Störung der Fähigkeit, Musik aufzunehmen oder zu reproduzieren, oft zusammen mit aphasischen Störungen

amusisch: musisch unbegabt und uninteressiert

an: vgl. Rezptionskompetenz, nichtsprachliche

Anale Phase: Stufe der psychosexuellen Entwicklung nach Freud (etwa ab 2 Jahren). Die Befriedigung wird zuerst durch das Ausscheiden und dann durch das Zurückhalten der Exkremente erlangt.

Analogiegesetz: in neuartigen Situationen besteht nach Thorndike eine Tendenz, sich wie in früheren ähnlichen Situationen zu verhalten.

Anankasmus: Zwangsvorgang, bei dem als unsinnig oder unnötig erkannte Gedanken nicht unterdrückt werden können

Anerkennungssuche: eine Form des Öffentlichkeitsstrebens, das sich vor allem darauf richtet, daß die anderen den Betreffenden anerkennen, ihm Anerkennung zollen.

Anerkennungssucht: kann ohne Anerkennung durch andere Menschen nicht leben und nicht zu Ruhe kommen, stellt alles mögliche an, um solche Anerkennung zu erhalten, greift dabei oft zu unlauteren Mitteln

anfällig: weist auf eine Struktur und Beschaffenheit, die von innen wie von außen Störungen erfährt, sei es allgemein, wodurch die Struktur ins Schwanken geraten kann, als auch emotional und gefühlsmäßig, was zu unberechenbaren Reaktionen führen kann

angemessen: unauffällig im Rahmen der dinglichen und sozialen Realität

angepaßt: der dinglichen und sozialen Realität adäquate Erlebnisweise und Reaktionsweise

angespannt: das Erscheinungsbild wirkt angespannt und gestrafft, ihm fehlt Lockerheit und Gelöstheit

angreifend: bezeichnet eine Haltung, die darauf gerichtet ist, die Dinge in Angriff zu nehmen, Probleme und Aufgaben, auch soziale zu lösen

Angriffslust: lustvolle Neigung, bestimmte oder alle Dinge anzugreifen und ihre Schwachstellen herauszufinden

Angst: Allgemeiner Begriff für komplexe emotionale Zustände, die von Gefühlen der Furcht und des Schreckens begleitet werden.

Angst, frei flottierende: erhöhte Angstbereitschaft, unbestimmte Ängste

Angstdepression: Depression, deren Symptome weitgehend oder völlig durch Angst beherrscht werden

Angst-Glück-Psychose: phasisch verlaufende Psychose zykloider Art, bei der sich ängstliche und ekstatisch-glückhafte Phasen ablösen;

Angsthysterie: Phobie als Hauptsymptom einer Neurose

ängstlich, Angst: ein Zustand, in dem eine Gefahr erwartet wird, auf die sich die Psyche vorbereitet, wobei es sich im wahrsten Sinne des Wortes um Todesgefahr handelt, also eine gegenstandslose Gefahr. Nicht immer wird allerdings so deutlich zwischen Angst und Furcht unterschieden. Ängstlich weist auf erhöhte Bereitschaft, mit Angst und Ängsten auf Eindrücke und Situationen zu reagieren, sei es allgemein, sei es infolge unangemessener ideologischer Bedürfnisse, gestauter oder verdrängter Aktivitäten und Bewältigungsbedürfnisse.

Angstneurose: Neurose, deren Hauptsymptom Angst und Angstanfälle sind

Angstregression: durch Angst ausgelöster Rückfall in Reaktionsweisen früherer Entwicklungsstufen

Anhedonie: Unfähigkeit, Freude zu empfinden

Anima: Archetyp des Weiblichen nach C.G. Jung

Animus: Archetyp des Männlichen nach C.G. Jung

Anlehnung an Gewachsenes: im Rahmen kultureller und universaler Bedürfnisse die Anlehnung an Vorhandene Formen und Inhalte, was zu einer
eher konservativen kulturellen Haltung führen wird.

anleitend, Anleitung: soziale Gestaltung und Bewältigung richten sich darauf, Menschen zum richtigen Tun anzuleiten, sie auch zu belehren

Anomie: erheblich gestörte Fähigkeit zum Behalten von Namen, aber auch
angeborenes Fehlen eines Sinnes für Moral oder nach Durkheim Erschütte-
rung von Gruppenmoral und Gruppenbedeutung

Anorexie: Appetitlosigkeit, folglich auch für dadurch ausgelöste Magersucht

anpassend, Anpassung: eine angemessene Form des Erlebens und Lebens in
der Auseinandersetzung zwischen der eigenen Persönlichkeit und der Realität zu finden, ohne eine Seite zu vergewaltigen, spielt vor allem im sozialen
Außenkontakt und der Gestaltung eine wesentliche Rolle

Anpassungsangst: Angst, durch Anpassung sich aufzugeben und zu schaden

Anpassungsschwäche: eine Anpassungsschwäche bzw. -unfähigkeit entsteht
besonders aus Mängeln an Sozialbedürfnissen bzw. im Falle einer Gehemmtheit

Anpassungszwang: ist eine Folge besonders ausgeprägter infantiler oder
auch atavistischer Tendenzen auf seiten der sozialen Bedürfnisse, wodurch
Unabhängigkeit und Selbständigkeit stark eingeschränkt werden; besser wäre, von „Unterordnungszwang" zu sprechen.

*Anpassungstheorie: geht davon aus, daß Wahrnehmungen stets eine Resultante
zwischen Reizkonfiguration und momentaner psychischer Konfiguration sind.*

anregbar: zeigt an, daß die betroffenen Elemente, Komponenten und Folge-
erscheinungen offen für Reize von außen und innen sind, daß sie bereit sind
zu reagieren

Anregen, anregend: Formen, die andere Kräfte und auch außenstehende Personen anregen und zur Reaktion veranlassen

ansatzweise: die auf diese weise gekennzeichneten Merkmale sind nicht voll
ausgeprägt, werden nur teilweise oder in bestimmten Situationen wirksam.

anschaulich, Anschauungsnähe, anschauungsbestimmt: Auffassungs- und Handlungsweisen, die von der Anschauung, von anschaulichen Bildern usw. angesprochen und geleitet werden

anschauungsabhängig: der Einfluß der Anschauung führt in diesem Falle zu einer Abhängigkeit, so daß Auffassen und Handeln nur von der Anschauung her möglich werden

anschauungsfern: Anschauung und Anschaulichkeit spielen für die Person keine Rolle

ansehensorientiert: orientiert sich daran, wie Menschen und Umstände ihm zu Ansehen verhelfen

anspornend: sind Konstellationen, die weitere Handlungen auslösen, aber auch andere Personen zu Reaktionen veranlassen

ansprechbar, Ansprechbarkeit: steht für die Tatsache, daß die Persönlichkeit entsprechende Reize aufnimmt und sie zumindest teilweise verarbeitet, also innerlich darauf reagiert, ohne daß es zu einer Antwortreaktion kommen muß.

ansprüchig, Ansprüchigkeit: weist darauf hin, daß die betreffende Person erhöhte bzw. überhöhte Ansprüche an die Umwelt stellt, vor allem auch hinsichtlich der Achtung und Aufmerksamkeit, die man ihr zollt

Anspruchsängste: lebt in Angst, daß er seine Ansprüche - und wenn sie auch gering sind - nicht erfüllen kann

Anspruchsniveau: bezeichnet die Höhe der Ansprüche, die vor allem an die eigene Person das eigene Erscheinungsbild und Tun, vor allem an die eigene Leistung in der (gesellschaftlichen) Welt gestellt werden.

anspruchsvoll: hohes Anspruchsniveau

anstellig: recht geschickte Informationsverarbeitungs- und Ausführungsweise

Anthropophobie: Ängste bzw. Phobien, die beim Erscheinen von bestimmten Menschen oder Menschengruppen ausgelöst werden

antifunktional, Antifunktionalismus: legt keinen Wert auf Funktionalität und Funktionieren, ist dagegen, daß die Frage nach dem Funktionieren gestellt wird.

Anxious Depression: depressives Zustandsbild, bei dem die Ängste so stark werden, daß die übrigen Symptome in den Hintergrund treten

apart: bezeichnet etwas Besonderes, hier eine besondere und auffällige, aber durchaus angemessene Art der Wahrnehmung der Phänomene

Apathie: Teilnahmslosigkeit infolge fehlender Aktivität bzw. starker unangemessener Bewahrungstendenzen

Aphasie: Sprachstörungen nach Verletzungen der Hirnrinde

Arachnephobie: Spinnenfurcht

Arbeitshaltung (Eys): Beschreibung der Art und Struktur der Begegnung mit auftretenden Anforderungen

Arbeitsstil (Ey): Verlaufsform der systemtypischen Arbeits- und Einsatzweise

Archetyp: nach C.G. Jung Anlagen zu bestimmten Vorstellungen auf der Basis der Erfahrungen der Vorfahren, die allen Menschen gemeinsam sein sollen.

areligiös, Areligiosität: ohne Bezug zu Religiösem und religiösen Vorstellungen, nicht mit antireligiös zu verwechseln

Askese, asketisch: genußabgekehrt, genußfeindlich bis zur Selbstkasteiung.

Asozialität, asozial: eine Folge fehlender sozialer Bedürfnisse, aber nicht mit Antisozialität zu verwechseln

assimilierend: sich aneignend, erwerbend, aufnehmend, besonders wesentlich im Zuge der allgemeinen Weltorientierung als Aufnahme und Einfügung von Informationen in vorhandene Schemata.

Assoziation: Verknüpfung von Vorstellungen miteinander, folgt den Assoziationsgesetzen der Nähe, Ähnlichkeit und zeitlichen Folge; als „freie Assoziation" ein Verfahren des psychotherapeutischen Zugangs zum Unbewußten, als Assoziationsversuch - Antworten auf zugerufene Reizwörter - ein Verfahren zur Auffindung von unbewußten Störungsherden

Astasie: Unfähigkeit zu stehen, wird fast ausschließlich für die psychisch bedingte Form verwendet

Astheniker: Menschen mit geringer Vitalität und großer Reizbarkeit

ästhetisch, ästhetische Bedürfnisse: am Schönen und an der Kunst interessiert und orientiert, ästhetische Inhalte suchend

ästhetisierend, Ästhetizismus: übertriebene Schönheitsverehrung ohne Realitätsbezug und Bezug zum Lebendigen

Asthma bronchiale: Atmungsstörung, die vielfach psychisch bedingt ist

Astraphobie: Gewitterfurcht, im allgemeinen neurotisch bedingt

ätherisch: zarte und weltfremde, in höheren Regionen schwebende Welterfassung

Ätiologie:Ursachen einer Störung oder Faktoren, die mit ihrer Entstehung zu tun haben.

Attribution: den beobachteten Erscheinungen - vor allem bei Menschen - einen Sinn zu unterlegen, es durch Attribute zu kennzeichnen, die mit der Realität nichts zu tun haben müssen

Attributionsfehler, fundamentaler: aus behavioristischer Sicht werden als Ursachen menschlichen Verhaltens innere Ursachen äußeren gegenüber bevorzugt.

A-Typus: *führt einen aggressiven, pausenlosen Kampf um in kürzmöglichster Zeit soviel wie möglich zu erreichen (vgl. B-Typus)*

au: vgl. **Auftretensbestimmtheit**

aufbauend, Aufbau: aus vorhandenen Teilen oder Ansätzen etwas Vollständiges - praktisch aus dem Nichts- gestalten

aufdringlich: eine Weltzuwendung, die ohne Distanz die anderen bedrängt

Auffallenwollen, auffällig, Auffälligkeit: eine Form des Öffentlichkeitsstrebens und der Extraversion, der es darum geht, selbst aufzufallen und besonders beachtet zu werden.

Auffassungsstörungen: Erschwerung, Verlangsamung der Auffassung von Sinnesreizen (Informationen)

Aufforderungscharakter: von Dingen und Reizkonfigurationen ausgehende Reaktionsherausforderungen

aufgeblasen: bildet sich viel ein, hält sich für bedeutender als er ist

aufgeregt: in ständiger Erregung und Aufmerksamkeitanspannung lebend

aufgeschlossen, Aufgeschlossenheit: jederzeit für Anregungen, Eindrücke, Informationen und das Geschehen in allen möglichen Elementen und Komponenten offen und bereit, das Aufgenommene auch zu verarbeiten

aufmerksam, Aufmerksamkeit: Ausrichtung der geistigen Aktivität auf fest umrissene Gegenstände, und das je nachdem sporadisch oder auf längere Sicht. *Zustand konzentrierter Bewußtheit, begleitet von der Bereitschaft des zentralen Nervensytems auf Stimulation zu reagieren*

Aufmerksamkeit, distributive: Fähigkeit, mehreren Gegenständen zugleich die Aufmerksamkeit zuzuwenden

Aufmerksamkeit, fixierende: Fähigkeit, den einzelnen Gegenstand ins Zentrum der Aufmerksamkeit zu stellen und dort festzuhalten

Aufmerksamkeit, fluktuierende: Fähigkeit, den Strahl der Aufmerksamkeit über ein größeres Feld schweifen zu lassen und dadurch mehrere Vorgänge zugleich im Auge zu behalten.

Aufmerksamkeitsdefizite: Lücken und Löcher in der Aufmerksamkeit führen zu Fehlwahrnehmungen und Sinnestäuschungen

Aufnahme, aufnehmend, aufnahmewillig: Erfassen und Verarbeiten bzw. Einspeichern von Eindrücken - insbesondere in sozialen Außenbeziehungen

Aufstiegsneurose: Neurose aus Gründen der Nichtverarbeitung des neuen sozialen Umfeldes im Rahmen des sozialen Aufstiegs

aufstrebend: auf Aufstieg und Vorwärtskommen gerichtetes Bewältigungsbedürfnis

Auftretensbestimmtheit (au): Bestimmtheit und Sicherheit des Auftretens gegenüber anderen Menschen, vor allem bei ranggleichen und ranghöheren

augenblicksabhängig: wird von den momentanen Eindrücken emotional in Einstellung und Handeln bestimmt, ohne sich davon freimachen zu können und nach übergeordneten Gesetzen zu handeln.

augenblickshaft: reagiert impulsiv bzw. aus mangelnder Bewahrung heraus aus dem Augenblick und auf die momentanen Eindrücke.

Augenmaß (vl): Fähigkeit, sich Entfernungen und Distanzen sowie lineare Teilungsverhältnisse wirklichkeitsgerecht vorzustellen.

ausbauend, Ausbau: das Streben Vorhandenes weiterzubauen und auszugestalten.

ausdauernd, Ausdauer: Durchhaltevermögen, Fähigkeit, auch bei über längere Zeit wirkenden Belastungen durchzuhalten.

Ausdehnung: das Ziel des Strebens ist die Ausdehnung des eigenen Wirkungskreises

Ausdruck: körperliche Erscheinungen, aus denen psychische Regungen zu entnehmen sind.

Ausdrucksfähigkeit und -gewandtheit, sprachliche (vf): Die Fähigkeit, sich schnell und sicher sprachlich verständlich zu machen; bezieht sich im allgemeinen auf die Muttersprache, evtl. auch auf die Landessprache.

Ausdrucksfähigkeit, nichtsprachliche (sf): Die Fähigkeit, sich durch Verhalten, Gestik und Mimik in seiner Umgebung verständlich zu machen.

ausführend, Ausführung: weist auf eine Haltung hin, bei der es der Person darum geht, das auszuführen, was vorgezeichnet und vorgegeben ist.

ausgeglichen: weist darauf hin, daß die wirkenden Kräfte im Gleichgewicht stehen, so daß kaum mit extremen Reaktionen zu rechnen ist. Bezieht sich manchmal nur auf Teilbereiche der Persönlichkeit.

ausgestaltend, Ausgestaltung: weist auf eine Haltung hin, bei der es der Person darauf ankommt, etwas Vorhandenes auszugestalten, d.h., ohne es als Ganzes anzutasten, innerlich zu verbessern und weiter zu entwickeln

ausgewogen: bezeichnet einen Zustand - vor allem in allgemeiner und gefühlsmäßiger Hinsicht -, bei dem keine Extreme auftauchen, Ich und Welt in einem eher ausgeglichenen Verhältnis stehen

ausgleichend: das Streben, Spannungen vor allem in Beziehungen zu vermindern

ausgrenzend: eine Gefühlshaltung der Individuation, die die Grenzen zwischen der eigenen Person und anderen hervorhebt, sei es, um sich zu schützen oder Freiräume zu gewinnen.

ausschnittsweise: Informationen werden geistig nur in Ausschnitten, nicht als Ganzes oder vollständig aufgenommen und verarbeitet.

außengelenkt: bezeichnet Menschen, die sich mehr von der Außenwelt und dem, was „in" ist, als von eigenen Überlegungen und Vorstellungen leiten lassen

Außenorientierung, außengewandt: bezeichnet Menschen, die sich vorwiegend der Welt und der Öffentlichkeit zuwenden

äußerlichkeitsorientiert: orientiert sich in seiner Wahrnehmung an Äußerlichkeiten, nicht am Wesentlichen

Äußerungsleichtigkeit: Fähigkeit oder Fertigkeit, sich jederzeit schnell und leicht zu äußern, vor allem auch eigene Gefühle zur Schau zu stellen

Aussteigertrends: entwickelt Bestrebungen sich der Gesellschaft und Realität zu entziehen

Ausstrahlung (iw): Wirkung, die der betreffende Mensch durch sein Erscheinungsbild bei den anderen hervorruft.

ausweichend: bewältigt Probleme nicht, löst sie nicht, sondern umgeht sie und wendet sich anderem zu.

autistisch, Autismus: Welt verliert den Aufforderungscharakter, die Betroffenen äußern sich nicht oder kaum noch, schon gar keine Gefühle; leben in einer eigenen Gedankenwelt, wobei der sachliche Rapport teilweise gewahrt bleibt; schizophrene Autisten leiden angeblich nicht, im Gegensatz zu neurotischen Autisten

Automysophobie: zwangshafte Vorstellung, unsauber zu sein

Autonomie: Fähigkeit, das Denken und Handeln selbst zu bestimmen

Autophobie: krankhafte Furcht, allein zu sein

autoritär: benimmt sich, wer verlangt als Autorität anerkannt zu werden, weil er eine Funktion ausübt, ohne als Mensch Autorität zu haben.

Autorität: eine Person oder Institution, die anderen in sachlicher und/oder menschlicher Hinsicht überlegen ist.

aw: vgl. Rezeptionskompetenz, sprachliche

Ay: Allgemeintemperament : umfaßt die generelle Verlaufsweise der Prozesse zwischen Unmittelbarkeit und Steuerung innerhalb des Systems

Ays: Selbstbehauptungsstruktur: Aufbau und Entwicklungsstand der Selbstbehauptung.

b: Bewältigungs- und Führungsbedürfnisse: semantische Komponente der Gestaltungsperson.

γb **Bewältigungsturbulenz** Zerstörungszwänge, verschrobene Macht- und Herrschaftsbedürfnisse ohne Rücksicht auf die eigene Person

δb **Bewältigungsgehemmtheit** bei der keine gestaltenden und konstruktiven Bedürfnisse entfaltet wurden; es entwickeln sich keinerlei Macht- und Führungsansprüche, kein sozialer Ehrgeiz, männliche und gestaltende Rollen machen Angst und werden daher abgelehnt.

βb **Überwältigung,** Unterdrückung, Machtstreben

αb **Gestaltung,** Lenkung, Leitung, Bestimmung, Bewältigung

Beachtung heischend: sind Menschen, die ihr Verhalten stets daran ausrichten, inwieweit sie dadurch Beachtung von anderen gewinnen

Beachtungssuche, -wünsche: in der Zuwendung zur Welt geht es der Person auch darum, selbst beachtet und anerkannt zu werden.

bedächtig: Informationsverarbeitung und Reaktionen erfolgen eher langsam und vor allem sehr ruhig

bedachtsam: es wird überlegt, ehe reagiert wird, und auch das mit Ruhe und eher langsam.

bedenkend: Aufnahme und Reaktion erfolgen nicht unmittelbar, sondern erst dann, wenn etwaige Bedenken und Hinderungsgründe ausgeräumt sind.

bedenkenlos: es ist nicht üblich, etwas zu überdenken, ehe reagiert wird, etwaige Bedenken werden einfach beiseite geschoben

bedenklich: kommt oft nicht zu einer Entscheidung, weil sich ihm immer wieder Bedenken in den Weg stellen.

bedienend, Bedienung: strebt danach, Menschen und Umstände durch das eigene Handeln zu unterstützen, zu fördern, evtl. zu verwöhnen

Bedürfnis, Bedürfnisse: bezeichnen die Richtungsgrößen innerhalb der Persönlichkeit, die Motivation und Einstellung des Menschen bestimmen

Bedürfnisstruktur der Persönlichkeit: umfaßt das Mit- und Gegeneinander der verschiedenen Bedürfnisse, Motive und Interessen einer Persönlichkeit in Form von Mittelwerten angemessener und unangemessener Größen

beeindruckbar, Beeindruckbarkeit: steht Eindrücken von außen offen gegenüber und läßt sich von ihnen formen und bilden

beeinflußbar, Beeinflußbarkeit: beeinflußbare Menschen bestimmen ihr Handeln und ihre Informationsverarbeitung nicht selbst, sondern lassen sich darin von anderen Menschen bestimmen, sind insoweit von anderen abhängig.

Beeinflussen(wollen): das Streben, andere zu etwas zu veranlassen, evtl. zu manipulieren

Beeinträchtigungswahn: Psychose der 2. Lebenshälfte, vorwiegend bei weiblichen Personen, mit Mißtrauens-, Eifersuchts- und allgemeinen Beeinträchtigungsideen, und das bei geordnetem Gedankengang und gefühlsmäßiger Ansprechbarkeit, wird teilweise zur Schizophrenie gerechnet.

beengt: das Streben wirkt lediglich in engem Rahmen und mit begrenzten Mitteln

befangen: traut sich nicht, sich offen und frei anderen zuzuwenden, ist ein wenig scheu und unsicher

befehlend: versucht andere mit Befehlen zu bestimmten Handlungen zu lenken

Befehlsautomatie: Bereitschaft, automatisch Befehlen nachzukommen, auch wenn sie unbequem oder gar unmoralisch sind.

Begabung, Begabungspotential: Begabungen sind angelegte, in der Auseinandersetzung mit der Umwelt entfaltete Funktionen - syntaktische Komponenten -, die zu Begabungspotentialen bei 9er-Skala nach der Formel:

$$Ty_i = 100 * e^{(a*b*c/729)-1}$$ zusammenwirken

begeistert, Begeisterung: läßt sich von Inhalten animieren und wendet ihnen besondere Aufmerksamkeit zu, betrifft in erster Linie ideelle, kulturelle und Gefühlsinhalte.

begeisterungslos: läßt sich von nichts mitreißen und animieren

begrenzend, begrenzt: bezieht sich insbesondere auf die Informationsverarbeitung und die innere Steuerung, die nicht voll zur Wirkung kommen, gilt aber auch für Vorstellungs- und Fertigungsfähigkeiten

beharrend, Beharrung: eine Form der Reaktion, die sich wenig anpaßt und wandelt, mehr Gleiches wiederholt

beharrlich, Beharrlichkeit: behauptet seine Art und seinen Standpunkt unbeirrt

behauptend: läßt sich von seinem Standpunkt und seiner Sicht nicht abbringen

Behaviorismus, behavioristisch: im behavioristischen Ansatz spielen lediglich die Verhaltensweisen und die Umweltreizkonfigurationen „X" eine Rolle; der Behaviorismus kennt keine psychischen Vorgänge und Faktoren, nimmt an, daß menschliches Verhalten vollständig durch Umweltbedingungen und erlernte Reaktionsschemata determiniert ist; er beschreibt also jeweils eine X-Verhaltensperson, niemals eine Persönlichkeit.

beherrschend: strebt danach über andere Menschen oder Dinge zu herrschen.

beherrscht, Beherrschung: reagiert nicht unmittelbar, steuert mehr oder minder bewußt seine Reaktionen und zeigt Disziplin.

Behüten, behütend: bemüht sich, andere vor Schaden und schlechtem Einfluß zu schützen.

Bekanntes nutzend: orientiert sich in seinem Streben an Inhalten und Dingen, die er schon kennt.

Belemnophobie: Furcht vor spitzen Gegenständen.

Belobigungssuche: sucht Anerkennung und Lob von anderen.

bemächtigend, Bemächtigung: strebt Macht über andere an.

bemutternd, Bemutterung: pflegt und umsorgt andere, macht sie u. U. dadurch hilflos und abhängig von sich.

Benehmen, Manieren (um): Geschliffenheit und Differenziertheit der Umgangsformen im Kontakt mit anderen.

Bereitschaft, bereitwillig: ein Zeichen dafür, daß das Verhalten offen für Anregungen ist.

Berührungsaufgeschlossenheit und -ansprechbarkeit (tk): Ansprechbarkeit und Toleranz gegenüber körperlichen Berührungen durch andere.

besänftigend: trachtet danach, auf andere und Erregungen dämpfenden Einfluß zu nehmen.

beschaulich, Beschaulichkeit: Reaktionen und Strebungen strahlen ruhige Lockerheit aus, keinerlei Anzeichen von Eile und Hektik.

beschleunigt: zeigt an, daß dieAufmerksamkeit rasch anspricht, Reaktionen schneller erfolgen.

beschränkend: Es wirken stärkere unangemessene Kräfte und Formen, die Aufnahme und Reaktion einschränken und verengen.

beschwingt: weist auf aktive, lockere und unverkrampfte Impulse hin.

besinnend, besinnlich, Besinnlichkeit: eine Haltung, die verweilt und überlegt, ehe es zur Reaktion kommt, eine Eindrucksverarbeitung, die mit Überlegung und Besonnenheit erfolgt.

besinnend: eine Haltung, die verweilt und überlegt, ehe es zur Reaktion kommt.

Besonderheitsstreben: strebt danach, etwas Besonders, Außergewöhnliches zu sein.

Besonderheitsvorstellungen: geht davon aus, daß seine Person etwas Besonderes ist.

besonnen, Besonnenheit: nichts wird überstürzt, man wartet in Ruhe ab, überlegt erst, ehe man Stellung nimmt

beständig, Beständigkeit: gleichmäßig und stetig, ohne Wechsel und Schwanken, sei es aus gefühlsmäßiger Tiefe, Bewahrungstendenzen oder fehlender Dynamik

Bestehendes (nutzen): baut in seinem Streben auf Vorhandenem auf und bleibt evtl. dabei stehen.

bestimmbar: läßt sich von anderen in sozialer Haltung wie im Urteilen leiten.

Bestimmen, bestimmend: gibt an, was andere zu tun und zu lassen haben, insbesondere in Richtung auf Führungsfunktionen.

bestimmt, Bestimmtheit: eine Haltungseigenschaft, die eigene Standpunkte energisch vertritt und behauptet, allgemein wie auch sozial und im Umgang mit Dingen und Problemen, auch ein Hinweis auf entsprechende Willensfunktionen.

Bestrafung: für den Täter unangenehme Reaktion der Umwelt auf sein Tun, kann bei bestimmten Persönlichkeitsstrukturen nicht gewollte gegenteilige Wirkung haben, besonders in der „Erziehung" .

beteiligt, Beteiligung: weist darauf hin, daß die betreffende Person sich im Zuge der Weltzuwendung und der sozialen Beziehungen engagiert, daran mehr oder minder aktiv teilnimmt.

Beteiligungsstreben, -wünsche: Strebt an, sich beteiligen zu können, möchte beteiligt werden, kann bei Nichterfüllung komplexhafte Wirkungen auslösen.

Betreuung: Sorgen für andere, Pflege anderer.

betreuungssüchtig, Betreuungszwang: muß unter allen Umständen für andere sorgen, macht sie hilfeabhängig.

betriebsam: ein etwas übereifriger, nicht immer zielgerichteter Tätigkeitsdrang.

beunruhigt: allgemein und in der Orientierung der Person mangelt es an dem Gefühl der Sicherheit, so daß dem Kommenden mit einiger Unruhe entgegengesehen wird.

Beurteilung: findet im Rahmen der Diagnostik sowohl als Fremd- als auch als Selbstbeurteilung Verwendung, wobei der größte Nachteil der Selbstbeurteilung darin liegt, daß Menschen bei den vorgegebenen Skalen nicht immer genaue Antworten geben können - evtl. auch nicht wollen -, der größte Nachteil der Fremdbeurteilung darin liegt, daß sie - wenn sie nicht entsprechend gestaltet ist - meistens mehr über den Beurteiler und sein Verhältnis zum Beurteilten als über den Beurteilten aussagt. Wesentlich für alle Beurteilungsformen ist ein differenziertes systematisches Symptomprotokoll, dem das Ergebnis nicht unmittelbar anzusehen ist.

bevormundend, Bevormundung: in seiner Art, soziale Situationen zu meistern, neigt der Mensch oft von oben herab dazu, anderen vorzuschreiben, was sie zu tun haben.

Bewahren, bewahrend: findet sich bei Menschen, die Vorhandenes zu erhalten und zu sichern streben, sowohl sozial als auch dinglich

Bewahrungszwang: von inneren Kräften erzwungenes Bewahren, unfähig loszulassen.

bewältigend, Bewältigung: Streben, Probleme und Situationen zu meistern.

beweglich, Beweglichkeit: ist in der Lage, auf Veränderungen zu reagieren, insbesondere Denken, Vorstellung und Fertigkeiten geschickt auf Wechsel einzurichten.

Bewegungskoordination: Verknüpfungsweise der verschiedenen Bewegungen und Bewegungselemente in mehr oder minder gekonnter und gewandter Form.

Bewußtes: das, was der Mensch sich vergegenwärtigt und erkennt

Bewußtheit: die mehr oder minder große Gegenwärtigkeit eigenen Erlebens und Lebens.

Bewußtheitsklarheit (we): Genauigkeit und Deutlichkeit der Bewußtseinsinhalte.

Bewußtheitsschärfe (wk): Präzision und Hervorhebung der Einzelheiten der Bewußtseinsinhalte.

Bewußtheitsweite (wm): Vielzahl und Umfang der Bewußtseinsinhalte.

Bewußtsein: ist der allgemeine Begriff für Bewußtheit und umfaßt den Strom unmittelbarer Erfahrung, der sich aus Wahrnehmungen, Gedanken, Gefühlen und Wünschen, die jeden Augenblick bewußten Erlebens ausfüllen, und unserem zugehörigen Wissens um uns selbst, Kommentaren und Handlungen zusammensetzt.

Beziehungsidee: überwertige Bindung an einen Bewußtseinsinhalt (kann auch eine Person etc. sein) , der in falscher oder übertriebener Weise auf die eigene Person bezogen wird.

beziehungslos: der beziehungslose Mensch findet - auch bei all seinen Kontakten mit anderen - keine gefühlsmäßige Bindung und Verankerung.

Beziehungsperson: die Person, an der und deren Einstellung und Verhalten, sich der Mensch ausrichtet.

Beziehungspsychose, ängstliche : zur Gruppe der zykloiden Psychosen gehörende phasisch verlaufende Psychose mit depressiven Symptomen und Eigenbeziehungen.

Beziehungspsychose, progressive: paranoide Form der Schizophrenie.

Beziehungswahn, sensitiver: entsteht bei sensitivem Charakter (gefühlszart, schüchtern, leicht kränkbar) aus einer beschämenden Niederlage heraus allmählich als wahnhafte Verarbeitung von Erlebnissen.

Bezuggruppen: sind Gruppen, denen das Individuen Normen und Formen des „"richtigen" Verhaltens entnimmt.

Bezugsperson: Mensch, zu dem eine besondere Gefühlsbindung besteht.

Bilderstürmerei: Ablehnung bildhafter Darstellungen bis zur Zerstörung von Bildern (Kunstwerken) aus gestörten Bedürfnissen und überwertigen Vorstellungen heraus.

Bildliches Vorstellen: siehe Vorstellfähigkeiten

Bindung: enge emotionale Beziehung zwischen einer Person und einer anderen - z.B. Mutter-Kind-Beziehung - bzw. zwischen Personen und Dingen, Personen und Gruppen.

Bindungsbereitschaft, -streben: ist bereit und strebt u.U. danach, innere Gefühlsbindungen an andere und mit anderen einzugehen,

Bindungsfreiheit: hält sich von Bindungen und Verpflichtungen frei.

Bindungsstil (By): Beschreibung, wie und wohin Bindungen des Systems im Zeitverlaufe sich entwickeln.

Biofeedback: Verfahren, bei dem die Person über nicht bewußte Körperfunktionen erlangen kann. Grundlage ist das Lernprinzip der operanten Konditionierung.

bizarre Haltungen: eckig-gezierte unangemessene Haltungen.

bizarre Impulse und Formen: merkwürdige, ungelenk und unpassend erscheinende emotionale Reaktionen und Betrachtungsweisen.

Bizarrerie: uneinfühlbares eckig-geziertes Verhalten bei Schizophrenen, Ausdruck und Gesten stimmen nicht mit Denkinhalten überein.

blaß: Reaktionen und Strebungen, auch Wahrnehmungen lassen Lebendigkeit, Fülle und Farbigkeit vermissen.

Blennophobie: Furcht vor Schleim.

Blockierung: durch Nebenreize, die nicht unbedingt zur Information gehören, wird die Aufnahme und Verarbeitung der Information verhindert, blockiert.

bodenständig, Bodenständigkeit: ausgeprägte im Vertrauten und der materiellen und traditionellen Wirklichkeit wurzelnde Bewahrungshaltung.

bog: Traditionsspeicher: sigmatische Komponente der Traditionsperson

γbog **Lokale Wahnvorstellungen,** verschrobene Traditions- und Selbstverständlichkeiteninhalte, verschrobene Heimats- und Geborgenheitsvorstellungen und -zwänge

δbog **verdrängte Selbstverständlichkeiten,** verdrängte Traditionsinhalte, Angst vor Gewohnheiten und Verdrängung derselben

βbog **fundierte evtl. magische Sicherheitsinhalte,** Wissens- und Erfahrungshintergrund für wirtschaftliche, finanzielle, traditionelle und ähnliche Inhalte mehr oder weniger realer Art

Bottom-up-Prozesse: *Prozesse der Aufnahme und Organisation von Informationen, soweit es sich um von der direkten Erfahrung geleiteten Rohdaten handelt.*

αbog **vielerlei einzelne Sicherheitsinhalte,** Einzelkenntnisse und -erfahrungen auf wirtschaftlichem, finanziellen, traditionellem etc. Gebiet.

Bp- Beziehungsperson: Element der Persönlichkeit im Bereiche der Individuation und inneren Sozialbeziehungen

γBp **atavistische Grenzform,** *Paranoid Projection* Verfolgungswahn mit ungerechtfertigten fixen Ideen, die Personen aus der Umgebung des Individuums aggressive, verfolgerische und kontrollierende Absichten zuschreiben, verschrobene, auf die eigene Person gerichtete Bindungen, Hundeheimweh, persönlicher Sendungswahn, dabei sich von anderen verfolgt fühlen,

δBp **gehemmte Grenzform,** *Humanitätsängste:* Angst vor dem Menschlichen, vor Partnerschaften, aber auch der Selbstverwirklichung, Rückzug ins Kollektiv, Züge der Kälte und Unpersönlichkeit, fehlende innere soziale Beziehungen und Bindungen, Gemütsarmut, betonte Sachlichkeit als Sublimation, führt zur Nichtausbildung der integrierenden sozialen Tiefenfunktion und damit zu einem Fehlen innerer sozialer Bezogenheit und Bindungen, was als Kälte und Gemütsarmut erscheinen kann.

βBp **infantile Form,** *Sentimentalität* Gefühlchen, Gefühlsduselei, romantische Schwärmerei, Gemütsegoismus, Singularisierung, Ichbetonung,

αBp **reife Form,** *Humanität* Gefühlstiefe und Bindungsfähigkeit verbunden mit Eigenständigkeit des gefühlsmäßigen Erlebens, Individualität,

Gemüt, Bedürfnis nach Selbstbestimmung und Selbstverwirklichung in dem Zusammenleben mit anderen, geistige Einfälle und Adaption,

bremsend: offensichtliche innere und äußere Reaktionen werden diszipliniert und evtl. unterdrückt.

B-Typus: *nimmt die Dinge wie sie sind, kämpft nicht, geht Streß aus dem Wege*

Bulimie: Eßstörung mit Freßanfällen, denen oft künstliches Erbrechen und Abführmaßnahmen folgen.

Burnout-Syndrom: tritt besonders bei Menschen im Gesundheitswesen auf und ist durch emotionale Erschöpfung, Depersonalisierung und Einschränkung der persönlichen Anliegen gekennzeichnet und führt zur Dehumanisierung.

bürokratisch: eine schematisch-strenge Ordnungseinhaltung, deren System der Realität infolge Übersteigerung und Starre weniger angemessen ist

By: Stil der inneren Bindung: Verlauf und Verankerung innerer menschlicher Bindungen.

Bys: Struktur der inneren Bindung: Aufbau und Entwicklungszustand menschlicher Bindungsweise.

c: caritative Bedürfnisse: semantische Komponente der Sozialperson

γc **Soziale Turbulenz** verschrobenes Sozial- und Pflegebedürfnis, der Kranke muß auch dort helfen, wo keine Hilfe gebraucht wird, Unbrauchbares zu retten und zu erhalten, ist er gezwungen

δc **Soziale Gehemmtheit** bei der keine sozialen und caritativen Bedürfnisse ausgebildet werden; diese Menschen können weder andere Menschen noch Gegenstände hegen und pflegen, geschweige denn Verständnis für sie entwickeln.

βc **Bemutterungsdrang,** Mitläufertum, übertriebene, evtl. erdrückende Fürsorglichkeit

αc **Beteiligungsdrang,** Anpassungsneigung, Dienstbereitschaft, Helfenwollen, Pflegenwollen, pflegendes Erhalten, Serviceneigungen

chaotisch, Chaotismus: fehlende Ordnungen und Regeln, ohne alle Systematik.

chaotische Systeme: komplexe, nicht klassisch-deterministische, nicht-lineare Systeme, in denen das Kausalitätsgesetz gilt, aber nicht im Sinne von Newton. Ursache und Wirkung sind nicht proportional, präziser als chaotisch-detemernistische Systeme bezeichnet.

Charakter: Das Gesamtgefüge aller im Laufe des Lebens entwickelten Haltungen, Einstellungen und Denkweisen. Entspricht der Persönlichkeit, wird aber in der Wissenschaft nur noch selten verwendet, findet sich gewissermaßen bei Nichtpsychologen statt des Terminus Persönlichkeit.

cholerisch: Menschen mit der Neigung zu explosiven, heftigen Reaktionen.

Chunking: ein Abstraktionsprozeß im Speicher, bei dem viele Einzelinfornmationen zu einer umfassenden Information zusammengefaßt werden, um Speicherplatz zu sparen; eine spezielle Form der Superzeichenbildung.

Conceptual Disorganisation: wirre und unorganisierte Wahrnehmungs- und Reaktionskonzepte.

Cy: Gesamtspeicherinhalte als sigmatischer Aspekt der Persönlichkeit.

d: melancholisches Temperament: pragmatische Komponente der Ordnungsperson

γd **Depressionsturbulenz,** verschrobene Ängste, Verfolgungsängste, Interessenverlust, Hoffnungslosigkeit und verschrobene Schuldgefühle, hypochondrische Reaktionen

δd **Gehemmtheit des Depressiven,** Ernst, natürliche Vorsicht und Besonnenheit werden nicht entfaltet; eine erhebliche Unfähigkeit zum Abwägen, Flachheit, Verantwortungslosigkeit, Leichtsinn und lässige Tollkühnheit werden wirksam

βd **Mißmut,** Verdrossenheit, Unlust, Übervorsicht, Pessimismus

αd **Ernst,** Verhaltenheit, Abwägen, Besonnenheit, Tiefsinn,

dämpfend: Minderung von Reaktionen durch Disziplin oder „Moral".

darstellerisch: durch Äußerlichkeiten und Verhaltensauffälligkeiten Hervorrufen besonderer Aufmerksamkeit der anderen auf die eigene Person.

Darstellungsangst: infolge gestörter Weltzuwendung entwickeltes Verstecken vor anderen.

Darstellungsregeln: kulturell oder individuell geltende Normen, die die Be-dingungen festlegen, unter denen die Äußerung bestimmter Gefühle sozial ange-messen ist.

dauerhaft: bezogen auf die Bindung an andere, die langfristig bestehen bleibt.

Daumenlutschen: gilt bis Ende des 1. Lebensjahres als normal und bis zum 3./4. Lebensjahr als unbedenklich, wenn es vor dem Schlafen bzw. in der Er-regung stattfindet; kann Veränderungen an Daumen und Beeinträchtigung der Zahnstellung auslösen. Ist in späteren Alter ein Zeichen von Autoerotik, weist oft auf Kontaktstörungen hin.

de: Denkelastizität: syntaktische Komponente der Ordnungsperson, prak-tisches Denken, Gedankenverknüpfung, Denkgewandtheit, Kombinations-gabe, praktisches Denken (nach Sternberg),

deduktiv: Vorgehen vom Allgemeinen zur den Einzelheiten und Beson-derheiten fortschreitend, Gegensatz zu induktiv.

Dehumanisierung: die im Zuge der Dehumanisierung ausgelösten antiso-zialen Verhaltensweisen werden für „normale" Menschen dadurch möglich, daß sie aufhören, den anderen als menschliches Wesen mit menschlichen Qualitäten wahrzunehmen, was insbesondere unter Gruppeneinfluß leicht geschehen kann.

Deindividuation: Reduzierung der Selbstidentifizierbarkeit und Selbstauf-merksamkeit aus der Individuation.

Demenz: Abbau von Fähigkeiten, vorwiegend durch organische Abbauer-scheinungen.

demonstrativ: sich nach außen zeigen, nach außen hervortreten.

Denkadaption: Anpassung des Denkens durch Aufnahme innerer wie äuße-rer Inhalte.vgl. dp

Denkelastizität: Verknüpfungsfähigkeit des Denkens, wobei es vor allem darum geht, verschiedene Denkinhalte miteinander zu Ergebnissen zu ver-knüpfen. Das geschieht teilweise unter Nutzung der Gesetz der Logik. vgl. de

Denken: Probehandeln im Geistigen; die innere Umstrukturierung von Objekten
und Ereignissen, die symbolisch repräsentiert sind.

Denken, analytisches: ein Denken, das vor allem darauf gerichtet ist, Sachverhalte zu unterscheiden und voneinander zu trennen.vgl. dk

Denken, Kanaltrennung des: Unterscheidungsfähigkeit des Denkens. vgl. dk

Denken, praktisches: Bezeichnung von Sternberg für die Denkeleastizität.

Denkgewandtheit: hohe Denkelastizität.

Denkplastizität: hohe Denkadaption.

Denkpotential: Umfang der Denkmöglichkeiten, vgl. Begabungspotential.

Depressionen, depressiv : traurig, verstimmt und mutlos mit einem Gefühl
der Leere und Sinnlosigkeit, wobei auch von depressiver Verstimmung
gesprochen wird, dieses teilweise auch nur für deprimierte Formen.

depressive Verstimmungen: zeitweise Depressionen.

deprimiert. traurig, niedergeschlagen und lustlos.

Deprivation: Hinderung an einer Bedürfnisbefriedigung.

derb: eine eher grobe Erfassung bzw. der Welt und der Dinge, bzw. Reaktionsweise.

deregulierend, desregulierend: ordnungs- und systemwidrige Eindrucksverarbeitung.

desintegrierend: Denken und Gefühle fallen auseinander, innere Zusammenhänge gehen verloren.

Desinteresse : es fehlt an Zuwendung zur Welt und der Beschäftigung mit
ihr.

desorientiert, Desorientation, Disoriention: es fehlt an rationalen und gewohnheitsmäßigen Bezugssystemen, so daß der Mensch keinen Halt im Fluß
des Geschehens findet.

Determinismus: Wirkung des strengen Kausalitätsprinzips, nach dem bei
Kenntnis des Zustands in einem Augenblick sich der Zustand des Systems in
alle Ewigkeit voraussagen läßt, da alle Wirkungsänderungen den Ursachenänderungen proportional sind. (vgl. chaotische Systeme).

Deutlichkeit: klar und offensichtlich erscheinend und wahrnehmbar.

Diagnose: Feststellung des Vorhandenseins oder Ausprägungsgrades von psychischen (psychologischen) Merkmalen

dialektisch: wahrheitssuchend durch Aufweisen und Überwinden von Widersprüchen, auch Spitzfindigkeit.

Dienen, Dienstbereitschaft: eine Haltung und Bereitschaft, anderen helfend zur Seite zu stehen.

Dienstunwilligkeit: Abwehr von Dienen und Dienstbarkeit.

differenziert, Differenzierung: Verfeinerung, Verästelung und Vervielfältigung von Eigenschaften und Strukturen, Erfassung der Vielfalt.

dinglich: bezogen auf die Welt der Sachen und Gegenstände sowie Aufgaben.

Dinophobie: Furcht vor Schwindel, Höhenangst.

Dipsomanie : periodisch auftretende Trinkexzesse, die tage- oder wochenlang anhalten.

direkt: offensichtlich und ohne Umwege in der Weltzuwendung.

Disengagement: Versuch, sich von Bindungen und Verpflichtungen freizuhalten.

Dishabituation: Aufhebung der Habituation (s.d.) durch die Darbietung eines neuen Reizes.

diskret, Diskretion: verschwiegene, evtl. auch verschweigende Haltung.

Disorientation: Orientierungslosigkeit.

disponierend: einteilend, Mittel und Kräfte richtig bzw. zweckmäßig einteilen.

Disposition: anlagebedingte Möglichkeiten.

Dissonanz, kognitive: ein konflikthafter Zustand - tritt besonders im Zusammentreffen mit Gruppen auf -, den derjenige erlebt, der nach einer Entscheidung oder Handlung mit Informationen konfrontiert wird, die zu dem bisherigen Tun im Widerspruch stehen.

Dissoziation: *Funktionieren des Bewußtseins auf verschiedenen Ebenen, z.B. in der Hypnose*

Dissoziative Störungen: *Psychische Störungen, bei denen das Individuum plötzlich eine zeitweilige Veränderung des Bewußtseins in Form eines schweren Gedächtnisverlustes oder Verlustes der persönlichen Identität erfährt (z:B. psychogene Amnesie, multiple Persönlichkeit)*

Distanz, Distanzierung: wahren von Abstand und Zurückhaltung im Umgang mit der Welt.

distanzlos: ohne Distanz zur Welt, auf- und zudringlich.

Distinktheit: *Kriterium, um zu beurteilen, situativen oder dispositionalen Quellen zugeschrieben werden muß.*

disziplinierend: für Einhaltung von Regeln, Normen usw. sorgend.

diszipliniert, Disziplin: kann sich beherrschen, hält sich auch in kritischen Situationen an die geltenden Regeln und Normen.

dk: Denkkanaltrennung: Syntaktische Komponente der Rationalperson, die die Unterscheidungsfähigkeit im Denken bestimmt.

dominierend, Domination: in Haltung und/oder Urteil andere beherrschend.

Doromanie: krankhaft gesteigertes Geschenkemachen, meistens auf der Basis neurotischer Phänomene.

dp Denkplastizität: syntaktische Komponente der Beziehungsperson, Denkadaption, Informationsaufnahme von innen und außen, Einfälle, Kreativität, Phantasie

dranghaft: von bedrängenden vitalen Bedürfnissen beherrscht.

Drill-Ich: Haltung und Reaktionsweise erfolgen streng nach erlernten Anweisungen und oft ohne der Situation angemessen zu sein; es fehlt jede Unmittelbarkeit des Tuns.

DSM III, IIIR: ebenso wie ICD-10 Diagnosenschlüssel und Glossar psychiatrischer Krankheitsystematik.

duldend: nimmt andersartige, ihm fremde Reaktionen ohne Gegenwehr hin.

duldsamen: hält vieles aus, vor allem andere Meinungen und Überzeugungen, selbst wenn diese der Realität widersprechen.

dumpf: geistig wenig interessiert und beteiligt.

durchdringend: bestehende Hindernisse überwindend, nicht aufzuhalten.

durchschnittlich: statistischer Mittelwert der Intensität und Begabung, wobei zu berücksichtigen ist, daß es eine ganze Reihe von Mittelwerten gibt, wie arithmetisches, geometrisches, Modus, Zentralwert, die sich lediglich in sog. Normalverteilungen decken, die ihrerseits in der Realität viel seltener sind als behauptet wird..

Durchsetzung, durchsetzend: überwindet Widerstände, setzt seine Ziele in die Wirklichkeit um .

Durst: ist eine Wahrnehmung des Flüssigkeitsmangels, sollte nicht als Trieb deklariert werden, wie es leider häufig geschieht.

Dy: dynamische Struktur der Persönlichkeit : beschreibt die mittlere Struktur des pragmatischen Aspekts der Persönlichkeit.

dynamisch: kraftvoll, schwungvoll und energisch.

dysphorisch: bedrückte, gereizte, schnell reizbare und freudlose Stimmung.

e: extraversives Temperament: pragmatische Komponente der Umweltperson

γe **Extraversive Turbulenz** Selbstbespiegelungen, narzißtische, hysterische Reaktionen, selbstbezogene Umweltassimilation

δe **Extraversive Gehemmtheit** es bildet sich keine aktive Zuwendung zur Welt und Umwelt heraus; Isolierungstrends, Kontaktscheu und Kontakthemmungen.

βe **Auffälligkeit,** darstellerisch, aufgeblasen,

αe **Außenwendung,** Außenorientierung, Kontaktoffenheit

Echoästhesie: Reizwahrnehmung an anderer als der Reizempfängerstelle.

Echographie: Wiederholung geschriebener Worte.

Echolalie: mechanisches Nachsprechen von Worten und Sätzen.

Echomimie: automatenhaftes Nachahmen von Gebärden eines Untersuchers.

Echopalilalie: Spiegelsprache, krankhafte Wiederholung von gesprochenen Wörtern.

Echopraxien(Echokinese): Nachahmung von Bewegungen anderer Personen.

effektbestimmt: Wahrnehmung wird von wirkenden Effekten geleitet.

effekthascherisch: die Welterfassung der Person ist darauf abgestimmt, äußerliche Wirkungen bei anderen zu erzielen.

effekt- und äußerlichkeitsorientiert: richtet sich in Leben und Erleben an Äußerlichkeiten und Effekthaschereien aus.

Eg: Stil des Selbst: beschreibt den Eindruck des Selbst.

egalisierend: gleichmachend, Leugnung und Abwehr individueller Unterschiede.

Egomanie: eine Form der Ichhaftigkeit, alles dreht sich in krankhafter Weise um die eigene Person.

egozentrisch: bezieht alles auf sich, fühlt sich selbst ständig gemeint, nach Piaget grundlegendes Kennzeichen kindlichen Denkens.

Egs: Struktur des Selbst: beschreibt Aufbau und Entwicklungszustand des Selbst.

Ehrgeiz, neurotischer: das Streben steht im Dienste der Abwehr von Versagensängsten, wobei Züge der inneren Getriebenheit mitwirken.

Ehrgeiz, persönlicher (vgl. Streberhaftigkeit): das Streben dient nicht der Bewältigung des Problems und der Sache, sondern ausschließlich dem Gewinnen von Anerkennung, Belohnung und Geltung.

Ehrgeiz, sachlicher: weist auf Streben nach Erfolg und Leistung hin, kann neurotische Formen (streberhaft) annehmen - auch kompensatorisch -.

Eidetik, eidetisch: sind Menschen, die Anschaulich Wahrgenommenes als Pseudowahrnehmung reproduzieren und an dieser Einzelheiten ablesen können, evtl. eine Folge dualer Gedächtniskodierung, bei der sensorische Informationen als Bilder, abstrakte Inhalte verbal kodiert werden. Bei Kindern häufig, geht meistens in der Jugendkrise verloren.

Eifer, eifrig: lebhafte Expansionsimpulse, echtes Bemühen

eifernd, Eiferertum: eine übertreibende Form der Gegenstandszuwendung und -bewertung, evtl. verbunden mit fanatischen Zügen und Abwertung anderer Gegenstände.

eigenartig, Eigenart: ausgeprägte Individualität und Persönlichkeitsstruktur.

Eigenschaft: zentrales Konzept der Persönlichkeitsforschung. Stellt eine grundlegende kontinuierliche Merkmaldimension dar, auf der jedes Individuum lokalisiert werden kann.

eigenschaftsbestimmt: eine von den Eigenschaften, Attributen der Dinge bestimmte Wahrnehmung.

Eigensinn, eigensinnig: wird von eigenen Gedanken, Wünschen und Vorstellungen in Erleben und Leben, auch im Urteilen bestimmt und beharrt auf ihnen.

eigenständig: entwickelt eigene Gedanken, Vorstellungen, Wünsche und Impulse, gewinnt Unabhängigkeit von anderen

Eigenwillen, eigenwillig: aus den verschiedensten Quellen gespeiste Haltung, die eigene Meinungen, Vorstellungen und Ansichten betont und behauptet, allerdings nicht bis zur Uneinsichtigkeit.

eilig: die Reaktionen erfolgen in erhöhtem, evtl. für diese Person zu hohen Tempo.

eindeutig: Aussagen und Handlungen lassen keine Zweifel an den Absichten und Zielen zu.

eindrucksabhängig: die Verarbeitung des Aufgenommenen und die Reaktionen werden vor allem von den Eindrücken, nicht von eigenen Stellungnahmen bestimmt.

eindrucksbestimmt: Erleben und Reagieren werden stärker von äußeren Eindrücken als von inneren Vorstellungen geleitet.

eindruckshaft: wird in stärkerem Maße von den jeweils herrschenden Eindrücken geleitet.

eindrucksunabhängig: läßt sich von den herrschenden Eindrücken nicht beeinflussen.

einengend: vorhandene Kräfte werden nicht zur Entfaltung gebracht, werden behindert und damit eingeengt.

einfach: wenig differenziert und schon gar nicht kompliziert.

Einfälle: nach C.G. Jung als ob etwas ins Bewußtsein fällt, Assoziationen; sind die Basis der Phantasie und der Kreativität.

Einfluß nehmend: auf andere und auf Ereignisse einwirkend.

einförmig: ohne Variationen und Veränderungen, eher etwas monoton wirkend.

einfügsam, einfügend: sich den jeweiligen Gegebenheiten und Vorschriften unterordnend.

einfühlend, Einfühlung: unmittelbares Verstehen des Geschehens in einer anderen Person oder Konstellation sowie ihrer Ziele, Wünsche und Bedürfnisse.

einfühlsam: einfühlungsfähig.

eingeengt: Wahrnehmungs- und Reaktionsmöglichkeiten werden eingeschränkt.

eingekapselt: wendet sich von der Umwelt ab, bleibt für sich allein.

eingeschränkt: nicht voll wirksam, vermindert .

Einordnung: beachtet die geltenden Vorschriften und befolgt bestehende Weisungen.

einseitig: betrachtet die Welt und die jeweiligen Umstände nur unter einem Blickwinkel und reagiert auch nur in einer festgelegten Weise.

Einsicht, einsichtig: Lernweise und Methode der Problemlösung, bei der ein unmittelbares Verstehen der wesentlichen Beziehungen des Sachverhalts stattfindet; Fähigkeit, gegebene Sinnzusammenhänge zu erfassen.

einspurig: vgl. einseitig.

Einstellung: in behavioristischer Sicht sind es gelernte Tendenzen des Individuums zur Reaktion auf bestimmte Reizkonfigurationen, allgemein versteht man darunter die Bedürfnisstruktur in bezug zu Inhalten.

Einstellung zur Umwelt (Sos): Beschreibung, wohin sich die Betrachtung der Welt und der Gesellschaft im System entwickelt hat.

einteilend: teilt seine Möglichkeiten und Fähigkeiten sinnvoll ein; bringt durch entsprechende Einteilung Ordnung in seine Wahrnehmung und sein Erleben.

einzelheitlich: nimmt die Welt in Form lauter Einzelheiten und Einzelereignisse wahr, verliert dabei oft das Ganze aus dem Auge.

Einzelinhalte, Einzelwissen, Einzelheiten, Einzelkenntnisse: bezeichnet die gespeicherten Einzeltatsachen und Fakten im Gegensatz zu den Zusammenhängen und Hintergründen.

eiskalt: läßt sich durch nichts anregen und gefühlsmäßig erregen, besonders ausgeprägte Gefühlskälte

Ekstase, ekstatisch: rauschhafter, den Menschen überfallender, ins Extreme gesteigerter, meistens glückhafter Affekt, der im allgemeinen das Bewußtsein überschwemmt und trübt.

elaboratives Wiederholen: Steigerung des Behaltenseffekts (Geächtnis) durch aktive Verbindung mit bereits gespeichertem Material (Gefahr der unbeabsichtigten Veränderung des Neuen)

elastisch: federnde Reaktionsweise, die auf der Basis einer gewissen Anspannung gebildet wird und doch mit der Fähigkeit der Anpassung verbunden ist.

Elterliche Investition: Energie und Substanz, die ein Elternteil für die Aufzucht und Erziehung des Nachwuchses aufbringt.

emotional, Emotionen: ein komplexes Muster von Erlebnisveränderungen in Reaktion auf Situationen, die für einen Menschen bedeutsam sind und als bedeutsam erachtet werden.

emotionslos: ist ohne Emotionen, ohne Gefühle und vitale Regungen.

empfänglich: erhöhte Aufnahmebereitschaft für Reize und Ideen.

empfindlich: verletzbar, störbar und unsicher, reagiert leicht beleidigt.

empfindsam: erhöhte Sensibilität und Anregbarkeit, aber auch Verletzbarkeit aus innerer Zartheit.

emporstrebend: möchte aufsteigen, höhere Ziele erreichen, evtl. auch sich weiter entwickeln.

emsig: eifrig, aber dieses mehr in einer Vielzahl kleinerer Schritte.

energisch: kraftvoll und bestimmt.

eng: auf einen begrenzten Ausschnitt fixiert.

Engagement, engagiert: Beteiligung, Mitmachen.

engherzig: gefühls- und beziehungsmäßig sehr wenig belastbar, schnell beleidigt und sich zurückziehend.

engstirnig: wenig einsichtsvoll und belehrbar .

Enkropesis: Einkoten.

entmutigt: traut sich nichts mehr zu, reagiert meistens kaum noch.

Entscheiden, entscheidend: Auswahl einer Möglichkeit von mehreren.

entschieden: energisch und bestimmt die eigene Absicht vertretend und durchsetzend.

Entschlossenheit: weiß, was er will.

Entspannung, entspannt: eine Folge der inneren Beruhigung, evtl. mit Hilfe spezieller Techniken, durch die Muskelspannungen, aber auch Konzentration und Aufmerksamkeit entlastet werden.

entwickelt: hat seine Möglichkeiten in weitgehend angepaßter Form ausgebildet.

Entwicklungsalter: gibt an, welcher Altersstufe die erreichte psychische Entfaltung im einzelnen und insgesamt entspricht.

Entwicklungsstand: beschreibt Grad und Art des Standes der Persönlichkeitsentwicklung, inwieweit reif, abgeschlossen, zurückgeblieben, begrenzt usw.

Entzug: Vorenthalten des Suchtmittels.

Enuresis: Unfähigkeit der Harnverhaltung bei Kindern über 3 Jahren.

Ep- Einstellungsperson: Element der Persönlichkeit im Bereiche der Welterfassung

γEp **atavistische Grenzform,** *Grandiosity* Größenwahn, eine Einstellung der Überlegenheit verbunden mit unberechtigten Gefühlen, über ungewohnte Kräfte zu verfügen; göttliches Sendungsbewußtsein kann ebenfalls beobachtet werden; ideenflüchtige Reaktionen, bei denen alles unabhängig von den Realitäten durch eine rosarote Brille betrachtet wird, Qualitätswahn, Künstlerwahn,

δEp **gehemmte Grenzform,** *Minderwertigkeitsgefühle:* manische Gehemmtheit, Lebensangst, Depressionen, depressive Verstimmungen, reine Nützlichkeitshaltungen, Quantitätssucht als Kompensation, Frische und Selbstvertrauen werden nicht ausgebildet, womit ein Verlust von Wagemut, Optimismus und Risikobereitschaft ebenso verbunden ist wie Lebensangst, Minderwertigkeitsgefühle und Depressionen.

βEp **infantile Form,** *Unbedenklichkeit* überhöhte Risikobereitschaft, Mangel an Selbstkritik, Hektik, Leichtfertigkeit,, Flüchtigkeit, Tollkühnheit, effekt- und äußerlichkeitsorientiert

αEp **reife Form,** *Sicherheit* Frische, Heiterkeit, sanguinisch, Selbstvertrauen, Wagemut, ästhetische Bedürfnisse, musische und künstlerische Bedürfnisse, Qualitätssinn, plastische Vorstellung,

Erfahrungen: das, was uns im Leben widerfährt und gespeichert wurde.

Erfassungshaltung, dingliche: Art und Weise der Wahrnehmung der dinglichen und sachlichen Welt, vgl. Wa.

erforschend: eine Einstellung, die darauf bedacht ist, Wesen und Zusammenhänge zu erkennen und zu ergründen.

erhaltend, Erhaltung: eine Einstellung, die darauf bedacht ist, Vorhandenes zu bewahren und zu erhalten, z.B. durch Pflege und Wartung oder Abwehr gegenüber Zerstörungstendenzen.

erkennend: die Situation erfassend und verstehend.

Erkenntnisstreben, Erkenntnissuche: Suche nach Wissen um die Dinge und Welterkenntnis.

erkenntnistheoretisch: bezieht sich auf die Forschungsergebnisse der Erkenntnistheorie als philosophischer Disziplin.

Erleben, Erlebnisdrang, -sucht: Art und Weise der Erfassung und Verarbeitung des Wahrgenommenen bis hin zum Streben nach immer neuen Wahrnehmungen.

erlebnisabhängig: bleibt in seinen Vorstellungen und Reaktionen von seinem jeweiligen Erleben abhängig.

Ernst: eine bedächtige und bedachtsame Haltung, bei der das Geschehen mit Sorgfalt betrachtet wird.

erobernd, Eroberung: das Streben, Neues zu erwerben, vor allen Dingen neues Terrain zu gewinnen.

Erotodromomanie: übersteigerte berufliche Betätigung zur Dämpfung sexueller Wünsche.

Erotophobie: krankhafte Abneigung gegen, Furcht vor sexuellen Beziehungen

erregbar: leichte und häufige gesteigerte psychische Funktionen, Gefahr, aus dem Gleichgewicht zu geraten

Erröten: Normalphänomen, das aber bei manchen psychischen Konstellationen gehäuft auftritt und besonders im Falle einer Errötungsfurcht zur lästigen und behindernden Erscheinung wird.

eruptionsarm: zeigt keine oder kaum eruptive Reaktionen.

eruptiv: plötzliche, oft unerwartete Ausbrüche von Reaktionen.

Es: nach Freud wird das Es als primitiver unbewußter Teil der Persönlichkeit und Sitz der primären Triebe betrachtet, vgl. Pp

Esoterik, esoterisch: Geheimlehre, umfaßt die Bereiche der Gurus, von manchen Sekten und Spiritisten.

Eßstörungen mit oder ohne Magersucht: s. Bulimie und Anorexia.

Ethik, ethisch: Sittenlehre, Gesamtheit der sittlichen und moralischen Gebote und ihrer Begründungen.

Ethos: System der persönlichen Ethik als Handlungsgerüst.

exakt: besonders genau, sorgfältig, pünktlich.

Excitement: Erregung.

Exhibitionismus: krankhafte Neigung zur Entblößung in der Öffentlichkeit (Zeigen der sekundären und primären Geschlechtsmerkmale).

Exotisches, exotisch: fremdländisch, fremdartig.

Expansion, expandierend, expansiv: Ausdehnung, Erweiterung, den eigenen Wirkungsraum erweiternd.

experimentierfreudig: hat Spaß am Experimentieren und daran, Neues zu versuchen.

explosiv: leicht explodierend, ausbruchsartige Affektivität.

extraversiv: für weltliche Außenreize offen und aufgeschlossen.

extravertiert: nach außen gerichtet, der Außenwelt zugewandt

extrinsische Motivation: Motivation, sich einer Tätigkeit um ihrer Konsequenzen (Belohnung etc.) willen zu widmen. s. a. intrinsische M.

Ey: Arbeitsstil: Verlauf und Ablauf des Arbeitens.

Eys: Einsatzstruktur: Aufbau und Entwicklungszustand des Einsatzverlaufes.

f: Bedürfnisse der Ferne: semantische Komponente der Fortschrittsperson

γf **Progressionsturbulenz,** Abenteuersucht, Fortschrittswahn, Veränderungssucht, verschrobenes Fortschrittsbedürfnis, Nichtseßhaftigkeit

δf **Progressionsgehemmtheit,** Bedürfnisse nach Entdecken, Veränderungen sind nicht ausgebildet; Angst vor dem Fernen, Fremden, Unbekannten, Fortschritt und vor der Zukunft beherrschen die Einstellung, allem Neuen wird ängstlich aus dem Wege gegangen

βf **Wechselhaftigkeitstrieb,** Abwechslungsdrang, Abenteuersucht, Veränderlichkeitsdrang

αf **Fortschrittsstreben,** Zukunftsorientierung, Neuheitensuche, Forschungsdrang,

Fachwissen (fn): Niveau des Fachwissens auf dem jeweils aufgeführten Gebiete.

Fähigkeiten: s. Begabung

faktisch: tatsächlich, real existierend.

fanatisch: unbedingt, ohne Rücksicht auf andere und anderes.

farblos: uncharakteristisch und ohne eigene Akzente.

Farbtüchtigkeit (ft): Fähigkeit auch Farbnuancen zu unterscheiden bis herunter zur absoluten Farbblindheit.

Fatalismus: Glaube, daß alles von außen bestimmt wird und der Mensch nichts bewirken kann.

Faxensyndrom: albern erscheinendes, clownhaftes Benehmen mit Grimassenschneiden.

Fehlleistungen: neben den manifesten Inhalten unserer Äußerungen bestehen auch latente, oft unbewußt bleibende, die uns unter Umständen zu so nicht gewollten Reaktionen veranlassen, wie im Falle von Versprechern, Fehlgriffen usw.

Feingeschick: Fähigkeit, feine Handarbeiten, feinmechanische Arbeiten auszuführen und Tastaturen geschickt zu handhaben, vgl. ff.

feministisch: weiblich, im Alltag eine Überbetonung des Weiblichen und des Vorzugs der Frauen; grundlegend: besonders weiblich, hingabefähig und beeindruckbar.

Fernes, Fernliegendes: umfaßt alle Vorgänge und Erscheinungen, die erst kommen, die man erst suchen muß, die in der Zukunft oder räumlich weit entfernt liegen.

Fernsehnsucht: Streben nach dem Fernen, dieses meistens in räumlicher Hinsicht.

Fertigkeiten: sind Methoden und Techniken zur Lösung von Problemen, die wir durch Übung unter Nutzung unserer Begabungen oder Fähigkeiten erwerben und speichern und nutzen können.

fest: standhaft und nicht beeinflußbar.

Festgelegtes: durch Gruppen oder Gesellschaften vorgegebene Fakten und Schemata.

Fetischismus: bei ihm wird die (sexuelle) Erregung mit Hilfe nichtlebender Gegenstände aufgebaut.

ff manuelles Fein- und Fingergeschick: syntaktische Komponente der Umweltperson

fh: Handgeschick: syntaktische Komponente der Gestaltungsperson, manuelle Fähigkeiten

Fingergeschick: bewegliche, vielseitig einsetzbare Finger, vgl. ff.

Fixiertes, fixiert, Fixierung: verhindert die Wahrnehmung einer neuen Funktion für das Objekt, das bisher mit einer anderen verbunden war.

fk: Bewegungskoordination: syntaktische Komponente der Fortschrittsperson, Geschmeidigkeit, Wendigkeit und Harmonie der körperlichen Bewegungsabläufe

flach, Flachheit: ohne tiefer reichende Gefühle oder Gedanken.

flexibel, Flexibilität: umstellungsfähig.

Fluchtdistanz: bezeichnet den Abstand zu anderen Personen, den das Individuum für sich braucht und den es stets herzustellen versucht. Gelingt das nicht, muß man mit Abwehrreaktionen, evtl. mit Aggressionen rechnen.

flüchtend: versucht, sich der Situation durch Weggehen oder Weglaufen zu entziehen.

flüchtig: einerseits gleich „auf der Flucht", andererseits im Sinne von unaufmerksam, ungenau und unkonzentriert, dabei recht eilig.

Flucht vor der Nähe: erträgt Nähe und Naheliegendes nicht und flieht davor, oft aufgrund von Störungen der Tradtionsperson Tp.

fn: vgl. Fachwissen

folgsam: gehorcht den bestehenden Regeln und Weisungen.

forciert: spannt sich übermäßig und in unnatürlicher Weise an, um das Ziel zu erreichen.

fördern, Förderung: das Bestreben, andere oder anderes zum Erfolg zu bringen, es zu unterstützen.

formal: nur der Form nach, weder anschaulich noch umgangssprachlich, z.B. mathematisch.

formalisierend: ins Formale übertragend.

formalistisch: Überbetonung des Formalen.

formbar: ist Veränderung von innen und außen zugänglich, läßt sich in eine andere Form bringen.

formbewußt: hält sich bewußt an vorgegebene Formen.

Formensinn, Formvorstellungsvermögen: Gefühl für Formen und deren Unterschiede, auch bei Formenzerlegung wirksam, Fähigkeit, sich vollständige Formen und Flächen anhand abstrakter Werte maßstabsgerecht vorzustellen. vgl. vp

Formkonstanz: Prinzip, daß die tatsächliche Form eines Gegenstandes auch dann wahrgenommen wird, wenn sich das Netzhautbild des Umrisses verändert.

forschend: ständiges Suchen zur Wissenserweiterung.

Forschungsdrang, forschend: Bedürfnis, Wesen und Zusammenhänge von Geschehnissen und Gegenständen zu erfahren, sachbezogene Neugier.

Fortführung, fortführend: einmal im Sinne von Fortsetzen verwendet, zum anderen im Rahmen der Gestaltungsprozesse als Fortführung zur Vollendung des Angefangenen gebraucht.

Fortschritt, fortschrittsorientiert: Weiter- und Neuentwicklung, Neugestaltung zur Verbesserung des Vorhandenen.

Fortschrittsbedürfnisse: innerer Drang nach Fortschritt und Veränderung, nach Weiterentwicklung.

fos: Systemspeicher: sigmatische Komponente der Ordnungsperson

γfos **Ordnungswahn,** verschrobene, realitätsfremde Ordnungs- und Systemformen, bürokratische Zwänge

δfos **verdrängte Ordnungsinhalte,** chaotische Vorstellungen, desorganisierte und desorganisierende Inhalte, Ängste vor formalen Inhalten

βfos **fundierte evtl. idealisierte Ordnungs- und Systeminhalte,** Gliederungs- und Formalisierungshintergrundinhalte

αfos **vielerlei Ordnungskenntnisse und –erfahrungen,** vielerlei einzelne Formalinhalte

fot: **Progressionsspeicher:** sigmatische Komponente der Fortschrittsperson

γfot **Progressionswahnphänomene,** utopistische Zukunftsinhalte, irreale zwanghafte Vorstellungen von Fremden und Fernem

δfot **verdrängte Progressionsinhalte,** verdrängte Zukunftsinhalte, Fremdenphobien, verdrängte Fremdenvorstellungen

βfot **fundierte evtl. utopische Progressionsinhalte,** Hintergrundsinhalte fremder, zukünftiger und ferner Art.

αfot **Vielerlei einzelne Progressionsinhalte,** Einzelkenntnisse und – erfahrungen bezüglich zukünftiger Dinge, Phänomene und fremder und ferner Gegebenheiten

Fp- **Fortschrittsperson:** Element der Persönlichkeit aus dem Bereich aktiver Weltbewältigung

γFp **atavistische Grenzform,** _Conceptual Disorganisation_ Auffassungsstörungen, bei denen die Sprache weitschweifig, unzusammenhängend und ohne Bezug zu gestellten Fragen ist; die gleichen Wörter oder Sätze werden in stereotyper Weise wiederholt, neue Wörter (Neologismen) können erfunden und in die Sprache aufgenommen werden, hyperkinetische Störaktionen, Veränderungssucht, Nichtseßhaftigkeit,

δFp **gehemmte Grenzform,** _Fremdheitsängste:_ Angst etwas zu unternehmen, Zukunftsängste, ängstliche Lahmheit und Mattheit, Furcht vor eigenem Handeln, Angst vor Neuem, Fremdem, Fernem und Unbekanntem. Unternehmerischer Ausgriff, schwungvolle Expansion werden nicht ausgebildet;

βFp **infantile Form,** _Überschwang_ Heftigkeit, Hitzigkeit, Abenteurertum, Betriebsamkeit, Geschäftigkeit, Abwechslungssucht, Neuheitensucht,

αFp **reife Form,** _Expansivität_ Schwung, Unternehmungsgeist, cholerisch, eifrig, dynamisch, Bedürfnisse nach Neuem und Veränderungen, Zukunftsstreben, progressiv, zielsichere motorische Koordination,

frei: ohne Zwang und Behinderungen.

Freie Reproduktion: Methode des Abrufens von Informationen aus dem Gedächtnis, bei dem die Person das zu erinnernde Material selbständig widergeben muß.

Freiheitsdrang, Freiheitswünsche: Streben nach Unabhängigkeit.

Fremdartiges: nicht Bekanntes und nicht Gewohntes, exotisch und aus räumlicher Ferne kommend, aber auch Neuartiges.

Fremdbild: das Bild, das wir - wie auch immer - von der Persönlichkeit des anderen gewinnen.

Fremdenphobie: Furcht vor Fremden, Ausländern, Exoten usw.

Fremdheitsängste: Angst vor dem Ungewissen, das Fremdes mit sich bringt.

Frigidität: mangelnde sexuelle Erregbarkeit, Geschlechtskälte der Frau, im übertragenden Sinne dann auch fehlende vitale Erregbarkeit und Unsinnlichkeit.

frisch, Frische: stimmungsmäßige Leichtigkeit und Gehobenheit.

frömmelnd: fromm tuend, frommes Verhalten zur Schau stellend.

Frustration: tritt u.U. auf, wenn die Ausführung einer Zielreaktion blockiert wird.

ft: vgl. **Farbtüchtigkeit**

fu: vgl. **Tätigkeitserfahrung**

Führen, führend: andere Menschen in bestimmte Richtungen lenkend.

Functional Impairment: funktionale Schwächen.

Fundamentaler Attributionsfehler: Bei der Kausalattributation auftretende Verzerrung, internale gegenüber externalen Attributionen zu bevorzugen.

fundamentalistisch: orhodoxes, fanatisches und intolerantes Beharren auf Grundsätzen und meistens alten, heute überholten Ideen und Verhaltensformen.

fundierte Inhalte: beschreibt den Umfang der jeweiligen Wissens- und Erfahrungstiefe im Speicher, gewissermaßen das Einzelwissen stützende Hintergrundwissen.

funktional, Funktionalität: wirksam, brauchbar und zweckmäßig, nur an der Funktion und Funktionsweise orientiert und ohne Rücksicht auf Aussehen und Erscheinung.

funktionale Desorientierung hinsichtlich Zeit und Ort: als Zeichen getrübten Bewußtseins Fehlen der Fähigkeit, sich in Raum, Zeit oder über die eigene Person zu orientieren.

Funktionale Fixiertheit: bekannte Problemlösungsverfahren auf neue Probleme zu übertragen.

funktionalistisch, Funktionalismus: übersteigerte und übertriebene Funktionalität, ohne Rücksicht auf ideelle Aspekte.

funktionelle Blasen- und Genitalstörungen: durch psychische Störungen ausgelöste Blasen- und Genitalstörungen (z.B. Enuresis, Impotenz usw.) bei intakten Organen.

funktionelle Magen und Darmstörungen: durch psychische Störungen ausgelöste Magen- und Darmstörungen (Magenschleimhautreizungen, Verdauungsbeschwerden usw.) bei intakten Organen

funktionelle psychische Überempfindlichkeit gegen Außenreize: führt zu allergieartigen Reaktionen und erschwert u.U. die Orientierung und den Aufenthalt in der zu grellen, zu lauten usw. Umgebung.

Funktionsorientierung: wird in seinem Erleben und Weltverstehen primär von den Funktionen der Gegenstände und Einrichtungen bestimmt.

Furcht, furchtsam: vgl. Angst, ängstlich.

Fürsorge, beherrschende: beherrscht andere durch übersteigerte Fürsorge und macht sie hilflos.

Fürsorge, einengende und bevormundende: Fürsorge, die eine Persönlichkeit und deren Handlungs-, evtl. auch Denkraum begrenzt.

Fürsorge, erdrückende: Fürsorge, die andere erdrückt und unterdrückt, keine Eigenregung erlaubt.

Fürsorge: Unterstützung für andere, schwächere Naturen, kann übertrieben werden und den anderen hilflos machen und unterdrücken.

futuristisch, Futuristisches: zukünftig, gewissermaßen übermodern, die Zeit, die Menschen oder die Technik dafür sind noch nicht reif.

FW= $100*e^{(a*b*c/z)-1}$ Zusammenwirken von Begabungskomponenten zum Begabungspotential, wobei z das Produkt der Höchstwerte von a,b, und c ist. (vgl. Begabungen, Vy, Iy, Fy und Wy)

Fy: Fertigungspotential: Begabungspotential aus Fingergeschick, Handgeschick und Bewegungskordination, ist entscheidend für manuelle und körperliche Tätigkeiten; s. auch Begabung, vgl. ff, fh, fk.

g: geistige Bedürfnisse: semantische Komponente der Ichperson

γg **mentale Turbulenz,** paranoide Neugier, verschrobener Informationsdrang, der Kranke fühlt sich durch das Schweigen anderer ausgeschlossen und hat das Gefühl, die anderen ließen ihn auflaufen

δg **mentale Gehemmtheit,** bei der die Ausbildung geistiger Bedürfnisse und Interessen verhindert wurde; es fehlt an Informationsdrang und natürlicher Neugier, es entsteht eine gedankliche Uninteressiertheit

βg **weltfremde Neigungen,** spekulative, intellektualistische Neigungen,

αg **theoretische Neigungen,** ideelle, geisteswissenschaftliche Neigungen

Gamaphobie: Furcht vor der Ehe.

Gbg: Gemeinschaftsbewältigungsstil: Verlauf und Ablauf der Gemeinschaftsbewältigungsreaktionen.

Gbs: Gemeinschaftsbewältigungsstruktur: Struktur und Entwicklungsstand der aktiven Gemeinschaftsbeziehungen.

ge: vgl. Geruchsempfindsamkeit

Ge: Sozialer Motivationstrends: Verlauf und Tendenzen der sozialen Reaktionsweisen.

Geborgenheitszwänge: innerer Zwang, Geborgenheit zu suchen, führt zum Verlust von Optimismus und Risikofähigkeit.

gebremst: Antriebe, Bedürfnisse und Begabungen werden nicht frei ausgelebt, sondern gedämpft und diszipliniert.

gebunden, Gebundenheit: die Person fühlt sich anderen Menschen, Institutionen, Regeln usw. verpflichtet.

Gedächtnis, Kurzzeit: nach Vester ein Zwischenspeicher mit einer Speicherzeit von ca. 30 Minuten, der vor allem der Vorbereitung und Entwicklung für die Langzeitspeicherung dient, aber auch zwischenzeitliche schnelle Abgriffe gestattet. Es hat einen Durchsatz von 0,7 bit/s bei einer Verweildauer von ca. 30 Minuten und damit einen Umfang von ca. 1250 bit. Findet sich so auch bei Klix. Der Terminus wird von manchen Autoren für das Momentangedächtnis verwendet.

Gedächtnis, Langzeit-: bewahrt Gespeichertes „lebenslang", wenn auch nicht unveränderbar, speichert die Inhalte wahrscheinlich als holographische Strukturen bei einem Durchsatz von 0,05bit/s und einer Kapazität von 10^8 bis 10^9 bit. Speichert allem Anschein nach in unterschiedlichen Kategorien, teilweise in mehreren zugleich.

Gedächtnis, Momentan- : stellt eine Art quasistationäres Feld als Zwischenstufe und Arbeitsmittel zur Verfügung, das eine Verweildauer von ca. 10 bis höchstens 20 sek hat und eine Aufnahmefähigkeit von etwa 16 bit/s aufweist.

Gedächtnis, sensorisches: bewahrt nach Zimbardo flüchtige Impressionen sensorischer Reize nur 1 oder 2 Sekunden. Über den Umfang liegen keine Angaben vor. Vermutlich handelt es sich hier aber nicht um eine Gedächtnisfunktion, sondern nur um eine Art Trägheit des sensorischen Systems.

Gedächtnis: eine komplexe Komponente, die nicht nur die Speicherung über verschiedene Stufen umfaßt, sondern auch die Möglichkeit des Abgriffs und Zugriffs auf gespeicherte Inhalte, dazu die Erinnerung im Sinne des Wiedererkennens.

gedämpft: Erregungen kommt nicht direkt zur Wirkung, sie werden gebremst.

gedankenlos: entspricht in etwa der Unvernünftigkeit, Unüberlegtheit usw.

gedanklich: beschreibt psychische Sachverhalte, die dem Denken, den Denkfunktionen zugänglich sind, sich also begrifflich fassen lassen. Nich zu verwechseln mit vorstellungsmäßig.

gedrückt, bedrückt: bezeichnet eine abgesenkte Stimmungslage mit leicht depressivem Einschlag.

gefährdet: es fehlt die Kraft und Sicherheit, die eigene Persönlichkeit bzw. Teile derselben gegen äußere Einflüsse zu behaupten.

gefestigt: zeigt an, daß in dem bezeichneten Reaktionsfeld die Person Beeinflussungen zu widerstehen vermag.

Gefühlchen: bezeichnet das Vorhandensein oberflächlicher und flüchtiger Gefühle ohne Tiefgang.

Gefühlsduselei: weist darauf hin, daß die Person in Gefühlen schwelgt, die aber meistens unecht sind.

Gefühlsegozentrizität: vorhandene Gefühle kreisen nur um die eigene Person, auf die alles bezogen wird.

gefühlshaft: verstärkte Gefühlseinflüsse in Leben und Erleben.

Gefühlsindolenz und -trägheit: Gefühlsreaktionen sind kaum zu erhalten.

Gefühlslebhaftigkeit: zeigt lebhafte Gefühlsreaktionen und -äußerungen.

Gefühlssentimentalität: vorhandene Gefühle sind in romantischer Weise auf sich selbst bezogen.

Gefühlsstruktur (Bys): Beschreibung der Entwicklung, die die Ausbildung der Gefühlstemperamentskomponenten genommen hat.

Gefühlstiefe: das erlebte Gefühl wirkt tief und im Kern der Persönlichkeit verankert sowie dauerhaft und unerschütterlich.

Geg: Gemeinschaftsstil: Verlauf und Ablauf der inneren Beziehungen zur Gemeinschaft.

gegenständlich: Aufnahme und Reaktionen werden weitgehend von Sachobjekten bestimmt.

Gegenübertragung: Geamtheit der unbewußten Reaktionen des psychoanalytischen Therapeuten auf die Person des Klienten, ganz besonders auf dessen Übertragung.

Gegenwartsausrichtung, -orientierung: die Person richtet sich nach dem, was gegenwärtig vorliegt, oft ohne Bezug zur Vergangenheit und Zukunft

gegenwartsflüchtig: die Person flüchtet aus dem gegenwärtigen Geschehen, indem sie sich völlig abkapselt oder aber der Vergangenheit bzw. Zukunft zuwendet, wobei sie dann leicht unangemessen reagiert

gegenwartszentriert: Gegenstück zur Gegenwartsflüchtigkeit.

gegliedert: nach einem System geordnet.

gehalten: beschreibt eine wenig unmittelbare, gesteuerte oder gar ein wenig vorsichtige Reaktionsweise.

gehemmt: weist darauf hin, daß die Person Schwierigkeiten hat, auf andere und anderes zuzugehen. Ist nicht mit dem psychologischen Tatbestand der Gehemmtheit zu verwechseln.

Gehemmtheit: beschreibt die Stauung und Unterdrückung von Persönlichkeitselementen und -komponenten im Zuge der Entwicklung, wobei dann Gehemmtheitsreste entstehen, die zu Persönlichkeitsstörungen führen können. vgl. Rotation

gehetzt: fühlt sich gejagt und gerät dadurch in eine Streßsituation.

gei: geistiger Speicher: sigmatische Komponente der Ichperson

γ**gei mentale Wahnvorstellungen**, idealistische, weltferne, esoterische Wahn- und Zwangsideen

δ**gei verdrängte Gedanklichkeit**, ohne Ideale und theoretische Hintergründe, verdrängte theoretische Erkenntnisse

β**gei vertieftes, idealistisches geistiges** Rüstzeug, esoterisch gefärbte Hintergrundinhalte

α**gei geistige und gedankliche Einzelinhalte**, Ideen-Vielwissen, vielfältige theoretische Kenntnisse

Geist, geistig: bezieht sich auf Gedankliches und Philosophisches; bei Klages tritt der Geist als Widersacher der Seele, gewissermaßen als das Böse (Wille zur Macht) in Erscheinung, wird ansonsten aber nicht so gebraucht.

geisteswissenschaftlich: umfaßt die Sprach- und Kulturwissenschaften, Teile der Psychologie und Pädagogik sowie die Philosophie

gekonnt: geschickt, ausgeprägte Fertigkeit.

gelassen: läßt sich nicht aus der Ruhe bringen, kann abwarten.

gelehrig: lernt schnell und sicher.

gelenkt: weiß sich und seine Reaktionen zu steuern.

gelockert: verkrampft sich nicht, wirkt entspannt und gelöst.

gelöst: locker und entspannt.

Geltungsdrang: sucht die Aufmerksamkeit und besondere Anerkennung der anderen.

gemacht: täuscht etwas vor, vor allen Dingen Kraft und Energie.

Gemeinschaftssinn: Zeichen sozialer Einstellung.

Gemüt, gemütsbetont: Folgeeigenschaft der Gefühlstiefe und Bindungsfähigkeit.

gemütlich: bedächtig und ohne jede Hast und Eile, eher beschaulich.

gemütsegoistisch: Gemütsregungen beziehen sich nicht auf andere und die Gemeinschaft, sondern auf die eigene Person, meistens mit Gefühlssentimentalität verbunden.

genau: präzise, sorgfältig, keine Fehler übersehend.

Generalisierung: von Behavioristen angenommener Trend, alles Gelernte auf mögliche andere Sachverhalte auszudehnen oder gar automatisch auszudehnen.

genießend: wird vorwiegend vom Genuß und Genießen bestimmt.

genormt: nach festen Regeln verlaufend.

Genotyp: ererbte, anlagemäßige Konstitution, die sich am Menschen ohne Genuntersuchung nicht bestimmen läßt. Vgl. Phänotyp.

genußbestimmt: vgl. genießend.

Genußfähigkeit: besitzt die Fähigkeit zu genießen.

genußfern, genußunabhängig: wird von Genuß und Genüssen nicht gereizt und angesprochen.

genußhaft, genußsüchtig: strebt vor allem nach Genuß und ist als Genußsüchtiger abhängig von entsprechenden Genußquellen.

geordnet: fühlt, denkt und reagiert nicht wirr und wahllos, sondern systematisch im Sinne fester Ordnungen.

Gepflegtheit (sg): äußerlich ordentlich, sauber und adrett – auch in der Kleidung.

gereift: bezeichnet eine fortgeschrittene Entwicklung.

gerichtet: hat eine bestimmte Richtung und Ausrichtung gefunden.

Geruchsempfindlichkeit (ge): Fähigkeit, feine Geruchsunterschiede wahrzunehmen bis hin zur Empfindlichkeit gegenüber geruchsbelasteter Umwelt.

Ges: Gemeinschaftsstruktur: beschreibt Struktur und Entwicklungstand der inneren Einstellung zur Gemeinschaft.

Gesamtbegabung: wird als geometrisches Mittel der Grundbegabungen bestimmt (vgl. Begabung). vgl. Ty.

Gesamteindruck: beschreibt den Eindruck, den man von einer Person in der ersten Begegnung gewinnt. vgl. IN

Gesamtstruktur der Persönlichkeit: bezeichnet den Mittelwert der Elementenstrukturen der Persönlichkeit. vgl. In

geschäftig: gesteigerte Betriebsamkeit.

Geschichtsbindung: fühlt sich der Geschichte seines Landes und den sich darin dokumentierten Grundsätzen verpflichtet.

geschickt: fähig, auch komplizierte Aufgaben zu lösen, oft nur im manuell-handwerklichen Bereich benutzt.

Geschlossenheit: Organisationsprinzip der Wahrnehmung, wodurch unvollständige Figuren als vollständig wahrgenommen werden, vgl. Prägnanztendenz.

Geschmack: ausgeprägter ästhetischer und Schönheitssinn.

Geschmacksempfindlichkeit (gn): Fähigkeit feine Geschmacksuntershiede bei vielfältigen Substanzen wahrzunehmen bis hin zur Empfindlichkeit gegenüber vielerlei Stoffen und Speisen.

geschmeidig: vor allem körperlich gewandt und elastisch.

Geschwätzigkeit: redet zuviel und wenig gehaltvoll.

gesellig: findet und sucht stets Kontakt mit andern Menschen.

Geselligkeitswünsche: sucht vielfachen Kontakt mit anderen Menschen, ohne daß dabei tiefere Bindungen eingegangen werden müssen.

gesellschaftlich, Gesellschaft: im Sinne der Gesellschaftswissenschaften Bezeichnung für große Gruppen, Staaten usw., umfaßt also auch das Politische und Rechtliche.

Gesetz der Ähnlichkeit: Unter sonst gleichen Bedingungen werden jene Reizelemente als zusammengehörig wahrgenommen, die einander ähnlich sind.

Gesetz der Nähe: Unter sonst gleichen Bedingungen werden die nächstgelegenen (benachbarten) Reizelemente zusammengruppiert.

gespalten: zwei oder mehr unterschiedliche Ichzustände, die anscheinend nichts miteinander zu tun haben, diese Menschen können sich selten für den einen oder anderen entscheiden. Man weiß daher oft nicht, was von ihnen zu erwarten ist.

gespannt: Folge innerer Spannungen, nicht ausgeglichener Kräfte, widersprüchlicher Tendenzen usw., führt zu einer Straffung einerseits, einem erhöhten Verschleiß andererseits.

Gestaltung : eine Bewältigungsweise, bei der Neues und Eigenes geschaffen und aufgebaut wird.

gestaut: innere Energien, Gefühle usw. werden nicht abreagiert und wirken u.U. im unrechten Moment an unrechter Stelle störend.

gesteuert: gelenkt und diszipliniert.

gestört: Aufnahme und Reaktionen verlaufen nicht frei, werden beeinträchtigt und u.U. verändert.

gestrig, Gestriges: das, was inzwischen überholt oder wie man heute sagt „out" ist.

Gesundheit : banal nach Zimbardo „Gesund sein heißt, trotz gelegentlicher Krankheiten seine Fähigkeiten ganz ausschöpfen zu können und, sogar im Alter, tatkräftig, rege und glücklich zu leben", in psychischer Hinsicht heißt es, über möglichst wenig atavistische und Gehemmtheitsreste bei überwiegend reifen Faktoren zu verfügen.

getrieben: fühlt sich gejagt und bedrängt, gerät in Eile und Hektik.

gewaltsam: sucht Lösungen mit viel Kraft und Energie, weniger durch Überlegung und Können, es geht darum, Widerstände zu brechen. *aggressiv in extremer und sozial nicht akzeptierbarer Form.*

gewandt: ist sehr beweglich und umstellungsfähig. Im Denken in der Lage, verschiedene Sachverhalte schnell und sicher miteinander zu verknüpfen.

gewichtig: spielt eine bedeutende Rolle in der betreffenden Persönlichkeit.

Gewissen: Persönlichkeitssphäre, aus der heraus in moralischer Hinsicht Stellung genommen wird.

Gewohnheit: das, was und wie immer getan wird, was Selbstverständlichkeit ist.

gewohnheitsabhängig, gewohnheitsbestimmt: Gewohnheiten, nicht Anpassung an die Situation bestimmen Denken und Handeln, was bis zur Abhängigkeit und damit einer Einschränkung der Selbständigkeit gehen kann.

Gewohnheitsmensch: was er tut, denkt und fühlt entspricht seinen Gewohnheiten, so daß er Neuem kaum zugänglich ist.

gewohnheitsscheu: vermeidet es, Gewohnheiten zu folgen oder zu verfallen.

gewollt: es wird künstlich gemacht und ist häufig wenig echt, meistens dazu unangemessen und paßt oft nicht zum eigentlichen Wesen.

gezielt: auf ein festes Ziel gerichtet, schwer abzulenken

gezügelt: hält die eigenen Impulse zurück und bricht nicht aus

gezwungen: ist nicht frei und gelöst, zeigt Züge der Verspannung und Verkrampfung.

gleichförmig: Einstellung und Reaktionen ändern sich kaum

Gleichheitswünsche: möchte, daß alle Menschen gleich sind und handelt oft auch dementsprechend, d.h. unangemessen.

Gleichmacherei: neigt dazu, alles über den gleichen Kamm zu scheren, auch Ungleiches gleich zu setzen, was zu Realitätsverlust führt.

gleichmäßig: behält Einstellung und Reaktionsweise im allgemeinen bei, ändert sie wenig.

gliedernd: ordnet Vorstellungen, Aufnahmeweise und Reaktionen in übersichtlicher Form.

global: erfaßt und handelt vorwiegend nach allgemeinen Gesichtspunkten und Umrissen, berücksichtigt Einzelheiten wenig.

gn: vgl. Geschmacksempfindsamkeit

gönnerhaft: denkt nicht nur an sich, wirkt dabei aber leicht etwas überheblich und von oben herab.

Gp- Gestaltungsperson: Element der Persönlichkeit im Bereiche der Gestaltung der sozialen Umwelt

γGp **atavistische Grenzform,** *Hostile Belligerence* aggressive Streitsucht, bei der Beschwerden über Aggressivität und Ressentiment gegen andere üblich sind, die Schuld an Schwierigkeiten und Versagen anderen gegeben wird, Selbstzerfleischungs- und –zerstörungsreaktionen, verschrobene Macht- und Herrschaftssüchte,

δGp **gehemmte Grenzform,** *Machtängste:* Gestaltungsgehemmtheiten, Aggressionsgehemmtheiten, Bewältigungsgehemmtheiten, Angst, anderen ins Gehege zu kommen, Angst vor dem Sichdurchsetzen, fehlender sozialer Ehrgeiz aus Angst, Nichtentfaltung aktiven Handelns in sozialen Bezügen, wodurch Selbstdurchsetzung und Angriffslust verlorengehen, es entsteht ständige Angst, anderen ins Gehege zu kommen oder sie zu verletzen.

βGp **infantile Form,** *Beherrschung* Machtwünsche, Züge von Herrschsucht und Aggressivität, Schärfe der Reaktionen, Hitzigkeit, Machenwollen um jeden Preis,

αGp **reife Form,** *Gestalten* Aktivität des Gestaltens und Machens, aber auch der Durchsetzung, Führungs- und Lenkungsdrang, Leistungsbedürfnis, manuelles Tun,

gradlinig: ohne Umwege und Umschweife, offen und bestimmt

Grandiosity: vgl. Größenwahn

Größenwahn: Wahnerkrankung mit starken Selbsterhöhungstendenzen, meistens in Form eines „logisch" geschlossenen Systems

groteske und bizarre Motorik: vgl. bizarre Formen und Impulse

grüblerisch: muß immer wieder über bestimmte Inhalte nachdenken, immer wieder nach neuen und anderen Lösungen und Antworten suchen

Gruppe: Es bestehen zwischen mehreren Personen Interaktionen, durch die sie wechselseitig aufeinander Einfluß nehmen

Gruppenabhängigkeit, Gruppenorientierung: orientiert sich an den Vorstellungen, Wünschen und Absichten seiner Gruppe, was bis zur Abhängigkeit von ihnen in allen Lebenslagen gehen kann und jede vorurteilsfreie Betrachtungsweise ausschließt.

Gse: soziale Motivationsstruktur: beschreibt den Aufbau und den Entwicklungsstand der äußeren sozialen Vorstellungswelt.

gütebestimmt, gütebezogen: läßt sich in Erfassen und Reaktionen von Gütekriterien leiten bzw. anregen.

Gy: Stil der sozialen Beziehungsgestaltung: Verlauf und Ablauf der sozialen Beziehungen.

Gys: Struktur der sozialen Beziehungsgestaltung: Entwicklung und Aufbau der Kräfte in den sozialen Beziehungen.

h: conjunctives Temperament: pragmatische Komponente der Beziehungsperson

γh **Conjunktive Turbulenz,** verschrobene, auf die eigene Person gerichtete Bindungen, etwa auch in Form des krankhaften Hundeheimwehs

δh **Conjunktive Gehemmtheit,** führt zur Nichtausbildung der integrierenden sozialen Tiefenfunktion und damit zu einem Fehlen sozialer Bezogenheit und Bindungen, was als Kälte und Gemütsarmut erscheinen kann.

βh **Romantik,** Ichbindung der Gefühle, Gefühlssentimentalität

αh **Wärme,** Gefühlstiefe, Bindungstiefe, Sensitivität

Haarausreißen: reißt sich strähnen- und büschelweise Haare aus, psychogen bedingte selbstzerstörerische Reaktion.

Habituation: Absinken der Reaktikonsstärke, wenn ein ehemals neuer Reiz wiederholt dargeboten wird.

Hadephobie: krankhafte Furcht vor der Hölle.

haftend: bleibt bei dem einmal Gewählten, kann sich von Menschen, Dingen und Situationen nicht lösen, meistens mit verlangsamten Reaktionsweisen verbunden.

Halluzination, halluzinäre Zustände: lebhafte Wahrnehmung ohne Vorhandensein objektiver Stimulation (s. auch Illusion).

Halo-Effekt: Beurteilungsfehler durch Verfälschung der Einzelwerte durch den Gesamteindruck, den der Beurteiler von der zu beurteilenden Person hat.

haltlos, haltschwach: Unfähigkeit, sich an eigenen Verhaltensnormen und Vorstellungen zu orientieren und sich momentanen Umwelteinflüssen und Triebbedürfnissen zu entziehen.

Haltung (Sy): beschreibt den Verlauf und die Färbung der Haltung gegenüber den Eindrücken der Welt.

Haltungsbelastbarkeit, körperliche Robustheit (kb): passive physische Belastbarkeit – auch bei schwierigen Körperhaltungen –.

Häma(to)phobie: krankhafte Furcht vor Blut.

Handeln, handelnd: aktive Reaktionsbereitschaft.

Handgeschick : angelegte manuelle Begabung zu geschickter Handfertigkeit, vgl. fh.

handwerkliches Geschick: auf Handgeschick aufbauende und von Formensinn unterstützte Fertigkeit für handwerkliches Arbeiten

harsch: ursprünglich hart gefrorener Schnee, in der Charakterkunde ein Hinweise auf brüchige, unelastische und unbewegliche Züge.

hastig: überstürzte Aufnahme- und Reaktionsweise.

hd: vgl. Hörfrequenzumfang

Hedonismus: Streben nach Lustgewinn; u. U. als ethische Grundform.

heftig, Heftigkeit: übertrieben starke, meistens eruptive Reaktionsweise, die wenig gesteuert ist.

Hegen: bezeichnet ein Sorgen für und um, das im allgemeinen mit Pflegemaßnahmen verbunden ist, sich mehr auf nicht-menschliche Lebewesen und Dinge bezieht.

heiter, Heiterkeit: gehobene, frohe und freie Stimmungslage.

Hektik, hektisch: hastig und übereilt, meistens unter Situationsdruck auftretend, aber auch von innerer Unruhe ausgelöste Handlungs- und Reaktionsweise.

Helfen: Unterstützung anderer bei der Lösung ihrer Probleme.

Herausragenwollen: trachtet danach, besondere Anerkennung zu gewinnen und dadurch die anderen zu „übertönen".

herrisch: überhebliche, aggressive Haltung mit dem Anspruch, über andere zu bestimmen.

Herrschen durch Schwäche: eine häufig zu beobachtende Verhaltensweise depressiver und ähnlicher Naturen, die Hilfsbereitschaft anderer auszunutzen und sie den eigenen Wünschen gefügig zu machen.

Herrschsucht: übersteigertes Machtstreben, das sich primär auf Menschen richtet.

Hilflosigkeit, gelernte: allgemeine passive Reaktion des Aufgebens infolge nicht kontingenter (unkontrollierter) Bestrafung.

Hingabe, hingabefähig: Fähigkeit, sich sozial im kleinen oder großen Kreise voll zu engagieren und zu binden.

hinreißbar, Hinreißbarkeit: läßt sich von momentanen Impulsen bzw. Umwelteinflüssen zu Reaktionen veranlassen, die u.U. die eigene Individualität gefährden.

hinterherlaufend: schließt sich fremden Meinungen, Wünschen und Anregungen an und verliert dabei die Möglichkeit deren Inhalte kritisch unter die Lupe zu nehmen.

hitzig: erregt und heftig in den Reaktionen, dabei stark engagiert.

Hoffnungslosigkeit: ohne Optimismus und Vertrauen auf bessere Zeiten.

(homomorphe Abbildung), eine Abbildung f einer algebraischen Struktur A mit der Verknüpfung ° in eine algebraische Struktur B mit der Verknüpfung *, sodaß das Bild des Verknüpfungsergebnisses das Verknüpfungsergebnis der Bilder ist:

$f(a \circ b) = f(a) * f(b)$. *vgl. Isomorphie*

Homöostase: Tendenz der Organismen, ihren Gleichgewichtszustand zu bewahren.

Hörfrequenzumfang (hd): Breite des wahgenommenen akustischen Frequenzbandes, die im allgemeinen mit zunehmendem Alter schwindet.

Hörigkeit: übertriebene Bindung an andere oder Institutionen, wobei die eigene Freiheit und Würde aufgegeben werden und die Schranken von Sitte und Recht mißachtet werden.

Horizontweite: Vielfalt und Breite der simultan erfaßten Eindrücke, vgl. wm.

hortend: Inhalte und Gegenstände sammelnd und aufbewahrend.

Hörtüchtigkeit (ht): Fähigkeit, auch leiseste akustische Reize wahrzunehmen.

Hostile Belligerence: feindliche Aggressionen.

ht: vgl. **Hörtüchtigkeit**

human, Humanität: menschenfreundliche Einstellung.

Hundeheimweh: krankhaftes Heimweh nach lebenden Wesen insbesondere nahestehenden Menschen.

Hundephobie: krankhafte Furcht vor Hunden.

Hunger: ist eine Wahrnehmung des Nahrungsbedarfs, sollte nicht als Trieb bezeichnet werden.

hüten: beschützen und bewahren.

Hyperästhesie: Gefühl der Überempfindlichkeit für sensorische Reize

Hypergiaphobie: Furcht vor Verantwortung.

Hyperkinetik : psychomotorische Unruhe dranghaften Charakters ohne Ziel und Motiv.

Hypnose: Zustand verminderter Bewußtheit, der mit bestimmten Techniken herbeigeführt wird, sollte aber nur unter ärztlicher Aufsicht oder durch einen besonders geschulten Arzt erfolgen

Hypochondrie: sachlich unbegründete, beharrlich festgehaltene Sorge um das eigene Leben und die eigene Gesundheit.

Hysterie: anfallsartige neurotische Erkrankung.

Hysterische Konversion: vgl. hysterische Reaktionen.

hysterischer Charakter: von Klages eingeführtes Syndrom der Charakterkunde mit dem Kennzeichen einer je nach Umgebung wechselnden Erscheinungsweise, bei dem sich das Leben in Darstellung und Dramatisierung erschöpft, wobei ein überhöhtes Selbstschätzungsbedürfnis mit einem verminderten Selbstgefühl einhergeht. Nach Jaspers will der Mensch mit hysterischem Charakter mehr scheinen als er ist, mehr erleben als er Erlebnisfähigkeit besitzt.

hysterische Reaktionen : Auftreten von funktionellen, organisch nicht erklärbaren Krankheitszeichen im Gefolge von Gemütserregungen und Streßsituationen.

Ich: nach Freud umfaßt das Ich den realitätsorientierten Anteil der Persönlichkeit, der zwischen Esimpulsen und Überichanforderungen abwägt. In der neueren Psychologie die steuernde und vernünftige Seite der Persönlichkeit, vgl. Rp.

ichbetont: rückt das eigene Ich in den Vordergrund des Interesses.

Ichbezogenheit: bezieht Eindrücke und Reaktionen auf das eigene Ich.

Ichbindung der Gefühle: Gefühle gelten nicht anderen und den Beziehungen zu ihnen, sondern der eigenen Person, wobei gewisse narzißtische Tendenzen entstehen.

Ichflucht: flieht vor der eigenen Individualität, „rettet" sich u.U. ins Kollektive.

Ichgottvorstellungen: wähnt sich Göttlichem gleich

ichhaft: vgl. Egomanie

Ichsteuerung: Lenkung und Steuerung durch Vernunft, Rationalität und Überlegung.

idealisiert: Gegenstände, Menschen, Vorstellungen usw. werden vergöttlicht, vervollkommnet und emporgehoben.

Idealismus: Gedanken- und geistige Vorstellungswelt bestimmen Leben, Aufnahme und Reaktion.

idealistisch: übertriebene und übersteigerte Idealisierung.

ideell: geistige und geisteswissenschaftliche Gedanken stehen im Vordergrund.

Ideenflucht: vermehrter Zustrom von Gedanken und ständiges Wechseln des Denkziels machen eine gründliche Problemlösung unmöglich.

Identifikation: Steigerung des Selbstgefühl durch Identifikation mit einer anderen Person oder Institution.

Ideologie, ideologisch: Inhalte des sozialpsychologischen Spektrums von Gruppen und Gesellschaften, also deren Welt- und Wertanschauungen.

ideologische Verabsolutierungen: bezeichnet die Forderung nach Alleingültigkeit der eigenen Ideologie.

ideologisiert: von Ideologien beherrscht.

ideologistisch: fundamentalistische Ideologieherrschaft, die Realitäten keine Rechnung trägt.

ige: Indivuationsspeicher: sigmatische Komponente der Beziehungsperson

γige **Individuationswahn,** größenwahnähnliche Inhalte, Sendungsideen, Ichgottvorstellungen

δige **Individuationsgehemmtheiten,** Angst vor dem Selbstsein, vor Selbstverwirklichung und ähnlichen Neigungen und Verdrängung entsprechender Inhalte

βige **fundiert wirkende psychologische Kenntnisse und Erfahrungen,** menschliche (romantisierte) Hintergrundinhalte

αige **psychologische Einzelkenntnisse und –erfahrungen,** menschliche und gefühlsmäßige Einzelinhalte

Ignoranz, pluralistische: Nichterkennen, daß man nicht der einzige Mensch mit derartigen Schwierigkeiten und Problemen ist, läßt sich vielfach im Rahmen der Gruppentherapie überwinden.

illiberal: ohne Freiheit und Freizügigkeit bis in die Vorstellungswelt hinein, betrifft besonders auch ethische und weltanschauliche Aspekte.

illusionär, Illusionen: verfälschte Wahrnehmungen, bei denen im Gegensatz zu Halluzinationen aber auslösende objektive Reizkonfigurationen vorhanden sind.

illusionistisch: von wirklichkeitsfremden und irrealen Vorstellungen geleitet.

im Alltag: im allgemeinen und unter gewohnten Bedingungen des Alltags.

Impuls: plötzlicher Antrieb.

impulsarm, -los, -schwach: ohne Eigeninitiative.

impulsiv, Impulsivität: von plötzlichen, meistens ungeordneten Antrieben bestimmt.

impulsstark: kraftvoll, viel Initiative und Antrieb.

IN: Gesamteindruck: ein Mittelwert, der von einem Betrachter bei einer eher oberflächlichen Begegnung wahrgenommen wird.

In: Grundstruktur der Persönlichkeit: der mittlere Wert der Elementenstruktur der Persönlichkeit.

inaffektiv: affektlos.

inaktiv: ohne eigene Aktivität.

indirekt: mittelbar, auf Umwegen.

Individualismus: Streben nach Vorrang des Individuums.

individualistisch: bezeichnet eine Einstellung, die auf einen übersteigerten Individualismus hinweist.

Individualität, Individuation, individuell: eine einzigartige stabile Identität, die sich von anderen unterscheidet und sich im Laufe der Entwicklung herausbildet bzw. herausgebildet hat.

indolent: unempfänglich, gefühlsträge.

Induktion, induktiv: Herleitung allgemeiner Regeln aus Einzelfällen .

in Etappen: nacheinander und stückweise.

inexakt: ungenau.

infantil: kindlich, weist auf kindliche Denk-, Gefühls- und Reaktionsweisen hin.

inflexibel: nicht umstellungsfähig.

informal: weist darauf hin, daß keine formalen, etwa mathematischen, Konfigurationen wirken

Informationsdesinteresse: entwickelt keinerlei Interesse Informationen aufzunehmen und erscheint daher ziemlich indolent.

informell: ohne Rücksicht und Beziehungen zu Konventionen und Regeln.

inhaltsadäquat: inhaltsentsprechend und dem jeweiligen Inhalt angemessen.

inhaltsinadäquat: nicht zum infrage stehenden Inhalt passend.

Inhaltsverarbeitungsweise: Form der inneren Handhabung von eingehenden Inhalten.

initiativ, Initiative: tätige Anregung zu Handlungen.

inkonsequent: nicht folgerichtig, widersprüchlich, wechselhaft.

innengelenkt, Innenlenkung: orientiert sich in seiner Verarbeitungs- und Reaktionsweise an inneren Vorstellungen und Maßstäben.

in sich gekehrt: lebt in sich und für sich, wendet sich nicht der Außenwelt zu, beschäftigt sich mehr mit eigenen Vorstellungen und Gedanken.

instabil: unfest und schwankend, Belastungen nicht gewachsen.

Instinkt, instinktiv: ist ein angeborenes (vorprogrammiertes) Verhaltensschema, das vielfach durch Erfahrung variiert werden kann, ist nicht mit angelernten automatisch ablaufenden Reaktionsweisen zu verwechseln.

integrierend: Aufgenommenes, Informationen innerlich verarbeitend und einordnend.

Intellekt, intellektuell: Denken und Verstand, verstandesmäßig.

Intellektualismus, intellektualistisch: absolute Vorrangstellung des meist blassen und farblosen, teilweise realitätsfernen Intellekts.

Intelligenz, Intelligenzquotient (s. auch Begabung): ist die Fähigkeit, aus Erfahrungen unter Einsatz von Begabungen Nutzen zu ziehen und das Vorhandene zu erweitern und zu verändern. Wird mit Hilfe der Intelligenztests bestimmt. Ist nicht mit Begabungspotentialen oder Intellekt zu verwechseln, bezieht sich vielmehr auf die allgemeine Fertigkeit, Probleme und Aufgaben zu lösen. Der IQ (Intelligenzquotient) ist ursprünglich: Intelligenzalter dividiert durch Lebensalter, wird heute - meistens als Standardwert - als statistische Norm, nämlich als Abweichung vom Mittelwert einer Normalverteilung (s.d.) aller bestimmt, der dann = 100 gesetzt wird. Er reicht von 0 bis etwa 200. Dabei erscheint die Annahme einer Normalverteilung fragwürdig, im Hinblick auf biologische Gesetzmäßigkeiten erscheint die folgende Form realitätsgerechter, wenigstens für die Begabungsverteilung:

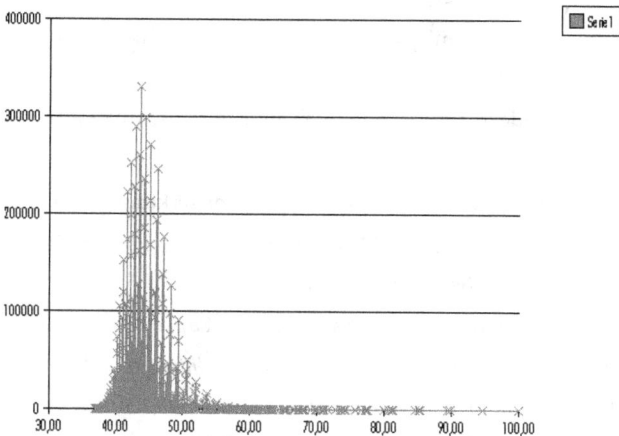

intensiv: stark und andauernd.
intentional: zielgerichtet.

intentional gehemmt: Gehemmtheit der Intention, wodurch die Welt für diesen Menschen an Aufforderungscharakter verliert.

Interaktionismus: Verhalten ist danach das Ergebnis einer Wechselwirkung von Genotypus und Umwelt.

Interesse, interessiert: Neigung für etwas haben.

intolerant: unduldsam.

Intraversion, intravertiert, (auch Introversion, introvertiert): orientiert sich in Aufnahme und Reaktion mehr nach innen und an inneren Vorstellungen und Maßstäben, neigt dazu abzuwarten und zu überlegen, mehr indirekt als direkt zu reagieren.

intrinsische Motivation: Motivation, sich einer Tätigkeit um ihrer selbst willen zu widmen.

Introjektion: Einbeziehung äußerer Werte und Standards in die eigene Person, wodurch sie nicht mehr bedrohlich wirken.

Intuition: Eingebung, Einfälle, bei denen die einzelnen Schritte, die zum Ergebnis führen, nicht klar und bewußt sind.

irrational: verstandesmäßig nicht faßbar, meistens affektiver Art.

irreal: unwirklich.

irritierbar: aus dem Konzept zu bringen, kann nicht konsequent bleiben.

Isolation, emotionale: durch Rückzug in die Passivität werden belastende und traumatische Einflüsse vermieden.

isolierend, isoliert, Isolation: zieht sich zurück, kapselt sich stark ab.

Isomorphie: in der Gestaltpsychologie eine von W.Köhler geprägte Bezeichnung für die Hypothese, nach der phänomenologische Wahrnehmungsstrukturen topologische Entsprechungen in physiologischen Strukturen der zugrunde liegenden Erregungsprozesse haben.

Item: Fragen oder Aufgaben, aus denen sich ein Test- oder Prüfungsverfahren zusammensetzt.

iw: vgl. Ausstrahlung, persönliche

Iy: Denkbegabung: aus dk, dp und de gebildetes Gesamtdenkpotential.

j: intraversives Temperament: pragmatische Komponente der Überichperson

γj **Intraversive Turbulenz,** Verfolgungsängste, inadäquate Fluchtreaktionen, totstellreflexartige Mechanismen, Unheimlichkeitsaffekte

δj **Intraversive Gehemmtheit,** es entwickelt sich keine Fluchtdistanz, die Orientierung aus sich heraus bleibt verschlossen; es bilden sich rücksichtslose Aufdringlichkeit und Angst vor dem Alleinsein, die Welt wird affektiv nicht integriert

βj **Isolation,** Verbergen, Verstecken, unfrei, befangen

αj **Zurückhaltung,** Verhaltenheit, Distanzierung, Reserve

Jugendkrise: Entwicklungsphase vom Beginn der Hormonumstellung (11./12. Lebensjahr) bis zur Reife am Ende der Adoleszens Ende der 20ger Jahre; verlängert durch körperliche Akzeleration und psychophysische Retardation infolge komplizierter Welt bei Unverändertheit der funktionalen Reifung.

k: kaptatives Temperament: pragmatische Komponente der Fortschrittsperson

γk **Kaptationsturbulenz,** groteske, situationsunangemessene Impulsivität, hyperkinetische Störaktionen

δk **Kaptative Gehemmtheit,** unternehmerischer Ausgriff, schwungvolle Expansion werden nicht ausgebildet; Symptome sind ängstliche Lahmheit, Mattheit, Furcht vor eigenem Tun.

βk **Überschwenglichkeit,** Heftigkeit, Unruhe, Unstetheit, Geschäftigkeit

αk **Schwung,** Expansionsdrang, Eifer, Unternehmungslust,

kalt, Kälte: fehlende Gefühlsbeziehungen.

Kälteempfindsamkeit (kn): Grad der Empfindlichkeit und Widerstandsschwäche gegenüber Kälteeinflüssen.

kämpferisch: Widerstände aktiv überwindend.

Kaptation, kaptativ, Kaptativität: expansives Temperament mit Unternehmensdrang, Ausdehnung des eigenen Wirkungsbereiches, und cholerischen Zügen, vgl. k.

katalogisierend: eine Informationsverarbeitungsweise, die das Aufgenommene nach bestimmtem System, wie in einem Katalog, ordnet.

Katzenheimweh: krankhaftes Heimweh nach Dingen und Orten.

Kausalattribution: Zuschreiben von Ursachen zu einem bestimmten Ereignis oder Tun (s. Attribution).

Kausalität: s. Determinismus bzw. chaotische Systeme.

kb: vgl. Haltungsbelastbarkeit

kg: vgl. Gesundheit, körperliche

Kindheitskrise: Entwicklungsphase von der Geburt bis etwa zum 5./6. Lebensjahr; ist besonders kritisch, weil viele Faktoren erst entstehen und nicht gefestigt sind, weil das Menschenkind als Frühgeburt besonders schutzbedürftig ist und sich in dieser kurzen Zeit große Entwicklungsschritte vollziehen.

kindliche Unmittelbarkeit: unbefangene und undifferenzierte in der Erwachenenrealität wenig angemessene unkontrollierte Reaktionsweise.

Kitsch: süßliche, sentimentale, geschmacklose Kunst.

kk: vgl. Körperkraft, aktive Muskelkraft

klar: deutlich und offensichtlich, ungetrübt.

klebend: in verstärktem Maße haftend und kaum lösbar.

kleinlich: hält sich an Kleinigkeiten fest und beruft sich auf sie.

Kognition: allgemeiner Begriff für alles Erkennen und Wissen.

Kognitive Verzerrungen: Irrtümer bei Urteilen, Entscheidungen usw., wie sie natürlicher Weise auftreten.

Kollektiv, Rückzug ins: zieht sich in die Masse, in das, was man sagt und man tut zurück und weicht der Verselbständigung und Selbstverwirklichung aus, oft aus nicht bewältigten Ängsten.

Kollektivdrang: innerer Drang, sich am Kollektiv zu orientieren und sich in es zu integrieren, mangelndes Individuationsstreben.

kollektives Unbewußtes: nach C.G. Jung jener Teil des Unbewußten, der allen Menschen angeboren und gemeinsam ist.

Kombinationsgabe: Fähigkeit, gedanklich verschiedene Sachverhalte und Inhalte miteinander zu verknüpfen.

kommandierend: tritt seiner Umwelt in befehlender Weise gegenüber, oft mit autoritären Zügen verbunden.

Kommunikation, kommunikativ: ist die Umwandlung persönlicher Gefühle und Gedanken in Symbole, Zeichen oder Wörter, die andere erkennen, decodieren und verwerten können.

Kommunikationswünsche: hat den Wunsch mit anderen zu kommunizieren, ob mündlich, fernmündlich, schriftlich oder elektronisch.

Kompensation: Verhüllung einer Schwäche durch Überbetonung einer anderen Stärke.

kompromißbereit: bereit sich unter Zugeständnissen mit anderen zu einigen.

Konditionierung: Erlernen einer neuen Assoziation zwischen zwei Reizen und bestehenden Reaktionen.

Konformität, konform: Neigung von Menschen, Verhalten und Einstellungen anderer Menschen, insbesondere von Gruppen von Menschen, zu übernehmen.

konkret: anschaulich, gegenständlich.

Konsequenzen, konsequent: Folgen für falsche Handlungen und Reaktionen, die geeignet sein müssen, zu richtigen Handlungen zu führen.

konservativ: orientiert sich am Hergebrachten, hält daran fest.

Konsistenz: Zuverlässigkeit einer Reaktion und Haltung - auch im Zeitverlauf -.

Kontakthemmungen: vgl. gehemmt.

Kontaktscheu: fürchtet sich, sich anderen Menschen zuzuwenden.

Kontext, Kontexabhängigkeit: Wahrnehmung hängt auch von den Situationsvariablen ab, so ob in einer bestimmten Situation eine Wahrnehmung bestimmter Art zu erwarten ist. Stimmt der Kontext nicht mit dem Gewohnten oder Erwarteten überein, wird die Apperzeption (Aufnahme und Verarbeitung) erschwert.

Kontiguität: raumzeitliche Nachbarschaft oder Gleichzeitigkeitvon Reizen oder Reaktionen.

Kontingenz: Verknüpfungshäufigkeit von Ereignissen

kontrollierend: prüft Sachverhalte sorgfältig, auch Reaktionen und Verhalten anderer.

kontrolliert: entwickelt verstärkte Kontrolle eigener Meinungen und Reaktionen.

Kontroll- und Ordnungszwänge: sieht sich gezwungen, die eigenen Handlungen und deren Folgen immer wieder nachzuprüfen und eigene Handlungen nach ganz bestimmten Schematas auszuführen.

Konversionsstörung: physische Störungen ohne Organschäden aufgrund psychischer Störungen.

Konzentration: geistige Sammlung und Ausrichtung, verhindert Ablenkungen beim Denken und Arbeiten.

kooperativ, kooperierend: zusammenarbeitend.

Koordinationsstörungen: Störungen des Bewegungsablaufes, aber auch der Informationsverarbeitung.

Körperkraft, aktive Muskelkraft (kk): entfaltete körperliche Kraft und entsprechende Reserven, etwa zum Heben, Drücken usw..

Korrelation: Rechenverfahren zur Analyse von Gleichsinnigkeiten und Gleichwertigkeiten zwischen Zahlenreihen, fälschlicherweise als Mittel der Analyse von Abhängigkeiten interpretiert.

Kp- Kulturperson: Element der Persönlichkeit im Bereiche sozialer und kultureller Erfassung.

γKp **atavistische Grenzform,** *Obsessional Phobic* phobischer Zwang mit unkontrollierbaren Handlungen und Ritualen, wiederkehrende ungewollte Ideen, bestimmte Ängste und Ideen über Persönlichkeitsveränderungen und Irreales, halluzinäre, rauschhafte Zustände, kultureller Sendungswahn, Kulturaposteltum, Maschinenstürmerei,

δKp **gehemmte Grenzform,** *Gefühlsreaktionsgehemmtheit:* Verlust der Mitte, Funktionalismus, Angst vor Kultur und lebhaften Gefühlen, Gefühlsindolenz und -trägheit, nicht zu begeistern, Unfähigkeit vorhandene Bindungen zu lösen, gefühlshaftes Kleben, interesselos gegenüber Sprache, Kultur etc., Zweckfunktionalismus, geht mit einem Verlust der gefühlsmäßigen Äußerungsfähigkeit als Basis der inneren Assimilation sozialer Verbindungen einher, so daß sich keine Begeisterungsfähigkeit bilden kann; diese Menschen können sich innerlich nicht auf neue Menschen einstellen und auf sie zugehen, sind unfähig vorhandene Bindungen zu lösen und gegen neue einzutauschen. Es sind Gefühlsindolenz und -trägheit zu verzeichnen.

βKρ **infantile Form,** *Schwärmerei* übersteigerte, unstete Gefühlsäußerungen mit ekstatischen und illusionären Zügen, Ästhetizismus, zweckentfremdete Schöngeistigkeit, Antifunktionalismus,

αKρ **reife Form,** *Idealismus* kulturelle Orientierung, Lebhaftigkeit der sozialen, kulturellen und sprachlichen Äußerungen, Äußerungsleichtigkeit, Gefühlslebhaftigkeit, Wachsamkeit, kulturelle Bedürfnisse, schöngeistige Bedürfnisse, Formensinn

kraftlos: es fehlt an Energie und Vitalität.

kraftvoll: es ist viel Energie und Vitalität vorhanden.

krampfig: - meistens aus Angst - übermäßige Anspannung und Versteifungen, durch die der Fluß der Reaktionen verlorengeht.

kraus: fehlende Zielstrebigkeit und Ordnung der Informationsverarbeitung.

kreativ, Kreativität: im Psychologischen für ungewöhnliche und ungebräuchliche, aber situationsangemessene Reaktionen verwendet.

kreatürlich: willenlose tierhafte Erlebnis- und Reaktionsweise.

Kretinismus: durch extreme und chronische Schilddrüsenfunktion in früher Kindheit ausgelöste Retardierung der körperlichen und geistigen Entwicklung

kritiklos: nimmt alles hin, wie man es ihm bietet und prüft nichts.

kritisch: verstandesmäßiges Prüfen der Informationen, aber auch des eigenen Handelns.

kubische Vorstellfähigkeit: Begabungsgröße, die es ermöglicht, sich Vorstellungen räumlich zu vergegenwärtigen und flächenhafte Darstellungen räumlich zu sehen, vgl. vk.

kultisch: relgionsähnliche Verehrung von Vorstellungen, Gegenständen und Personen.

Kultur, kulturell: Gesamtheit der materiellen und immateriellen Güter.

Kulturaposteltum: Form des Wahns, der dazu führt, daß der betroffene Mensch in dem Glauben lebt, Kultur verbreiten und vertreten zu müssen, so als ob es bei anderen keine gäbe.

Kulturbanausentum: spießbürgerliche Ablehnung der Kultur, Kulturverneinung.

kultureller Sendungswahn: vgl. Kulturaposteltum

kulturelle Strebungen: sucht kulturelle Phänomene zu erleben bzw. zu gestalten.

kulturelle und geistige Ideale: Bildung von Idealvorstellung innerhalb der Kultur und Geisteswelt.

kulturfeindlich, kulturfern, kulturfremd: Fehlen an Beziehungen zu kulturellen Inhalten bis hin zur Abwehr und Zerstörung derselben.

Kulturgebundenheit: läßt sich in Informationsverarbeitung und Handeln von den kulturellen Sachverhalten mitbestimmen.

Kunstbanausentum: vgl. Kulturbanausentum.

künstlerische Bedürfnisse: Bedürfnis, sich künstlerisch bzw. als Künstler zu betätigen, häufig ohne das entsprechende Können, was dann zur „Wunst" und zum „Wunstler" führt.

Künstlerwahn: lebt in dem Wahn „Künstler" zu sein.

kus: kultureller Speicher: sigmatische Komponente der Kulturperson

γkus **Universalwahnideen,** verschrobene kulturelle, historische Inhalte, Sprachverschrobenheiten

δkus **reine Zweckinhalte** infolge von Kulturabwehr und Verdrängungen kultureller und sprachlicher Inhalte; Kulturbanausentum βkus **umfassendes, tiefgründiges Kulturwissen,** fundierte Kenntnisse und Erfahrungen in historischer, sprachlicher und kultureller Hinsicht vielfach nur begrenzt real

αkus **kulturelle Einzelkenntnisse und –erfahrungen,** vielfältige sprachliche Möglichkeiten

kw: vgl. Wendigkeit, körperliche

l: **vitale Bedürfnisse:** semantische Komponente der Primitivperson

γl **vitale Turbulenz** verschrobene, pervertierte Genußwünsche, Suchtformen des Genusses

δl **vitale Gehemmtheit** bei der körperliche, organische, sensuale und vitale Genußwünsche nicht entfaltet werden; das führt zu Desinteresse am lebendigen und sinnlichen Geschehen und zur Ausbildung von Genußunfähigkeit im Vitalen aus Angst.

βl **Genußhaftigkeit, Genußstreben, übersteigerte vitale Neigungen**

αl **natürliche und angepaßte vitale und physiologische Neigungen** und Strebungen

labil, Labilität: schwankend, veränderlich, ohne feste Struktur.

lahm: schwunglos.

Lalophobie: Störungen der Artikulation und Aussprache.

langsam: beschreibt das geringe Tempo der Informationsaufnahme und Reaktionen.

lässig: gelöst und locker , ohne viel Ernst und Anspannung.

Latenz: nicht aktuell und nicht akut, etwas, was abwartend dazwischen liegt.

Latenzphase: Zwischenphase der Entwicklung vom Ende der Kindheitskrise bis zum Beginn der Jugendkrise, in der es vor allem darauf ankommt, in der Kindheitskrise Entwickeltes anwenden zu lernen und zu festigen.

launisch: wechselhafte Stimmungslagen, die eher unmotiviert einander ablösen.

lavierend: uneindeutige Reaktionen, mit denen sich die Person durchzuschlängeln versucht.

le: vgl. Lebenserfahrung

Le: Lebenseinstellung, allgemeine: Beschreibung der Wirkung natürlicher, praktischer Bedürfnisse im Verhältnis zu geistig- theoretischen und erkenntnisorientierten.

lebendig: voller Leben, Aktivität und Initiative.

lebensabgewandt: zieht sich in sich selbst zurück und wendet sich von der Wirklichkeit und dem Geschehen ab.

Lebensangst: Angst vor einer allgemeinen Bedrohung des eigenen Lebens und seines Sinnes.

lebensbezogen, lebensnah: dem täglichen Leben und Umgang mit Menschen und Situationen zugewandt.

Lebenserfahrung (le): Umfang und Tiefe der verarbeiteten Erfahrungen des alltäglichen Lebens und des Umgangs mit den anderen.

Lebensformen, soziale (Sgs): Beschreibung der Art und Struktur innerlich akzeptierter Beziehungsformen

lebenspraktisch: weiß sich im praktischen Leben und im Alltag zu bewegen.

lebhaft: rege Informationsverarbeitung und Reaktionsweise.

leer: fehlende Impulse und Regungen, Folge depressiver Zustände.

leger: besonders locker, nicht immer ernst und seriös genug

leicht: erhöhte lockere Ansprechbarkeit und Reaktionsweise.

leichtblütig: eine Stimmungs- und Einstellungsform, die die Dinge nicht schwer nimmt, wenig Ernst erkennen läßt.

leichtfertig, Leichtfertigkeit: gibt sich schnell mit sich zufrieden, nimmt Verantwortung nicht ernst und läßt fünf gerade sein.

leichtsinnig: übersteigerte Risikobereitschaft, durch die der Betreffende und auch andere und anderes leicht in Gefahr geraten.

Leidensdruck: das Ausmaß, in dem ein psychisch Kranker, insbesondere im Falle von neurotischen Störungen, unter seinen Symptomen leidet. Das wird zur Beurteilung der Behandlungsfähigkeit verwendet.

Leistungsbedürfnis: Bedürfnis, etwas zu leisten, evtl. sogar sehr viel zu leisten.

Leistungsbequemlichkeit, neurotische: aufgrund von Gehemmtheiten entwickelte Lahmheit und Trägheit, die nicht mit Beharrungsvermögen verbunden ist, entsteht eine der Leistung abträgliche Bequemlichkeit.

Leitung, leitend: über das Tun anderer oder über Geschehnisse bestimmend.

lenkend: vgl. leitend

Lenkungs- und Durchsetzungsweise: betrifft die Art und Weise, wie der Betreffende seine entsprechenden Absichten verwirklicht.

Lernen: Veränderungen in Wahrnehmung, Denken, Fühlen und Verhalten durch Umwelteinflüsse, kommt vor allem als Prägung, Formung und Lernen im engeren Sinne vor.

Lernen im engeren Sinne: relativ konstante, aber variierbare Veränderungen in Wahrnehmung, Denken, Fühlen und Verhalten durch Erfahrungen und Wissens- sowie Fertigkeitserwerb.

Les: Lebenseinstellungsstruktur: Aufbau und Entwicklungsstand der Lebenseinstellung.

Liberalismus, liberal: vorurteilslos und freiheitlich; die geltenden Normen und Maßstäbe sind relativ weit und elastisch.

lineare Vorstellfähigkeit: Begabung, Distanzen zu erkennen, Abstände und Teilungsverhältnisse mit bloßem Auge zu bestimmen, vgl. vl.

Listenzwang: sieht sich gezwungen, über Dinge und Ereignisse Listen zu erstellen und zu führen.

locker: ohne besondere Anspannung in gelöster Weise reagierend.

lückenhaft: in der Informationsverarbeitung kommt es immer wieder zu Ausfällen.

Lüge: mit vollem Bewußtsein falsche Angaben machend, um dem anderen nicht zu sagen, wie es wirklich ist.

Lustprinzip: bei Freud der wesentliche Faktor des Es, dem es nur auf Lustgewinn ankommt.

m: sanguinisches Temperament: pragmatische Komponente der Einstellungsperson

γm **Manische Turbulenz,** unruhige, hektische, ideenflüchtige Reaktionen, bei denen alles unabhängig von Realitäten durch die besonders rosarote Brille betrachtet wird

δm **Gehemmtheit des Manischen,** Frische und Selbstvertrauen werden nicht ausgebildet, womit ein Verlust von Wagemut, Optimismus und Risikobereitschaft ebenso verbunden ist wie Lebensangst, Minderwertigkeitsgefühle und Depressionen.

βm **Unbedenklichkeit,** Leichtfertigkeit, Flüchtigkeit, Oberflächlichkeit

αm **Sicherheit,** Selbstgefühl, Optimismus, Frische, Heiterkeit

machend: aktiv handelnd, um etwas zu verwirklichen, evtl. auch um des Handelns selbst willen.

Macht, Machtstreben: über andere bestimmend, andere nutzend sowie das Streben danach.

maf: Managementspeicher: sigmatische Komponente der Gestaltungsperson

γmaf **Bewältigungswahn,** verschrobene Macht-, Blut-, Zerstörungs- und Terrorinhalte

δmaf **verdrängte Macht- und Führungswünsche,** unterdrückte und gestaute Gestaltungsvorstellungen, wagt keine Gedanken dahingehend

βmaf **fundierte Lenkungsinhalte,** Gestaltungs- und Steuerungshintergrundinhalte häufig mit magischen Akzenten

αmaf **Gestaltungseinzelwissen und –erfahrungen,** Einzelinhalte zu Lenkungs- und Steuerungsthemen

Mangel an Lösung und Entspannung: vgl. verspannt, verkrampft.

Mangel an Offenheit: verbirgt sich oder etwas vor anderen.

Manie, manisch: ursprünglich endogen entstehende heitere Verstimmung im Rahmen des manisch-depressiven Irreseins, mit unbegründeter Leichtigkeit und unbegründetem Optimismus, wodurch kein Krankheitsgefühl aufkommt und die Erkrankten sich selbst gefährden; wird vielfach auch ungenau für Gesunde im Sinne eines übersteigerten Optimismus mit Leichtfertigkeit und hektischen Zügen verwendet.

männlicher Protest: bei männlichen und weiblichen Personen vorkommender Wunsch, der weiblichen Rolle und eigenen Nachgiebigkeiten zu entfliehen, führt zur Verstärkung des Dominanzstrebens.

manuelle Fähigkeiten: körperliche Fähigkeiten zur Gestaltung von Dingen, vgl. Fy.

markant: deutlich hervortretend.

Maschinenstürmerei : aus Technikfeindlichkeit geborene Feindschaft gegen Maschinen und daraus der Drang, alle Maschinen zu zerstören.

materialistisch: Informationsverarbeitung und Reaktionen werden von materiellen (finanziellen) Wünschen und Vorstellungen bestimmt, weltanschaulich wird alles als Wirkung der Materie betrachtet, auch der Geist.

matt: ohne Kraft und Antrieb.

mechanisch, Mechanisierung, mechanistisch: erkennt nur mechanische Ursachen an, reagiert auch wie eine Mechanik und bleibt dabei ohne Lebendigkeit.

Meditation: sinnende Betrachtungsweise, religiöse oder quasireligiöse Versenkung.

Melancholie, melancholisch: ernste und traurige, besinnliche Stimmungslage als gesundes Pedant zur Depression.

men: Anpassungsspeicher: sigmatische Komponente der Sozialperson

γmen **soziale Wahnvorstellungen,** sozialutopische Inhalte, feministische Wahnideen und Verschrobenheiten, mütterlichkeitsideologische Wahninhalte

δmen **feminine, soziale Verdrängungen,** Angst vor weiblichen Inhalten, männliche Protestinhalte,

βmen **fundierte evtl. magische soziale Inhalte,** Dienst-, Service-, Anpassungs-, Pflege- und Wartungshintergrundinhalte

αmen **Soziale Einzelkenntnisse und –erfahrungen,** Einzelinhalte aus den Bereichen des Dienens, Pflegens und der Wartung

mengenorientiert: orientiert sich rein an quantitativen Beziehungen und Merkmalen der Geschehnisse.

Menschenverstand, gesunder: ist nirgendwo näher definiert, wird oft als Gegensatz zu wissenschaftlichen Erkenntnissen benutzt, besonders wenn diese sich in Kleinigkeiten verlieren und den Bezug zum Ganzen vermissen lassen.

Midlifekrise: auch als 40jahrskrise bezeichnet, eine „klimakterische" Erscheinung, bei männlichen Personen im allgemeinen Folge von Veränderungen im sozialen Umfeld bestimmt, beendet die Phase der „aktiven Expansion" und führt bei sachgerechter Überwindung in die Konsolidation; bei weiblichen Personen auch physisch bedingt durch die Menopause.

Minderwertigkeitsgefühl: Gefühl der Unterlegenheit, des gegenüber anderen geringeren Werts der eigenen Person, oft aus verminderter Leistungsfähigkeit entstanden, führt zu mannigfachen Abwehrreaktionen.

mißmutig: dauerhafte oder längere schlechte Laune.

Mißtrauen: übervorsichtige Haltung aus Erwartung von Unannehmlichkeiten, oft eine Folge von Minderwertigkeitsgefühlen.

mitbestimmend: bestimmt nicht allein, aber zusammen mit anderen über die jeweiligen Fragen.

mitfühlend: fühlt mit anderen, teilt gewissermaßen deren Sorgen und Probleme.

mitgehend, Mitgehen: schließt sich Meinung und Handeln anderer an.

Mitgestaltung: gestaltet Aufgaben und Probleme nicht allein, sondern zusammen mit anderen.

Mitlaufen: folgt dem Handeln und Denken anderer, im allgemeinen ist damit ein Verzicht auf Eigenständigkeit verbunden.

mitleidvoll: leidet mit unter dem Schicksal anderer.

Mitmachen: macht mit, wenn andere etwas tun, macht selten etwas allein.

mitteilsam: erzählt anderen alles oder doch sehr viel, auch von sich.

Mitwirkungswünsche: möchte mitmachen, mitbestimmen und Einfluß nehmen.

Mn: sozialer Stil: Verlauf und Form der inneren und äußeren sozialen Orientierung.

Mns: soziale Struktur: Aufbau und Entwicklungsstand der inneren und äußeren sozialen Orientierung.

Modell: eine Form der Beschreibung, die das Funktionieren des Gegenstandes erklärt, aber nicht mit diesem identisch ist; wird besonders in Naturwissenschaften und auch in der Psychologie verwendet, weil psychische Prozesse nicht wahrnehmbar und daher nicht direkt beschreibbar sind.

Modellernen: das Lernen findet nicht direkt am Anwendungsort und -gegenstand, sondern an einem Abbild desselben statt.

Modul: *selbständig und weitgehend una bhängig von einem zentralen Prozessor arbeitende Einheit eines Systems.*

Momentanes: Augenblickliches, etwas, das sich im Augenblick abspielt.

Monophobie: krankhafte Furcht vor einer bestimmten Krankheit.

monoton: gleichförmig, ohne jede Abwechslung und Veränderung.

Moral, moralisch: ein System von Glaubenssätzen und Werten, das die Anerkennung der Handlungen in der Gruppe bestimmt.

moraltriefend: eine besonders moralbetonte Haltung, besonders nach außen, die der Träger für sich oft nicht anwendet.

Motivation, motivierend: sind die Richtungsfaktoren und damit die Ziele unseres Lebens und Erlebens.

Motor Disturbances: motorische, Bewegungsstörungen.

motorische Koordination, zielsichere: gekonnte Bewegungskoordination bezogen auf das jeweilige Ziel.

motorische Störungen: Störungen des Bewegungsflusses.

motorische Unruhe: übermäßige Spontanbewegungen psychisch Kranker.

Multiple Persönlichkeit: dissoziative Störung, bei der in einem Individuum zwei oder mehr eigenständige Persönlichkeiten existiere, die in unterschiedlichen Situationen wirksam werden

musisch: künstlerisch und ästhetisch (gebildet, befähigt).

Musophobie: krankhafte Furcht vor Mäusen.

Mutismus: beharrliches Schweigen bei intakten Sprechorganen.

mutlos: traut sich nichts zu, wagt nichts.

n: Bedürfnisse der Nähe: semantische Komponente der Traditionsperson

γn **Lokale Turbulenz,** verschrobene Sicherheitsbedürfnisse, Zukunftsphobien, krankhaftes Katzenheimweh, krankhaftes Kleben am Vergangenen

δn **Lokale Gehemmtheit,** Bedürfnisse nach Erhaltung und Bewahrung des Vorhandenen und Naheliegenden werden nicht ausgebildet; Traditionen, Gewohntes, Übliches werden abgelehnt, da sich Ängste vor dem Sicheren und Vertrauten herausgebildet haben.

βn **Gewohnheitsmensch,** Absolutheitssuche, traditionsabhängig, vergangenheitsorientiert,

αn **Sicherheitsstreben,** traditionell, konservativ, ökonomisch, Vertrautheitssuche,

Nachahmungslernen: Lernen durch Beobachtung des Tuns und Handelns anderer.

nachdenklich: nicht spontan handelnd, denkt immer erst über alles nach, oft bis es zu spät ist.

nachgebend, nachgiebig: gibt den eigenen Standpunkt schnell auf, wenn andere es wollen.

nachlässig, Nachlässigkeit: strengt sich nicht an, gibt sich keine Mühe und läßt die Dinge schleifen.

Nägelknabbern: gewohnheitsmäßiges Kurzhalten der Nägel durch Abbeißen, findet sich bei ca. 40 % aller Jungen und Mädchen zwischen 5 und 18 Jahren, hat sehr unterschiedliche Ursachen, oft nur Zeichen von Verlegenheit und Unsicherheit.

Nähebedürfnisse: sucht die Nähe von vertrauten Menschen, Umwelten und Dingen.

nähebestimmt: wird in seiner Informationsverarbeitungsweise von der näheren Umgebung bestimmt.

naiv: kindlich und wenig selbstkritisch.

Narkolepsie: krankhaftes Einschlafen in kritischen Situationen, obwohl die Person versucht, wach zu bleiben und nachts auch genügend Schlaf bekommt.

Narzißmus: Selbstliebe mit und ohne sexuelle Selbsterregung.

naturfern: lebt und erlebt die vom Menschen geschaffene, weniger die natürliche Welt.

natürlich: ungekünstelt, unmittelbar und gefühlshaft.

naturnah: orientiert sich an der Natur und lebt im Einklang mit ihr.

Negative Halluzination: Sinnesreize werden trotz intakter Aufnahmeorgane nicht wahrgenommen.

Negativismus, negativistische Haltung: grundlose Weigerung, auf Außenreize zu reagieren, und wenn, dann nur ablehnend und abwehrend.

Neinsagen unmöglich: ist unfähig, NEIN zu sagen und sich gegen Ansinnen von anderen zur Wehr zu setzen.

Neologismen: Wortneuschöpfungen, die in der Sprache nicht vorkommen.

Neuartigkeit: bisher nicht Dagewesenes, evtl. auch nur für dieses Individuum Unbekanntes.

Neuerungssucht: muß immer alles veränden, braucht zwanghaft ständig etwas Neues.

Neugier, neugierig: das Bedürfnis die Dinge zu kennen und zu erkennen und zu erkunden.

Neuheitendrang: sucht ständig Neuheiten, muß sie u.U. auch besitzen

Neurose, Fremd-: durch Umweltbeeinflussung entstandene neurotische Fehlhaltung, wenn ein Mensch, vor allem Kind, wehrlos persönlichkeitsfremden oder -feindlichen Umwelteinflüssen ausgesetzt wird.

Neurose, Kern- (Charakterneurose): Neurose, bei der tiefere Schichten der Persönlichkeit betroffen sind, die im allgemeinen in der Kindheitskrise entsteht und tiefreichende Persönlichkeits- und Verhaltensstörungen auslöst, wenn sie ausbricht.

Neurose, Neurotizismus: psychische Störung, die durch Fehl- und Nichtverarbeitung in den Persönlichkeitskomponenten und Nichtentwicklung elementarer Komponenten der Persönlichkeit entsteht, durch die persönliche Toleranzschwelle überschreitende Belastung aktiviert wird und individuell-spezifische Symptome auslöst. Man unterscheidet im wesentlichen zwischen traumatischen, Fremd-, Rand-, Schicht- und Kernneurosen.

Neurose, Rand- : eine Fehlhaltung, die von beherrschenden infantilen Zuständen der Elemente und Komponenten der Persönlichkeit bestimmt wird, in die sich unter Umständen atavistische Reste einnisten, was zu ihrer Hartnäckigkeit beiträgt. Entspricht grundsätzlich dem, was heute als Verhaltensstörung bezeichnet wird.

Neurose, Schicht- : vor allem in der Jugendkrise entstehende neurotische Störungen, die im allgemeinen einer Behandlung besser zugänglich sind als Kernneurosen, brauchen sich aber symptommäßig nicht von Kernneurosen zu unterscheiden.

neutral: nimmt nicht Stellung, wertet nicht.

Neutralismus, neutralistisch: übertriebene Nichteinmischung in fremde Angelegenheiten, hält sich aus allem heraus, legt sich nicht fest.

Nichtseßhaftigkeit: eine Form der Verwahrlosung, die zum Vagabundieren führt.

nicht unangepaßt: unauffällig in seinem sozialen Verhalten, stört nicht, findet aber nur teilweise die adäquate Reaktionsweise.

niedergeschlagen: traurig verstimmt, mutlos.

Nivellierung, nivellierend: Einebnung der Vielfalt, Entdifferenzierung der Reizkonfigurationen einschließlich der Gefahr Unterschiede zu übersehen.

Nivellierungsstreben: strebt danach alles gleich zu schalten, keine Besonderheiten, Eliten und Individuen entstehen zu lassen.

noetischer Oberbau: die vernunft- und verstandesbestimmte Seite der Persönlichkeit, steht teilweise für integrierende Komponenten und Elemente überhaupt.

normal: hier im Sinne von üblich, mittleren Werten usw. verwendet.

Normalverteilung: in unserem Harmoniestreben immer wieder - oft unbegründet - angenommene Werteverteilung nach folgendem Schema:

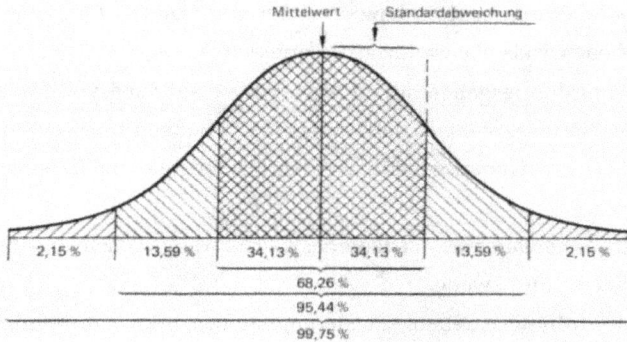

normbestimmt: von den jeweiligen Normen und Selbstverständlichkeiten der Gruppe beherrscht.

normierend, normiert: Normen setzend und beachtend.

Nosophobie: übertriebene Befürchtungen schwerer Folgen bei harmlosen Krankheiten.

nüchtern: ohne Gefühlsbeteiligung, Einfälle und Phantasie.

nul: Anschauungsspeicher: sigmatische Komponente der Primitivperson

γnul **vitale Wahnvorstellungen,** Zurück-zur-Natur-Wahn

δnul **verdrängte vitale,** physiologische sinnenhafte Inhalte

βnul **vertiefte bis magische vitale,** lebensnahe Inhalte, physiognomisches Hintergrundwissen im Organischen

αnul **lebenspraktische Einzelkenntnisse** und –erfahrungen, Lebens- und Naturwissen

nützlichkeitsbestimmt, nutzenbestimmt: in Erleben und Reaktionen von Fragen des Profits, der Verwendbarkeit und Brauchbarkeit der Dinge und Umstände beherrscht.

Nützlichkeitssinn: hat ein Gespür für das, was nützlich ist.

Nyktophobie: übertriebene Furcht vor Dunkelheit.

o: Ordnungsbedürfnisse: semantische Komponente der Ordnungsperson

γo **Ordnungsturbulenz,** Kontroll- und Ordnungszwänge, verschrobene wirklichkeitswidrige Pedanterien

δo **Ordnungsgehemmtheit,** die einer Ausbildung von Ordnungsbedürfnissen im Wege steht, so daß keinerlei Beziehungen zum Systematischen, zu Organisationen herausgebildet werden; Schlamperei und Chaotismus sind die Folge.

βo **Schematismus,** Pedanterie, Listenzwang, Schematismus, Regelabhängigkeit, Normzwang

αo **Ordnungsstreben,** Gliederungsstreben, Systematisierungsstreben, Organisationsdrang

oberflächlich: bleibt an Äußerlichkeiten und Offensichtlichem hängen, dringt nicht in das Wesentliche und die Hintergründe ein.

objektivierend: Streben nach Objektivität bzw. Gewinnen eines sachgerechten, personunabhängigen Bildes und Ergebnisses.

Objektivität, objektiv/ Objectivity: unbeeinflußt von persönlichen Vorstellungen, Wünschen und Interpretationen, erreichbar durch Nachprüfbarkeit durch andere Personen; in der Diagnostik Unabhängigkeit der Ergebnisse vom Diagnostiker.

Obsessional Phobic: zwangshafte Furcht.

Obstipation: Verstopfung.

offen, Offenheit, Öffnung: läßt sich anregen und beeindrucken und ist kommunikationsbereit

Öffentlichkeitsstreben: sucht den Kontakt und Wirkungsmöglichkeiten in Gemeinschaft, Gesellschaft und Staatswesen.

ohnmächtig, Ohnmacht: kann nichts bewirken und erreichen.

ökonomisch: wirtschaftlich und rationell.

Onanie: sexuelle Selbstbefriedigung.

Operationale Definition: Ein Faktor wird dadurch definiert, daß die Operationen angegeben werden, die der Forscher angibt, um ihn zu bestimmen.

operierend: hier im Sinne des Handelns, Machens und Wirkens.

Op- Ordnungsperson: Element der Persönlichkeit aus dem Bereich der Verarbeitung des Erfaßten

γ0p **atavistische Grenzform,** _Perceptual Distortions_ Wahrnehmungsstörungen, Erlebnisse unechter Wahrnehmungen in Form von Stimmen, die bedrohlich anklagen oder etwas fordern, Beeinträchtigungswahn, Verfolgungsängste, Hoffnungslosigkeit und verschrobene Schuldgefühle, hypochondrische Reaktionen, Kontroll- und Ordnungszwänge,

δ0p **gehemmte Grenzform,** _Ordnungsängste:_ Chaotismus, Angst vor Ordnung, Systematik und Regeln, Mangel an Ernst und Besinnlichkeit, Flachheit, Verantwortungslosigkeit, Nachlässigkeit, Schlamperei, Ernst, natürliche Vorsicht und Besonnenheit werden nicht entfaltet; eine erhebliche Unfähigkeit zum Abwägen, Flachheit, Verantwortungslosigkeit, Leichtsinn und lässige Tollkühnheit werden wirksam.

β0p **infantile Form,** _Pedanterie_ Übervorsicht, Mißtrauen, Verdrossenheit, Mißmut, strenge, fixierte und wenig sinnvolle Ordnungsbildung, Listenführungsdrang, bürokratische Tendenzen und Verhaltensformen,

α0p **reife Form,** _Abwägen_ Besinnlichkeit, Besonnenheit, Systematik, Tiefsinn, Ernst, melancholisch, Ordnungsstreben, Streben nach Gliederung und Systematik, Organisationsdrang, intellektuelle strukturierte Verknüpfungsvielfalt,

opponierend: ablehnend, widersprechend und ablehnend.

Opportunismus: prinzipienlose Anpassung an die Situation, Unterordnung der eigenen Reaktionen unter reine Zweckgesichtspunkte.

optimistisch: erwartungsvolle Zukunftssicht.

Or: Orientierungsstil: Verlauf und Schwerpunkt der Orientierungsweise und Handlungsausrichtung im Zuge der Weltbewältigung.

ordnend: bringt Ordnung in Dinge, Ereignisse usw.

Ordnungsstrenge: besonders striktes Einhalten gegebener Ordnungsvorschriften, Abweichungen werden nicht gestattet.

organisierend: planmäßig für den jeweiligen Zweck gestaltend und systematisierend.

Orientierung am Geistlichen: orientiert sich an außerweltlichen Vorstellungen.

Orientierung am Gestrigen: orientiert sich am Vergangenen, an dem, was eigentlich schon überwunden oder „out" ist.

Orientierung am Gewordenen: orientiert sich an dem, was im Laufe der Zeit entstanden ist und sich bewährt hat.

Orientierung am Zeitgeist: orientiert sich an dem, was gerade Mode, was gerade „in" ist.

Orientierung an Äußerlichkeiten: orientiert sich an äußerlichen Merkmalen, vor allem an solchen, die Aufsehen erregen.

Orientierung an Effekten: orientiert sich an den Wirkungen, die seine Handlungen hervorrufen, kümmert sich nicht um die Folgen.

Orientierung an Realitäten: orientiert sich an der Wirklichkeit und dem tatsächlichen Geschehen.

Orientierung an Spirituellem: orientiert sich an Übersinnlichem und Jenseitigen.

Ors: Orientierungsstruktur: Aufbau und Entwicklungsstand der Handlungsorientierung.

orthodox, Orthodoxie: streng- und rechtgläubig, hält sich strikt intolerant und ohne Ausnahme an die ideologischen Normen, oft von Zügen des Fanatismus begleitet.

p: pathisches Temperament: pragmatische Komponente der Sozialperson

γp **Pathische Turbulenz,** Nachgiebigkeitszwänge, Verführbarkeits- und Hingabezwänge

δp **Pathische Gehemmtheit,** Hingabegehemmtheit, Nichtentfaltung von Beeindruckbarkeit und Sensibilität – besonders im Umgang mit der sozialen Umwelt - , das führt zu Rigidität, Vertrauenslosigkeit, Anpassungsunfähigkeit, Mangel an Lösung und Entspannung .

βp **Weichheit,** Nachgiebigkeit, Beeinflußbarkeit, Verführbarkeit

αp **pathisch,** beeindruckbar, empfänglich, sensibel, hingabefähig

Pädagogische Erfahrung (pe): Umfang und Tiefe der Erfahrung als Lehrer, Erzieher und Ausbilder.

Panikstörungen: (ohne Agoraphobie) bestehen in meistens nur minutenlangen Phänomenen heftiger Angst und intensivsten Unbehagens, die im allgemeinen mehrmals in der Woche unerwartet auftreten. Symptome sind dabei Herzanfällen nicht unähnlich.

Panphobie: übersteigerte Furcht vor allem.

Paralipophobie: zwangshafte Furcht vor Unterlassung bestimmter Handlungen, da dieses schwere Gefahren für Angehörige hervorbringt.

paranoide Neugier: zwangshafte Neugier.

paranoide Störungen: bestehen in anhaltenden Wahnerscheinungen, die meistens bedrohlichen oder bedrängenden Inhalts sind.

Paranoid Projection: paranoide Projektionen, wahnhafte Projektionen von Gefährdung und Verfolgung in Außenstehende und Umstände.

Parataxische Verzerrung: entspricht etwa der Übertragung

parteiisch, parteilich: nicht unvoreingenommen und nicht neutral und objektiv.

partnerschaftlich: ist fähig mit anderen Menschen auf gleicher Ebene zusammenzuleben.

Partnerschaftsstreben: strebt eine menschliche Partnerschaft an.

pathisch: aufnehmend, beeindruckbar und hingabefähig, vgl. p.

patriarchalisch: väterlich dominierend und herrschend.

pe: vgl. pädagogische Erfahrung

Pedanterie, pedantisch: kleinliche Sorgfalt und Normentreue, die zu unangemessenen Handlungen und Ergebnissen führt

Pensionierungskrise: durch den plötzlichen Übergang vom Leben mit Pflichten und Rücksichtnahmen in den Ruhestand finden sich viele Menschen nicht zurecht, entwickeln Verhaltensstörungen oder innere Konflikte, die evtl. sogar zum Tode führen (Pensionierungsbankrott).

Perceptual Distortions: Wahrnehmungsstörungen.

Person/ Persönlichkeit: Konzept der Psychologie zur Beschreibung der psychischen Einmaligkeit des Individuums; im Alltag oft als Charakter bezeichnet.

persönlich: bleibt nicht objektiv und sachlich, nimmt das Erlebte subjektiv und fühlt sich dadurch leicht verletzt.

persönlicher Sendungswahn: fühlt sich zu Höherem berufen.

persönliches Konstrukt: Konzept, das das Individuum zur Interpretation und Konstruktion der Welt benutzt.

Persönlichkeitsstörungen: psychische Störungen, die langanhaltende unangemessene Verhaltensmuster bedingen.

Persönlichkeit: umfaßt die psychischen Aufnahme-, Verarbeitungs- und Handlungseigenschaften eines Menschen, deren Beschaffenheit n icht wahrzunehmen, sondern nur zu erschließen ist. Das Erschlossene ist folglich ein Modell oder Konstrukt der Persönlichkeit, wird daher von mir als *Individualinstanz* bezeichnet.

Perversionen: sexuelle Praktiken, die von der Gruppe und Gesellschaft nicht als normal akzeptiert sind; spielen eine besondere Rolle in konformen Gesellschaften, in pluralistischen Gesellschaften gelten nur wenige dieser Praktiken als Perversionen, und zwar solche, bei denen Wohlbefinden und Unversehrtheit der Partner erhalten bleiben..

pessimistisch: sieht eher ängstlich in die Zukunft und hat wenig Hoffnung.

Pflegebereitschaft: ist bereit, andere und anderes zu pflegen und zu betreuen.

Pflichterfüllung: sorgfältige Wahrnehmung und Ausführung der übertragenen Aufgaben.

Phänotyp: Gesamtheit der beobachtbaren Symptome eines Menschen als Resultat des Zusammenwirkens von Genotyp und Umwelt.

Phantasie: s.a. Einfälle, kreatives Denken; teilweise als Tagträumerei Befriedigung frustrierter Wünsche durch imaginäre Erfüllung.

phantasievoll: entwickelt viel Phantasie und Phantasien, welcher Art auch immer.

phantastisch, Phantastik: Einfälle, die weniger der Realität gerecht werden.

Phlegma: Bezeichnung für ein eher beharrendes, statisches Temperament, vgl. r.

Phobie: hartnäckige, irrationale Furcht vor einem bestimmten Objekt.

Phobischer Zwang : von Furcht bestimmter Zwang.

Photophobie: krankhafte Furcht vor Helligkeit, Meiden des Tageslichts.

physiognomisch: was im Gesicht zum Ausdruck kommt, aber auch Umschreibung für kindliche Erlebnisweisen, für die auch Gegenstände voller Leben sind.

physiologische und vitale Bedürfnisse: körperlich und organisch bedingte Mangelerscheinungen, die auf Abhilfe drängen, vgl. l.

physische Ausführungs- und Steuerungsweise: Verlauf und Gestaltung physischer Bewegungen und Handlungen.

planend, planmäßig, planvoll: handelt nicht aus dem Augenblick heraus, sondern überlegt sich vorher im Ganzen und im Einzelnen, wie man am besten vorgeht, um das jeweilige Problem zu lösen.

plastische Vorstellung: ist fähig, sich an Hand von Zeichnungen oder Erinnerungen Dreidimensionales räumlich vorzustellen und zu erfassen, vgl. vk.

posenhaft, posierend: gekünstelte Haltungen, meistens um Aufmerksamkeit auf sich zu ziehen.

posttraumatische Belastungsstörung: Reaktion auf traumatische Erlebnisse, die u. a. im ungewollten Wiedererleben der traumatischen Erfahrung, insbesondere des ursprünglichen Gefühls von Schock, Furcht und Schrecken, besteht.

Potomanie: Trunksucht.

Pp- Primitivperson [60] : Element der Persönlichkeit im Bereiche des emotionalen Erlebens.

γ**Pp atavistische Grenzform** *Motor Disturbances* motorische Störungen, bizarre Haltungen, wiederholte eigenartige und manierierte Gesichts- und Körperbewegungen, Hyperkinese; Primitivismen, Echopraxien, pervertierte Genußsucht, Zurück-zur-Natur- Wahn

δ**Pp gehemmte Grenzform** *emotionale Gehemmtheit:*: Welt hat keinen Aufforderungscharakter, natürliche und unmittelbare Reaktionen sind nicht möglich, Starre, Leere, Impulslosigkeit, Affektarmut, ängstliche Genußunfähigkeit, die Welt verliert für das Subjekt den Aufforderungscharakter zum Handeln und vor allem zum aktiven Erleben, zu affektiver Assimilation; es bilden sich Starre, Leere, Impulslosigkeit und Affektarmut, wobei körperliche, organische, sensuale und vitale Genußwünsche nicht entfaltet werden; das führt zu Desinteresse am lebendigen und sinnlichen Geschehen und zur Ausbildung von Genußunfähigkeit im Vitalen aus Angst.

β**Pp infantile Form,** *Triebhaftigkeit,* Kreatürlichkeit des Erlebens, kindliche Unmittelbarkeit, Genießernaturell, Eindrucksabhängigkeit des Erlebens, Impulsivität, Augenblicksabhängigkeit, übertriebene Genußwünsche,

α**Pp reife Form** *Emotionalität,* Natürlichkeit und Unmittelbarkeit des Erlebens, aus dem Es heraus erleben, Anschauungsnähe, Alltagsnähe, Genußfähigkeit, Zyklothymie, Seele, physiologische und vitale Bedürfnisse, praktische Ausrichtung, Augenmaß,

Ppsychopathologie: Wissenschaft, die sich mit der Erforschung psychischer Störungen beschäftigt.

---

[60] zu den atavistischen Grenzformen sei auf Lorr verwiesen, Stichwort Psychose in Arnold/Eysenck/Meili: Lexikon der Psychologie, Freiburg 1987

Pragmatik: stellt die Wirkungs- und Verlaufsperspektive kybernetischer Systeme dar, die in der Persönlichkeit von der dynamischen Struktur oder dem Temperament bestimmt wird.

Prägnanztendenz: führt dazu, daß unscharfe bzw. unvollständige, teilweise auch komplexe Stimulikonfigurationen zu einfachen und vollständigen, sog. Guten Gestalten, ergänzt und umgeformt werden, was u.U. zu Fehlwahrnehmungen führt, ansonsten die Orientierung und Informationsaufnahme erleichtert.

prägsam: läßt sich formen und führen.

Prägung: elementarer Lernprozeß, bei dem Objekte mit Bedürfnissen im statu nascendi für die Zukunft verknüpft werden, egal, ob die Objekte adäquat sind.

praktisch, praxisnahe: Einstellungen und Reaktionen, die sich auf die unmittelbare Bewältigung der täglichen Verrichtungen in Leben und Beruf richten

präzise: besonders genau.

Prestige- und Statusdrang: ist vor allem darauf bedacht, innerhalb der Gesellschaft einen hohen Rang zu erreichen und Ansehen zu genießen.

Primärgewinn: Vorteile vorwiegend innerer Art, die man aus psychischen Symptomen ziehen kann.

primitiv: undifferenziert und wenig entwickelt.

prinzipienhaft: orientiert sich an fixierten Vorschriften - innerlicher oder äußerlicher Herkunft - und verliert dadurch leicht die Anpassung an die Realität.

*Problem: Ein Problem besteht, insbesondere in der Sichtweise der kognitiven Psychologie, aus einem Ausgangszustand, einem Zielzustand und einer Menge von Operationen, die vom Ausgangszustand zum gewünschten Zielzustand führen. **Problemlösen** besteht darin, diese Operationen zu entdecken oder zu lernen.(auf diese Weise werden Aufgaben und deren Lösungen problematisiert).*

profitbestimmt, profitorientiert: ihm geht es nur um (materiellen) Gewinn für sich.

Progression: Fortschrittsstreben.

projizierend, Projektion: Übertragung eigener Eigenschaften auf andere oder Gegenstände, aber auch bei Mißbilligung eigener Unzulänglichkeiten und unmoralischen Wünsche dieser auf andere zur eigenen Entlastung.

prüfend: wägt kritisch ab und untersucht die Dinge genau.

Pseudodemenz: Darstellung eines Geisteskranken oder Schwachsinnigen, wie Laien sich ihn vorstellen, wobei insbesondere auch elementare Kenntnisse und Verrichtungen betroffen sind, die bei Kranken im allgemeinen erhalten bleiben.

Pseudopsychopathie: charakterliche Abweichungen, die ihre Ursache in unbemerkt abgelaufenen organischen Schädigungen in der Kindheit haben.

Psychasthenie: nicht mehr übliche Bezeichnung für eine Neurose.

Psychopathie: abnorme Persönlichkeitszüge, vor allem im Bereiche der Affektivität, unter denen der Träger bzw. die Gesellschaft leidet; ursprünglich als eine Form der Anlageminderwertigkeit angesehen, fallen die aufgeführten Formen aus heutiger Sicht mehr unter die Verhaltensstörungen und Infantilismen. Sie sind Gegenstand der Psychopathologie

Psychophobie: materialistische Ableugnung alles Psychischen, auch krankhafte Furcht davor.

Psychose: Bezeichnung besonders schwerwiegender psychischer Störungen mit bedeutsamen Beeinträchtigungen von Wahrnehmung, Verhalten, Emotionalität und Denken, durch die eine Orientierung in der Wirklichkeit verhindert wird.

Psychotherapie: Methoden zur Behandlung psychischer und psychisch bedingter körperlicher Störungen, die eine Veräünderung des unangemessenen Verhaltens und Erlebens durch Intervention auf der psychischen Ebene zum Ziele haben.

pub: gesellschaftlich-weltlicher Speicher: sigmatische Komponente der Umweltperson

> γpub **weltlich orientierte Wahnvorstellungen** zur eigenen Bedeutung

> δpub **Verdrängung weltlicher Realitäten**, Weltfluchtideen, Angst vor

vielen Menschen und weiten Räumen

βpub **gesellschaftliche,** weltliche u. öffentliche Hintergrundsinhalte evtl. magischer Art

αpub **vielerlei gesellschaftliche** Einzelinhalte und Kenntnisse

Pubertät: Abschnitt der Jugendkrise, in dem die sekundären Geschlechtsmerkmale entwickelt werden und die Geschlechtsreife eintritt.

Publikumssuche: die Gesellschaft von Menschen wird gesucht, um diese als Publikum zur Darstellung der eigenen Person zu nutzen.

Pyrophobie: zwanghafte Furcht vor Feuer.

q: Qualitätenbedürfnisse: semantische Komponente der Einstellungsperson

γq **Qualitätenturbulenz,** verschrobene Effektbedürfnisse, Geschmacksverirrungen, Künstlerwahn, Qualitätswahn

δq **Qualitätengehemmtheit,** es entsteht keine Beziehung zur Qualität und zu Qualitätsunterschieden; es besteht kein Interesse für Qualitäten und deren Wirkungen, für musische und ästhetische Phänomene, es wird aus Angst oft in eine reine Nützlichkeitseinstellung und Quantitätssucht ausgewichen

βq **Kitsch,** Effektbedürfnisse, Veräußerlichungen,

αq **ästhetische Bedürfnisse,** Geschmack, Qualitätssinn, musisch, künstlerische Neigungen,

qualitativ, Qualität : auf Qualität und Qualitäten ausgerichtete Auffassungs- und Reaktionsweise, im Zusammenhang mit der Qualität der eigenen Leistungen, aber auch des Erarbeitens im Sinne der Güte zu sehen.

quantitativ, Quantität: auf Menge und Masse fixiert.

r: retentives Temperament: pragmatische Komponente der Traditionsperson

γr **Retentionsturbulenz,** akinetische Reaktionen, Stuporerscheinungen, negativistische Haltung

δr **Retentive Gehemmtheit,** es entwickelt sich keine Behauptung, Festigkeit und Eigenwillen sowie Beharrungsvermögen werden nicht entfaltet; ängstliche Standpunktschwäche sowie wurzel- und haltloses Schwanken sind die Folge, Neinsagen wird unmöglich.

287

βr **Verfestigung,** Trotz, Abwehr, Phlegma, Sturheit, Unelastizität, Monotonie, Gleichförmigkeit

αr **Festigkeit,** retentiv, stetig, gleichmäßig, ausdauernd, beständig, beharrlich,

rastlos: kommt nicht zur Ruhe.

Rationalisierung: Angeben von vernünftigen, rationalen Gründen als Ursachen für das eigene Tun und Denken, die aber nicht wirklich Ursache sind, nur dafür gehalten werden; ein unbewußt verlaufender Prozeß, der im Falle der Einsicht darin zur Lüge werden würde.

rationalistisch: es gelten nur rationale oder scheinbar rationale Feststellungen, auch dort, wo Emotionen, Affekte usw. betroffen sind.

Rationalität, rational: verstandesmäßig, vernunftorientiert.

räumliches Vorstellvermögen: Fähigkeit, sich die räumlichen Formen und Verhältnisse jeweils ohne Anschauungsmaterial vorzustellen, vgl. vk.

rauschhafte Zustände : Zustand zumeist glückhafter Erregung durch Erlebnisse oder berauschende Drogen.

reagibel: spricht leicht an und reagiert schnell und beweglich.

Reaktionsbildung: u. a. Vermeidung angstbeladener Wünsche durch Verwendung gegenteiliger Intentionen und Verhaltensweisen als Schutzwall.

Reaktionsweisen (Sys): Beschreibung der Art und Struktur der Reaktionen gegenüber den Eindrücken der Welt

reaktiv: antwortet auf Reize, neigt weniger dazu von sich aus aktiv zu werden.

realistisch: wirklichkeitsgerecht und wirklichkeitsnah.

Rechenstörungen, neurotische: Schwierigkeiten beim Rechnen, bei Kindern häufig infolge einer Besitzproblematik (Dührssen), meistens infolge von retentiven oder lokalen Gehemmtheiten.

Redundanz: Weitschweifigkeit; der Grad der Weitschweifigkeit wird an der Anzahl der verwendeten Signale im Vergleich zu den für die betreffende Information unbedingt erforderliche Signalzahl bestimmt.

reflektierend: sich in sich überlegend vertiefend, vielfach für abwägende Persönlichkeiten gebraucht.

Reflex, Reflexreaktionen: angelegte Verknüpfungen zwischen sensorischen und motorischen Nerven, um in Gefahrenfällen schnell zu reagieren, wobei die Verknüpfungen über das Rückenmark erfolgen.

Reform: Änderung und Neugestaltung.

rege, sich regen: von sich aus lebhaft und aktiv, auch ohne Anregung von außen zu reagieren.

regelhaft: hält sich an vorgeschriebene und übliche Regeln.

regellos: folgt weder im Erleben noch im Leben inneren oder äußeren Regeln.

regelnd: versucht, für sich und seine Umwelt Regeln einzuführen und durchzusetzen.

regierend: bemüht sich, die Dinge zu lenken und in den Griff zu bekommen.

registrierend: sammelt und behält alles.

Regression: Rückzug auf eine frühere Entwicklungsstufe mit einfacheren Reaktionen und vermindertem Anspruchsniveau.

regulierend: legt fest und bestimmt, wie alles abläuft.

Reife: ein Entwicklungsstand, bei dem Zwischenstufen weitgehend überwunden und ausgeschaltet sind, der eine selbständige, ausgeglichene, der Wirklichkeit angepaßte und doch unabhängige Persönlichkeit entspricht, wird über Zwischenstufen gewonnen, in denen mancher ganz oder in Teilbereichen steckenbleibt (unausgereift, begrenzt entwickelt usw.).

Reifung: durch genetische Faktoren ausgelöster und gelenkter Entwicklungsvorgang, dessen Ergebnis eine Funktion der genetischen Faktoren in der Auseinandersetzung mit der Umwelt ist.

relativ, Relativismus: verhältnismäßig, vergleichsweise, stets bezogen auf Umstände, nicht absolut und endgültig.

relativierend: Sachverhalte und Ereignisse werden in ihrer Bedeutung durch Änderung der Bezugsgrößen verändert.

relativistisch: alles wird relativiert, alle festen Bedeutungen und Sachverhalte werden geleugnet.

Reliabilität, Reliability: Zuverlässigkeit; ein Kriterium für diagnostische Verfahren, daß diese auch bei wiederholter Anwendung bei derselben Person zu gleichen Ergebnissen führen.

religiös, Religiosität: gläubig, Anhänger eines übermenschlichen Glaubenssystems.

repräsentativ, Repräsentation: wirkungsvoll, Wirkung und Ausstrahlung von Haltung und Verhalten.

Reserve, reserviert: geht nicht auf andere zu, wartet ab und bleibt eher im Hintergrund.

Ressentiment: Abneigung gegen andere und andersartiges, hegt ihnen gegenüber Vorbehalte.

Retardation: Reifehemmung, Reifeverzögerung.

retentiv, Retention: beharrend, Beharrung, Beständigkeit, vgl. r.

Retroaktive Interferenz: störender Einfluß beim Behalten von Gedächtnisinhalten durch Informationen, die später erworben werden.

Retrograde Amnesie: Verlust von Erinnerungen aus der Zeit vor dem Schock, der die Amnesie ausgelöst hat.

Rezeption: Aufnehmen, Wahrnehmung, Informationsempfang.

Rezeptionskompetenz, nichtsprachliche (an): Fähigkeit, die Umwelt, vor allem soziale, auch ohne sprachliche Kommunikation richtig zu verstehen und sich dementsprechend zu verhalten.

Rezeptionskompetenz, sprachliche (aw): Fähigkeit, die sprachlichen Äußerungen in der jeweiligen Umwelt richtig zu verstehen, zu deuten und sich dementsprechend zu verhalten.

rigide, Rigidität: spröde und starr, dabei aber zerbrechlich.

risikobereit, Risikobereitschaft: nimmt auch Risiken, also Gefahren und Verluste, in Kauf bei seinen Reaktionen.

Risikoscheu: geht allen Risiken möglichst aus dem Wege, wagt wenig.

rituell, Ritus: gottesdienstlicher Gebrauch, zeremonielles Verhalten .

robust: widerstandsfähig und belastbar.

Rolle: sozial bestimmtes Verhaltensmuster, das vorschreibt, wie sich der Rolleninhaber verhalten sollte.

Rollenunklarheiten: die Person ist sich nicht klar, welche Rolle sie in ihrer Umwelt spielt und gewinnt dadurch keine angemessene Orientierung in der Realität.

Romantik, romantisch: schwärmerische Gefühlslage und Gefühlsbetonung

rosarote Brille, betrachtet alles durch eine: übertriebener Optimismus.

Rotation: eine andere Bezeichnung für Gehemmtheit im Sinne der Stauung von Komponenten und Elementen während der ersten Ausbildung.

Rp- Rationalperson: Element der Persönlichkeit im Bereiche der Vernünftigkeit.

γRp **atavistische Grenzform,** _Disorientation,_ Desorientierung, funktionale Desorientierung hinsichtlich Zeit und Ort, es kann zur Unfähigkeit kommen, Menschen wiederzuerkennen, die der Patient kennen müßte, traumhaftes und nebelhaftes Erleben, Verwirrtheitszustände, paranoide Neugier, Gefühl durch das Schweigen anderer ausgeschlossen zu werden, esoterische Wahnvorstellungen,

δRp **gehemmte Grenzform,** _rationale Gehemmtheit:_ es fehlt an Steuerung der Abläufe und damit der Bezug zu Ordnungen und Regeln, es fehlt aber auch das Leiden daran, Züge neurotischer Verwahrlosung treten hervor, Irrationalität, Unvernunft, indirekte Augenblicksabhängigkeit, Uninteressiertheit, Angst vor eigener Neugier, die vernunftbestimmte Ichsteuerung wird nicht herausgebildet; es bilden sich Steuer- und Disziplinlosigkeit, Unvernunft und die sog. Neurotische Verwahrlosung.

βRp **infantile Form,** _Vernünftelei,_ Neigung zu Schematismus und eingeengtem Formalismus, Züge von Schablonenhaftigkeit, Enge, Intellektualismus, irrationale Weltfremdheit, αRp **reife Form,** *Vernünftigkeit,* Überlegung, Selbstdisziplin, Steuerung und kritische Haltung, Geist, noetischer Oberbau, Ichperson, intellektuelle, rationale Bedürfnisse, theoretische Ausrichtung, Unterscheidungsschärfe,

Rücksichtnahme, rücksichtsvoll: beachtet und berücksichtigt die Belange und Wünsche anderer.

rücksichtslos: läßt jede Rücksichtnahme vermissen.

Ruhe, ruhig: läßt sich nicht erregen und nicht antreiben.

Ruhebedürfnisse, Ruhestreben: Suche nach Ruhe und Ruhegewinn.

rührig: eifrig, aber dabei nicht frei von Betriebsamkeit.

s: schizothymes Temperament: pragmatische Komponente der Ichperson

γs **Ichturbulenz,** herabgesetztes Realitätsbewußtsein, traumhaftes und nebelhaftes Erleben, Verwirrtheitszustände

δs **Ichgehemmtheit,** die vernunftbestimmte Ichsteuerung wird nicht herausgebildet; es bilden sich Steuer- und Disziplinlosigkeit, indirekte Augenblicksabhängigkeit, Unvernunft und die sog. neurotische Verwahrlosung

βs **Verregelung,** Schablonisierung, Einengung, Schematismus, Drillformen

αs **Rationalität,** Überlegung, planvoll, kritisch, diszipliniert, gesteuert

sachbestimmt, sachbezogen, sachlich: orientiert sich an der Sachlage, nicht an persönlichen Wünschen oder der Meinung anderer, läßt sich in seinem Vorgehen und Denken von der Sache bestimmen.

sachfern, sachfremd: läßt sich in Informationsaufnahme, -verarbeitung und Reaktion nicht von der Sache und sachlichen Faktoren leiten, im Gegenteil.

Säg: Weltbegegnungsstil: Verlaufsform der allgemeinen Beziehung zur Welt an sich und zum weltlichen Geschehen.

Salivomanie: krankhafte Sucht, ständig auszuspucken.

sammelnd: Gegenstände, Informationen und Ideen werden zusammengetragen.

Sammelsucht: krankhafte leidenschaftliche Neigung, bestimmte Gegenstände ästhetischer, wissenschaftlicher oder absonderlicher Art zu sammeln; kann beherrschend und „tötend" sein.

Sammeltrieb: Neigung, Gegenstände ohne Rücksicht auf ihre Brauchbarkeit einzusammeln und aufzuheben.

sanguinisch: eine lebhafte, frohe und euphorische Temperamentslage, vgl. m.

Säs: Weltbegegnungsstruktur: Aufbau und Entwicklungsstand der Weltbegegnung im allgemeinen.

Sbg: Erlebnisstil: Verlauf und Schwerpunkt der persönlichen Erlebnisweise.

Sbs: Erlebnisstruktur: Aufbau und Entwicklungsstand der persönlichen Erlebnisweise.

schablonenhaft, Schablonenhaftigkeit: Aufnahme- und Reaktionsweise nach angelernten und angewöhnten, relativ starren Vorlagen.

scharf: leicht spitze und auch verletzende Reaktionsweise.

schematisch: reagiert auch auf unterschiedliche Reize in gleicher Weise, es fehlt an Nuancierung.

scheu, Scheu: traut sich nicht hervor, bleibt im Hintergrund, geht im allgemeinen nicht auf andere Menschen zu; die Scheu kann sich auch auf bestimmte Situationen und Inhalte beschränken.

schizoid: weist auf eine ungesellige, wenig warme, eher autistische Persönlichkeit hin, die introvertiert und zur Feindseligkeit oft unfähig ist; verstärkt schizothym.

schizophren, Schizophrenie: sog. Geisteskrankheit, gehört zu den endogenen Psychosen, zeigt ein vielgestaltiges und vielfältiges Symptombild unterschiedlichster Konfiguration mit Störungen des Denkens und der Sprache ohne Herabsetzung des intellektuellen Potentials; erblich ist anscheinend nur die Disposition, die Ausbruchsursachen sind nicht sicher eingrenzbar. Auch erscheint fraglich, ob es sich tatsächlich bei diesem Formenkreis um eine einheitliche Krankheit handelt.

schizothym: eher feinsinnige Wesensart, eher reserviert und nach außen kühl bleibend, im Grunde aber beeindruckbar und herzlich, schließt sich ab, lebt in einem kleinen Kreise fester Beziehungen, vgl. s.

Schlamperei: Mangel an Ordnung und Ausführungsqualität.

Schmerzempfindsamkeit (sn): gesteigerte Sensibilisierung gegenüber Schmerzen verursachenden Reizen.

schnell: hohes Tempo der inneren Abläufe bzw. der Reaktionen.

schnüfflerisch: erhöhte Neugier zeigend.

schöngeistig: schwärmt für schöne Künste, Literatur und Kultur bei geringer Haftung in der Tagesrealität.

schöpferisch: s. kreativ

schrittweise: die Informationsaufnahme erfolgt in kleineren Schritten und Einzelheiten, nicht global und im Ganzen, wobei Überblick und Zusammenhänge u. U. verloren gehen.

schüchtern: fühlt sich nicht sicher und traut sich daher nicht hervor.

Schuldgefühl: Gefühl, gegen ein Verbot (sittliches, religiöses usw.) verstoßen zu haben.

schützen: sich und anderer oder von Gegenständen vor Unbill bewahren.

schutzsuchend: Anlehnung an andere oder Verstecken aus Verletzlichkeit, Furcht, Angst oder Unsicherheit.

schwankend: wechselhaftes Leben und Erleben aus Schwäche des Sichbehauptens, hin und wieder auch aus innerer Vielfalt bei mangelnder Integration.

Schwärmerei, schwärmerisch: übersteigerte unangemessene Begeisterung.

schweifend: flexibles Umhertasten zur Anpassungsgewinnung.

schwer: braucht viel Zeit, um zu reagieren und reagiert auch eher plump und schwerfällig.

schwerblütig: eher bedächtige, ernste und haftende Lebens- und Erlebnisweise.

schwermütig: vgl. deprimiert.

schwülstig: in Ausdruck und Gedanken überladen.

Schwung, schwungvoll: dynamisch, Impulsstärke.

Seele, seelisch: von Klages für thymopsychische und somatopsychische Regungen als Gegensatz zum Geist verwendete Bezeichnung, an sich unbrauchbar für psychische Vorgänge und Inhalte, da theologisch besetzt. Ansonsten oft aus falsch verstandener Sprachreinheit als Übersetzung für „Psyche und psychisch" verwendet.

Sehfähigkeit, Sehschärfe (ss): Fähigkeit, auch feine optische Unterschiede und kleine Gegenstände scharf zu erfassen.

seicht: eher flach und oberflächlich.

Selbst: Das Ich, dessen sich die Person in ihrem Denken, Fühlen und Handeln bewußt ist

Selbstabhebung: Reaktionsformen, die der eigenen Person helfen, sich abzugrenzen oder auch sich aus der Masse herauszuheben.

selbständig, Selbständigkeit: Unabhängigkeit von anderen, deren Meinungen und Vorstellungen, aber auch von Situationsvariablen, aber nicht mit Selbstherrlichkeit zu verwechseln.

Selbstbehauptung: kann sich und seinen Standpunkt auch gegenüber fremden Einflüssen wahren.

Selbstbespiegelung: vgl. Narzißmus.

Selbstbestimmung: selbständig das eigene Leben und Erleben gestalten.

selbstbetont: Herausheben der eigenen Person aus der Masse.

Selbstbeurteilung/ Selbsterkenntnis: Fähigkeit, die eigene Persönlichkeit objektiv zu sehen und zu verstehen; kaum vollständig möglich, meistens nur in Teilen und auf Teilgebieten erreichbar; setzt auch Analyse des natürlichen Rationalisierungsvorgangs voraus.

selbstbezogen: reagiert, als ob die Reize der Umwelt stets auf ihn selbst gemünzt sind.

selbstdarstellerisch: das Verhalten zielt darauf ab, Eindruck zu machen und die eigene Person in den Vordergrund zu rücken.

Selbstdisziplin: vermag die eigenen Regungen zu lenken und zu steuern, wo nötig einzudämmen oder gar zu unterdrücken.

Selbstdurchsetzung: ist fähig, sich und seine Meinung anderen gegenüber zur Geltung zu bringen und die anderen in seinem Sinne reagieren zu lassen.

Selbsterniedrigungstendenz: macht sich klein und setzt seinen Wert gegenüber anderen niedrig an, evtl. nur, um „angehoben" zu werden (Nietzsche: „Wer sich selbst erniedrigt, will erhöhet werden").

Selbstgefühl, Selbstwertgefühl: allgemeine wertende Einstellung gegenüber dem eigenen Selbst oder Ich.

Selbstherrlichkeit, selbstherrlich: setzt sich über alles hinweg und handelt, als ob sich alle und alles nach ihm richten müßten.

Selbstschätzungsbedürfnisse : vgl. Geltungsdrang.

selbstüberzeugt: kennt seinen Wert und seine Bedeutung oder ist überzeugt, sie zu kennen.

selbstunkritisch: ist unfähig, sich und seine Möglichkeiten richtig einzuschätzen, überschätzt sich ständig.

Selbstvertrauen: kann sich auf sich verlassen, hat keinen Grund zu verzagen.

Selbstverwirklichung: entfaltet seine Möglichkeiten voll, ist im Falle des Selbstverwirklichungsstreben bemüht, dieses zu tun.

Selbstzerfleischungs- und -zerstörungsreaktionen: richtet seine zerstörerischen Tendenzen gegen die eigene Person, psychisch wie physisch, eine Turbulenzerscheinung.

Semantik: bezeichnet die Richtungs- und Zielperspektive kybernetischer Systeme; dem entspricht in der Persönlichkeit der Bedürfnisaspekt.

sendungsbewußt, Sendungsideen: fixiert, evtl. wahnhaft, auf bestimmte von der Person zu verwirklichende Ziele.

Sensibilität, sensibel: feinfühlig, empfindsam, nicht mit empfindlich zu verwechseln

Sensitivität: verstärkte Gefühlstiefe und Gefühlserlebnistiefe, aber auch erhöhte Störbarkeit und Anfälligkeit.

sentimental, Sentimentalität: Gefühlchen, oberflächliche, romantische Wärme

sf: vgl. Ausdrucksfähigkeit, nichtsprachliche

sg: vgl. Gepflegtheit

Sg: Humaneinstellungsstil: Verlauf und Schwerpunkte der individuell / kulturellen Einstellung.

Sgs: Humaneinstellungsstruktur: Aufbau und Entwicklungsstand der individell / kulturellen Einstellung.

sh: vgl. Adaption, Hell-dunkel

sicher, Sicherheit: ohne unnötige Ängste und Fluchttendenzen, besitzt genügend Selbstgefühl.

Sicherheitsbedürfnisse: strebt nach Sicherheit und sicherheitsgebenden Umständen.

Sigmatik: bezeichnet die gegenständliche Perspektive kybernetischer Systeme; betrifft in der Persönlichkeit den Speicher (Cy) und seine Inhalte.

Singularisierung: Vereinzelung.

sinnenhaft: in Informationsaufnahme und -verarbeitung von der sinnlichen Wahrnehmung bestimmt, meistens wenig Einfluß rationaler Elemente.

Sinngehaltssuche: auf der Suche nach dem Sinn im Leben und Geschehen.

sinnlich: sinnenhaft und anschauungshaft ausgerichtet; auch im sexuellen Sinne verstanden.

skeptisch: zweifelnd, streng prüfend.

skizzenhaft: nur in Umrissen und wenig präzise.

Skopophobie: zwanghafte Angst, dem Anblick anderer ausgesetzt zu sein; auch Furcht vor der Blamage.

Skotophobie: (Nyktophobie); übertriebene Furcht vor Nacht und Dunkelheit.

Skrupel; skrupelhaft: Zweifel, Bedenken und Vorbehalte entwickelnd.

skrupellos: entwickelt keine Zweifel und Bedenken.

sn: vgl. Schmerzempfindsamkeit

So: Sinngehalte, Welteinstellungsstil: Verlauf und Trends der Einstellung zur Welt im allgemeinen, der weltlichen Einstellung.

solide, Solidität: nicht ausschweifend, fest und verläßlich.

Somatopsyche: dem Körperlichen und den körperlichen Bedürfnissen benachbarte psychische Faktoren und Elemente des Ego und der Weltbeziehungen.

sorgend: sich Gedanken um das Wohlergehen anderer machend, fürsorglich.

sorgenvoll: macht sich Gedanken um die Dinge, um das, was kommen wird.

sorgfältig: korrekt und genau.

sorglos: macht sich keine Gedanken, läßt die Dinge an sich herankommen.

sortierend: nach System ordnend.

Sos: Welteinstellungsstruktur: Aufbau und Entwicklungsstand der allgemeinen Einstellung zur Welt.

Sozialängste: Furcht bzw. Angst vor sozialen Begegnungen und Verpflichtungen.

Soziale Beziehungsgestaltung (Gy): Beschreibung des Verlaufsstils der Gestaltung sozialer Beziehungen zwischen Angriff und Anpassung

Soziale Einstellung (Sg): Beschreibung der inneren Einstellung zu anderen Systemen.

Soziale Handlungsformen (Gys): Beschreibung der Art und Struktur des Handelns im sozialen Umfeld.

Soziale Handlungsstruktur (Gse): Art und Struktur der sozialen Wirkungstrends

soziale Lebensformen: s. Lebensformen

Sozialengagement: beteiligt sich an der Lösung sozialer Probleme.

sozialer Stil der Persönlichkeit: Art und Weise des Verhaltens in der Begegnung mit Menschen

Soziales Bummeln: unbewußte Neigung, in der Anstrengung nachzulassen, wenn in der Gruppe gearbeitet wird, unabhängig davon, ob die Aufgabe interessant oder wichtig ist.

soziales Stereotyp: Bündel der Vorstellungen und Überzeugungen zu Persönlichkeitseigenschaften und persönlichen Fähigkeiten der Mitglieder in einer Gruppe.

soziale Ungebundenheit: ohne soziale Bindungen und Verpflichtungen lebend.

soziale Wirkungstrends (Ge): angestrebte Handlungsweisen und Handlungsformen im sozialen Umfeld

Sozialisation: Prozeß der Herausbildung persönlicher Wahrnehmungs- und Verhaltensmuster in der Auseinandersetzung mit den Maßstäben der Gesellschaft.

Sozialutopien: realitätsferne Vorstellungen zur Lösung sozialer Probleme, insbesondere auch solche, die der Wirklichkeit der menschlichen Natur widersprechen.

Spekulation, spekulativ: auf Mutmaßungen aufbauende Erwartung und Einstellung.

sperrend: läßt keine Reize an sich heran und keine Reaktionen heraus.

spröde: eine Konsistenz wie eingetrocknete Farbe mit harscher Oberfläche und bröckelig.

sprühend: lebhafte, versatile Gedankenführung und Sprache.

sprunghaft: plötzlich wechselnde Reaktionsweise.

Sp- Sozialperson: Element der Persönlichkeit im Bereich der Anpassung und Fürsorge

γSp atavistische Grenzform, *Functional Impairment* Funktionale Schwäche mit Beschwerden über die Unfähigkeit, sich zu konzentrieren, zu arbeiten oder Entscheidungen zu treffen; Interesse an anderen Menschen, am anderen Geschlecht oder gesellschaftlicher Aktivität ist herabgesetzt oder fehlt, Verführbarkeits- und Hingabezwänge; Zwang, Unbrauchbares zu erhalten;

δSp gehemmte Grenzform, *Sozialängste:* Angst vor der Anpassung an soziale Gegebenheiten, Neigung zu unangemessenem Freiheitsdrang, unsensibel, rigide, vertrauenslos in sozialer Hinsicht, Angst vor sozialen Aufgaben, vor Helfen, Hegen und Pflegen, Hingabegehemmtheit, Nichtentfaltung von Beeindruckbarkeit und Sensibilität - besonders im Umgang mit der sozialen Umwelt - , das führt zu Rigidität, Vertrauenslosigkeit, Anpassungsunfähigkeit, Mangel an Lösung und Entspannung.

βSp **infantile Form,** *Abhängigkeit* Nachgiebigkeit, Beeinflußbarkeit, erdrückende Fürsorge, die keinen echten Halt und keine wirkliche Hilfe gibt, die zur Beherrschung anderer führt, Herrschen durch Schwäche,

αSp **reife Form,** *Hingabe* soziale Bedürfnisse, Engagement in der Gemeinschaft, Dienstbereitschaft, Anpassung, Beeindruckbarkeit, Hegen und Pflegen, soziale Anpassung, fluktuierende Aufmerksamkeit, Bewußtheitsweite,

ss: vgl. Sehschärfe

stabil: fest, unbeirrbar und widerstandsfähig.

Standpunktschwäche: es fehlt die Fähigkeit, eigene Standpunkte und Ansichten zu entwickeln und vor allem zu bewahren.

starr: unelastisch, unbeweglich, inflexibel.

Statusdenken: denkt vor allem an seinen Ruf, seine Stellung und sein Ansehen.

Statussucht: Ein Statusdenken, das jeden Gedanken, jede Reaktion beherrscht, die Persönlichkeit durch und durch bestimmt.

steif: beschreibt Vorstellungs- und Gestaltungsweise sowie Verhalten als wenig gewandt wenig beweglich, eher ungelenk.

stetig: gleichmäßiger und beständiger Verlauf.

steuernd: die eigenen Impulse lenkend, aber auch das Verhalten anderer bestimmend.

Stil: bezeichnet Verlauf und Schwerpunkte eines Geschehens.

Stimmenhören: akustische Halluzinationen in Form von Stimmen, die nicht vorhanden sind.

störbar: läßt sich durch Umstände immer wieder aus dem Konzept bringen.

störend: versucht, andere und die Umstände aus dem Konzept zu bringen.

störrisch: läßt sich nicht beeindrucken, nicht lenken, setzt jedem Einfluß Widerstand entgegen - meistens grundlos -.

straff: angespannte und disziplinierte Haltung.

streberhaft: vgl. Ehrgeiz, persönlicher.

strebsam: bemüht sich, Leistung zu erbringen.

streng, Strenge: entwickelt eine bestimmte Haltung und hält mit Ernst strikt daran fest.

Streß, Streßverhalten: Muster spezifischer und unspezifischer Verhaltenserscheinungen infolge von Bedingungen, die das persönliche Gleichgewicht stören und die eigenen Fähigkeiten zur Problemlösung überschreiten.

Struktur: Aufbau und Entwicklungsstand eines Gegenstandes, sein inneres Gefüge.

stückweise: betrifft vor allem die Informationsaufnahme und -verarbeitung, die in Teilschritten und nicht im Ganzen erfolgen, wobei leicht Lücken entstehen können.

stumpf: spricht wenig oder gar nicht auf Anregungen an.

Stupor: abnormer Zustand mit Fehlen jeder körperliche und psychischen Aktivität.

stur, Sturheit: beharrt auf seinem Standpunkt und zeigt sich unbeeinflußbar und uneinsichtig.

stürmisch: übersteigerter Expansionsdrang.

subaltern: unterwürfig.

subjektiv, Subjektivität: faßt die Dinge gefühlshaft und ohne Realitätsprüfung auf.

Sublimation, Sublimierung: Befriedigung nicht erfüllbarer Wünsche und Ansprüche durch von der Gesellschaft und der Umgebung akzeptierte Ersatzhandlungen.

subordinativ: unterordnend.

Sucht, süchtig: körperliche und/oder psychische Abhängigkeit von konkreten und abstrakten Gegenständen; auch für die Abhängigkeit von Drogen verwendet.

Sy: Aufnahmestil: Verlauf und Schwerpunkte der Eindrucksaufnahme.

Syntaktik: bezeichnet die Verknüpfungsperspektive in kybernetischen Systemen; bezieht sich in der Persönlichkeit auf die Begabungskomponenten.

Sys: Aufnahmestruktur: Aufbau, Entwicklungsstand und inneres Gefüge der Eindrucksaufnahme.

Systematik, systematisch: Aufbauregeln und Ordnungs- sowie Verknüpfungssystem und seine Folgerungen.

systematisierend: mit Hilfe einer Systematik Inhalte ordnend.

t: taxonomische Bedürfnisse: semantische Komponente der Überichperson

γt **Taxonomische Turbulenz,** verschrobene, irreale Wertbedürfnisse, ideologische Zwänge und Verabsolutierungen, Gerechtigkeitszwänge, religiöses Eiferertum

δt **Taxonomische Gehemmtheit,** das Wertstreben wurde nicht ausgebildet; Angst vor der Entwicklung eigener bzw. Übernahme fremder Wertsysteme und Bewertungen führt zu Neutralismus, Relativismus, Areligiosität, Amoralität und Opportunismus.

βt **Orthodoxie,** ideologische Engstirnigkeit, ideologistisch, frömmelnd, illiberal, Fundamentalismus

αt **ethisch,** weltanschaulich festgelegt und gebunden, Werthaltung,

Tastempfindsamkeit (tg): Fähigkeit, feine Unterschiede bei Berührung zu erfassen, führt übersteigert zu Abwehrreaktionen gegenüber Hautkontakten mit der Umwelt.

Tätigkeitserfahrung (fu): Beschreibt die durch Erfahrung erworbene Routine bei den jeweils bezeichneten Tätigkeitsarten.

taxonomisch, Taxonomie: Einordnung und Bewertung in ein und einem System, in der Persönlichkeit in das weltanschauliche und Wertsystem des Individuums

technokratisch, technokratische Einstellung: wenig humane Betrachtungs- und Reaktionsweise, ein Verhalten, das eher technischem Zweckdenken entstammt, hierfür nicht unbedingt angemessen ist

technologische Ausrichtung: Interesse und Neigung für technische Vorgänge und Lösungen.

Teilnahme, teilnehmend: beteiligt sich, engagiert sich gefühlsmäßig.

tg: vgl. Tastempfindsamkeit

theoretische Neigungen: interessiert sich für Theorien und theoretische Durchdringung der jeweiligen Sachverhalte.

theoretisierend: übersteigerte theoretische Ausrichtung unter Verlust des Realitätsbezuges.

Thymopsyche: umfaßt Stimmungen und Gefühlswelt im engeren Sinne des Sozialen und Kulturellen.

Tics: unregelmäßig sich wiederholende Reaktionsfolge ohne Zweck.

tief, tiefgreifend: Affekte innerster Herkunft und privatester Art betreffend.

Tiefsinn: besinnliche Gründlichkeit.

tk: vgl. Berührungsaufgeschlossenheit, Nähefähigkeit

tolerant, Toleranz: weitherzig, duldet und erträgt ohne Abwehr unterschiedlichste Einstellungen und Reaktionsweisen.

Toleranz(Maßhaltigkeit): Verminderung der Effektivität bei längerem oder häufigerem Gebrauch, zulässige Paßformabweichungen.

Tollkühnheit: riskante Unternehmungslust.

tonangebend: bestimmend, die erste Geige spielend.

totstellreflexartige Mechanismen: plötzliches Aufhören jeder Bewegung sowie aller Reizaufnahme; besonders in Schreck- und Schocksituationen, bei einigen Angstreaktionen auftretend.

Tp- Traditionsperson: Element der Persönlichkeit aus dem Bereich der Sicherung und Bewahrung

γTp **atavistische Grenzform,** _Retardation_ Verlangsamung von Sprache und Vorstellung, Verminderung der motorischen Aktivität bis zur Blo-

ckierung, Apathie und Desinteresse an der Zukunft kommen hinzu, Stuporerscheinungen, negativistische Haltungen, Katzenheimweh, Zukunftsphobi-
en,

δTp **gehemmte Grenzform,** _Traditions- und Vertrautheitsängste:_
Wurzellosigkeit, Mangel an Standpunkt, haltloses Schwanken, Mangel an
Bodenständigkeit, kann nicht nein sagen, Flucht vor Sicherem, Gewohntem
und Vertrautem Es entwickelt sich keine Behauptung, Festigkeit und Eigenwillen sowie Beharrungsvermögen werden nicht entfaltet; ängstliche Standpunktschwäche sowie wurzel- und haltloses Schwanken sind die Folge,

βTp **infantile Form,** _Fixiertheit_ Verfertigung, Trotz, Abwehr, Unelastizität, Phlegma, Sturheit, Gewohnheitenverhaftung, Traditionsfixierung, Sicherheit um jeden Preis,

αTp **reife Form,** _Bewahrung_ Festigkeit, Selbstbehauptung, Traditions-
gebundenheit, Traditions- und Besitzbedürfnisse, ökonomische Bedürfnisse,
Phlegma, Gelassenheit, Beharrung, Beständigkeit, Bewußtheitsschärfe, fixierende Aufmerksamkeit.

traditionell, Tradition, -sbedürfnisse: sich an Überlieferungen, Herkommen
und Gebräuche haltend.

träge, Trägheit: stark verlangsamte, adynamische Abläufe und Reaktionen,
die bis zum Stillstand reichen.

Trauma, traumatisch: von besonders großer Furcht oder Angst begleitetes Ereignis, das zur einem unangemessenen Reaktionsschema führt, das viele Jahre wirksam bleibt.

traumhaftes und nebelhaftes Erleben: Das Erleben wirkt nicht unmittelbar,
sondern mehr wie aus weiter Ferne, die Eindrücke werden nicht klar und
scharf erfaßt.

traurig: Stimmungsveränderung nach schwerwiegenden Erlebnissen, z.B.
Verlust geliebter Menschen usw.

triebhaft, Triebhaftigkeit: Reizverarbeitung und Reaktionen, die auf unmittelbare, rational nicht kontrollierte Impulse aus den Tiefenschichten der
Person zurückgehen.

trocken: farblos, blass und phantasielos.

Trotz, trotzig: Abwehr, Negation, Verweigerung der Anpassung und Einfügung und Umstellung.

Turbulenz: ein anderer Terminus für atavistische Formen der Elemente und Komponenten.

Tyrannei, tyrannisch: Gewaltherrschaft, gewaltsame Unterdrückung anderer.

u: universale Bedürfnisse: semantische Komponente der Kulturperson

γu **Universale Turbulenz,** verschrobener Kulturfanatismus, kultureller Sendungswahn, Bilderstürmerei, Maschinenstürmerei, Kulturaposteltum, Kultur-Erneuerer

δu **Universale, kulturelle Gehemmtheit,** führt dazu, daß sich kein Interesse an Kultur, Sprache und Werden der Gesellschaft herauszubilden vermag, so daß häufig Zweckfanatismus, Kulturabwehr und Überbetonen des Zivilisatorisch-Funktionellen erscheinen.

βu **Schöngeistigkeit,** Kulturschwärmerei, Antifunktionalismus

αu **Kulturgebundenheit,** Idealismus, historische Neigungen

überdiszipliniert: vgl. übersteuert.

übereilt: schneller als es das innere Tempo zuläßt, hastig.

übererregt: übersteigerte Erregung.

übergeschäftig: übertriebene Geschäftigkeit.

überheblich: Reaktionsweise, die darauf hinweist, daß die betreffende Person sich anderen Menschen überlegen fühlt.

Überich: nach Freud ist das Überich der Sitz der Werte, gewissermaßen die moralische Instanz der Persönlichkeit. (umfaßt nur einen Teil der Überichperson Üp).

überlegend, überlegt, Überlegung: denkt nach, ehe er reagiert.

überlieferungstreu: hält sich innerlich und äußerlich an Überlieferungen.

überragend: ein besonders hohes Niveau.

Überschwang, überschwenglich: übermäßige und übersteigerte Äußerungsweise auf den verschiedensten Gebieten.

übersteuert: übertreibt die Lenkung und Disziplinierung, so daß es einerseits immer wieder zu Entgleisungen, andererseits zu unangemessenen Versteifungen und Verspannungen kommt.

Übertragung: Prozeß in der Psychotherapie, wobei der Patient Gefühle etc. gegenüber anderen Personen auf den Therapeuten überträgt.

Übervorsicht, übervorsichtig: übertriebene und hemmende Vorsicht und Bedenklichkeit.

überwältigend: überragende Entfaltungen, aber auch Reaktionsweisen, mit deren Hilfe andere beherrscht und unterdrückt werden.

überzeugend: andere Menschen beeindruckend und belehrend.

üblich: das sog. Normale, das, was alle tun.

um: vgl. Benehmen

umfassend: alle Reize berücksichtigend, nicht nur Teile, auch Hintergründe einbeziehend.

Umgebung/Umwelt: während Umgebung alle Gegenstände und Wirkungsgrößen im Umfeld der Person enthält, schließt der Begriff der Umwelt nur jene ein, die unserer Erfahrung zugänglich und Aufforderungscharakter für das Individuum haben.

Umgestaltung: Vorhandenes neu bearbeiten und in eine andere Form bringen.

umrißhaft: global, nicht in Einzelheiten

umstellungsunfähig: kann sich nicht auf veränderte Situationen und Verhältnisse umstellen.

umtriebig: ruhelos, kommt nicht zur Ruhe und „treibt sich überall herum".

Umwelt: vgl. Umgebung

unabhängig, Unabhängigkeit: ist nicht von anderen Menschen und ihrer Meinung oder Haltung abhängig, weiß allein, was geschehen soll.

unalltäglich: anders als gewöhnlich und üblich.

unangemessen: führt zu Spannungen und Konflikten mit der Realität.

unangepaßt: findet keine vernünftige und brauchbare Resultante zwischen eigenen Formen und der Wirklichkeit und ihren Anforderungen.

unanregbar: läßt sich nicht beeindrucken.

Unansprechbarkeit: läßt sich nicht durch äußere Reize zu Reaktionen verleiten.

unauffällig: tritt nicht hervor, bleibt eher im Hintergrund.

unausgebildet: nicht entwickelt, ungelernt.

unausgeglichen: es fehlt an innerem Gleichgewicht, so daß mit verstärktem Vorkommen ungewöhnlicher und unerwarteter Reaktionen gerechnet werden muß.

unausgeprägt: unentwickelt.

unausgereift: nicht bis zur vollen Reife entwickelt.

unausgewogen: vgl. unausgeglichen.

unbedacht: unüberlegt.

unbedenklich: ohne hemmende Bedenken.

unbeeindruckbar: läßt sich nicht beeindrucken und formen.

unbeeinflußbar: bleibt stur und nimmt Einflüsse nicht zur Kenntnis.

unbefangen: frei und ungezwungen.

unbeherrscht: ohne Disziplin.

unbeholfen: wenig geschickt.

unbeirrbar, Unbeirrbarkeit: beharrlich und fixiert, auch gegenüber verstärkter Einflußnahme.

unberechenbar: ist nicht einzuschätzen, man weiß nicht, woran man mit ihm ist.

unberührt: reagiert nicht.

unbeschwert: wird nicht durch Bedenken behindert.

unbesonnen: überlegt nicht, wägt nicht ab.

unbeständig: wechselhaft.

unbestimmt: ohne klare Linie.

unbeteiligt: nimmt nicht teil, isoliert sich.

unbeweglich: eher starr und rigide.

Unbewußtes: nicht wahrnehmbare und nicht bewußt abrufbare psychische Größen und Konstellationen, die sich aber auf alle psychischen Prozesse auswirken können.

undifferenziert: einfach, primitiv und einfältig.

unduldsam: akzeptiert keine anderen Meinungen und Reaktionsweisen.

undurchsichtig: läßt sich nicht in die Karten schauen.

uneindeutig, Uneindeutigkeit: ohne klare Linie, unbestimmt, mal so mal anders.

uneinheitlich: reagiert immer wieder anders.

unelastisch: unbeweglich und inflexibel.

unentschieden: weiß nicht, was er will.

unentwickelt: die Entwicklung fand nicht statt oder wurde frühzeitig abgebrochen.

unerschütterlich: beharrt auf seinem Standpunkt, unbeeinflußbar.

unfest, unfestgelegt: bietet wenig Widerstand, sei es aus Kraftlosigkeit (unfest), sei es wegen fehlender Haltepunkt (unfestgelegt).

unflexibel: unbeweglich.

unfrei, Unfreiheit: festgelegt und befangen.

unfroh: fehlende gehobene Stimmung.

unfunktionell: keine Beziehung zum Funktionieren und zur Brauchbarkeit von Dingen, Einrichtungen und Verhaltensweisen.

ungebunden: ohne Bindung an Dinge oder Menschen.

ungedämpft: fehlende Eindämmung von Antrieben und Erregungen.

Ungeduldshaltung: kann nicht abwarten.

ungegenständlich: abstrakt und luftig.

ungehemmt, ungelenkt: ohne Steuerung und Disziplin.

ungelenk: ohne Beweglichkeit und Geschmeidigkeit.

ungenau: ohne Beachtung der vorgegebenen Toleranzen.

ungeordnet: ohne System.

ungeregelt: ohne Beachtung von Regeln.

Ungeschehen machen wollen: Sühneverlangen für unmoralische Wünsche und Handlungen, um diese damit aufzuheben.

ungeschickt: unbeholfen.

ungesteuert: ohne bewußte Lenkung.

ungestüm: ungebändigt, wild, ungedämpft.

ungewandt: unbeweglich und ungeschickt.

Ungewisses: Unbekanntes, „Niemandsland".

Ungewohntes: Neuartiges.

ungezielt: ohne klare Richtung.

ungezügelt: unbeherrscht, ungesteuert.

ungezwungen: frei und locker.

ungleichmäßig: wenig stetig

Unheimlichkeitsaffekte: Eindruck, daß sich die ganze Umwelt verändert hat und Angstgefühle wegen des Außerordentlichen, treten u.U. zu Beginn von psychotischen Erkrankungsausbrüchen auf.

Uninteressiertheit: hat für ihn keinen Aufforderungscharakter

unklar: eher verschwommen und uneindeutig.

unkompliziert: einfach und durchsichtig.

unkritisch: ohne Prüfung.

unlebendig: ohne Lebhaftigkeit und Impulse.

unlustig: eher niedergeschlagen und unfroh.

unmittelbar: direkt und ursprünglich.

unnachgiebig: beharrt auf seinem Standpunkt.

unpersönlich: ohne gefühlsmäßige Beteiligung, indirekte Sachlichkeit.

unrealistisch: nicht der Wirklichkeit entsprechend.

unreflektiert: unmittelbar, ohne Analyse und Selbstkritik.

unreif: noch nicht ausentwickelt.

Unruhe, unruhig: kommt innerlich nicht zur Ruhe.

unsachlich, Unsachlichkeit: kümmert sich nicht darum, ob seine Ansichten sachlich richtig sind.

unscharf: wenig präzise.

unselbständig: erlebt und lebt nicht aus sich heraus, sondern nur in Anlehnung und im Gefolge anderer.

unsensibel: ohne Feinfühligkeit.

unsicher: es fehlt an Selbstgefühl und Selbstvertrauen.

unstet: wechselhaft.

unstetig: ungleichmäßig, wenig ausdauernd.

unsystematisch: eher wirr.

Unterbewußtes: psychische Inhalte und Vorgänge, die sich ins Bewußtsein rufen lassen, und zwar ohne spezielle Techniken.

unterdrückt: nicht offen geäußert, evtl. auch gestaut.

Unterdrückung: andere beherrschend und über sie bestimmend.

unterentwickelt: wenig ausgreift.

unternehmerisch: Neues und Neuland in Angriff nehmen.

unterordnend: hält sich an Vorschriften und Anweisungen.

Unterscheidungsschärfe: vgl. Kanaltrennung des Denkens, dk.

unterteilend: teilt die Reize in Gruppen im Rahmen der Welterfassung.

Unterwerfen: ordnet sich besiegt unter.

unterwürfig: unselbständige Unterordnung.

unüberlegt: reagiert ohne nachzudenken.

unverdrossen: macht immer weiter, läßt sich nicht unterkriegen.

unverklemmt: ohne Verkrampfungen und Hemmungen.

unverkrampft: locker und entspannt.

Unvernunft: fehlende Überlegung, Kritik und Selbstkritik.

Unverständnis: hat kein Verständnis für die infrage stehenden Inhalte.

unverwüstlich: große Robustheit und Ausdauer.

unvorsichtig: läßt es an Abwägen und Absicherung fehlen.

unwillig: ungern.

unwirklich: entspricht nicht der Realität.

unzugänglich: es fehlt an Aufgeschlossenheit und Ansprechbarkeit.

unzulänglich: ist nicht ausreichend.

unzureichend: genügt nicht.

Üp- Überichperson: Element der Persönlichkeit im Bereiche der Welt- und Wertorientierung.

γÜp **atavistische Grenzform** *Anxious Depression* ängstliche Verstimmung, von unbestimmter Angst, aber auch bestimmten Sorgen wird berichtet, die Stimmung ist dysphorisch bei gleichzeitigen Selbsterniedrigungstendenzen, zusätzlich sind Schuldgefühle und Gewissensbisse über wirkliche oder eingebildete Verfehlungen zu beobachten, Verfolgungsängste, inadäquate Fluchtreaktionen, totstellreflexartige Mechanismen, Unheimlichkeitsaffekte, ideologische Zwänge und Verabsolutierungen, Gerechtigkeitszwänge, religiöses Eiferertum,

δÜp **gehemmte Grenzform,** *integrative Gehemmtheit* : Verlust der inneren Orientierung, fehlende Werthaltungen und Distanz, Abhängigkeit von Außenlenkung, fehlende Fluchtdistanz, Angst vor dem Alleinsein, rücksichtslose Aufdringlichkeit, Neutralismus, Relativismus, Opportunismus, areligiös, amoralisch, es entwickelt sich keine Fluchtdistanz, die Orientierung aus sich heraus bleibt verschlossen; es bilden sich rücksichtslose Aufdringlichkeit und Angst vor dem Alleinsein, die Welt wird affektiv nicht integriert.

βÜp **infantile Form,** *Egozentrizität* bezieht alles auf sich, übertriebene Schamgefühle und Gewissensreaktionen, Unfreiheit, Isolierung, Abkapselung, übermäßige Verschlossenheit, orthodoxe und fanatische ideologische Haltungen,

αÜp **reife Form** *Innenlenkung* orientiert sich an inneren Wertvorstellungen, wahrt Abstand und Distanz, Intraversion, Streben nach Werten, ideologische Bedürfnisse (u.a. religiöse Bedürfnisse, ethische Vernünftigkeit), Bewußtheitsklarheit,

Up- Umweltperson: Element der Persönlichkeit im Bereich der Umweltzuwendung.

γUp **atavistische Grenzform** *Excitement* Erregungszustand mit beschleunigter Sprache, laut, schwer zu unterbrechen, erhöhte Stimmungslage und Selbstwertschätzung, ungezügelter und schauspielerischer Ausdruck, hysterische Reaktionen, Selbstbespiegelungen, narzißtische Reaktionen, exhibitionistische Zwänge,

δUp **gehemmte Grenzform** *Zuwendungsgehemmtheit:* Umweltangst, Scheu, Kontakthemmungen in dinglicher und menschlicher Hinsicht, Öffentlichkeitsscheu, Aussteigermentalität, Anspruchsängste, es bildet sich keine aktive Zuwendung zur Welt und Umwelt heraus; Isolierungstrends, Kontaktscheu und Kontakthemmungen werden deutlich. Bedürfnisse der Weltzuwendung und der erlebenden Teilnahme der Welt konnten nicht entfaltet werden; ängstliches Desinteresse gegenüber Öffentlichkeit, Gesellschaft und Welt, Anspruchsängste, Öffentlichkeitsscheu und Aussteigertendenzen sind die Folge.

βUp **infantile Form,** *Darstellungsdrang* Prestige- und Statusdrang, will auf sich aufmerksam machen und dadurch Beziehungen zur Umwelt gewinnen, Geltungsdrang,

αUp **reife Form** *Weltzuwendung* extravertiertes Verhalten, sucht Gesellschaft und Öffentlichkeit, wendet sich der Welt zu, Aufgeschlossenheit, Geselligkeitsbedürfnisse, Selbstschätzungsbedürfnisse, Feingeschick

ursprünglich: natürliche Initiative und Impulse.

Urteil, Urteilsweise: von Unterscheidungsweise und Entscheidungsweise bestimmte Art, Dinge und Ereignisse, aber auch Menschen und deren Verhalten zu beurteilen, also zu bewerten.

Urvertrauen: das sich in einem gesunden familiären Umfeld in ganz frühem Alter entwickelnde Vertrauen in die Verläßlichkeit der sozialen Umwelt.

Utopien: Zukunftsträume.

Uy: Lebenstemperament : entspricht dem Reaktionsverlauf im Umgang mit der Welt, insbesondere der Gesellschaft, dem Handlungstemperament, im Gegensatz zum Erlebnistemperament (s. Allgemeintemperament)

Uys: Reaktionsstruktur, Umgangsweise: Aufbau, Gefüge und Entwicklungsstand der Reaktionsweise in der Welt.

v: versatiles Temperament: pragmatische Komponente der Kulturperson

γν **Versatile Turbulenz,** halluzinäre Zustände, illusionäre, rauschhafte Schwärmereien

δν **Versatile Gehemmtheit,** geht mit einem Verlust der gefühlsmäßigen Äußerungsfähigkeit als Basis der inneren Assimilation sozialer Verbindungen einher, so daß sich keine Begeisterungsfähigkeit bilden kann; diese Menschen können sich innerlich nicht auf neue Menschen einstellen und auf sie zugehen, sind unfähig vorhandene Bindungen zu lösen und gegen neue einzutauschen. Es sind Gefühlsindolenz und -trägheit zu verzeichnen

βν **Erregbarkeit,** Geschwätzigkeit, Schwärmerei, ekstatische Reaktionen

αν **Äußerungsleichtigkeit,** agil, sprühend, lebhaft, begeistert

Vagabundieren: Umherziehen, Herumstrolchen.

vage: ungenau und unbestimmt.

Validität; validity: (Gültigkeit); gibt an, inwieweit ein Verfahren auch das bestimmt, was es angibt zu erfassen.

variabel, Variabilität: veränderlich, Vielfalt.

Variationen: Abänderungen, Ab- und Unterarten.

verallgemeinernd: das Gemeinsame unterschiedlicher Inhalte erfassend, Grundstufe der Abstraktion.

Veränderlichkeit: nicht gleichbleibend.

verängstigt: unsicher, leicht mit Angstgefühlen reagierend.

Verantwortungslosigkeit: kümmert sich nicht um entstehende Verpflichtungen und deren Folgen.

veräußerlicht: orientiert sich an Äußerlichkeiten und richtet auch seine Reaktionen auf Äußerlichkeiten und die Produktion von Äußerlichkeiten.

Verbergen: versteckt Inhalte oder Eigenarten vor anderen.

verbunden: fühlt sich an andere Menschen oder Gruppen gebunden.

Verdrängungen: Inhalte, Erfahrungen und Erlebnisse sowie deren Begleitumstände, die ins Unbewußte aus Gründen der Unannehmbarkeit abgeschoben und damit scheinbar vergessen werden, in Wirklichkeit aber nicht verloren gehen, sondern unbemerkt, weil unbewußt, immer wieder eingreifen.

verdrossen: deprimiert und mißgestimmt.

Vereinzelung: vgl. Singularisierung .

verengender, verengt: den Wahrnehmungshorizont und den Lebenskreis einschränkend.

Verfestigung: verspannende Festigung zur Stärkung der Widerstandsfähigkeit, die mit einer Minderung der Beweglichkeit und Reaktionsangemessenheit verbunden ist.

verflachend: an Tiefe abnehmend und fehlend, vor allem in gefühlsmäßiger Hinsicht.

Verfolgungsängste, Verfolgungswahn: krankhafte Überzeugung verfolgt sowie im Besitz oder als Person bedroht zu sein.

verführbar: hat der Beeinflussung von außen keinen Widerstand entgegenzusetzen.

vergeistigt: eher abgehobene Lebens- und Erlebnisweise mit Entfernung von der Realität und Dinglichkeit der Welt, sich auf Gedankliches beschränkend.

verhalten: gedämpft nicht unmittelbar.

verhaltend: dämpfend, Zurückhalten von Reaktionen, gedämpfter, gesteuerter Reaktionsstil.

Verhältnisblödsinn, Verhältnisschwachsinn: im Verhältnis zum Anspruchsniveau zu geringe Intelligenz, führt zu Dummheiten und Schwierigkeiten im Leben.

verharrend: bleibt, wo er ist

verinnerlicht: nimmt die Situation in sich auf, verarbeitet sie gefühlsmäßig.

verklemmt: unfrei und gehemmt (nicht im Sinne der Gehemmtheit, kann aber eine Folge davon sein).

verkrampft: übermäßige innere Anspannung, die neben Versteifung der Muskulatur auch zu Unfreiheit, Gezwungenheit und Einschränkung der Anpassung und Beweglichkeit führt und keine Natürlichkeit aufkommen läßt.

verletzend: andere physisch oder psychisch verwundend.

Verleugnung: sich vor einer unangenehmen Wirklichkeit schützend, indem man sie nicht wahrnimmt.

Verlust der Mitte: Verlust der Ausgeglichenheit und Ausgewogenheit.

vernichtend: anderes ausmerzend.

Vernünftelei: übersteigerter Vernunfteinsatz, meistens formalistisch und alle Unmittelbarkeit verhindernd, dabei an den Haaren herbeigezogene Gründe verwendend.

verplanend: Situationen und Menschen sowie eigene Möglichkeiten planvoll vorausbestimmend.

Verregelung: Reaktionen durch Einführen von fixierten Regeln einengen.

versatil: gefühlslebhaft, äußerungslebhaft.

Verschiebung: Entladung und Abwälzung von Affekten auf Gegenstände oder Personen, die weniger gefährlich sind als die Auslöser.

verschlossen: behält seine Meinungen für sich, gibt nichts von sich her.

verschroben, Verschrobenheit: besonders fremd und eigentümlich wirkende Verhaltens- und Äußerungsweisen.

verschweigend: gibt nichts zu, läßt andere u.U. ins offene Messer laufen.

verschwindend: immer schwächer werdend.

verschwommen: nicht klar, eindeutig und bestimmt.

verspannt: gesteigerte Form der inneren Spannungen, unter denen Elastizität, Flexibilität und Angemessenheit der Lebens- und Erlebnisweise leiden, die oft mit übersteigerter Vorsicht verbunden ist.

verständig, verständnisvoll: in der Lage, die Dinge, aber auch andere Menschen und deren Motive zu verstehen und zu akzeptieren.

versteckt: nicht unmittelbar erkennbar.

verstehend: vgl. verständig.

versteift, Versteifung: ursprünglich physiologisch geprägt, nämlich als gleichzeitige Anspannung von Wirker und Gegenwirker in der Muskulatur, psychologisch eine Form künstlicher Festigkeitsbildung mit erhöhter Bruchgefahr und verminderter Anpassung und Elastizität.

verstört: hat die eigene Linie verloren.

Vertrauen, vertrauensvoll: vertraut dem Geschehen in dem Sinne, daß er glaubt, sich auf sich und seine Kräfte zur Bewältigung verlassen zu können oder notfalls in seiner Umgebung entsprechende Hilfe zu finden.

verwahrlost, Verwahrlosung: psychologisch betrachtet der Verlust des Aufforderungscharakters von Regeln und Ordnungen mit chaotischen Zügen und Disziplinlosigkeiten, ohne Bindungen an Wertvorstellungen; schwer zu behandeln, da selten ein Leidensdruck entsteht.

Verwirrtheitszustände: in der Psychiatrie nur noch selten gebraucht, bezeichnet jede psychische Störung stärkeren Ausmaßes, besonders solche der Orientierungsfähigkeit.

verwurzelt: in Tradition und näherem Umfeld verhaftet und dessen Werten verbunden.

verzagt: traut sich nichts zu.

vf: vgl. Ausdrucksfähigkeit, sprachliche

vielfältig: besitzt viele verschiedene Möglichkeiten.

vielseitig: ist fähig, sehr unterschiedliche Seiten und Perspektiven zu erkennen und zu beachten.

Vielwissen: verfügt über viel Tatsacheneinzelwissen.

vital, Vitales: lebenskräftig, lebensnah.

vk: kubische Vorstellfähigkeit: syntaktische Komponente der Einstellungsperson, räumliches Vorstellvermögen,

vl lineare Vorstellfähigkeit: syntaktische Komponente der Primitivperson Augenmaß, Distanzbestimmung.

Vorbewußtes: latente, ins Bewußtsein zu rufende Inhalte.

voreilig: zu schnell, kann nicht abwarten.

vorgestrig: veraltet, überholt.

vorsichtig: abwägend und abwartend prüfend.

Vorstellung, -en, Vorstellungsfülle: gespeicherte Wahrnehmungen, Wahrnehmungen 2. Art.

vorwärtsdrängend: Expansionstendenz des Vorwärtskommens und Aufsteigens.

vp: planare Vorstellung: syntaktische Komonente der Kulturperson, Formvorstellvermögen, Formensinn

vulgär: primitiv, gewöhnlich, niedrig.

Vy: Vorstellungspotential: Begabungsniveau der Vorstellfunktion, die dazu dient, den Vorstellungen Farbe und Wirklichkeitsbezug zu verleihen, sie gewissermaßen in den Wahrnehmungszustand zurückzuführen, wird von vl, vp und vk gebildet.

w: weltliche Bedürfnisse: semantische Komponente der Umweltperson

γw **Publikumsturbulenz,** verschrobene Welt. und Öffentlichkeitssucht, hysterische Selbstdarstellungssucht, exhibitionistische Zwänge

δw **Welt- und Publikumsgehemmtheit** ‚Bedürfnisse der Weltzuwendung und der erlebenden Teilnahme der Welt konnten nicht entfaltet werden; ängstliches Desinteresse gegenüber Öffentlichkeit, Gesellschaft und Welt, Anspruchsängste, Öffentlichkeitsscheu und Aussteigertendenzen sind die Folge.

βw **Suche nach Ansehen,** Prestigeverlangen, Statusdrang

αw **Öffentlichkeitszuwendung,** gesellschaftliche und gesellige Neigungen

Wa: Wahrnehmungsstil: Verlauf und Schwerpunkte der Wahrnehmungsweise.

Wachphantasien: Tagträume.

Wachsamkeit: besondere Aufmerksamkeit, damit ihm nichts entgeht.

Wagemut: Risikobereitschaft.

Wahnvorstellungen, wahnhafte Phänomene: objektiv falsche, aus krankhafter Ursache entstehende Überzeugungen, für die keine äußeren Stimuli gebraucht werden.

Wahrnehmungsstörungen: durch krankhafte Vorgänge bedingte Veränderung der normalen Wahrnehmung.

warm, Wärme: tiefere gefühlsmäßige Erlebnisweise.

Wärmeempfindsamkeit (wn): erhöhte Sensibilität für Wärmereize bis hin zur Überempfindlichkeit gegenüber Wärme.

Was: Weltbetrachtungsstruktur: Aufbau, Gefüge und Entwicklungsstand der Weltbetrachtungsweise.

Wbg: Aktionsstil: Verlauf und Schwerpunkt der Weltbewältigung.

Wbs: Aktionsstruktur: Aufbau, Gefüge und Entwicklungsstand der Weltbewältigungsweise.

we: Willensenergie: Begabung der Bewußtheitsklarheit und Entscheidungsenergie, Komponente der Willensfunktion Wy.

wechselhaft, wechselnd: ungleichmäßig.

Weg: Welterfassungsstil: Verlauf und Schwerpunkt der Welterfassung.

Wegläufertendenzen (besonders bei Kindern und Müttern): sich Aufsichtspflichtigen oder Verpflichtungen aus innerer Unruhe bzw. Überforderung entziehen.

weich: formbar und nachgiebig.

weiter führend: als Gestaltungsstil ein Verhalten, bei dem Angefangenes fortgesetzt wird.

Weitschweifigkeit: informationstheoretisch die Verwendung von vielen Zeichen für eine Mitteilung, wo wenige genügen, auch als Redundanz bezeichnet, macht viele Worte und Gesten um wenig Ergebnisse.

wek: Qualitätenspeicher: sigmatische Komponente der Einstellungsperson

γwek **Qualitätswahnideen,** irreale Gütevorstellungen, verschrobene ästhetische Inhalte, bizarre Inhaltsformen

δwek **verdrängte Qualitätsinhalte,** amusisch, Quantitätswahn, Kunstbanauseninhalte

βwek **fundierte häufig magische Qualitätsinhalte,** musische und ästhetische und ästhetisierende Hintergrundwelten

αwek **vielerlei Qualitätsinhalte,** musische und ästhetische Einzelheitenkenntnisse und –erfahrungen

wel: ideologischer Speicher: sigmatische Komponente der Überichperson

γwel **taxonomische Wahnvorstellungen,** religiöse, ideologische, weltanschauliche Wahnvorstellungen, verschrobene Wertmaßstäbe

δwel **gehemmte ideologische Inhalte,** Neutralismus, Amoralität als Folge verdrängter ethischer und ideologischer Inhalte

βwel **fundierte, evtl. magische ideologische Konzeptionen,** weltanschauliches utopisches Hintergrundwissen,

αwel **ideologisches Einzelwissen,** vielerlei weltanschauliche Kenntnisse und Erfahrungen

weltanschaulich, Weltanschauung: Vorstellung von der Welt und ihrem Funktionieren, von ihren Gesetzen und Regeln.

Weltbewältigungsweise: vgl. Wbg und Wbs

Welterfassungsweise: vgl. Weg und Wes

Weltflucht: zieht sich völlig zurück und verbirgt sich vor der Realität.

weltfremd: kennt sich in der Realität nicht aus und findet sich in ihr nicht zurecht.

Weltzuwendung: wendet sich der Wirklichkeit zu und interessiert sich für sie.

Wendigkeit, körperliche (kw): körperlich beweglich und geschmeidig, geschickt.

wertbestimmt: Informationsverarbeitung und Reaktionen werden von festen Wertvorstellungen beeinflußt.

Werte, Moral, Ethik: Maßstäbe der Bewertung und Zulässigkeit von Gedanken und Reaktionen.

Wes: Welterfassungsstruktur: Aufbau, Gefüge und Entwicklungsstand der Welterfassungsweise.

we Willensenergie: syntaktische Komponente der Überichperson, Entschlossenheit, Bewußtheitsklarheit, Deutlichkeit

Willensreagibilität: gesteigerte Willensmobilität, vgl. wm

Willens- und Bewußtheitspotential: Niveau der Willensbegabungen und des Bewußtseins

wirkungsbestimmt, -gerichtet: auf Wirkung nach außen abzielende Reaktionsweisen

wirr: ungeordnet.

wissenschaftlich: an wissenschaftlichen Grundsätzen und Verfahren ausgerichtet.

Wissensdrang: auf Wissenserwerb ausgerichtet.

wk Willenskonstanz: syntaktische Komponente der Traditionsperson, Konzentration, fixierende Aufmerksamkeit, Bewußtheitsschärfe und –genauigkeit

wm: Willensmobilität: syntaktische Komponente der Sozialperson, Horizontweite, fluktuierende Aufmerksamkeit, Bewußtheitsweite, Willensreagibilität

wn: s. Wärmeempfindsamkeit

Wt: Allgemeiner Handlungsstil: Verlauf und Schwerpunkt des Handelns in der Welt.

Wts: Allgemeine Handlungsstruktur: Aufbau, Gefüge und Entwicklungsstand des Handelns in der Welt.

wurzellos: eher haltlos und ohne feste Bezüge im Leben.

Wy: Willenspotential: Begabungspotential der Willens- und Bewußtheitsfunktion, wird von we, wm und wk gebildet.

x: Individuationsbedürfnisse: semantische Komponente der Beziehungsperson

γx **Personale Individuationsturbulenz,** verschrobene Selbstverwirklichungswünsche, Icherhebungszwänge, persönlicher Sendungswahn

δx **Personale Gehemmtheit,** Individuationstendenzen wurden nicht entfaltet; kollektivistische Neigungen aus Angst vor dem Selbstsein sowie überbetonte Sachlichkeit als Negation von Gefühlen als Substitutionserscheinung treten hervor

βx **Singularisierung,** Vereinzelung, Absonderungsneigungen

αx **Selbstverwirklichung,** Individuation, Ichverwirklichung in der Gemeinschaft

z: zyklothymes Temperament: pragmatische Komponente der Primitivperson.

γz **intentionale Turbulenz** hyperkinetisches und primitives Verhalten, evtl. verbunden mit Echopraxien, groteske und bizarre Motorik

δz **intentionale Gehemmtheit** die Welt verliert für das Subjekt den Aufforderungscharakter zum Handeln und vor allem zum aktiven Erleben, zu affektiver Assimilation; es bilden sich Starre, Leere, Impulslosigkeit und Affektarmut

βz **impulsiv,** überschwengliche und augenblicksabhängige Reaktionsweise

αz **natürlich,** unmittelbar, initiativ, emotional, ursprünglich

zaghaft: übervorsichtig und sich wenig zutrauend.

zaudernd: abwartend, zögernd.

Zeitgeist: momentanes In-sein, Modeerscheinungen.

zerfahren: unsystematisch und ungeordnet.

zerrissen: wenig einheitlich, geschlossen und ausgeglichen.

zielbestimmt, zielstrebig: klare und eindeutige Ausrichtung des Lebens und Erlebens.

Zivilisation: bezieht sich auf den technischen und gebrauchstechnischen Teil der Kultur.

zudringlich: abstandslos, ohne Distanz.

zugeknöpft: verschlossen.

zugewandt, Zuwendung: aktives Interesse an den jeweiligen Inhalten.

zügig: straff und zielbestimmt.

Zukunftsphobie: krankhafte Furcht vor dem, was kommt.

Zurückhaltung: wahrt Abstand und geht nicht unmittelbar auf andere zu.

Zurück-zur-Natur-Wahn: Wahnidee die heutige Welt durch eine frühere, technikfreie Welt abzulösen.

zusammenhangslos: es fehlt der rote Faden.

zwanglos: ungebunden und ungezwungen.

Zwangserscheinungen, Zwang, Zwänge, zwanghaft: einem inneren Zwang, inneren Vorschriften und Auflagen folgend, die keine realen Grundlagen haben.

zweckbestimmt: von der Funktionalität geleitet.

zweckmäßig: brauchbar und nützlich.

zwiespältig: Wirkung widersprüchlicher Tendenzen innerhalb der Persönlichkeit.

zykloid: Phasen gehobener Stimmung und Überschüsse an psychischer und motorischer Aktivität wechseln mit depressiven Phasen ab.

zyklothym: weltoffener Typ mit Geselligkeit und Unmittelbarkeit des Lebens und Erlebens, vorwiegend emotional.

Terminitabellen zur Befunderstellung

Das folgende Verzeichnis enthält die Werte für die Resultanten der Elemente und ihrer Komponenten und darüber hinaus für die syntaktischen Komponenten Kombinationswerte mit anderen sowie Grundwerte zu Entwicklungs- und Begabungsrichtungen, aber auch zu Rotationen und Turbulenzen.

Basistabellen

Im allgemeinen steht erst der Code für die Individualinstanz, dann in Klammern eine sprachliche Übersetzung, dann der Code für die Sozialstruktur, dahinter jener für Umweltsysteme.[61]

IN (Allgemeineindruck),

Wert	Realwertbedeutungen	Imaginärwertbedeutungen
> +6,0	stark expansiv	ausgesprochen außenbestimmt
5,6 bis 6,0	expansiv	ausgesprochen außengelenkt
5,1, bis 5,5	mäßig expansiv	außengelenkt
4,6 bis 5,0	ausgesprochen extravertiert	stark umweltabhängig
4,1 bis 4,5	extravertiert	umweltabhängig
3,6 bis 4,0	mäßig extravertiert	leicht umweltabhängig
3,1 bis 3,5	ausgesprochen weltzugewandt	sehr bestimmbar
2,6 bis 3,0	weltzugewandt	bestimmbar
2,1 bis 2,5	mäßig weltzugewandt	mäßig bestimmbar
1,6 bis 2,0	sehr offen	ungezwungen
1,1 bis 1,5	offen	leicht ungezwungen
0,6 bis 1,0	mäßig offen	wenig eindeutig
0,0 bis 0,5	ausgeglichen	uneindeutig
-0,0 bis -0,5	eher ausgeglichen	leicht uneindeutig
-0,6 bis -1,0	mäßig gedämpft	leicht übersteuert
-1,1 bis -1,5	gedämpft	übersteuert
-1,6 bis -2,0	stark gedämpft	leicht unfrei
-2,1 bis -2,5	mäßig gesteuert	unfrei
-2,6 bis -3,0	gesteuert	ziemlich unfrei
-3,1 bis -3,5	straff gesteuert	leicht verspannt
-3,6 bis -4,0	eher innengelenkt	verspannt
-4,1 bis -4,5	innengelenkt	deutlich verspannt
-4,6 bis -5,0	stark innengelenkt	eher gezwungen
-5,1 bix -5,5	eher in sich gekehrt	gezwungen
-5,6 bis -6,0	in sich gekehrt	leicht verkrampft
< -6,0	ausgesprochen in sich gekehrt	verkrampft

---

[61] Die grammtikalischen Formen sind dem jeweiligen Textprogramm anzupassen,

In (Persönlichkeitsstruktur), Dy (Temperamentsstruktur) My (Bedürfnisstruktur)

Wert	Realwertbedeutungen	Imaginärwertbedeutungen
0,0 bis 0,5	unselbständig	kraftlos
0,6 bis 1,0	unbestimmt	rigide
1,1 bis 1,5	sehr unauffällig	reaktionsarm
1,6 bis 2,0	unauffällig	reaktionsschwach
2,1 bis 2,5	ziemlich unauffällig	nachlässig
2,6 bis 3,0	annähernd realistisch	lässig
3,1 bis 3,5	realistisch	leger
3,6 bis 4,0	ausgesprochen realistisch	zeitweise weniger eigenständig; ungezwungen
4,1 bis 4,5	bedingt selbständig	eher gewollt
4,6 bis 5,0	annähernd selbständig	leicht forciert
5,1 bis 5,5	selbständig	forciert
5,6 bis 6,0	eher eigenständig	leicht verspannt
6,1 bis 6,5	eigenständig	verspannt
6,6 bis 7,0	betont eigenständig	verstärkt verspannt
7,1 bis 7,5	bedingt eigenwillig	leicht eigensinnig
7,6 bis 8,0	eigenwillig	eigensinnig
8,1 bis 8,5	verstärkt eigenwillig	sehr eigensinnig
8,6 bis 9,0	betont eigenwillig	krampfhaft eigensinnig
>9,0i	----------	zwiespältigen

Stabilitätswerte

Reifegrade			Ing	Dyg (	Myg
mäßig	(Text)	ausgesprochen			
	>7,00		unbeirrbaren	idealen	unverwüstlichen
3,01 bis 4,00	4,01 bis 5,50	5,51 bis 7,00	geprägten	robusten	unbeirrbaren
1,01 bis 1,50	1,51 bis 2,00	2,01 bis 3,00	gefestigten	stabilen	gerichteten
0,81 bis 1,00	0,51 bis 0,80	<0,51	schwankenden	labilen	uneindeutigen

Gesamtwerte (Ty; |In|

Ty,	Begabungsniveau	|In|	Vitalitätsstärke
36,00-36,96	gering	<1,00	fehlender
36,97-37,58	schwach	1,01 – 2,00	geringer
37,59-39,00	sehr mäßig	2,01 – 3,00	schwacher
39,01-41,69	mäßig	3,01 – 4,00	begrenzter
41,70-44,00	durchschnittlich	4,01 – 4,50	mäßiger
44,01-46,22	gut durchschnittlich	4,51 – 5,00	knapp durchschnittlicher
46,23-50,00	gehoben	5,01 – 5,50	durchschnittlicher
50,01-53,62	überdurchschnittlich	5,51 – 6,00	gut durchschnittlicher

53,63-59,00	beträchtlich	6,01 – 7,00	überdurchschnittlicher
59,01-65,62	ausgeprägt	7,01 – 8,00	großer
65,63-71,00	höher	8,01 – 9,00	sehr großer
71,01-77,00	gut		
77,01-85,42	sehr gut		
85,43-93,00	herausragend		
93,01-100,0	überragend		

Eg (Erlebnisstil des Selbst),

Wert	Realwertbedeutungen	Imaginärwertbedeutungen
> +6,0	stark assimilierend	verwahrlost
5,6 bis 6,0	assimilierend	abhängig
5,1, bis 5,5	leicht assimilierend	undiszipliniert
4,6 bis 5,0	besonders impulsstark	unbeherrscht
4,1 bis 4,5	impulsstark	ungesteuert
3,6 bis 4,0	eher impulsstark	eher ungesteuert
3,1 bis 3,5	sehr lebendig	unbesonnen
2,6 bis 3,0	lebendig	zwanglos
2,1 bis 2,5	eher lebendig	unbestimmt
1,6 bis 2,0	nicht unlebendige	vage
1,1 bis 1,5	bedingt ausgewogen	sehr uneindeutig
0,6 bis 1,0	ausgewogen	uneindeutig
0,0 bis 0,5	ausgeglichen	mäßig uneindeutig
-0,0 bis -0,5	leicht gedämpft	leicht gespannt
-0,6 bis -1,0	gedämpft	gespannt
-1,1 bis -1,5	deutlich gedämpft	leicht verspannt
-1,6 bis -2,0	leicht gezügelt	verspannt
-2,1 bis -2,5	gezügelt	leicht übersteuert
-2,6 bis -3,0	straff gezügelt	übersteuert
-3,1 bis -3,5	mäßig kontrolliert	deutlich übersteuert
-3,6 bis -4,0	kontrolliert	gezwungen
-4,1 bis -4,5	straff kontrolliert	verregelt
-4,6 bis -5,0	diszipliniert	versteift
-5,1 bis -5,5	ausgesprochen diszipliniert	unfrei
-5,6 bis -6,0	streng diszipliniert	verklemmt
< -6,0	überaus streng diszipliniert	verkrampft

Egs (Struktur des Selbst),

Wert	Realwertbedeutungen	Imaginärwertbedeutungen
0,0 bis 0,5	unselbständig	kraftlos
0,6 bis 1,0	unbestimmt	rigide
1,1 bis 1,5	sehr unauffällig	reaktionsarm
1,6 bis 2,0	unauffällig	reaktionsschwach
2,1 bis 2,5	ziemlich unauffällig	nachlässig
2,6 bis 3,0	annähernd realistisch	lässig
3,1 bis 3,5	realistisch	leger
3,6 bis 4,0	ausgesprochen realistisch	zeitweise weniger eigenständig; ungezwungen
4,1 bis 4,5	bedingt selbständig	eher gewollt
4,6 bis 5,0	annähernd selbständig	leicht forciert
5,1 bis 5,5	selbständig	forciert
5,6 bis 6,0	eher eigenständig	leicht verspannt
6,1 bis 6,5	eigenständig	verspannt
6,6 bis 7,0	betont eigenständig	verstärkt verspannt
7,1 bis 7,5	bedingt eigenwillig	leicht eigensinnig
7,6 bis 8,0	eigenwillig	eigensinnig
8,1 bis 8,5	verstärkt eigenwillig	sehr eigensinnig
8,6 bis 9,0	betont eigenwillig	krampfhaft eigensinnig
>9,0i	----------	zwiespältigen

Sbg (Selbstbehauptungsstil),

Wert	Realwertbedeutungen	Imaginärwertbedeutungen
> +6,0	ausgeprägt ursprünglich	übertrieben irrational
5,6 bis 6,0	ursprünglich	stark irrational
5,1, bis 5,5	mäßig ursprünglich	irrationalen
4,6 bis 5,0	sehr lebensnah	wenig nachdenklich
4,1 bis 4,5	lebensnah	ausgesprochen augenblickshaft
3,6 bis 4,0	bedingt lebensnah	augenblickshaft
3,1 bis 3,5	ausgesprochen praktisch	eher augenblicksbestimmt
2,6 bis 3,0	praktisch	eindrucksabhängig
2,1 bis 2,5	bedingt praktisch	bedingt eindrucksabhängigen
1,6 bis 2,0	stark anschauungsbestimmt	stark eindruckshaften
1,1 bis 1,5	anschauungsbestimmt	eindruckshaften
0,6 bis 1,0	bedingt anschauungsbestimmt	bedingt eindruckshaften
0,0 bis 0,5	ausgeglichen	uneindeutig
-0,0 bis -0,5	ausgewogen	unbestimmt
-0,6 bis -1,0	mäßig gesteuert	eher nüchtern
-1,1 bis -1,5	gesteuert	nüchtern

-1,6 bis -2,0	straff gesteuert	sehr nüchtern
-2,1 bis -2,5	bedingt überlegt	leicht lebensfern
-2,6 bis -3,0	überlegt	lebensfern
-3,1 bis -3,5	sehr überlegt	ausgesprochen lebensfern
-3,6 bis -4,0	eher kritisch	eher rationalistisch
-4,1 bis -4,5	kritisch	rationalistisch
-4,6 bis -5,0	sehr kritisch	stark rationalistisch
-5,1 bis -5,5	eher rational	eher formalistisch
-5,6 bis -6,0	rational	formalistisch
< -6,0	ausgesprochen rational	besonders formalistisch

Sbs (Selbstbehauptungsstruktur),

Wert	Realwertbedeutungen	Imaginärwertbedeutungen
0,0 bis 0,5	unselbständig	kraftlos
0,6 bis 1,0	unbestimmt	rigide
1,1 bis 1,5	sehr unauffällig	reaktionsarm
1,6 bis 2,0	unauffällig	reaktionsschwach
2,1 bis 2,5	ziemlich unauffällig	nachlässig
2,6 bis 3,0	annähernd realistisch	lässig
3,1 bis 3,5	realistisch	leger
3,6 bis 4,0	ausgesprochen realistisch	zeitweise weniger eigenständig; ungezwungen
4,1 bis 4,5	bedingt selbständig	eher gewollt
4,6 bis 5,0	annähernd selbständig	leicht forciert
5,1 bis 5,5	selbständig	forciert
5,6 bis 6,0	eher eigenständig	leicht verspannt
6,1 bis 6,5	eigenständig	verspannt
6,6 bis 7,0	betont eigenständig	verstärkt verspannt
7,1 bis 7,5	bedingt eigenwillig	leicht eigensinnig
7,6 bis 8,0	eigenwillig	eigensinnig
8,1 bis 8,5	verstärkt eigenwillig	sehr eigensinnig
8,6 bis 9,0	betont eigenwillig	krampfhaft eigensinnig
>9,0i	----------	zwiespältigen

Pp (Primitivperson),

Wert	Realwertbedeutungen	Imaginärwertbedeutungen
0,0 bis 0,5	asketisch	trocken
0,6 bis 1,0	genußunabhängig	emotionslos
1,1 bis 1,5	eher genußfern	eher emotionslos
1,6 bis 2,0	ausgesprochen nüchtern	intentional geschwächt
2,1 bis 2,5	nüchtern	ausgesprochen eruptionsarm
2,6 bis 3,0	betont eindrucksunabhängig	eruptionsarm

3,1 bis 3,5	eindrucksunabhängiges	bedingt eruptionsarm
3,6 bis 4,0	unauffällig	ausgesprochen alltäglich
4,1 bis 4,5	anregbar	alltäglich
4,6 bis 5,0	leicht naturnah	leicht impulsiv
5,1 bis 5,5	naturnah	impulsiv
5,6 bis 6,0	sehr naturnah	ausgesprochen impulsiv
6,1 bis 6,5	eher emotional	leicht irrational
6,6 bis 7,0	emotional	irrational
7,1 bis 7,5	ausgeprägt emotional	ausgesprochen irrational
7,6 bis 8,0	eher sinnenhaft	triebhaft
8,1 bis 8,5	sinnenhaft	ausgesprochen triebhaft
8,6 bis 9,0	ausgeprägt sinnenhaft	suchthaft
>9,0i	----------	ausgesprochen suchthaft

Rp (Ichperson)

Wert	Realwertbedeutungen	Imaginärwertbedeutungen
0,0 bis 0,5	ausgesprochen lässig	ausgesprochen verwahrlost
0,6 bis 1,0	lässig	verwahrlost
1,1 bis 1,5	eher lässig	eher verwahrlost
1,6 bis 2,0	sehr einfach	ausgesprochen nachlässig
2,1 bis 2,5	einfach	nachlässig
2,6 bis 3,0	sehr ungezwungen	bedingt nachlässig
3,1 bis 3,5	ungezwungen	unbedacht
3,6 bis 4,0	sehr locker	leicht unbedacht
4,1 bis 4,5	locker	leicht unkritisch
4,6 bis 5,0	verhalten	gespannt
5,1 bis 5,5	überlegend	verspannt
5,6 bis 6,0	erkennend	ausgesprochen verspannt
6,1 bis 6,5	besonnen	leicht verengt
6,6 bis 7,0	prüfend	verengt
7,1 bis 7,5	kritisch	verregelt
7,6 bis 8,0	intellektuell	ausgesprochen verregelt
8,1 bis 8,5	theoretisch	leicht rastionalistisch
8,6 bis 9,0	rational	rationalistisch
>9,0i	----------	ausgesprochen rationalistisch

z (Zyklothymie)

Wert	Realwertbedeutungen	Imaginärwertbedeutungen
0,0 bis 0,5	äußerst nüchtern	stark gehemmt
0,6 bis 1,0	ausgesprochen nüchtern	gehemmt
1,1 bis 1,5	nüchtern	sehr trocken
1,6 bis 2,0	bedingt nüchtern	trocken
2,1 bis 2,5	sehr sachlich	ausgeprägt unlebendig
2,6 bis 3,0	sachlich	unlebendig
3,1 bis 3,5	bedingt sachlich	impulsarm
3,6 bis 4,0	nicht unsachlich	impulsschwach
4,1 bis 4,5	ansatzweise natürlich	wenig impulsiv
4,6 bis 5,0	eher natürlich	augenblicksbestimmt
5,1 bis 5,5	natürlich	bedingt impulsiv
5,6 bis 6,0	ansatzweise ursprünglich	impulsiv
6,1 bis 6,5	ursprünglich	sehr impulsiv
6,6 bis 7,0	ausgeprägt ursprünglich	bedingt eindrucksabhängig
7,1 bis 7,5	eher unmittelbar	eindrucksabhängig
7,6 bis 8,0	unmittelbar	stark eindrucksabhängig
8,1 bis 8,5	ausgeprägt unmittelbar	bedingt überschwenglich
8,6 bis 9,0	besonders unmittelbar	überschwenglich
>9,0i	----------	übersteigert überschwenglich

1 (vitale Bedürfnisse)

Wert	Realwertbedeutungen	Imaginärwertbedeutungen
0,0 bis 0,5	sehr gering	stark verklemmt
0,6 bis 1,0	gering	verklemmt
1,1 bis 1,5	ziemlich gering	ausgeprägt geschwächte
1,6 bis 2,0	ausgesprochen asketisch	geschwächte
2,1 bis 2,5	asketisch	besonders lebensfern
2,6 bis 3,0	teilweise asketisch	lebensfern
3,1 bis 3,5	sehr unauffällig	bedingt lebensfern
3,6 bis 4,0	unauffällig	unbestimmt
4,1 bis 4,5	eher unauffällig	uneindeutig
4,6 bis 5,0	alltäglich	undifferenziert
5,1 bis 5,5	ausgeprägt alltäglich	ausgeprägt undifferenziert
5,6 bis 6,0	konkret	gewohnheitsbestimmt
6,1 bis 6,5	betont konkret	stark gewohnheitsbestimmt
6,6 bis 7,0	lebendig	erlebnisabhängig
7,1 bis 7,5	ausgeprägt lebendig	kreatürlich
7,6 bis 8,0	eher sinnlich	ausgeprägt kreatürlich

8,1 bis 8,5	sinnlich	genußhaft
8,6 bis 9,0	sehr sinnlich	ausgesprochen genießerisch
>9,0i	----------	übersteigert genußsüchtig

s (Schizothymie);

Wert	Realwertbedeutungen	Imaginärwertbedeutungen
0,0 bis 0,5	gering	ausgeprägt wirkungsarm
0,6 bis 1,0	sehr einfach	wirkungsarm
1,1 bis 1,5	einfach	bedingt wirkungsarm
1,6 bis 2,0	bedingt einfach	ausgesprochen wirkungsschwach
2,1 bis 2,5	sehr unkompliziert	wirkungsschwach
2,6 bis 3,0	unkompliziert	sehr undifferenziert
3,1 bis 3,5	ziemlich unkompliziert	undifferenziert
3,6 bis 4,0	leicht dämpfend	teilweise undifferenziert
4,1 bis 4,5	dämpfend	leicht schematisch
4,6 bis 5,0	stärker dämpfend	schematisch
5,1 bis 5,5	ansatzweise regulierend	stark schematisch
5,6 bis 6,0	regulierend	eher schablonenhaft
6,1 bis 6,5	deutlich regulierend	schablonenhaft
6,6 bis 7,0	mäßig kontrollierend	eher einengend
7,1 bis 7,5	kontrollierend	einengend
7,6 bis 8,0	deutlich kontrollierend	stark einengend
8,1 bis 8,5	disziplinierend	eher verkrampft
8,6 bis 9,0	straff disziplinierend	verkrampft
>9,0i	----------	stark verkrampft

g(geistige Bedürfnisse);

Wert	Realwertbedeutungen	Imaginärwertbedeutungen
0,0 bis 0,5	minimal	keine
0,6 bis 1,0	sehr gering	unterdrückt
1,1 bis 1,5	gering	blass
1,6 bis 2,0	sehr einfach	farblos
2,1 bis 2,5	einfach	nüchtern
2,6 bis 3,0	eher einfache	unentwickelt
3,1 bis 3,5	undifferenzierte	unausgereift
3,6 bis 4,0	wenig differenzierte	sehr vage
4,1 bis 4,5	unbestimmte	vage
4,6 bis 5,0	einige	schematisch
5,1 bis 5,5	ansatzweise gedanklich	ausgesprochen schematisch
5,6 bis 6,0	gedanklich	eher praxisfern
6,1 bis 6,5	ausgeprägt gedanklich	praxisfern

6,6 bis 7,0	abstrahierend	ausgeprägt praxisfern
7,1 bis 7,5	theoretisch	spekulativ
7,6 bis 8,0	wissenschaftlich gefärbt	esoterisch
8,1 bis 8,5	geisteswissenschaftlich	irreal
8,6 bis 9,0	erkenntnistheoretisch	verschroben
>9,0i	----------	überwertig verschroben

Ay (Erlebenstemperament),

Wert	Realwertbedeutungen	Imaginärwertbedeutungen
>+6,0	ausgeprägt unmittelbar	stark eruptiv
5,6 bis 6,0	unmittelbar	eruptiv
5,1, bis 5,5	weitgehend unmittelbar	ausgeprägt überschwenglich
4,6 bis 5,0	sehr ursprünglich	überschwenglich
4,1 bis 4,5	ursprünglich	eher überschwenglich
3,6 bis 4,0	bedingt ursprünglich	ungestüm
3,1 bis 3,5	sehr lebendigen	eher ungestüm
2,6 bis 3,0	lebendigen	sehr impulsiv
2,1 bis 2,5	ziemlich lebendigen	impulsiv
1,6 bis 2,0	natürlichen	eher impulsiv
1,1 bis 1,5	eher natürlichen	stark eindrucksbestimmt
0,6 bis 1,0	teilweise ausgeglichenen	eindrucksbestimmt
0,0 bis 0,5	ausgeglichenen	eher eindrucksbestimmt
-0,0 bis -0,5	ausgewogenen	wenig bestimmt
-0,6 bis -1,0	teilweise ausgewogenen	wenig eindeutig
-1,1 bis -1,5	eher überlegten	wenig natürlich
-1,6 bis -2,0	überlegten	wenig unmittelbar
-2,1 bis -2,5	deutlich überlegten	eher schablonenhaft
-2,6 bis -3,0	eher vernünftigen	schablonenhaft
-3,1 bis -3,5	vernünftigen	besonders schablonenhaft
-3,6 bis -4,0	ausgeprägt vernünftigen	eher eingeengt
-4,1 bis -4,5	eher reflektierenden	eingeengt
-4,6 bis -5,0	reflektierenden	stark eingeengt
-5,1 bis -5,5	stark reflektierenden	eher formalistisch
-5,6 bis -6,0	rationalen	formalistisch
<-6,0	sehr rationalen	ausgeprägt formalistisch

Ays (Erlebenstemperamentsstruktur),

Wert	Realwertbedeutungen	Imaginärwertbedeutungen
0,0 bis 0,5	unselbständig	kraftlos
0,6 bis 1,0	unbestimmt	rigide
1,1 bis 1,5	sehr unauffällig	reaktionsarm
1,6 bis 2,0	unauffällig	reaktionsschwach
2,1 bis 2,5	ziemlich unauffällig	nachlässig
2,6 bis 3,0	annähernd realistisch	lässig
3,1 bis 3,5	realistisch	leger
3,6 bis 4,0	ausgesprochen realistisch	zeitweise weniger eigenständig; ungezwungen
4,1 bis 4,5	bedingt selbständig	eher gewollt
4,6 bis 5,0	annähernd selbständig	leicht forciert
5,1 bis 5,5	selbständig	forciert
5,6 bis 6,0	eher eigenständig	leicht verspannt
6,1 bis 6,5	eigenständig	verspannt
6,6 bis 7,0	betont eigenständig	verstärkt verspannt
7,1 bis 7,5	bedingt eigenwillig	leicht eigensinnig
7,6 bis 8,0	eigenwillig	eigensinnig
8,1 bis 8,5	verstärkt eigenwillig	sehr eigensinnig
8,6 bis 9,0	betont eigenwillig	krampfhaft eigensinnig
>9,0i	----------	zwiespältigen

Le (Lebenseinstellung),

Wert	Realwertbedeutungen	Imaginärwertbedeutungen
> +6,0	sinnlich	suchtabhängig
5,6 bis 6,0	sehr lebensnah	sehr triebhaft
5,1, bis 5,5	lebensnah	triebhaft
4,6 bis 5,0	eher lebensnah	eher triebhaft
4,1 bis 4,5	besonders praxisnah	betont materialistisch
3,6 bis 4,0	praxisnah	materialistisch
3,1 bis 3,5	eher praxisnah	eher materialistisch
2,6 bis 3,0	ausgesprochen konkret	stark gewohnheitsbestimmt
2,1 bis 2,5	konkret	gewohnheitsbestimmt
1,6 bis 2,0	eher konkret	eher gewohnheitsbestimmt
1,1 bis 1,5	sehr realistisch	sehr alltäglich
0,6 bis 1,0	realistisch	alltäglich
0,0 bis 0,5	eher realistisch	eher alltäglich
-0,0 bis -0,5	eher interessiert	eher unwirklich
-0,6 bis -1,0	interessiert	unwirklich
-1,1 bis -1,5	sehr interessiert	besonders unwirklich

-1,6 bis -2,0	eher erkenntnissuchend	eher intellektualistisch
-2,1 bis -2,5	erkenntnissuchend	intellektualistisch
-2,6 bis -3,0	vor allem erkenntnissuchend	stark intellektualistisch
-3,1 bis -3,5	eher forschend	ziemlich neugierig
-3,6 bis -4,0	forschend	neugierig
-4,1 bis -4,5	ausgesprochen forschend	ausgesprochen neugierig
-4,6 bis -5,0	eher vergeistigt	eher spekulativ
-5,1 bis -5,5	vergeistigt	spekulativ
-5,6 bis -6,0	ideell	ausgesprochen spekulativ
< -6,0	idealistisch	esoterischen

Les (Lebensmotivation),

Wert	Realwertbedeutungen	Imaginärwertbedeutungen
0,0 bis 0,5	unselbständig	kraftlos
0,6 bis 1,0	unbestimmt	rigide
1,1 bis 1,5	sehr unauffällig	reaktionsarm
1,6 bis 2,0	unauffällig	reaktionsschwach
2,1 bis 2,5	ziemlich unauffällig	nachlässig
2,6 bis 3,0	annähernd realistisch	lässig
3,1 bis 3,5	realistisch	leger
3,6 bis 4,0	ausgesprochen realistisch	zeitweise weniger eigenständig; ungezwungen
4,1 bis 4,5	bedingt selbständig	eher gewollt
4,6 bis 5,0	annähernd selbständig	leicht forciert
5,1 bis 5,5	selbständig	forciert
5,6 bis 6,0	eher eigenständig	leicht verspannt
6,1 bis 6,5	eigenständig	verspannt
6,6 bis 7,0	betont eigenständig	verstärkt verspannt
7,1 bis 7,5	bedingt eigenwillig	leicht eigensinnig
7,6 bis 8,0	eigenwillig	eigensinnig
8,1 bis 8,5	verstärkt eigenwillig	sehr eigensinnig
8,6 bis 9,0	betont eigenwillig	krampfhaft eigensinnig
> 9,0i	---------	zwiespältigen

Säg (Selbstäußerungsstil),

Wert	Realwertbedeutungen	Imaginärwertbedeutungen
> +6,0	besonders weltzugewandt	besonders umweltabhängig
5,6 bis 6,0	weltzugewandt	umweltabhängig
5,1, bis 5,5	eher weltzugewandt	eher umweltabhängig
4,6 bis 5,0	ausgeprägt kommunikativ	ausgesprochen darstellerisch
4,1 bis 4,5	kommunikativ	darstellerisch
3,6 bis 4,0	eher kommunikativ	eher darstellerisch

3,1 bis 3,5	ausgesprochen weltoffen	stark beeinflußbar
2,6 bis 3,0	weltoffen	beeinflußbar
2,1 bis 2,5	eher weltoffen	eher beeinflußbar
1,6 bis 2,0	sehr aufgeschlossen	stark nachgebend
1,1 bis 1,5	aufgeschlossen	nachgebend
0,6 bis 1,0	eher aufgeschlossen	eher nachgebend
0,0 bis 0,5	ansprechbar	relativierend
-0,0 bis -0,5	verhalten	neutralistisch
-0,6 bis -1,0	ausgesprochen verhalten	begrenzend
-1,1 bis -1,5	eher diskret	eher eingeengt
-1,6 bis -2,0	diskret	eingeengt
-2,1 bis -2,5	besonders diskret	besonders eingeengt
-2,6 bis -3,0	eher wertorientiert	eher ideologisch
-3,1 bis -3,5	wertorientiert	ideologisch
-3,6 bis -4,0	ausgeprägt wertorientiert	ausgesprochen ideologisch
-4,1 bis -4,5	eher eigenständig	eher orthodox
-4,6 bis -5,0	eigenständig	orthodox
-5,1 bis -5,5	sehr eigenständig	stark orthodox
-5,6 bis -6,0	eindeutig	fundamentalistisch
< -6,0	ausgesprochen eindeutig	stark fundamentalistisch

Säs(Selbstäußerungsstruktur),

Wert	Realwertbedeutungen	Imaginärwertbedeutungen
0,0 bis 0,5	unselbständig	kraftlos
0,6 bis 1,0	unbestimmt	rigide
1,1 bis 1,5	sehr unauffällig	reaktionsarm
1,6 bis 2,0	unauffällig	reaktionsschwach
2,1 bis 2,5	ziemlich unauffällig	nachlässig
2,6 bis 3,0	annähernd realistisch	lässig
3,1 bis 3,5	realistisch	leger
3,6 bis 4,0	ausgesprochen realistisch	zeitweise weniger eigenständig; ungezwungen
4,1 bis 4,5	bedingt selbständig	eher gewollt
4,6 bis 5,0	annähernd selbständig	leicht forciert
5,1 bis 5,5	selbständig	forciert
5,6 bis 6,0	eher eigenständig	leicht verspannt
6,1 bis 6,5	eigenständig	verspannt
6,6 bis 7,0	betont eigenständig	verstärkt verspannt
7,1 bis 7,5	bedingt eigenwillig	leicht eigensinnig
7,6 bis 8,0	eigenwillig	eigensinnig
8,1 bis 8,5	verstärkt eigenwillig	sehr eigensinnig

8,6 bis 9,0	betont eigenwillig	krampfhaft eigensinnig
>9,0i	---------	zwiespältigen

Up (Umweltperson),

Wert	Realwertbedeutungen	Imaginärwertbedeutungen
0,0 bis 0,5	keineswegs aktiv	höchstens abwehrend
0,6 bis 1,0	kaum	eher abwehrend
1,1 bis 1,5	wenig	äußerst scheu
1,6 bis 2,0	höchstens unauffällig	nur scheu
2,1 bis 2,5	mehr unauffällig	eher schüchtern
2,6 bis 3,0	höchstens indirekt	ohne Interesse
3,1 bis 3,5	indirekt	mit wenig Interesse
3,6 bis 4,0	eher indirekt	unbeteiligt
4,1 bis 4,5	teilweise	eher unbeteiligt
4,6 bis 5,0	ansatzweise	begrenzt beteiligt
5,1 bis 5,5	eher lebhaft	eher unstet
5,6 bis 6,0	lebhaft	unstet
6,1 bis 6,5	sehr lebhaft	ausgesprochen unstet
6,6 bis 7,0	interessiert	eher neugierig
7,1 bis 7,5	besonders interessiert	neugierig
7,6 bis 8,0	eher unmittelbar	vor allem aus Neugier
8,1 bis 8,5	unmittelbar	forciert
8,6 bis 9,0	ausgesprochen unmittelbar	demonstrativ
>9,0i	---------	exhibitionistisch

Üp (Überichperson),

Wert	Realwertbedeutungen	Imaginärwertbedeutungen
0,0 bis 0,5	kaum	keine
0,6 bis 1,0	wenig	sehr flache
1,1 bis 1,5	nur neutrale	flache
1,6 bis 2,0	neutrale	eher flache
2,1 bis 2,5	eher neutrale	neutralistische
2,6 bis 3,0	relative	relativistische
3,1 bis 3,5	ausgesprochen liberale	stark verschwommene
3,6 bis 4,0	weitgehend liberale	verschwommene
4,1 bis 4,5	bedingt liberale	eher verschwommene
4,6 bis 5,0	ansatzweise bestimmte	ansatzweise illiberale
5,1 bis 5,5	bedingt bestimmte	illiberale
5,6 bis 6,0	bestimmte	streng illiberale
6,1 bis 6,5	sehr bestimmte	eher prinzipienhafte
6,6 bis 7,0	eher eindeutige	prinzipienhafte

7,1 bis 7,5	eindeutige	ausgesprochen prinzipienhafte
7,6 bis 8,0	sehr eindeutige	eher lebensfremde
8,1 bis 8,5	eher strenge	lebensfremd
8,6 bis 9,0	strenge	ausgesprochen lebensfremde
>9,0i	---------	überwertig fundamentalistische

e (Extraversion),

Wert	Realwertbedeutungen	Imaginärwertbedeutungen
0,0 bis 0,5	sehr bedächtig	stark gehemmt
0,6 bis 1,0	bedächtig	gehemmt
1,1 bis 1,5	eher bedächtig	eher gehemmt
1,6 bis 2,0	sehr beschaulich	erheblich verklemmt
2,1 bis 2,5	beschaulich	verklemmt
2,6 bis 3,0	eher beschaulich	teilweise verklemmt
3,1 bis 3,5	sehr unauffällig	sehr affizierbar
3,6 bis 4,0	unauffällig	affizierbar
4,1 bis 4,5	eher unauffällig	eher affizierbar
4,6 bis 5,0	eher ansprechbar	eher störbar
5,1 bis 5,5	ansprechbar	störbar
5,6 bis 6,0	ausgesprochen ansprechbar	eher forciert
6,1 bis 6,5	eher aktiv	forciert
6,6 bis 7,0	aktiv	ausgesprochen forciert
7,1 bis 7,5	ausgeprägt aktiv	eher ansprüchig
7,6 bis 8,0	eher intensiv	ansprüchig
8,1 bis 8,5	intensiv	auffällig
8,6 bis 9,0	sehr intensiv	sehr auffällig
>9,0i	---------	überwertig auffällig

w (weltliche Bedürfnisse),

Wert	Realwertbedeutungen	Imaginärwertbedeutungen
0,0 bis 0,5	wenig Interesse	ausgesprochene Weltflucht
0,6 bis 1,0	geringes Interesse	teilweise Weltflucht
1,1 bis 1,5	einiges Desinteresse	deutliches Abwendungsstreben
1,6 bis 2,0	geringe Impulse	Abwendungsstreben
2,1 bis 2,5	einige Alltäglichkeiten	einiges Abwendungsstreben
2,6 bis 3,0	Alltäglichkeiten	Interesselosigkeit
3,1 bis 3,5	Gewohnheiten	einige Interesselosigkeit
3,6 bis 4,0	eine gewisse Weltoffenheit	Unbestimmtheit
4,1 bis 4,5	einige Aufgeschlossenheit	Uneindeutigkeit
4,6 bis 5,0	Aufgeschlossenheit	einige Beachtungswünsche
5,1 bis 5,5	Kommunikationswünsche	Beachtungswünsche

5,6 bis 6,0	ausgeprägte Kommunikationswünsche	erhebliche Beachtungswünsche
6,1 bis 6,5	Geselligkeitswünsche	einiges Auffallenwollen
6,6 bis 7,0	ausgeprägte Geselligkeitswünsche	Auffallenwollen
7,1 bis 7,5	Beteiligungswünsche	ausgesprochenes Auffallenwollen
7,6 bis 8,0	starke Beteiligungswünsche	Prestigedenken
8,1 bis 8,5	Mitwirkungswünsche	Anerkennungssucht
8,6 bis 9,0	ausgeprägte Mitwirkungswünsche	Statussucht
>9,0i	----------	Exhibitionismus

j (Intraversion)

Wert	Realwertbedeutungen	Imaginärwertbedeutungen
0,0 bis 0,5	besonders offenen	ausgeprägt distanzlos
0,6 bis 1,0	offenen	distanzlos
1,1 bis 1,5	eher offenen	distanzarm
1,6 bis 2,0	sehr unbefangenen	stark getrieben
2,1 bis 2,5	unbefangenen	getrieben
2,6 bis 3,0	eher unbefangenen	eher getrieben
3,1 bis 3,5	stark gelockerten	sehr oberflächlich
3,6 bis 4,0	gelockerten	oberflächlich
4,1 bis 4,5	leicht gelockerten	eher oberflächlich
4,6 bis 5,0	leicht verhaltenen	leicht befangen
5,1 bis 5,5	verhaltenen	befangen
5,6 bis 6,0	ausgesprochen verhaltenen	sehr befangen
6,1 bis 6,5	eher zurückhaltenden	eher verschlossen
6,6 bis 7,0	zurückhaltenden	verschlossen
7,1 bis 7,5	sehr zurückhaltenden	sehr verschlossen
7,6 bis 8,0	eher distanzierten	eher isolierend
8,1 bis 8,5	distanzierten	isolierend
8,6 bis 9,0	ausgesprochen distanzierten	stark isolierend
>9,0i	----------	egozentrisch

t (taxonomische Bedürfnisse)

Wert	Realwertbedeutungen	Imaginärwertbedeutungen
0,0 bis 0,5	stark relativen	fehlenden
0,6 bis 1,0	relativen	weitgehend fehlenden
1,1 bis 1,5	eher relativen	ausgeprägt unklaren
1,6 bis 2,0	besonders neutralen	unklaren
2,1 bis 2,5	neutralen	annähernd unklaren
2,6 bis 3,0	eher neutralen	stark neutralistischen
3,1 bis 3,5	sehr liberalen	neutralistischen
3,6 bis 4,0	liberalen	eher neutralistischen

4,1 bis 4,5	eher liberalen	ambivalenten
4,6 bis 5,0	unbefangenen	teilweise ambivalenten
5,1 bis 5,5	teilweise festen	eher beschränkenden
5,6 bis 6,0	eher festen	beschränkenden
6,1 bis 6,5	festen	ausgesprochen beschränkenden
6,6 bis 7,0	bestimmten	eher strengen
7,1 bis 7,5	sehr bestimmten	strengen
7,6 bis 8,0	recht eindeutigen	sehr strengen
8,1 bis 8,5	eindeutigen	teilweise fanatischen
8,6 bis 9,0	besonders eindeutigen	fanatischen
>9,0i	----------	überwertig fanatischen

Uy (Lebenstemperament),

Wert	Realwertbedeutungen	Imaginärwertbedeutungen
>+6,0	besonders aktiven	besonders zudringlichen
5,6 bis 6,0	aktiven	zudringlichen
5,1, bis 5,5	ziemlich aktiven	eher zudringlichen
4,6 bis 5,0	stark extraversiven	stark geschäftigen
4,1 bis 4,5	extraversiven	geschäftigen
3,6 bis 4,0	eher extraversiven	eher geschäftigen
3,1 bis 3,5	sehr lebhaften	sehr betriebsamen
2,6 bis 3,0	lebhaften	betriebsamen
2,1 bis 2,5	eher lebhaften	eher betriebsamen
1,6 bis 2,0	sehr agilen	stark erregbaren
1,1 bis 1,5	agilen	erregbaren
0,6 bis 1,0	eher agilen	eher erregbaren
0,0 bis 0,5	sehr ansprechbaren	stark störbaren
-0,0 bis -0,5	ansprechbaren	störbaren
-0,6 bis -1,0	eher ansprechbaren	eher störbaren
-1,1 bis -1,5	eher unauffälligen	eher versteckten
-1,6 bis -2,0	unauffälligen	versteckten
-2,1 bis -2,5	sehr unauffälligen	stark versteckten
-2,6 bis -3,0	eher zurückhaltendem	sich eher absondernden
-3,1 bis -3,5	zurückhaltenden	sich absondernden
-3,6 bis -4,0	sehr zurückhaltenden	sich strikt absondernden
-4,1 bis -4,5	eher introvertierten	eher selbstbezogenen
-4,6 bis -5,0	introvertierten	selbstbezogenen
-5,1 bis -5,5	ausgesprochen introvertierten	ausgesprochen selbstbezogenen
-5,6 bis -6,0	reservierten	eher egozentrischen
<-6,0	extrem reservierten	egozentrischen

Uys (Lebensstruktur),

Wert	Realwertbedeutungen	Imaginärwertbedeutungen
0,0 bis 0,5	unselbständig	kraftlos
0,6 bis 1,0	unbestimmt	rigide
1,1 bis 1,5	sehr unauffällig	reaktionsarm
1,6 bis 2,0	unauffällig	reaktionsschwach
2,1 bis 2,5	ziemlich unauffällig	nachlässig
2,6 bis 3,0	annähernd realistisch	lässig
3,1 bis 3,5	realistisch	leger
3,6 bis 4,0	ausgesprochen realistisch	zeitweise weniger eigenständig; ungezwungen
4,1 bis 4,5	bedingt selbständig	eher gewollt
4,6 bis 5,0	annähernd selbständig	leicht forciert
5,1 bis 5,5	selbständig	forciert
5,6 bis 6,0	eher eigenständig	leicht verspannt
6,1 bis 6,5	eigenständig	verspannt
6,6 bis 7,0	betont eigenständig	verstärkt verspannt
7,1 bis 7,5	bedingt eigenwillig	leicht eigensinnig
7,6 bis 8,0	eigenwillig	eigensinnig
8,1 bis 8,5	verstärkt eigenwillig	sehr eigensinnig
8,6 bis 9,0	betont eigenwillig	krampfhaft eigensinnig
>9,0i	----------	zwiespältigen

So (Kommunikationsstil),

Wert	Realwertbedeutungen	Imaginärwertbedeutungen
> +6,0	extrem mitgehende	extrem abhängige
5,6 bis 6,0	besonders mitgehende	ausgesprochen abhängige
5,1, bis 5,5	mitgehende	abhängige
4,6 bis 5,0	extrem offene	extrem uneindeutige
4,1 bis 4,5	sehr offene	besonders uneindeutige
3,6 bis 4,0	offene	uneindeutige
3,1 bis 3,5	eher offene	eher uneindeutige
2,6 bis 3,0	sehr aufgeschlossene	sehr unbestimmte
2,1 bis 2,5	aufgeschlossene	unbestimmte
1,6 bis 2,0	eher aufgeschlossene	eher unbestimmte
1,1 bis 1,5	besonders anregbare	sehr vage
0,6 bis 1,0	anregbare	vage
0,0 bis 0,5	eher anregbare	eher vage
-0,0 bis -0,5	teilweise verhaltene	gespannte
-0,6 bis -1,0	eher verhaltene	eher verspannte
-1,1 bis -1,5	verhaltene	verspannte

-1,6 bis -2,0	stark verhaltene	stark verspannte
-2,1 bis -2,5	eher klare	eher einseitige
-2,6 bis -3,0	klare	einseitige
-3,1 bis -3,5	ausnehmend klare	sehr einseitige
-3,6 bis -4,0	eher idealisierte	eher enge
-4,1 bis -4,5	idealisierte	enge
-4,6 bis -5,0	stark idealisierte	sehr enge
-5,1 bis -5,5	eher eindeutige	eher ideologistische
-5,6 bis -6,0	eindeutige	ideologistische
<-6,0	ausgesprochen eindeutige	streng ideologistische

Sos(Kommunikationsstruktur)

Wert	Realwertbedeutungen	Imaginärwertbedeutungen
0,0 bis 0,5	unselbständig	kraftlos
0,6 bis 1,0	unbestimmt	rigide
1,1 bis 1,5	sehr unauffällig	reaktionsarm
1,6 bis 2,0	unauffällig	reaktionsschwach
2,1 bis 2,5	ziemlich unauffällig	nachlässig
2,6 bis 3,0	annähernd realistisch	lässig
3,1 bis 3,5	realistisch	leger
3,6 bis 4,0	ausgesprochen realistisch	zeitweise weniger eigenständig; ungezwungen
4,1 bis 4,5	bedingt selbständig	eher gewollt
4,6 bis 5,0	annähernd selbständig	leicht forciert
5,1 bis 5,5	selbständig	forciert
5,6 bis 6,0	eher eigenständig	leicht verspannt
6,1 bis 6,5	eigenständig	verspannt
6,6 bis 7,0	betont eigenständig	verstärkt verspannt
7,1 bis 7,5	bedingt eigenwillig	leicht eigensinnig
7,6 bis 8,0	eigenwillig	eigensinnig
8,1 bis 8,5	verstärkt eigenwillig	sehr eigensinnig
8,6 bis 9,0	betont eigenwillig	krampfhaft eigensinnig
>9,0i	----------	zwiespältigen

Mn (Begegnungsstil),

Wert	Realwertbedeutungen	Imaginärwertbedeutungen
>+6,0	stark expansiv	in besonderem Maße außengelenkt
5,6 bis 6,0	expansiv	ausgesprochen außengelenkt
5,1, bis 5,5	mäßig expansiv	außengelenkt
4,6 bis 5,0	ausgesprochen extravertiert	stark umweltabhängig
4,1 bis 4,5	extravertiert	umweltabhängig
3,6 bis 4,0	mäßig extravertiert	eher umweltabhängig

3,1 bis 3,5	ausgesprochen zugewandt	sehr betriebsam
2,6 bis 3,0	zugewandt	betriebsam
2,1 bis 2,5	mäßig zugewandt	eher betriebsam
1,6 bis 2,0	sehr agil	unruhig
1,1 bis 1,5	agil	eher unruhig
0,6 bis 1,0	mäßig agil	wenig stetig
0,0 bis 0,5	ausgeglichen	uneindeutig
-0,0 bis -0,5	eher ausgeglichen	leicht uneindeutig
-0,6 bis -1,0	mäßig gedämpft	eher haftend
-1,1 bis -1,5	gedämpft	haftend
-1,6 bis -2,0	stark gedämpft	wenig aktiv
-2,1 bis -2,5	mäßig integrierend	eher inaktiv
-2,6 bis -3,0	integrierend	inaktiv
-3,1 bis -3,5	betont integrierend	leicht träge
-3,6 bis -4,0	mäßig bewahrend	träge
-4,1 bis -4,5	bewahrend	deutlich träge
-4,6 bis -5,0	ausgesprochen bewahrend	leicht bestimbar
-5,1 bis -5,5	eher gebunden	bestimmbar
-5,6 bis -6,0	gebunden	leicht abhängig
< -6,0	ausgesprochen gebunden	abhängig

Mns (Begegnungsstruktur)

Wert	Realwertbedeutungen	Imaginärwertbedeutungen
0,0 bis 0,5	unselbständig	kraftlos
0,6 bis 1,0	unbestimmt	rigide
1,1 bis 1,5	sehr unauffällig	reaktionsarm
1,6 bis 2,0	unauffällig	reaktionsschwach
2,1 bis 2,5	ziemlich unauffällig	nachlässig
2,6 bis 3,0	annähernd realistisch	lässig
3,1 bis 3,5	realistisch	leger
3,6 bis 4,0	ausgesprochen realistisch	zeitweise weniger eigenständig; ungezwungen
4,1 bis 4,5	bedingt selbständig	eher gewollt
4,6 bis 5,0	annähernd selbständig	leicht forciert
5,1 bis 5,5	selbständig	forciert
5,6 bis 6,0	eher eigenständig	leicht verspannt
6,1 bis 6,5	eigenständig	verspannt
6,6 bis 7,0	betont eigenständig	verstärkt verspannt
7,1 bis 7,5	bedingt eigenwillig	leicht eigensinnig
7,6 bis 8,0	eigenwillig	eigensinnig
8,1 bis 8,5	verstärkt eigenwillig	sehr eigensinnig

| 8,6 bis 9,0 | betont eigenwillig | krampfhaft eigensinnig |
| >9,0i | --------- | zwiespältigen |

Geg (Gemeinschaftseinstellung),

Wert	Realwertbedeutungen	Imaginärwertbedeutungen
>+6,0	ausgeprägt ästhetisch	ausgeprägt illusionistisch
5,6 bis 6,0	ästhetisch	illusionistisch
5,1, bis 5,5	eher ästhetisch	eher illusionistisch
4,6 bis 5,0	ausgesprochen kulturell	ausgeprägt schwärmerisch
4,1 bis 4,5	kulturell	schwärmerisch
3,6 bis 4,0	ansatzweise kulturell	eher schwärmerisch
3,1 bis 3,5	ausgeprägt universal	wenig funktional
2,6 bis 3,0	universal	kaum funktional
2,1 bis 2,5	eher universal	unbeteiligt
1,6 bis 2,0	sehr einfühlsam	eher unbeteiligt
1,1 bis 1,5	einfühlsam	irritierbar
0,6 bis 1,0	eher einfühlsam	bedingt irritierbar
0,0 bis 0,5	ausgewogen	uneindeutig
-0,0 bis -0,5	ausgeglichen	unbestimmt
-0,6 bis -1,0	eher verständig	eher beeinflußbare
-1,1 bis -1,5	verständig	beeinflußbare
-1,6 bis -2,0	teilnehmend	schwankende
-2,1 bis -2,5	eher human	eher romantische
-2,6 bis -3,0	human	romantische
-3,1 bis -3,5	ausgesprochen human	ausgesprochen romantische
-3,6 bis -4,0	eher partnerschaftlich	eher persönliche
-4,1 bis -4,5	partnerschaftlich	persönliche
-4,6 bis -5,0	ausgesprochen partnerschaftlich	stark persönliche
-5,1 bis -5,5	eher individualistisch	eher ichhafte
-5,6 bis -6,0	individualistisch	ichhafte
<-6,0	ausgesprochen individualistisch	besonders ichhafte

Ges (Gemeinschaftseinstellungsstruktur),

Wert	Realwertbedeutungen	Imaginärwertbedeutungen
0,0 bis 0,5	unselbständig	kraftlos
0,6 bis 1,0	unbestimmt	rigide
1,1 bis 1,5	sehr unauffällig	reaktionsarm
1,6 bis 2,0	unauffällig	reaktionsschwach
2,1 bis 2,5	ziemlich unauffällig	nachlässig
2,6 bis 3,0	annähernd realistisch	lässig
3,1 bis 3,5	realistisch	leger

3,6 bis 4,0	ausgesprochen realistisch	zeitweise weniger eigenständig; ungezwungen
4,1 bis 4,5	bedingt selbständig	eher gewollt
4,6 bis 5,0	annähernd selbständig	leicht forciert
5,1 bis 5,5	selbständig	forciert
5,6 bis 6,0	eher eigenständig	leicht verspannt
6,1 bis 6,5	eigenständig	verspannt
6,6 bis 7,0	betont eigenständig	verstärkt verspannt
7,1 bis 7,5	bedingt eigenwillig	leicht eigensinnig
7,6 bis 8,0	eigenwillig	eigensinnig
8,1 bis 8,5	verstärkt eigenwillig	sehr eigensinnig
8,6 bis 9,0	betont eigenwillig	krampfhaft eigensinnig
>9,0i	----------	zwiespältigen

Kp (Kulturperson),

Wert	Realwertbedeutungen	Imaginärwertbedeutungen
0,0 bis 0,5	stark nützlichkeitsbestimmt	kulturfeindlich
0,6 bis 1,0	nützlichkeitsbestimmt	kulturfremd
1,1 bis 1,5	eher nützlichkeitsbestimmt	kulturfern
1,6 bis 2,0	sehr zivilisatorisch orientiert	rein funktionalistisch
2,1 bis 2,5	zivilisatorisch orientiert	funktionalistisch
2,6 bis 3,0	eher zivilisatorisch orientiert	eher funktionalistisch
3,1 bis 3,5	sehr realistisch	besonders materiell
3,6 bis 4,0	realistisch	materiell
4,1 bis 4,5	eher realistisch	eher materiell
4,6 bis 5,0	anregbar	veräußerlicht
5,1 bis 5,5	sehr anregbar	eher veräußerlicht
5,6 bis 6,0	eher kulturgebunden	eher unwirklich
6,1 bis 6,5	kulturgebunden	unwirklich
6,6 bis 7,0	ausgesprochen kulturgebunden	ausgesprochen unwirklich
7,1 bis 7,5	eher geistig-ideell	eher kultisch
7,6 bis 8,0	geistig-ideel	kultisch
8,1 bis 8,5	ausgesprochen geistig-ideell	ausgesprochen kultisch
8,6 bis 9,0	vergeistigte	illusionistisch
>9,0i	----------	halluzinär

Bp (Beziehungsperson)

Wert	Realwertbedeutungen	Imaginärwertbedeutungen
0,0 bis 0,5	eindeutig unabhängig	sehr unpersönlich
0,6 bis 1,0	unabhängig	unpersönlich
1,1 bis 1,5	ziemlich unabhängig	eher unpersönlich
1,6 bis 2,0	ausgesprochen objektiv	stark abwehrend
2,1 bis 2,5	objektiv	abwehrend
2,6 bis 3,0	eher objektiv	eher abwehrend
3,1 bis 3,5	ausgesprochen sachlich	sich zumeist sperrend
3,6 bis 4,0	sachlich	sich sperrend
4,1 bis 4,5	eher sachlich	sich hin und wieder sperrend
4,6 bis 5,0	eher aufgeschlossen	eher romantisch
5,1 bis 5,5	aufgeschlossen	romantisch
5,6 bis 6,0	sehr aufgeschlossen	sehr romantisch
6,1 bis 6,5	ansatzweise beteiligt	eher persönlich
6,6 bis 7,0	beteiligt	persönlich
7,1 bis 7,5	ausgesprochen beteiligt	stark persönlich
7,6 bis 8,0	eher partnerschaftlich	eher egozentrisch
8,1 bis 8,5	partnerschaftlich	egozentrisch
8,6 bis 9,0	ausgeprägt partnerschaftlich	stark egozentrisch
>9,0i	----------	übermäßig parteilich

v (Versatilität),

Wert	Realwertbedeutungen	Imaginärwertbedeutungen
0,0 bis 0,5	ausgesprochen gelassen	sehr träge
0,6 bis 1,0	gelassen	träge
1,1 bis 1,5	eher gelassen	eher träge
1,6 bis 2,0	sehr beschaulich	völlig begeisterungslos
2,1 bis 2,5	beschaulich	begeisterungslos
2,6 bis 3,0	eher beschaulich	wenig begeistert
3,1 bis 3,5	sehr stetig	reaktionsarm
3,6 bis 4,0	stetig	reaktionsschwach
4,1 bis 4,5	eher stetig	unbeweglich
4,6 bis 5,0	eher reaktiv	eher störbar
5,1 bis 5,5	reaktiv	störbar
5,6 bis 6,0	reagibel	irritierbar
6,1 bis 6,5	ausgesprochen reagibel	leicht irritierbar
6,6 bis 7,0	lebhaft	eher erregbar
7,1 bis 7,5	sehr lebhaft	erregbar
7,6 bis 8,0	agil	stark erregt

8,1 bis 8,5	sehr agil	unstet
8,6 bis 9,0	begeistert	hektisch
>9,0i	---------	übermäßig inkonsequent

u (universale Humanbedürfnisse),

Wert	Realwertbedeutungen	Imaginärwertbedeutungen
0,0 bis 0,5	starkes Zweckmäßigkeitsstreben	ausgesprochener Materialismus
0,6 bis 1,0	Zweckmäßigkeitsstreben	Materialismus
1,1 bis 1,5	einiges Zweckmäßigkeitsstreben	begrenzter Materialismus
1,6 bis 2,0	ausgeprägter Wirklichkeitssinn	reiner Funktionalismus
2,1 bis 2,5	Wirklichkeitssinn	Funktionalismus
2,6 bis 3,0	einiger Wirklichkeitssinn	einiger Funktionalismus
3,1 bis 3,5	ständige Orientierung an Realitäten	deutliche Kulturferne
3,6 bis 4,0	Orientierung an Realitäten	Kulturferne
4,1 bis 4,5	teilweise Orientierung an Realitäten	einige Kulturferne
4,6 bis 5,0	einige Orientierung an Gewordenem	einige Orientierung am Gestrigen
5,1 bis 5,5	Orientierung an Gewordenem	Orientierung am Gestrigen
5,6 bis 6,0	Orientierung am Zeitgeist	strikte Orientierung am Gestrigen
6,1 bis 6,5	Ausrichtung an der Gegenwart	Orientierung an Effekten
6,6 bis 7,0	Geschichtsbindung	Orientierung an Äußerlichkeiten
7,1 bis 7,5	kulturelle Strebungen	Orientierung an Ritualen
7,6 bis 8,0	kulturelle und geistige Ideale	ausgeprägte Orientierung an Ritualen
8,1 bis 8,5	Streben nach Sinngehalten	mäßige spirituelle Orientierung
8,6 bis 9,0	Streben nach Erkenntnis	Orientierung an Spirituellem
>9,0i	---------	überwertiger Spiritualismus

h (Beziehungstiefe);

Wert	Realwertbedeutungen	Imaginärwertbedeutungen
0,0 bis 0,5	ausgesprochen frei	eiskalt
0,6 bis 1,0	frei	kalt
1,1 bis 1,5	weitgehend frei	unempfänglich
1,6 bis 2,0	ziemlich unberührt	sehr flach
2,1 bis 2,5	unberührt	flach
2,6 bis 3,0	teilweise unberührt	eher flach
3,1 bis 3,5	sehr unabhängig	sehr flüchtig
3,6 bis 4,0	unabhängig	flüchtig
4,1 bis 4,5	partiell unabhängig	oberflächlich
4,6 bis 5,0	ansprechbar	seicht
5,1 bis 5,5	deutlich ansprechbar	sehr seicht
5,6 bis 6,0	eher sensitiv	affizierbar
6,1 bis 6,5	sensitiv	sehr affizierbar

6,6 bis 7,0	empfänglich	sentimental
7,1 bis 7,5	ausgesprochen empfänglich	störbar
7,6 bis 8,0	beteiligt	ausgesprochen störbar
8,1 bis 8,5	beeindruckbar	beeinflußbar
8,6 bis 9,0	verinnerlicht	abhängig
>9,0i	----------	übertrieben abhängig

x(Individuationsbedürfnisse);

Wert	Realwertbedeutungen	Imaginärwertbedeutungen
0,0 bis 0,5	besondere Ungebundenheit	starkes Unpersönlichkeitsstreben
0,6 bis 1,0	Ungebundenheit	Unpersönlichkeitsstreben
1,1 bis 1,5	ziemliche Ungebundenheit	ausgesprochener Kollektivdrang
1,6 bis 2,0	starkes Sachstreben	Kollektivdrang
2,1 bis 2,5	Sachstreben	erhöhtes Nivellierungsstreben
2,6 bis 3,0	bedingtes Sachstreben	Nivellierungsstreben
3,1 bis 3,5	starker Realitätsdrang	ausgesprochene Gleichmacherei
3,6 bis 4,0	Realitätsdrang	Gleichmacherei
4,1 bis 4,5	einiges Gruppeninteresse	teilweise Gruppenabhängigkeit
4,6 bis 5,0	Gruppenorientierung	Gruppenabhängigkeit
5,1 bis 5,5	Engagement	einige Sachferne
5,6 bis 6,0	Bindungsstreben	Sachferne
6,1 bis 6,5	Beteiligungsstreben	einige Rollenunklarheit
6,6 bis 7,0	Partnerschaftsstreben	Rollenunklarheiten
7,1 bis 7,5	Selbstverwirklichungsstreben	Absonderungsdrang
7,6 bis 8,0	Eigenständigkeitsstreben	Selbstabhebung
8,1 bis 8,5	Individualismus	Besonderheitsvorstellungen
8,6 bis 9,0	Abgrenzungsstreben	Gefühlsegozentrizität
>9,0i	----------	Egomanie

By (Bindungsstil),

Wert	Realwertbedeutungen	Imaginärwertbedeutungen
>+6,0	stark sprühend	stark wechselnd
5,6 bis 6,0	sprühend	wechselhaft
5,1, bis 5,5	eher sprühend	stark unstetig
4,6 bis 5,0	sehr lebendig	unstetig
4,1 bis 4,5	lebendig	sehr hektisch
3,6 bis 4,0	eher lebendig	hektisch
3,1 bis 3,5	sehr lebhaft	sehr unruhig
2,6 bis 3,0	lebhaft	unruhig
2,1 bis 2,5	eher lebhaft	sehr erregbar
1,6 bis 2,0	besonders ansprechbar	erregbar

1,1 bis 1,5	ansprechbar	stark schweifend
0,6 bis 1,0	eher ansprechbar	schweifend
0,0 bis 0,5	mehr reaktiv	eher anfällig
-0,0 bis -0,5	reaktiv	anfällig
-0,6 bis -1,0	eher aufgeschlossen	teilweise romantisch
-1,1 bis -1,5	aufgeschlossen	romantisch
-1,6 bis -2,0	sehr aufgeschlossen	sehr romantisch
-2,1 bis -2,5	eher teilnehmend	eher haftend
-2,6 bis -3,0	teilnehmend	haftend
-3,1 bis -3,5	ausgesprochen teilnehmend	stark haftend
-3,6 bis -4,0	eher engagiert	eher träg
-4,1 bis -4,5	engagiert	träg
-4,6 bis -5,0	stark engagiert	sehr träg
-5,1 bis -5,5	eher beständig	eher klebend
-5,6 bis -6,0	beständig	klebend
< -6,0	sehr beständig	besonders klebend

Bys (Bindungsstruktur),

Wert	Realwertbedeutungen	Imaginärwertbedeutungen
0,0 bis 0,5	unselbständig	kraftlos
0,6 bis 1,0	unbestimmt	rigide
1,1 bis 1,5	sehr unauffällig	reaktionsarm
1,6 bis 2,0	unauffällig	reaktionsschwach
2,1 bis 2,5	ziemlich unauffällig	nachlässig
2,6 bis 3,0	annähernd realistisch	lässig
3,1 bis 3,5	realistisch	leger
3,6 bis 4,0	ausgesprochen realistisch	zeitweise weniger eigenständig; ungezwungen
4,1 bis 4,5	bedingt selbständig	eher gewollt
4,6 bis 5,0	annähernd selbständig	leicht forciert
5,1 bis 5,5	selbständig	forciert
5,6 bis 6,0	eher eigenständig	leicht verspannt
6,1 bis 6,5	eigenständig	verspannt
6,6 bis 7,0	betont eigenständig	verstärkt verspannt
7,1 bis 7,5	bedingt eigenwillig	leicht eigensinnig
7,6 bis 8,0	eigenwillig	eigensinnig
8,1 bis 8,5	verstärkt eigenwillig	sehr eigensinnig
8,6 bis 9,0	betont eigenwillig	krampfhaft eigensinnig
> 9,0i	---------	zwiespältigen

Sg (Einstellung zu Menschen),

Wert	Realwertbedeutungen	Imaginärwertbedeutungen
> +6,0	besonders idealistisch	ausgesprochen utopisch
5,6 bis 6,0	idealistisch	utopisch
5,1, bis 5,5	eher idealistisch	eher utopisch
4,6 bis 5,0	stark vergeistigt	ausgesprochen schwärmerisch
4,1 bis 4,5	vergeistigt	schwärmerisch
3,6 bis 4,0	eher vergeistigt	eher schwärmerisch
3,1 bis 3,5	vorwiegend kulturell	stark kultisch
2,6 bis 3,0	kulturell	kultisch
2,1 bis 2,5	eher kulturell	eher kultisch
1,6 bis 2,0	sehr ungezwungen	stark ungebunden
1,1 bis 1,5	ungezwungen	ungebunden
0,6 bis 1,0	eher ungezwungen	eher ungebunden
0,0 bis 0,5	ausgewogen	recht unbestimmt
-0,0 bis -0,5	ausgeglichen	wenig bestimmt
-0,6 bis -1,0	eher Verständnis suchend	unfestgelegt
-1,1 bis -1,5	Verständnis suchend	unselbständig
-1,6 bis -2,0	stark nach Verständnis suchend	wenig selbständig
-2,1 bis -2,5	eher teilnehmend	eher nachgebend
-2,6 bis -3,0	teilnehmend	nachgebend
-3,1 bis -3,5	intensiv teilnehmend	stark nachgebend
-3,6 bis -4,0	eher sich beteiligend	eher subjektiv
-4,1 bis -4,5	sich beteiligend	subjektiv
-4,6 bis -5,0	sich intensiv beteiligend	betont subjektiv
-5,1 bis -5,5	engagiert	persönlich
-5,6 bis -6,0	selbständig	eigensinnig
< -6,0	eigenständig	selbstherrlich

Sgs (Haltung gegenüber Menschen)

Wert	Realwertbedeutungen	Imaginärwertbedeutungen
0,0 bis 0,5	unselbständig	kraftlos
0,6 bis 1,0	unbestimmt	rigide
1,1 bis 1,5	sehr unauffällig	reaktionsarm
1,6 bis 2,0	unauffällig	reaktionsschwach
2,1 bis 2,5	ziemlich unauffällig	nachlässig
2,6 bis 3,0	annähernd realistisch	lässig
3,1 bis 3,5	realistisch	leger
3,6 bis 4,0	ausgesprochen realistisch	zeitweise weniger eigenständig; ungezwungen
4,1 bis 4,5	bedingt selbständig	eher gewollt

4,6 bis 5,0	annähernd selbständig	leicht forciert
5,1 bis 5,5	selbständig	forciert
5,6 bis 6,0	eher eigenständig	leicht verspannt
6,1 bis 6,5	eigenständig	verspannt
6,6 bis 7,0	betont eigenständig	verstärkt verspannt
7,1 bis 7,5	bedingt eigenwillig	leicht eigensinnig
7,6 bis 8,0	eigenwillig	eigensinnig
8,1 bis 8,5	verstärkt eigenwillig	sehr eigensinnig
8,6 bis 9,0	betont eigenwillig	krampfhaft eigensinnig
>9,0i	----------	zwiespältigen

Gbg (Gemeinschaftsbewältigungsstil),

Wert	Realwertbedeutungen	Imaginärwertbedeutungen
> +6,0	besonders angreifend	sehr herrische
5,6 bis 6,0	angreifend	herrisch
5,1, bis 5,5	teilweise angreifend	eher herrisch
4,6 bis 5,0	ausgesprochen machend	ausgesprochen aggressiv
4,1 bis 4,5	machend	aggressiv
3,6 bis 4,0	bedingt machend	bedingt aggressiv
3,1 bis 3,5	ausgesprochen aktiv	besonders heftig
2,6 bis 3,0	aktiv	heftig
2,1 bis 2,5	eher aktiv	eher heftig
1,6 bis 2,0	ausgesprochen bestimmend	ausgesprochen bemächtigend
1,1 bis 1,5	bestimmend	bemächtigend
0,6 bis 1,0	eher bestimmend	eher bemächtigend
0,0 bis 0,5	anleitend	scharf
-0,0 bis -0,5	fortführend	unfest
-0,6 bis -1,0	eher ausgestaltend	eher folgsam
-1,1 bis -1,5	ausgestaltend	folgsam
-1,6 bis -2,0	starke ausgestaltend	ausgesprochen folgsam
-2,1 bis -2,5	eher sorgend	eher nachgiebig
-2,6 bis -3,0	sorgend	nachgiebig
-3,1 bis -3,5	besonders sorgend	ausgesprochen nachgiebig
-3,6 bis -4,0	eher anpassend	besänftigend
-4,1 bis -4,5	anpassend	ausgesprochen besänftigend
-4,6 bis -5,0	unbedingt anpassend	eher fürsorgerisch
-5,1 bis-5,5	eher beeindruckbar	fürsorgerisch
-5,6 bis -6,0	beeindruckbar	stark fürsorgerisch
< -6,0	weich	feministisch

Gbs (Gemeinschaftsbewältigungsstruktur),

Wert	Realwertbedeutungen	Imaginärwertbedeutungen
0,0 bis 0,5	unselbständig	kraftlos
0,6 bis 1,0	unbestimmt	rigide
1,1 bis 1,5	sehr unauffällig	reaktionsarm
1,6 bis 2,0	unauffällig	reaktionsschwach
2,1 bis 2,5	ziemlich unauffällig	nachlässig
2,6 bis 3,0	annähernd realistisch	lässig
3,1 bis 3,5	realistisch	leger
3,6 bis 4,0	ausgesprochen realistisch	zeitweise weniger eigenständig; ungezwungen
4,1 bis 4,5	bedingt selbständig	eher gewollt
4,6 bis 5,0	annähernd selbständig	leicht forciert
5,1 bis 5,5	selbständig	forciert
5,6 bis 6,0	eher eigenständig	leicht verspannt
6,1 bis 6,5	eigenständig	verspannt
6,6 bis 7,0	betont eigenständig	verstärkt verspannt
7,1 bis 7,5	bedingt eigenwillig	leicht eigensinnig
7,6 bis 8,0	eigenwillig	eigensinnig
8,1 bis 8,5	verstärkt eigenwillig	sehr eigensinnig
8,6 bis 9,0	betont eigenwillig	krampfhaft eigensinnig
>9,0i	----------	zwiespältigen

Gp (Gestaltungsperson),

Wert	Realwertbedeutungen	Imaginärwertbedeutungen
0,0 bis 0,5	stark zögernd	ausgesprochen lahm
0,6 bis 1,0	zögernd	lahm
1,1 bis 1,5	eher zögernd	eher lahm
1,6 bis 2,0	deutlich abwartend	sehr zaghaft
2,1 bis 2,5	abwartend	zaghaft
2,6 bis 3,0	eher abwartend	eher zaghaft
3,1 bis 3,5	sehr rücksichtsvoll	ausgesprochen unentschieden
3,6 bis 4,0	rücksichtsvoll	unentschieden
4,1 bis 4,5	eher rücksichtsvoll	eher unentschieden
4,6 bis 5,0	ausgesprochen kooperativ	sehr unbestimmt
5,1 bis 5,5	kooperativ	unbestimmt
5,6 bis 6,0	eher kooperativ	eher unbestimmt
6,1 bis 6,5	eher entscheidend	eher forciert
6,6 bis 7,0	entscheidend	forciert
7,1 bis 7,5	energisch entscheidend	ausgesprochen forciert
7,6 bis 8,0	eher eigenwillig	eher rücksichtslos

8,1 bis 8,5	eigenwillig	rücksichtslos
8,6 bis 9,0	sehr eigenwillig	sehr rücksichtslos
>9,0i	---------	selbstherrlich

Sp (Sozialperson),

Wert	Realwertbedeutungen	Imaginärwertbedeutungen
0,0 bis 0,5	ausgesprochen unbeeinflußbar	ausgesprochen spröde
0,6 bis 1,0	unbeeinflußbar	spröde
1,1 bis 1,5	eher unbeeinflußbar	eher spröde
1,6 bis 2,0	sehr unnachgiebig	ausgeprägt rigide
2,1 bis 2,5	unnachgiebig	rigide
2,6 bis 3,0	eher unnachgiebig	eher rigide
3,1 bis 3,5	besonders frei	sehr uninteressiert
3,6 bis 4,0	frei	uninteressiert
4,1 bis 4,5	eher frei	eher uninteressiert
4,6 bis 5,0	ansprechbar	sensitiv
5,1 bis 5,5	ausgesprochen ansprechbar	ausgesprochen sensitiv
5,6 bis 6,0	eher sensibel	eher affizierbar
6,1 bis 6,5	sensibel	affizierbar
6,6 bis 7,0	ausgesprochen sensibel	ausgesprochen affizierbar
7,1 bis 7,5	eher mitgehend	eher nachgebend
7,6 bis 8,0	mitgehend	nachgebend
8,1 bis 8,5	besonders mitgehend	stark nachgebend
8,6 bis 9,0	engagiert	bestimmbar
>9,0i	---------	haltlos

a (Gestaltungsaktivität),

Wert	Realwertbedeutungen	Imaginärwertbedeutungen
0,0 bis 0,5	sehr beschaulich	unausgebildet
0,6 bis 1,0	beschaulich	kaum ausgebildet
1,1 bis 1,5	eher beschaulich	wenig ausgebildet
1,6 bis 2,0	sehr bedächtig	sehr lahm
2,1 bis 2,5	bedächtig	lahm
2,6 bis 3,0	eher bedächtig	eher lahm
3,1 bis 3,5	sehr ruhig	sehr matt
3,6 bis 4,0	ruhig	matt
4,1 bis 4,5	eher ruhig	stark irritierbar
4,6 bis 5,0	eher emsig	irritierbar
5,1 bis 5,5	emsig	eher unruhig
5,6 bis 6,0	sehr emsig	unruhig
6,1 bis 6,5	eher eifrig	sehr unruhig

6,6 bis 7,0	eifrig	eher gewollt
7,1 bis 7,5	sehr eifrig	gewollt
7,6 bis 8,0	eher aktiv	sehr gewollt
8,1 bis 8,5	aktiv	eher heftigen
8,6 bis 9,0	sehr aktiv	heftigen
>9,0i	----------	besonders heftigen

b (Bewältigungsbedürfnisse),

Wert	Realwertbedeutungen	Imaginärwertbedeutungen
0,0 bis 0,5	kein	stark subordinativ
0,6 bis 1,0	kaum	subordinativ
1,1 bis 1,5	wenig	eher subordinativ
1,6 bis 2,0	gering	sehr störbar
2,1 bis 2,5	in Ansätzen vorhanden	störbar
2,6 bis 3,0	ansatzweise	eher störbar
3,1 bis 3,5	unterdurchschnittlich	sehr affizierbar
3,6 bis 4,0	knapp durchschnittlich	affizierbar
4,1 bis 4,5	ansatzweise kooperativ	teilweise affizierbar
4,6 bis 5,0	eher kooperativ	noch unsicher
5,1 bis 5,5	eher aufstrebend	eher aggressiv
5,6 bis 6,0	aufstrebend	aggressiv
6,1 bis 6,5	stark aufstrebend	sehr aggressiv
6,6 bis 7,0	ehrgeizig	eher herrisch
7,1 bis 7,5	betont ehrgeizig	herrisch
7,6 bis 8,0	eher kämpferisch	ausgesprochen herrisch
8,1 bis 8,5	kämpferisch	eher tyrannisch
8,6 bis 9,0	sehr kämpferisch	tyrannisch
>9,0i	----------	überwertig tyrannisch

p (Pathik),

Wert	Realwertbedeutungen	Imaginärwertbedeutungen
0,0 bis 0,5	besonders wenig anregbar	ausgesprochen starr
0,6 bis 1,0	wenig anregbar	starr
1,1 bis 1,5	eher wenig anregbar	eher starr
1,6 bis 2,0	ausgesprochen unabhängig	sehr harsch
2,1 bis 2,5	unabhängig	harsch
2,6 bis 3,0	eher unabhängig	eher harsch
3,1 bis 3,5	sehr frei	sehr unwillig
3,6 bis 4,0	frei	unwillig
4,1 bis 4,5	teilweise frei	eher unwillig
4,6 bis 5,0	anregbar	eher unbestimmt

5,1 bis 5,5	ausgeprägt anregbar	unbestimmt
5,6 bis 6,0	eher aufgeschlossen	eher uneindeutig
6,1 bis 6,5	aufgeschlossen	uneindeutig
6,6 bis 7,0	sehr aufgeschlossen	sehr uneindeutig
7,1 bis 7,5	eher beeindruckbar	eher bestimmbar
7,6 bis 8,0	beeindruckbar	bestimmbar
8,1 bis 8,5	stark beeindruckbar	stark bestimmbar
8,6 bis 9,0	überaus empfänglich	verführbar
>9,0i	----------	überwertig verführbar

c (caritative Bedürfnisse),

Wert	Realwertbedeutungen	Imaginärwertbedeutungen
0,0 bis 0,5	großes Unabhängigkeitsbedürfnis	erhöhte Asozialität
0,6 bis 1,0	Unabhängigkeitsbedürfnis	Asozialität
1,1 bis 1,5	einiges Unabhängigkeitsbedürfnis	einige Asozialität
1,6 bis 2,0	viel Freiheitsdrang	viel soziale Ungebundenheit
2,1 bis 2,5	Freiheitsdrang	soziale Ungebundenheit
2,6 bis 3,0	einiger Freiheitsdrang	einige soziale Ungebundenheit
3,1 bis 3,5	viel Liberalität	viel Unverständnis
3,6 bis 4,0	Liberalität	Unverständnis
4,1 bis 4,5	teilweise Liberalität	einiges Unverständnis
4,6 bis 5,0	einiges Verstehen	einiges Mitläuferbedürfnis
5,1 bis 5,5	Verstehen	Mitläuferbedürfnis
5,6 bis 6,0	viel Verstehen	großes Mitläuferbedürfnis
6,1 bis 6,5	einige Dienstbereitschaft	einige Betreuungszwänge
6,6 bis 7,0	Dienstbereitschaft	Betreuungszwänge
7,1 bis 7,5	erhöhte Dienstbereitschaft	erhöhte Betreuungszwänge
7,6 bis 8,0	einiges Sozialengagement	einige Sozialutopien
8,1 bis 8,5	Sozialengagement	Sozialutopien
8,6 bis 9,0	erhöhtes Sozialengagement	beherrschende Sozialutopien
>9,0i	----------	überwertige Sozialutopien

Gy (Beziehungsgestaltungstil),

Wert	Realwertbedeutungen	Imaginärwertbedeutungen
>+6,0	unbedingt eigenständig	besonders einseitig
5,6 bis 6,0	eigenständig	einseitig
5,1, bis 5,5	eher eigenständig	eher einseitig
4,6 bis 5,0	ausgesprochen selbständig	stark dominierend
4,1 bis 4,5	selbständig	dominierend
3,6 bis 4,0	eher selbständig	eher dominierend
3,1 bis 3,5	deutlich führend	ausgesprochen befehlend

2,6 bis 3,0	führend	befehlend
2,1 bis 2,5	eher führend	eher befehlend
1,6 bis 2,0	sehr konsequent	stark forciert
1,1 bis 1,5	konsequent	forciert
0,6 bis 1,0	eher konsequent	eher forciert
0,0 bis 0,5	mitbestimmend	tonangebend
-0,0 bis -0,5	verhalten	unentschieden
-0,6 bis -1,0	eher mitgehend	eher unselbständig
-1,1 bis -1,5	mitgehend	unselbständig
-1,6 bis -2,0	ausgesprochen mitgehend	sehr unselbständig
-2,1 bis -2,5	eher anpassungsbereit	eher sich einfügend
-2,6 bis -3,0	anpassungsbereit	sich einfügend
-3,1 bis -3,5	betont anpassungsbereit	sich deutlich einfügend
-3,6 bis -4,0	eher beeindruckbar	eher verführbar
-4,1 bis -4,5	beeindruckbar	verführbar
-4,6 bis -5,0	sehr beeindruckbar	sehr verführbar
-5,1 bis -5,5	eher empfänglich	eher subaltern
-5,6 bis -6,0	empfänglich	subaltern
< -6,0	sehr empfänglich	betont subaltern

Gys, (Beziehungsgestaltungsstruktur)

Wert	Realwertbedeutungen	Imaginärwertbedeutungen
0,0 bis 0,5	unselbständig	kraftlos
0,6 bis 1,0	unbestimmt	rigide
1,1 bis 1,5	sehr unauffällig	reaktionsarm
1,6 bis 2,0	unauffällig	reaktionsschwach
2,1 bis 2,5	ziemlich unauffällig	nachlässig
2,6 bis 3,0	annähernd realistisch	lässig
3,1 bis 3,5	realistisch	leger
3,6 bis 4,0	ausgesprochen realistisch	zeitweise weniger eigenständig; ungezwungen
4,1 bis 4,5	bedingt selbständig	eher gewollt
4,6 bis 5,0	annähernd selbständig	leicht forciert
5,1 bis 5,5	selbständig	forciert
5,6 bis 6,0	eher eigenständig	leicht verspannt
6,1 bis 6,5	eigenständig	verspannt
6,6 bis 7,0	betont eigenständig	verstärkt verspannt
7,1 bis 7,5	bedingt eigenwillig	leicht eigensinnig
7,6 bis 8,0	eigenwillig	eigensinnig
8,1 bis 8,5	verstärkt eigenwillig	sehr eigensinnig
8,6 bis 9,0	betont eigenwillig	krampfhaft eigensinnig

>9,0i	----------	zwiespältigen

Ge (Beziehungsmotivationsstil)

Wert	Realwertbedeutungen	Imaginärwertbedeutungen
> +6,0	Eroberung	Zerstörung
5,6 bis 6,0	Angriff	Verletzung
5,1, bis 5,5	Führung	Unterdrückung
4,6 bis 5,0	Lenkung	Unterwerfung
4,1 bis 4,5	Leitung	Bemächtigung
3,6 bis 4,0	Bestimmung	Überwältigung
3,1 bis 3,5	Aktivierung	Macht
2,6 bis 3,0	Handeln	Kommandieren
2,1 bis 2,5	Gestaltung	Befehlen
1,6 bis 2,0	Ausgestaltung	Verändern
1,1 bis 1,5	Fortführen	Umändern
0,6 bis 1,0	Mitgestaltung	Beeinflussen
0,0 bis 0,5	Ausgestaltung	Variieren
-0,0 bis -0,5	Kooperation	Mitlaufen
-0,6 bis -1,0	Ausführung	Hinterherlaufen
-1,1 bis -1,5	Bewahrung	Nachgeben
-1,6 bis -2,0	Behüten	gesteigerte Nachgiebigkeit
-2,1 bis -2,5	Hüten	Ansätze zur Unterordnung
-2,6 bis -3,0	Mitgehen	Unterordnung
-3,1 bis -3,5	Öffnung	teilweises Beeinflussenlassen
-3,6 bis -4,0	Aufnahme	Beeinflussenlassen
-4,1 bis -4,5	Anpassung	Verführenlassen
-4,6 bis -5,0	Bedienung	Verunselbständigung
-5,1 bis -5,5	Fürsorge	einengende Fürsorge
-5,6 bis -6,0	Schützen	fürsorgliche Bevormundung
< -6,0	Bemutterung	erdrückende Fürsorge

Gse (Beziehungsmotivationsstruktur),

Wert	Realwertbedeutungen	Imaginärwertbedeutungen
0,0 bis 0,5	unselbständig	kraftlos
0,6 bis 1,0	unbestimmt	rigide
1,1 bis 1,5	sehr unauffällig	reaktionsarm
1,6 bis 2,0	unauffällig	reaktionsschwach
2,1 bis 2,5	ziemlich unauffällig	nachlässig
2,6 bis 3,0	annähernd realistisch	lässig
3,1 bis 3,5	realistisch	leger
3,6 bis 4,0	ausgesprochen realistisch	zeitweise weniger eigenständig; ungezwungen

4,1 bis 4,5	bedingt selbständig	eher gewollt
4,6 bis 5,0	annähernd selbständig	leicht forciert
5,1 bis 5,5	selbständig	forciert
5,6 bis 6,0	eher eigenständig	leicht verspannt
6,1 bis 6,5	eigenständig	verspannt
6,6 bis 7,0	betont eigenständig	verstärkt verspannt
7,1 bis 7,5	bedingt eigenwillig	leicht eigensinnig
7,6 bis 8,0	eigenwillig	eigensinnig
8,1 bis 8,5	verstärkt eigenwillig	sehr eigensinnig
8,6 bis 9,0	betont eigenwillig	krampfhaft eigensinnig
>9,0i	----------	zwiespältigen

Wt (Handlungsstil)

Wert	Realwertbedeutungen	Imaginärwertbedeutungen
> +6,0	stark expansiv	in besonderem Maße außengelenkt
5,6 bis 6,0	expansiv	ausgesprochen außengelenkt
5,1, bis 5,5	mäßig expansiv	außengelenkt
4,6 bis 5,0	ausgesprochen extravertiert	stark umweltabhängig
4,1 bis 4,5	extravertiert	umweltabhängig
3,6 bis 4,0	mäßig extravertiert	eher umweltabhängig
3,1 bis 3,5	ausgesprochen weltzugewandt	sehr unbestimmt
2,6 bis 3,0	weltzugewandt	unbestimmt
2,1 bis 2,5	mäßig weltzugewandt	eher unbestimmt
1,6 bis 2,0	sehr offen	ungezwungen
1,1 bis 1,5	offen	eher ungezwungen
0,6 bis 1,0	mäßig offen	recht uneindeutig
0,0 bis 0,5	ausgeglichen	uneindeutig
-0,0 bis -0,5	eher ausgeglichen	leicht uneindeutig
-0,6 bis -1,0	mäßig gedämpft	leicht übersteuert
-1,1 bis -1,5	gedämpft	eher übersteuert
-1,6 bis -2,0	starkt gedämpft	leicht unfrei
-2,1 bis -2,5	mäßig gesteuert	unfrei
-2,6 bis -3,0	gesteuert	recht unfrei
-3,1 bis -3,5	straff gesteuert	leicht verspannt
-3,6 bis -4,0	eher innengelenkt	verspannt
-4,1 bis -4,5	innengelenkt	deutlich verspannt
-4,6 bis -5,0	stark innengelenkt	eher gezwungen
-5,1 bis -5,5	eher in sich gekehrt	gezwungen
-5,6 bis -6,0	in sich gekehrt	leicht verkrampft
< -6,0	ausgesprochen in sich gekehrt	verkrampft

Wts (Handlungsstruktur),

Wert	Realwertbedeutungen	Imaginärwertbedeutungen
0,0 bis 0,5	unselbständig	kraftlos
0,6 bis 1,0	unbestimmt	rigide
1,1 bis 1,5	sehr unauffällig	reaktionsarm
1,6 bis 2,0	unauffällig	reaktionsschwach
2,1 bis 2,5	ziemlich unauffällig	nachlässig
2,6 bis 3,0	annähernd realistisch	lässig
3,1 bis 3,5	realistisch	leger
3,6 bis 4,0	ausgesprochen realistisch	zeitweise weniger eigenständig; ungezwungen
4,1 bis 4,5	bedingt selbständig	eher gewollt
4,6 bis 5,0	annähernd selbständig	leicht forciert
5,1 bis 5,5	selbständig	forciert
5,6 bis 6,0	eher eigenständig	leicht verspannt
6,1 bis 6,5	eigenständig	verspannt
6,6 bis 7,0	betont eigenständig	verstärkt verspannt
7,1 bis 7,5	bedingt eigenwillig	leicht eigensinnig
7,6 bis 8,0	eigenwillig	eigensinnig
8,1 bis 8,5	verstärkt eigenwillig	sehr eigensinnig
8,6 bis 9,0	betont eigenwillig	krampfhaft eigensinnig
>9,0i	----------	zwiespältigen

Weg (Welterfassungsstil),

Wert	Realwertbedeutungen	Imaginärwertbedeutungen
> +6,0	besonders unbefangen	äußerst unsystematisch
5,6 bis 6,0	unbefangen	unsystematisch
5,1, bis 5,5	weitgehend unbefangen	eher unsystematisch
4,6 bis 5,0	bedingt unbefangen	ausgesprochen oberflächlich
4,1 bis 4,5	ausgesprochen zwanglos	oberflächlich
3,6 bis 4,0	zwanglos	weitgehend oberflächlich
3,1 bis 3,5	sehr umrißartig	teilweise oberflächlich
2,6 bis 3,0	umrißartig	betont flüchtig
2,1 bis 2,5	weitgehend in Umrissen	flüchtig
1,6 bis 2,0	teilweise umrißhaft	eher flüchtig
1,1 bis 1,5	sehr global	sehr wenig exakt
0,6 bis 1,0	global	wenig exakt
0,0 bis 0,5	eher global	bedingt exakt
-0,0 bis -0,5	teilweise geordnet	nicht ungenau
-0,6 bis -1,0	geordnet	eher sammelnd
-1,1 bis -1,5	ausgesprochen geordnet	sammelnd

-1,6 bis -2,0	eher gegliedert	eher registrierend
-2,1 bis -2,5	gegliedert	registrierend
-2,6 bis -3,0	straff gegliedert	eher einzelheitlich
-3,1 bis -3,5	eher organisierend	einzelheitlich
-3,6 bis -4,0	organisierend	stark einzelheitlich
-4,1 bis -4,5	straff organisierend	eher bürokratisch
-4,6 bis -5,0	eher systematisch	bürokratisch
-5,1 bis -5,5	systematisch	besonders bürokratisch
-5,6 bis -6,0	ausgesprochen systematisch	eher pedantisch
< -6,0	streng systematisch	ausgesprochen pedantisch

Wes (Welterfassungsstruktur),

Wert	Realwertbedeutungen	Imaginärwertbedeutungen
0,0 bis 0,5	unselbständig	kraftlos
0,6 bis 1,0	unbestimmt	rigide
1,1 bis 1,5	sehr unauffällig	reaktionsarm
1,6 bis 2,0	unauffällig	reaktionsschwach
2,1 bis 2,5	ziemlich unauffällig	nachlässig
2,6 bis 3,0	annähernd realistisch	lässig
3,1 bis 3,5	realistisch	leger
3,6 bis 4,0	ausgesprochen realistisch	zeitweise weniger eigenständig; ungezwungen
4,1 bis 4,5	bedingt selbständig	eher gewollt
4,6 bis 5,0	annähernd selbständig	leicht forciert
5,1 bis 5,5	selbständig	forciert
5,6 bis 6,0	eher eigenständig	leicht verspannt
6,1 bis 6,5	eigenständig	verspannt
6,6 bis 7,0	betont eigenständig	verstärkt verspannt
7,1 bis 7,5	bedingt eigenwillig	leicht eigensinnig
7,6 bis 8,0	eigenwillig	eigensinnig
8,1 bis 8,5	verstärkt eigenwillig	sehr eigensinnig
8,6 bis 9,0	betont eigenwillig	krampfhaft eigensinnig
>9,0i	----------	zwiespältigen

Ep (Einstellungsperson),

Wert	Realwertbedeutungen	Imaginärwertbedeutungen
0,0 bis 0,5	sehr nüchtern	ausgesprochen amusisch
0,6 bis 1,0	nüchtern	amusisch
1,1 bis 1,5	eher nüchtern	eher amusisch
1,6 bis 2,0	sehr sachlich	übervorsichtig
2,1 bis 2,5	sachlich	vorsichtig
2,6 bis 3,0	eher sachlich	eher vorsichtig

3,1 bis 3,5	ausgesprochen realistisch	sehr irritierbar
3,6 bis 4,0	realistisch	irritierbar
4,1 bis 4,5	eher realistisch	eher irritierbar
4,6 bis 5,0	bedingt frei	unbestimmt
5,1 bis 5,5	eher sicher	eher selbstunkritisch
5,6 bis 6,0	sicher	selbstunkritisch
6,1 bis 6,5	besonders sicher	ausgesprochen selbstunkritisch
6,6 bis 7,0	eher optimistisch	eher leichtfertig
7,1 bis 7,5	optimistisch	leichtfertig
7,6 bis 8,0	ausgesprochen optimistisch	ausgesprochen leichtfertig
8,1 bis 8,5	risikobereit	unrealistisch
8,6 bis 9,0	ausgesprochen risikobereit	ausgesprochen unrealistisch
>9,0i	---------	irreal

Op (Ordnungsperson),

Wert	Realwertbedeutungen	Imaginärwertbedeutungen
0,0 bis 0,5	höchstens in Umrissen	sehr umtriebig
0,6 bis 1,0	hier und da in Umrissen	umtriebig
1,1 bis 1,5	eher umrißhaft	weitgehend umtriebig
1,6 bis 2,0	sehr lässig	ausgesprochen chaotisch
2,1 bis 2,5	lässig	chaotisch
2,6 bis 3,0	eher lässig	bedingt chaotisch
3,1 bis 3,5	höchstens registrierend	sehr nachlässig
3,6 bis 4,0	nur registrierend	nachlässig
4,1 bis 4,5	teilweise nur registrierend	teilweise nachlässig
4,6 bis 5,0	teilweise besonnen	mit einiger Vorsicht
5,1 bis 5,5	eher besonnen	eher vorsichtig
5,6 bis 6,0	besonnen	vorsichtig
6,1 bis 6,5	eher umfassend	eher katalogisierend
6,6 bis 7,0	umfassend	katalogisierend
7,1 bis 7,5	ausgesprochen umfassend	sorgfältig katalogisierend
7,6 bis 8,0	eher durchdringend	eher bedenkend
8,1 bis 8,5	durchdringend	bedenkend
8,6 bis 9,0	voll durchdringend	formalistisch
>9,0i	---------	übertrieben formalistisch

m (sanguinisches Temperament),

Wert	Realwertbedeutungen	Imaginärwertbedeutungen
0,0 bis 0,5	sehr schwach	fehlend
0,6 bis 1,0	schwach	gehemmt
1,1 bis 1,5	eher schwache	unterdrückt
1,6 bis 2,0	sehr gering	stark affizierbar
2,1 bis 2,5	gering	affizierbar
2,6 bis 3,0	eher gering	eher affizierbar
3,1 bis 3,5	stark sachbestimmt	stark störbar
3,6 bis 4,0	sachbestimmt	störbar
4,1 bis 4,5	eher sachbestimmt	eher störbar
4,6 bis 5,0	eher alltäglich	eher naiv
5,1 bis 5,5	alltäglich	naiv
5,6 bis 6,0	natürlich	sehr naiv
6,1 bis 6,5	ausgesprochen natürlich	eher bedenkenlos
6,6 bis 7,0	eher gesteigert	bedenkenlos
7,1 bis 7,5	gesteigert	besonders bedenkenlos
7,6 bis 8,0	stark gesteigert	eher überheblich
8,1 bis 8,5	gewichtig	überheblich
8,6 bis 9,0	sehr gewichtig	ausgesprochen überheblich
>9,0i	----------	überwertig irreal

q (Qualitätsbedürfnisse),

Wert	Realwertbedeutungen	Imaginärwertbedeutungen
0,0 bis 0,5	ausgesprochen funktionale	rein materialistische
0,6 bis 1,0	funktionale	materialistische
1,1 bis 1,5	eher funktionale	eher materialistische
1,6 bis 2,0	ausgesprochen zweckhafte	stark profitbestimmte
2,1 bis 2,5	zweckhafte	profitbestimmte
2,6 bis 3,0	eher zweckhafte	eher profitbestimmte
3,1 bis 3,5	ausgeprägt ökonomische	ausgesprochen quantitative
3,6 bis 4,0	ökonomische	quantitative
4,1 bis 4,5	eher ökonomische	eher quantitative
4,6 bis 5,0	teilweise eindrucksnahe	teilweise äußerliche
5,1 bis 5,5	eher eindrucksbestimmte	eher äußerliche
5,6 bis 6,0	eher wirkungsorientierte	weitgehend äußerliche
6,1 bis 6,5	wirkungsorientierte	eher unrealistische
6,6 bis 7,0	ausgesprochen wirkungsorientierte	unrealistische
7,1 bis 7,5	gütebestimmte	besonders unrealistische
7,6 bis 8,0	eher ästhetische	eher utopische

8,1 bis 8,5	ästhetische	utopische
8,6 bis 9,0	besonders ästhetische	besonders utopische
>9,0i	---------	überwertig hysteroide

d (melancholisches Temperament);

Wert	Realwertbedeutungen	Imaginärwertbedeutungen
0,0 bis 0,5	ausgesprochen unverdrossen	sehr flach
0,6 bis 1,0	unverdrossen	flach
1,1 bis 1,5	eher unverdrossen	eher flach
1,6 bis 2,0	besonders ungezwungen	sehr seicht
2,1 bis 2,5	ungezwungen	seicht
2,6 bis 3,0	eher ungezwungen	eher seicht
3,1 bis 3,5	sehr frei	eher oberflächlich
3,6 bis 4,0	frei	eher unbesonnen
4,1 bis 4,5	eher frei	eher uneindeutig
4,6 bis 5,0	noch gelöst	eher unbestimmt
5,1 bis 5,5	eher verhalten	eher schwer
5,6 bis 6,0	verhalten	schwer
6,1 bis 6,5	besonders verhalten	sehr schwer
6,6 bis 7,0	eher ernst	eher deprimiert
7,1 bis 7,5	ernst	deprimiert
7,6 bis 8,0	sehr ernst	stark deprimiert
8,1 bis 8,5	melancholisch	eher depressiv
8,6 bis 9,0	ausgesprochen melancholisch	depressiv
>9,0i	---------	übersteigert depressiv

o (Ordnungsbedürfnisse);

Wert	Realwertbedeutungen	Imaginärwertbedeutungen
0,0 bis 0,5	fehlende	sehr wirre
0,6 bis 1,0	kaum entwickelte	wirre
1,1 bis 1,5	geringe	eher wirre
1,6 bis 2,0	sehr unnormierte	sehr krause
2,1 bis 2,5	unnormierte	krause
2,6 bis 3,0	eher unnormierte	eher krause
3,1 bis 3,5	sehr flexible	sehr unbestimmte
3,6 bis 4,0	flexible	unbestimmte
4,1 bis 4,5	teilweise flexible	teilweise unbestimmte
4,6 bis 5,0	eher grobe	eher naive
5,1 bis 5,5	eher einfache	naive
5,6 bis 6,0	leicht differenzierte	eher einzelheitliche
6,1 bis 6,5	differenzierte	einzelheitliche

6,6 bis 7,0	ausgesprochen differenzierte	besonders einzelheitliche
7,1 bis 7,5	systematische	eher bürokratische
7,6 bis 8,0	eher formale	bürokratische
8,1 bis 8,5	formale	stark bürokratische
8,6 bis 9,0	ausgesprochen formale	formalistische
>9,0i	----------	überwertig formalistische

Sy (Auffassungsstil)

Wert	Realwertbedeutungen	Imaginärwertbedeutungen
>+6,0	ausgesprochen leichtblütig	sehr unbesonnen
5,6 bis 6,0	leichtblütig	unbesonnen
5,1, bis 5,5	weitgehend leichtblütig	weitgehend unbesonnen
4,6 bis 5,0	sehr frisch	sehr oberflächlich
4,1 bis 4,5	frisch	oberflächlich
3,6 bis 4,0	eher frisch	eher oberflächlich
3,1 bis 3,5	besonders unbeschwert	sehr bedenkenlos
2,6 bis 3,0	unbeschwert	bedenkenlos
2,1 bis 2,5	eher unbeschwert	eher bedenkenlos
1,6 bis 2,0	sehr locker	sehr nachlässig
1,1 bis 1,5	locker	nachlässig
0,6 bis 1,0	eher locker	eher nachlässig
0,0 bis 0,5	gelöst	unbestimmt
-0,0 bis -0,5	ausgewogen	eher launisch
-0,6 bis -1,0	eher verhalten	launisch
-1,1 bis -1,5	verhalten	eher bedenklich
-1,6 bis -2,0	sehr verhalten	bedenklich
-2,1 bis -2,5	eher abwägend	besonders bedenklich
-2,6 bis -3,0	abwägend	eher vorsichtig
-3,1 bis -3,5	intensiv abwägend	vorsichtig
-3,6 bis -4,0	eher besinnlich	übervorsichtig
-4,1 bis -4,5	besinnlich	eher verdrossen
-4,6 bis -5,0	ausgesprochen besinnlich	verdrossen
-5,1 bis -5,5	eher schwerblütig	betont verdrossen
-5,6 bis -6,0	schwerblütig	pessimistisch
<-6,0	ausgesprochen schwerblütig	ausgesprochen pessimistisch

Sys (Auffassungsstruktur),

Wert	Realwertbedeutungen	Imaginärwertbedeutungen
0,0 bis 0,5	unselbständig	kraftlos
0,6 bis 1,0	unbestimmt	rigide
1,1 bis 1,5	sehr unauffällig	reaktionsarm
1,6 bis 2,0	unauffällig	reaktionsschwach
2,1 bis 2,5	ziemlich unauffällig	nachlässig
2,6 bis 3,0	annähernd realistisch	lässig
3,1 bis 3,5	realistisch	leger
3,6 bis 4,0	ausgesprochen realistisch	zeitweise weniger eigenständig; ungezwungen
4,1 bis 4,5	bedingt selbständig	eher gewollt
4,6 bis 5,0	annähernd selbständig	leicht forciert
5,1 bis 5,5	selbständig	forciert
5,6 bis 6,0	eher eigenständig	leicht verspannt
6,1 bis 6,5	eigenständig	verspannt
6,6 bis 7,0	betont eigenständig	verstärkt verspannt
7,1 bis 7,5	bedingt eigenwillig	leicht eigensinnig
7,6 bis 8,0	eigenwillig	eigensinnig
8,1 bis 8,5	verstärkt eigenwillig	sehr eigensinnig
8,6 bis 9,0	betont eigenwillig	krampfhaft eigensinnig
>9,0i	----------	zwiespältigen

Wa (Wahrnehmungsstil),

Wert	Realwertbedeutungen	Imaginärwertbedeutungen
> +6,0	sehr phantasievoll	ausgesprochen weltfremd
5,6 bis 6,0	phantasievoll	weltfremd
5,1, bis 5,5	eher phantasievoll	eher weltfremd
4,6 bis 5,0	stark künstlerisch	ausgesprochen wirklichkeitsfern
4,1 bis 4,5	künstlerisch	wirklichkeitsfern
3,6 bis 4,0	eher künstlerisch	eher wirklichkeitsfern
3,1 bis 3,5	stark musisch	ausgesprochen äußerlich
2,6 bis 3,0	musisch	äußerlich
2,1 bis 2,5	eher musisch	eher äußerlich
1,6 bis 2,0	stark global	sehr flüchtig
1,1 bis 1,5	global	flüchtig
0,6 bis 1,0	eher global	eher flüchtig
0,0 bis 0,5	mehr umrißhaft	eher oberflächlich
-0,0 bis -0,5	eher ordnend	eher einzelheitlich
-0,6 bis -1,0	ordnend	einzelheitlich
-1,1 bis -1,5	sorgfältig ordnend	ausgesprochen einzelheitlich

-1,6 bis -2,0	eher realistisch	eher schematisch
-2,1 bis -2,5	realistisch	schematisch
-2,6 bis -3,0	streng realistisch	stark schematisch
-3,1 bis -3,5	eher systematisch	eher schablonenhaft
-3,6 bis -4,0	systematisch	schablonenhaft
-4,1 bis -4,5	besonders systematisch	ausgesprochen schablonenhaft
-4,6 bis -5,0	recht aufmerksam	eher mechanistisch
-5,1 bis -5,5	aufmerksam	mechanistisch
-5,6 bis -6,0	besonders aufmerksam	stark mechanistisch
<-6,0	funktional	funktionalistisch

Was (Weltbetrachtungsweise),

Wert	Realwertbedeutungen	Imaginärwertbedeutungen
0,0 bis 0,5	unselbständig	kraftlos
0,6 bis 1,0	unbestimmt	rigide
1,1 bis 1,5	sehr unauffällig	reaktionsarm
1,6 bis 2,0	unauffällig	reaktionsschwach
2,1 bis 2,5	ziemlich unauffällig	nachlässig
2,6 bis 3,0	annähernd realistisch	lässig
3,1 bis 3,5	realistisch	leger
3,6 bis 4,0	ausgesprochen realistisch	zeitweise weniger eigenständig; ungezwungen
4,1 bis 4,5	bedingt selbständig	eher gewollt
4,6 bis 5,0	annähernd selbständig	leicht forciert
5,1 bis 5,5	selbständig	forciert
5,6 bis 6,0	eher eigenständig	leicht verspannt
6,1 bis 6,5	eigenständig	verspannt
6,6 bis 7,0	betont eigenständig	verstärkt verspannt
7,1 bis 7,5	bedingt eigenwillig	leicht eigensinnig
7,6 bis 8,0	eigenwillig	eigensinnig
8,1 bis 8,5	verstärkt eigenwillig	sehr eigensinnig
8,6 bis 9,0	betont eigenwillig	krampfhaft eigensinnig
>9,0i	----------	zwiespältigen

Wbg (Weltbewältigungsstil),

Wert	Realwertbedeutungen	Imaginärwertbedeutungen
>+6,0	besonders expansiv	hitzig
5,6 bis 6,0	expansiv	eher hitzig
5,1, bis 5,5	eher expansiv	heftig
4,6 bis 5,0	sehr dynamisch	eher heftig
4,1 bis 4,5	dynamisch	hektisch
3,6 bis 4,0	sehr schwungvoll	sehr unruhig

3,1 bis 3,5	schwungvoll	unruhig
2,6 bis 3,0	sehr eifrig	eher unruhig
2,1 bis 2,5	eifrig	sehr betriebsam
1,6 bis 2,0	eher eifrig	betriebsam
1,1 bis 1,5	besonders konsequent	eher prinzipienhaft
0,6 bis 1,0	sehr rege	eher betriebsam
0,0 bis 0,5	rege	ungleichmäßig
-0,0 bis -0,5	eher rege	eher ungleichmäßig
-0,6 bis -1,0	eher gleichmäßig	eher gleichförmig
-1,1 bis -1,5	gleichmäßig	gleichförmig
-1,6 bis -2,0	sehr gleichmäßig	sehr gleichförmig
-2,1 bis -2,5	eher konsequent	wenig flexibel
-2,6 bis -3,0	konsequent	inflexibel
-3,1 bis -3,5	eher eindeutig	prinzipienhaft
-3,6 bis -4,0	eindeutig	eher abwehrend
-4,1 bis -4,5	eher unbeirrbar	eher trotzig
-4,6 bis -5,0	unbeirrbar	opponierend
-5,1 bis -5,5	besonders unbeirrbar	stark opponierend
-5,6 bis -6,0	eher unerschütterlich	unelastisch
< -6,0	unerschütterlich	sehr unelastisch

Wbs (Weltbewältigungsstruktur

Wert	Realwertbedeutungen	Imaginärwertbedeutungen
0,0 bis 0,5	unselbständig	kraftlos
0,6 bis 1,0	unbestimmt	rigide
1,1 bis 1,5	sehr unauffällig	reaktionsarm
1,6 bis 2,0	unauffällig	reaktionsschwach
2,1 bis 2,5	ziemlich unauffällig	nachlässig
2,6 bis 3,0	annähernd realistisch	lässig
3,1 bis 3,5	realistisch	leger
3,6 bis 4,0	ausgesprochen realistisch	zeitweise weniger eigenständig; ungezwungen
4,1 bis 4,5	bedingt selbständig	eher gewollt
4,6 bis 5,0	annähernd selbständig	leicht forciert
5,1 bis 5,5	selbständig	forciert
5,6 bis 6,0	eher eigenständig	leicht verspannt
6,1 bis 6,5	eigenständig	verspannt
6,6 bis 7,0	betont eigenständig	verstärkt verspannt
7,1 bis 7,5	bedingt eigenwillig	leicht eigensinnig
7,6 bis 8,0	eigenwillig	eigensinnig
8,1 bis 8,5	verstärkt eigenwillig	sehr eigensinnig

8,6 bis 9,0	betont eigenwillig	krampfhaft eigensinnig
>9,0i	----------	zwiespältigen

Fp (Fortschrittsperson),

Wert	Realwertbedeutungen	Imaginärwertbedeutungen
0,0 bis 0,5	ausgesprochener Beständigkeit	Impulslosigkeit
0,6 bis 1,0	Beständigkeit	Impulsarmut
1,1 bis 1,5	einiger Beständigkeit	Impulsschwäche
1,6 bis 2,0	viel Beschaulichkeit	ausgesprochener Schwunglosigkeit
2,1 bis 2,5	Beschaulichkeit	Schwunglosigkeit
2,6 bis 3,0	einiger Beschaulichkeit	ausgesprochener Vorgestrigkeit
3,1 bis 3,5	starkem Ruhestreben	Vorgestrigkeit
3,6 bis 4,0	Ruhestreben	einiger Risikoscheu
4,1 bis 4,5	einigem Streben nach Ruhe	wenig Interesse
4,6 bis 5,0	einiger Rührigkeit	einigen Veränderungswünschen
5,1 bis 5,5	größerer Rührigkeit	Veränderungsabsichten
5,6 bis 6,0	einiger Expansivität	Wechselhaftigkeiten
6,1 bis 6,5	größerer Expansivität	einiger Neugier
6,6 bis 7,0	Unternehmungsdrang	Neugier
7,1 bis 7,5	Suche nach Neuem	gesteigerter Neugier
7,6 bis 8,0	Forschungsdrang	einigem Abenteurertum
8,1 bis 8,5	Zukunftsorientierung	Abenteurertum
8,6 bis 9,0	Wissensdrang	starkem Abenteurertum
>9,0i	----------	überwertiger Neuerungssucht

Tp (Traditionsperson),

Wert	Realwertbedeutungen	Imaginärwertbedeutungen
0,0 bis 0,5	besonders schweifender Art	ausgesprochener Wurzellosigkeit
0,6 bis 1,0	mehr schweifender Art	Wurzellosigkeit
1,1 bis 1,5	teilweise schweifender Art	einiger Wurzellosigkeit
1,6 bis 2,0	erhöhter Beweglichkeit	fehlender Bodenständigkeit
2,1 bis 2,5	Beweglichkeit	teilweise fehlender Bodenständigkeit
2,6 bis 3,0	einiger Beweglichkeit	erhöhter Hinreißbarkeit
3,1 bis 3,5	erhöhter Elastizität	Hinreißbarkeit
3,6 bis 4,0	Elastizität	einiger Hinreißbarkeit
4,1 bis 4,5	einiger Elastizität	erhöhter Unbestimmtheit
4,6 bis 5,0	einigem Gleichmaß	Unbestimmtheit
5,1 bis 5,5	Gleichmaß	einigen Verfestigungen
5,6 bis 6,0	erhöhtem Gleichmaß	Verfestigungen
6,1 bis 6,5	einiger Solidität	starken Verfestigungen
6,6 bis 7,0	Solidität	Unbeweglichkeit

7,1 bis 7,5	betonter Solidität	gesteigerter Unbeweglichkeit
7,6 bis 8,0	einiger Beharrlichkeit	einigem Eigensinn
8,1 bis 8,5	Beharrlichkeit	Eigensinn
8,6 bis 9,0	ausgesprochener Beharrlichkeit	gesteigertem Eigensinn
>9,0i	----------	Negativismus

k (Kaptationstemperament),

Wert	Realwertbedeutungen	Imaginärwertbedeutungen
0,0 bis 0,5	ausgesprochene Beschaulichkeit	ausgesprochene Lahmheit
0,6 bis 1,0	Beschaulichkeit	Lahmheit
1,1 bis 1,5	einige Beschaulichkeit	einige Lahmheit
1,6 bis 2,0	große Bedächtigkeit	große Kraftlosigkeit
2,1 bis 2,5	Bedächtigkeit	Kraftlosigkeit
2,6 bis 3,0	einige Bedächtigkeit	beträchtliche Schwunglosigkeit
3,1 bis 3,5	erhebliche Bedachtsamkeit	Schwunglosigkeit
3,6 bis 4,0	Bedachtsamkeit	einige Kraftlosigkeit
4,1 bis 4,5	einige Bedachtsamkeit	einige Schwunglosigkeit
4,6 bis 5,0	geringe Agilität	einige Betriebsamkeit
5,1 bis 5,5	Agilität	große Betriebsamkeit
5,6 bis 6,0	betonte Agilität	Geschäftigkeit
6,1 bis 6,5	einiger Eifer	große Geschäftigkeit
6,6 bis 7,0	Eifer	Umtriebigkeit
7,1 bis 7,5	viel Eifer	große Umtriebigkeit
7,6 bis 8,0	Aktivität	einige Hektik
8,1 bis 8,5	Schwung	Hektik
8,6 bis 9,0	viel Schwung	viel Hektik
>9,0i	----------	überwertige Hektik

f (Bedürfnisse der Ferne),

Wert	Realwertbedeutungen	Imaginärwertbedeutungen
0,0 bis 0,5	großen Unwandelbarkeitsbedürfnissen	ausgeprägten Vergangenheitssehnsüchten
0,6 bis 1,0	Unwandelbarkeitsbedürfnissen	Vergangenheitssehnsüchten
1,1 bis 1,5	einigen Unwandelbarkeitsbedürfnissen	Vergangenheitswünschen
1,6 bis 2,0	erheblichen Ruhebedürfnissen	großen Abwechslungsängsten
2,1 bis 2,5	Ruhebedürfnissen	Abwechslungsängsten
2,6 bis 3,0	einigen Ruhebedürfnissen	einigen Abwechslungsängsten
3,1 bis 3,5	größeren Verharrungsbedürfnissen	größerer Zukunftsabwehr
3,6 bis 4,0	Verharrungsbedürfnissen	Zukunftsabwehr
4,1 bis 4,5	einigen Verharrungsbedürfnissen	einiger Zukunftsabwehr
4,6 bis 5,0	einigen Variationsbedürfnissen	einigen Unstetigkeitswünschen
5,1 bis 5,5	Variationsbedürfnissen	Unstetigkeitswünschen

5,6 bis 6,0	einigen Fortschrittsbedürfnissen	einigem Wechseldrang
6,1 bis 6,5	Fortschrittsbedürfnissen	Wechseldrang
6,6 bis 7,0	erheblichen Fortschrittsbedürfnissen	verstärktem Wechseldrang
7,1 bis 7,5	einigen Zukunftsbedürfnissen	einigen Abenteuerwünschen
7,6 bis 8,0	Zukunftsbedürfnissen	Abenteuerwünschen
8,1 bis 8,5	starken Zukunftsbedürfnissen	erhöhten Abenteuerwünschen
8,6 bis 9,0	Sehnsucht nach dem Fernen	Utopien
>9,0i	----------	überwertigen Utopien

r (Retentionstemperament),

Wert	Realwertbedeutungen	Imaginärwertbedeutungen
0,0 bis 0,5	besondere Flexibilität	fehlende Bodenständigkeit
0,6 bis 1,0	erhöhte Flexibilität	verminderte Bodenständigkeit
1,1 bis 1,5	Flexibilität	starke Wurzellosigkeit
1,6 bis 2,0	erhebliche Elastizität	Wurzellosigkeit
2,1 bis 2,5	Elastizität	ohne Ausdauer
2,6 bis 3,0	gesteigerte Beweglichkeit	wenig Ausdauer
3,1 bis 3,5	Beweglichkeit	Ungleichmäßigkeit
3,6 bis 4,0	einige Elastizität	fehlende Beharrlichkeit
4,1 bis 4,5	einige Beweglichkeit	geringe Beharrlichkeit
4,6 bis 5,0	Ausgeglichenheit	einige Verfestigung
5,1 bis 5,5	einige Festigkeit	Verfestigung
5,6 bis 6,0	Festigkeit	erhöhte Verfestigung
6,1 bis 6,5	gesteigerte Festigkeit	einiges Phlegma
6,6 bis 7,0	einige Beharrlichkeit	Phlegma
7,1 bis 7,5	Beharrlichkeit	beträchtliches Phlegma
7,6 bis 8,0	erhebliche Beharrlichkeit	einige Sturheit
8,1 bis 8,5	Verwurzelung	Sturheit
8,6 bis 9,0	gesteigerte Verwurzelung	gesteigerte Sturheit
>9,0i	----------	überwertige Sturheit

n (Bedürfnisse der Nähe),

Wert	Realwertbedeutungen	Imaginärwertbedeutungen
0,0 bis 0,5	absoluten Freiheitswünschen	Flucht vor Vertrautem
0,6 bis 1,0	beträchtlichen Freiheitswünschen	Flucht vor Bekanntem
1,1 bis 1,5	Freiheitswünschen	Flucht vor jeglicher Nähe
1,6 bis 2,0	starken Ungebundenheitswünschen	Flucht vor der Nähe
2,1 bis 2,5	Ungebundenheitswünschen	Suche nach dem Ungewissen
2,6 bis 3,0	einigen Ungebundenheitswünschen	Gewohnheitsscheu
3,1 bis 3,5	erheblichen Unabhängigkeitswünschen	starke Gewohnheitsscheu
3,6 bis 4,0	Unabhängigkeitswünschen	Gewohnheitsscheu

4,1 bis 4,5	einigen Unabhängigkeitswünschen	einige Gewohnheitsscheu
4,6 bis 5,0	einer gewissen Suche nach Vertrautem	einer gewissen Suche nach Fixpunkten
5,1 bis 5,5	einigem Nähebedürfnis	leichter Veränderungsscheu
5,6 bis 6,0	Nähebedürfnissen	Veränderungsscheu
6,1 bis 6,5	ausgeprägten Nähebedürfnissen	einigen Gewohnheitsbedürfnissen
6,6 bis 7,0	einigen Sicherheitsbedürfnissen	Gewohnheitsbedürfnissen
7,1 bis 7,5	Sicherheitsbedürfnissen	starken Gewohnheitsbedürfnissen
7,6 bis 8,0	erhöhtem Sicherheitsbedürfnis	einigen Absolutheitswünschen
8,1 bis 8,5	Traditionsbedürfnissen	Absolutheitswünschen
8,6 bis 9,0	starken Traditionsbedürfnissen	starken Absolutheitswünschen
>9,0i	----------	überwertigen Absolutheitswünschen

Ey (Aktionsstil),

Wert	Realwertbedeutungen	Imaginärwertbedeutungen
>+6,0	besonders schwungvoll	besonders hitzig
5,6 bis 6,0	sehr schwungvoll	ausgesprochen heftig
5,1, bis 5,5	schwungvoll	heftig
4,6 bis 5,0	eher schwungvoll	eher heftig
4,1 bis 4,5	ausgesprochen dynamisch	sehr hektisch
3,6 bis 4,0	dynamisch	hektisch
3,1 bis 3,5	eher dynamisch	eher hektisch
2,6 bis 3,0	sehr eifrig	sehr hastig
2,1 bis 2,5	eifrig	hastig
1,6 bis 2,0	eher eifrig	eher hastig
1,1 bis 1,5	sehr rege	sehr eilig
0,6 bis 1,0	rege	eilig
0,0 bis 0,5	eher rege	eher eilig
-0,0 bis -0,5	bedingt bestimmt	bedingt unflexibel
-0,6 bis -1,0	ziemlich bestimmt	ziemlich unflexibel
-1,1 bis -1,5	bestimmt	unflexibel
-1,6 bis -2,0	sehr bestimmt	sehr unflexibel
-2,1 bis -2,5	eher konsequent	eher unelastisch
-2,6 bis -3,0	konsequent	unelastisch
-3,1 bis -3,5	sehr konsequent	sehr unelastisch
-3,6 bis -4,0	ziemlich ausdauernd	gleichförmig
-4,1 bis -4,5	ausdauernd	sehr gleichförmig
-4,6 bis -5,0	ausgesprochen ausdauernd	stur
-5,1 bis -5,5	ziemlich gleichmäßig	sehr stur
-5,6 bis -6,0	gleichmäßig	monoton
<-6,0	unbedingt gleichmäßig	unbedingt monoton

Eys (Aktionsstruktur),

Wert	Realwertbedeutungen	Imaginärwertbedeutungen
0,0 bis 0,5	unselbständig	kraftlos
0,6 bis 1,0	unbestimmt	rigide
1,1 bis 1,5	sehr unauffällig	reaktionsarm
1,6 bis 2,0	unauffällig	reaktionsschwach
2,1 bis 2,5	ziemlich unauffällig	nachlässig
2,6 bis 3,0	annähernd realistisch	lässig
3,1 bis 3,5	realistisch	leger
3,6 bis 4,0	ausgesprochen realistisch	zeitweise weniger eigenständig; ungezwungen
4,1 bis 4,5	bedingt selbständig	eher gewollt
4,6 bis 5,0	annähernd selbständig	leicht forciert
5,1 bis 5,5	selbständig	forciert
5,6 bis 6,0	eher eigenständig	leicht verspannt
6,1 bis 6,5	eigenständig	verspannt
6,6 bis 7,0	betont eigenständig	verstärkt verspannt
7,1 bis 7,5	bedingt eigenwillig	leicht eigensinnig
7,6 bis 8,0	eigenwillig	eigensinnig
8,1 bis 8,5	verstärkt eigenwillig	sehr eigensinnig
8,6 bis 9,0	betont eigenwillig	krampfhaft eigensinnig
>9,0i	---------	zwiespältigen

Or (Orientierungsstil).

Wert	Realwertbedeutungen	Imaginärwertbedeutungen
>+6,0	ausgesprochen fortschrittsorientiert	besonders vergangenheitsflüchtig
5,6 bis 6,0	fortschrittsorientiert	vergangenheitsflüchtig
5,1, bis 5,5	ziemlich fortschrittsorientiert	besonders gegenwartsflüchtig
4,6 bis 5,0	eher fortschrittsorientiert	gegenwartsflüchtig
4,1 bis 4,5	sehr expansiv	eher gegenwartsflüchtig
3,6 bis 4,0	expansiv	stark veränderungssüchtig
3,1 bis 3,5	eher expandierend	veränderungssüchtig
2,6 bis 3,0	stark vorwärtsdrängend	eher veränderungssüchtig
2,1 bis 2,5	vorwärtsdrängend	sehr beunruhigt
1,6 bis 2,0	eher vorwärtsdrängend	beunruhigt
1,1 bis 1,5	sehr variabel	eher beunruhigt
0,6 bis 1,0	variabel	eher unstet
0,0 bis 0,5	eher variabel	leicht unstet
-0,0 bis -0,5	bedingt gegenwartszentriert	eher gestrig
-0,6 bis -1,0	mehr gegenwartszentriert	gestrig
-1,1 bis -1,5	gegenwartszentriert	besonders gestrig

-1,6 bis -2,0	ausgesprochen gegenwartszentriert	eher gewohnheitsabhängig
-2,1 bis -2,5	ziemlich überlieferungstreu	gewohnheitsabhängig
-2,6 bis -3,0	überlieferungstreu	stark gewohnheitsabhängig
-3,1 bis -3,5	sehr überlieferungstreu	eher umstellungsunfähig
-3,6 bis -4,0	ziemlich verwurzelt	ziemlich umstellungsunfähig
-4,1 bis -4,5	verwurzelt	umstellungsunfähig
-4,6 bis -5,0	stark verwurzelt	sehr umstellungsunfähig
-5,1 bis -5,5	ziemlich bodenständig	ziemlich vergangenheitsverhaftet
-5,6 bis -6,0	bodenständig	vergangenheitsverhaftet
< -6,0	sehr bodenständig	stark vergangenheitsverhaftet

Ors (Orientierungsstruktur)

Wert	Realwertbedeutungen	Imaginärwertbedeutungen
0,0 bis 0,5	unselbständig	kraftlos
0,6 bis 1,0	unbestimmt	rigide
1,1 bis 1,5	sehr unauffällig	reaktionsarm
1,6 bis 2,0	unauffällig	reaktionsschwach
2,1 bis 2,5	ziemlich unauffällig	nachlässig
2,6 bis 3,0	annähernd realistisch	lässig
3,1 bis 3,5	realistisch	leger
3,6 bis 4,0	ausgesprochen realistisch	zeitweise weniger eigenständig; ungezwungen
4,1 bis 4,5	bedingt selbständig	eher gewollt
4,6 bis 5,0	annähernd selbständig	leicht forciert
5,1 bis 5,5	selbständig	forciert
5,6 bis 6,0	eher eigenständig	leicht verspannt
6,1 bis 6,5	eigenständig	verspannt
6,6 bis 7,0	betont eigenständig	verstärkt verspannt
7,1 bis 7,5	bedingt eigenwillig	leicht eigensinnig
7,6 bis 8,0	eigenwillig	eigensinnig
8,1 bis 8,5	verstärkt eigenwillig	sehr eigensinnig
8,6 bis 9,0	betont eigenwillig	krampfhaft eigensinnig
> 9,0i	---------	zwiespältigen

integrierende Potentialwerte

FW-werte	I_{y_i}	W_{y_i}
36,00 bis 36,69	mangelhafte	ungenügend
36,97 bis 37,58	wenig ausgebildete	gering
37,59 bis 39,02	geringe	unterdurchschnittlich
39,03 bis 41,69	mäßige	knapp durchschnittlich
41,70 bis 44,00	mittlere	durchschnittlich
44,01 bis 46,22	gut durchschnittliche	gut durchschnittlich

46,23 bis 50,00	gehobene	überdurchschnittlich
50,01 bis 53,62	über mittlere	deutlich
53,63 bis 59,00	beträchtliche	betont
59,01 bis 65,62	ausgeprägte	markant
65,63 bis 71,00	höhere	beträchtlich
71,01 bis 77,00	gute	stark
77,01 bis 85,42	sehr gut	sehr stark
85,43 bis 93,00	herausragende	außergewöhnlich
93,01 bis 100,00	überragende	überragend

Integrierende Potentialstrukturen

($<4.0 = $ k, 4.0 bis 5,9 $=$ m; $>$ 6,0-7,5 $=$ g, 7,6-9,0$=$h)

we,wm,wk	Bewußtheit
-kkk	eine verminderte
-kkm	eine eingeengte
-kkg	eine unentschiedene und unflexible
-kkh	eine pedantische
-kmk	eine flüchtige
-kmm	eine unbestimmte
-kmg	eine unbestimmte scharfe
-kmh	eine unbestimmte konzentrierte
-kgk	eine oberflächliche
-kgm	eine lockere
-kgg	eine flexible
-kgh	eine wenig klare, flexible und konzentrierte
-khk	eine oberflächliche, aber unklare und unscharfe
-khm	eine reagible unbestimmte
-khg	eine scharfe und flexible, aber unbestimmte
-khh	eine unbestimmte reagibel und pedantische
-mkk	eine träge und nachlässige
-mkm	eine gespannte-bestimmte
-mkg	eine enge und bestimmte
-mkh	eine klare, aber eingeengte pedantische
-mmk	eine unscharfe, aber bestimmte und reagible
-mmm	eine klare und bestimmte
-mmg	eine klare und konzentrierte
-mmh	eine klare, reagible und scharfe
-mgk	eine wechselhafte
-mgm	eine vielgleisige
-mgg	eine straffe, horizontweite

-mgh	eine klare und flexible und konzentrierte
-mhk	eine klare, aber unscharfe und fließende
-mhm	eine klare, fließende
-mhg	eine klare, scharfe fließende
-mhh	eine klare, pedantische ausgreifende
-gkk	eine einseitige
-gkm	eine entschiedene
-gkg	eine sture
-gkh	eine entschiedene, pedantische einseitige
-gmk	eine heftige
-gmm	eine klare und entschiedene
-gmg	eine gespannte und entschiedene
-gmh	eine entschiedene, superscharfe reagible
-ggk	eine eruptive, schwankende
-ggm	eine weite und energische
-ggg	eine weite, klare und bestimmte
-ggh	eine weite, scharfe und bestimmte
-ghk	eine sehr weite, bestimmte, aber eher unscharfe
-ghm	eine sehr weite, bestimmte und nicht unscharfe
-ghg	eine sehr weitere, bestimmte und scharfe
-ghh	eine sehr weitere, sehr scharfe und bestimmte
-hkk	eine energische, enge und unscharfe
-hkm	eine energische. enge und deutliche
-hkg	eine energische. enge und scharfe
-hkh	eine energische, überscharfe einseitige
-hmk	eine energische reagible und unscharfe
-hmm	eine energische reagible und deutliche
-hmg	eine energische. reagible und scharfe
-hmh	eine energische. reagible und überscharfe
-hgk	eine energisch, flexible und unscharfe
-hgm	eine energische, flexible und deutliche
-hgg	eine energische. flexible und scharfe
-hgh	eine energisch flexible und überscharfe
-hhk	eine fließende, oberflächliche energische
-hhm	eine fließende, deutliche energische
-hhg	eine fließende, aber scharfe und energische
-hhh	eine energische und überscharfe ausladende

dk,dp,de;	Denken
-kkk	ein eintöniges und stumpfes
-kkm	ein oberflächlich kombinierendes
-kkg	ein flaches scheingeistiges
-kkh	ein flaches routinehaftes
-kmk	ein unkritisch intuitives
-kmm	ein alltägliches
-kmg	ein unkritisches routinehaftes
-kmh	ein oberflächliches routiniertes
-kgk	ein sporadisches unkritisches
-kgm	ein flüchtiges und sprunghaftes
-kgg	ein unkritisches einfallsreiches
-kgh	ein phantastisches
-khk	ein unkritisches rezeptives
-khm	ein unkritisches reproduktives
-khg	ein urteilsschwaches intuitives
-khh	ein urteilsschwaches phantastisches
-mkk	ein einspuriges, begrenztes
-mkm	ein einspuriges Alltags-
-mkg	ein geschicktes, aber einspuriges Alltags-
-mkh	ein sehr geschicktes, aber einspuriges Alltags-
-mmk	ein lineares Alltags-
-mmm	ein gehobenes Alltags-
-mmg	ein klares und gewandtes
-mmh	ein vielseitiges gehobenes
-mgk	ein lineares Einfalls-
-mgm	ein bewegliches und phantasievolles
-mgg	ein vielseitiges und einfallsreiches
-mgh	ein einfallsreiches facettenreiches
-mhk	ein gradliniges und klares einfallsreiches
-mhm	ein variables, klares und einfallsreiches
-mhg	ein klares, bewegliche und einfallsreiches
-mhh	ein klares, sprühendes und phantasiereiches
-gkk	ein einseitiges, begrenztes analytisches
-gkm	ein scharfes und bewegliches Alltags-
-gkg	ein scharfes und gewandtes in gewohnten Inhalten und Bahnen bleibendes
-gkh	ein scharfes und gewandtes nüchternes
-gmk	ein kritisches lineares
-gmm	ein kritisch-analytisches

-gmg	ein geschicktes kritisches
-gmh	ein sprühendes, kritisches
-ggk	ein gradliniges kritisches Einfalls-
-ggm	ein vielseitiges einfallsreiches
-ggg	ein vielseitiges vernetztes
-ggh	ein kritisches, einfallsreiches und vielseitiges
-ghk	ein kritisches, phantasievolles lineares
-ghm	ein kritisches, phantasiereiches nicht unbewegliches
-ghg	ein kritisches, phantasievolles und gewandtes
-ghh	ein kritisches, phantasievolles, sprühendes
-hkk	ein scharfes, gradliniges Alltags-
-hkm	ein scharfes, variables Alltags-
-hkg	ein scharfes, gewandtes Alltags-
-hkh	ein scharfes sprühendes Alltags-
-hmk	ein gradliniges aufgeschlossenes analytisches
-hmm	ein variables aufgeschlossenes analytisches
-hmg	ein bewegliches aufgeschlossenes analytisches
-hmh	ein sprühendes aufgeschlossenes analytisches
-hgk	ein scharfes, einfallsreiches gradliniges
-hgm	ein scharfes, einfallsreiches variables
-hgg	ein scharfes bewegliches einfallsreiches
-hgh	ein scharfes sprühendes einfallsreiches
-hhk	ein kreatives analytisches
-hhm	ein variables kreatives analytisches
-hhg	ein scharfes. kreatives vielseitiges
-hhh	ein scharfes vernetztes kreatives

Urteilen

	we,	dk,
0,0 bis 1,0	unentschlossener	nicht
1,1 bis 1,5	völlig uneindeutiger	häufig nicht
1,6 bis 2,5	ausgesprochen unbestimmter	sehr unscharf
2,6 bis 3,0	unbestimmter	unscharf
3,1 bis 3,5	stark lavierender	selten scharf
3,6 bis 4,0	lavierender	teilweise in Ansätzen
4,1 bis 4,5	ausgesprochen kompromißbereiter	in Ansätzen
4,6 bis 5,0	eher kompromißbereiter	in alltäglichen Umständen
5,1 bis 5,5	ansatzweise bestimmter	über alltägliche Umstände hinaus
5,6 bis 6,0	bestimmter	annähernd klar
6,1 bis 6,5	sehr bestimmter	klar
6,6 bis 7,0	eher entschlossener	deutlich

7,1 bis 7,5	entschlossener	sehr deutlich
7,6 bis 8,0	ziemlich kompromißloser	scharf
8,1 bis 9,0	kompromißloser	ausgesprochen scharf

we,						dk,
	1,0 b. 2,6	2,6 b. 3,9	4,0 b. 4,9	5,0 b. 5,9	6,0 b. 7,5	7,6 b. 9,0
7,6 b. 9,0	engstirnige	eigensinnige	unbeirrbare	entschlossene	eigenwillige	dominierende
6,0 b. 7,5	einspurige	einseitige	alltägliche	gezielte	konsequente	unabhängige
5,0 b. 5,9	enge	unkomplizierte	einfache	übliche	sichere	selbständige
4,0 b. 4,9	beeinflußbare	bestimmbare	nachgiebige	unsichere	kooperative	rationale
2,6 b. 3,9	unscharfe	abhängige	vage	begrenzte	offene	klare
1,0 b. 2,6	uneindeutige	unbestimmte	inkonsequente	unfestgelegte	wechselnde	kompromißhafte

Informationsverarbeitung

	wm,	dp,
0,0 bis 1,0	höchst selten	äußerst selten
1,1 bis 1,5	kaum	selten
1,6 bis 2,5	nur hin und wieder	in geringem Umfange
2,6 bis 3,0	besonders bedächtig	höchstens teilweise
3,1 bis 3,5	bedächtig	teilweise
3,6 bis 4,0	eher bedächtig	ansatzweise
4,1 bis 4,5	sehr ruhig	manchmal
4,6 bis 5,0	ruhig	häufiger
5,1 bis 5,5	annähernd normal	im allgemeinen
5,6 bis 6,0	normal	vielfach
6,1 bis 6,5	leicht beschleunigt	ziemlich weitgehend
6,6 bis 7,0	beschleunigt	weitgehend
7,1 bis 7,5	besonders beschleunigt	annähernd umfassend
7,6 bis 8,0	schnell	umfassend
8,1 bis 9,0	sehr schnell	vollständig

wm,						dp,
	1,0 b. 2,6	2,6 b. 3,9	4,0 b. 4,9	5,0 b. 5,9	6,0 b. 7,5	7,6 b. 9,0
7,6 b. 9,0	hektische	rastlose	voreilige	bewegliche	vielseitige	gelehrige
6,0 b. 7,5	oberflächliche	flüchtige	unbedachte	reagible	flexible	geschickte
5,0 b. 5,9	eingeengte	begrenzte	enge	anstellige	aufgeschlossene	empfängliche
4,0 b. 4,9	geringe	ausschnittsweise	teilweise	alltägliche	formbare	folgsame
2,6 b. 3,9	unzulängliche	unzureichende	zögernde	abwartende	anregbare	ansprechbare
1,0 b. 2,6	mangelhafte	lückenhafte	bedächtige	bedachtsame	recht langsame	träge

Kombinationsweise

	wk,	de,
0,0 bis 1,0	kaum	äußerst selten
1,1 bis 1,5	nur wenig	selten
1,6 bis 2,5	wenig	nur sehr ungeschickt
2,6 bis 3,0	nur begrenzt	eher ungeschickt
3,1 bis 3,5	lediglich sehr mäßig	wenig gewandt
3,6 bis 4,0	lediglich mäßig	ausschließlich in gewohnten Bahnen
4,1 bis 4,5	hin und wieder einigermaßen	eher bedächtig
4,6 bis 5,0	annähernd einigermaßen	mehr rein routinehaft
5,1 bis 5,5	einigermaßen	einigermaßen locker
5,6 bis 6,0	noch befriedigend	locker
6,1 bis 6,5	befriedigend	beweglich
6,6 bis 7,0	recht gut	recht vielseitig
7,1 bis 7,5	annähernd straff	vielseitig
7,6 bis 8,0	straff	eher vielfältig
8,1 bis 9,0	sehr straff	vielfältig

wk,						de,
	1,0 b. 2,6	2,6 b. 3,9	4,0 b. 4,9	5,0 b. 5,9	6,0 b. 7,5	7,6 b. 9,0
7,6 b. 9,0	klebende	haftende	einspurige	konsequente	zielsichere	gekonnte
6,0 b. 7,5	unbewegliche	wenig variierende	begrenzte	aufmerksame	gezielte	geschickte
5,0 b. 5,9	ungewandte	wenig gewandte	einfache	elastische	variable	bewegliche
4,0 b. 4,9	unelastische	undifferenzierte	primitive	lockere	inkonsequente	unbestimmte
2,6 b. 3,9	einförmige	unflexible	naive	sorglose	flüchtige	sprunghafte
1,0 b. 2,6	unbeholfene	ungeschickte	ziellose	unaufmerksame	wechselnde	zerfahrene

assimilierende Potentialwerte

FW		Vy (Vorstellpotential),	Fy (Fertigungspotential),
36.00	- 36.96	mangelhafte	kaum
36.97	- 37.58	geringe	wenig
37.59	- 39.02	unterdurchschnittliche	unterdurchschnittliche
39.03	- 41.69	knapp durchschnittliche	knapp durchschnittliche
41.70	- 44,00	durchschnittliche	mittlere
44,01	- 46.22	gut durchschnittliche	deutliche
46.23	- 50,00	überdurchschnittliche	über mittlere
50,01	- 53.62	höhere	beträchtliche
53.63	- 59,00	beträchtliche	markante
59,01	- 65.62	gute	sehr markante
65.63	- 71,00	sehr gute	besonders markante
71,01	- 77,00	hohe	geschickte
77,01	- 85.42	sehr hohe	sehr geschickte
85.43	- 93,00	sehr markante	herausragende
93,01	- 100.00	umfassende	überragende

Feingeschick

	vl,	ff,
0,0 bis 1,0	fehlende	fehlendem
1,1 bis 1,5	mangelhaft ausgebildete	äußerst minimalem
1,6 bis 2,5	sehr geringe	minimalem
2,6 bis 3,0	geringe	sehr wenig
3,1 bis 3,5	ziemlich geringe	wenig
3,6 bis 4,0	sehr mäßige	eher mäßigem
4,1 bis 4,5	mäßige	mäßigen

4,6 bis 5,0	annähernd normale	einigem
5,1 bis 5,5	ziemlich normale	eher mittlerem
5,6 bis 6,0	durchschnittliche	mittlerem
6,1 bis 6,5	gut durchschnittliche	übermittlerem
6,6 bis 7,0	größere	leicht erhöhtem
7,1 bis 7,5	gesteigerte	erhöhtem
7,6 bis 8,0	beträchtliche	viel
8,1 bis 9,0	sehr beträchtliche	besonders viel

ff,   **vl,**

	1,0 b. 2,6	2,6 b. 3,9	4,0 b. 4,9	5,0 b. 5,9	6,0 b. 7,5	7,6 b. 9,0
7,6 b. 9,0	oberflächlichem	einigem	beweglichen	gewandtem	sicherem	gekonntem
6,0 b. 7,5	flüchtigem	begrenztem	gelöstem	geschmeidigem	geschicktem	gezieltem
5,0 b. 5,9	unsicherem	ungenauem	gelockertem	lockerem	genauem	präzisem
4,0 b. 4,9	ziellosem	zielunsicherem	unbestimmtem	einigem	gerichtetem	gelenkten
2,6 b. 3,9	wenig	eingeschränktem	vermindertem	mäßigem	unbeholfenem	unausgebildetem
1,0 b. 2,6	fehlendem	mangelndem	unwesentlichem	geringem	recht steifem	ungelenkem

handwerkliches Geschick

	vp,	fh,
0,0 bis 1,0	fehlendem	äußerst begrenzt
1,1 bis 1,5	mangelhaft ausgebildetem	äußerst minimal
1,6 bis 2,5	sehr geringem	minimal
2,6 bis 3,0	geringem	sehr wenig
3,1 bis 3,5	ziemlich geringem	wenig
3,6 bis 4,0	sehr mäßigem	eher mäßig
4,1 bis 4,5	mäßigem	mäßig
4,6 bis 5,0	annähernd normalem	einigermaßen
5,1 bis 5,5	ziemlich normalem	eher mittel
5,6 bis 6,0	durchschnittlichem	mittel
6,1 bis 6,5	gut durchschnittlichem	übermittel
6,6 bis 7,0	größerem	stärker
7,1 bis 7,5	gesteigertem	markant
7,6 bis 8,0	beträchtlichem	ausgesprochen
8,1 bis 9,0	sehr beträchtlichem	besonders

fh,	1,0 b. 2,6	2,6 b. 3,9	4,0 b. 4,9	5,0 b. 5,9	6,0 b. 7,5	vp, 7,6 b. 9,0
7,6 b. 9,0	oberflächlich	etwas	beweglich	gewandt	sicher	gekonnt
6,0 b. 7,5	flüchtig	begrenzt	gelöst	geschmeidig	geschickt	gezielt
5,0 b. 5,9	unsicher	ungenau	gelockert	locker	genau	präzise
4,0 b. 4,9	ziellos	zielunsicher	unbestimmt	einigermaßen	gerichtet	gelenkt
2,6 b. 3,9	wenig	eingeschränkt	vermindert	mäßig	unbeholfen	unausgebildet
1,0 b. 2,6	kaum	mangelhaft	unwesentlich	gering	recht steif	ungelenk

Gestaltungsausführung

	vk,	fk,
0,0 bis 1,0	nicht	nicht
1,1 bis 1,5	mangelhaft	äußerst minimal
1,6 bis 2,5	sehr gering	minimal
2,6 bis 3,0	gering	sehr wenig
3,1 bis 3,5	ziemlich gering	wenig
3,6 bis 4,0	sehr mäßig	ausgesprochen mäßig
4,1 bis 4,5	mäßig	mäßig
4,6 bis 5,0	annähernd normal	begrenzt
5,1 bis 5,5	ziemlich normal	eher mittel
5,6 bis 6,0	durchschnittlich	mittel
6,1 bis 6,5	gut durchschnittlich	übermittel
6,6 bis 7,0	größer	leicht erhöht
7,1 bis 7,5	gesteigert	erhöht
7,6 bis 8,0	beträchtlich	stark
8,1 bis 9,0	sehr beträchtlich	besonders stark

fk,	1,0 b. 2,6	2,6 b. 3,9	4,0 b. 4,9	5,0 b. 5,9	6,0 b. 7,5	vk, 7,6 b. 9,0
7,6 b. 9,0	oberflächlichen	einigen	beweglichen	gewandten	sicheren	gekonnten
6,0 b. 7,5	flüchtigen	begrenzten	gelösten	geschmeidigen	geschickten	gezielten
5,0 b. 5,9	unsicheren	ungenauen	gelockerten	lockeren	genauen	präzisen
4,0 b. 4,9	ziellosen	zielunsicheren	unbestimmten	einigen	gerichteten	gelenkten
2,6 b. 3,9	wenig	eingeschränkten	verminderten	mäßigen	unbeholfenen	unausgebildeten
1,0 b. 2,6	fehlenden	mangelnden	unwesentlichen	geringen	recht steifen	ungelenken

C y(Speicher),,

Wert	Realwertbedeutungen (Cy)	Imaginärwertbedeutungen (iCy)
0,0 bis 0,5	fehlende Fakten	fehlende Hintergründe
0,6 bis 1,0	kaum Fakten	kaum Hintergründe
1,1 bis 1,5	wenig Fakten	wenig Hintergründe
1,6 bis 2,0	nur vereinzelte Fakten	kaum Zusammenhänge
2,1 bis 2,5	vereinzelte Fakten	wenig Zusammenhänge
2,6 bis 3,0	einige Fakten	einige undifferenzierte Zusammenhänge
3,1 bis 3,5	verstreute Fakten	ohne Tiefe
3,6 bis 4,0	beschränkte Inhalte	kaum tiefere Zusammenhänge
4,1 bis 4,5	magere Inhalte	einige tiefere Zusammenhänge
4,6 bis 5,0	alltägliche Inhalte	manche Zusammenhänge
5,1 bis 5,5	übliche Inhalte	nicht ohne differenzierte Hintergründe
5,6 bis 6,0	mancherlei Inhalte	einige differenzierte Hintergründe
6,1 bis 6,5	breiter Faktenhorizont	vertiefte Hintergründe
6,6 bis 7,0	viele Inhalte	stark vertiefte Hintergründe
7,1 bis 7,5	vielseitige Inhalte	vielseitige Zusammenhänge
7,6 bis 8,0	umfangreiche Inhalte	umfangreiche Zusammenhänge
8,1 bis 8,5	umfassende Inhalte	umfassende Zusammenhänge
8,6 bis 9,0	überragende Inhalte	überragende Zusammenhänge
>9,0i	----	verschrobene Zusammenhänge

Begabungsrichtungen (In)

()=Betrag der Komponente <2,0; +y bzw. +iy = Komponentenwert >6,0, evtl. größte >5,0	
+z	anschaulich, emotional
+iz	primitiv, augenblicksbestimmt, magisch
(z)	nüchtern, sachlich, starr, trocken
+s	rational, vernünftig
+is	eingeengt, schematisch, formalistisch
(s)	einfach, alltäglich, unkritisches, naives, undiszipliniertes
+v	sprühend, sprudelnd
+iv	unstet, unruhig
(v)	gelassen, stetig, träge, unanregbar
+h	gefühls- und gemütsbetont
+ih	subjektiv, unsachlich, ichbezogen
(h)	unabhängig, kühl, sachlich, kalt, gefühlsleer ohne menschliche Bezüge
+m	optimistisch, ideenreich, global
+im	manisch, oberflächlich und selbstunkritisch

(m)	nüchtern-sachlich, unsicher, zaghaft
+d	ernst, besinnlich,
+id	ängstlich, übervorsichtig
(d)	unbefangen, lässig, flach ohne Tiefgang
+e	außengewandt, (sog. Kontaktintelligenz),
+ie	ansprüchig, effektorientiert
(e)	ohne Umweltbeziehungen, scheu, weltfremd
+j	distanziert, innengelenkt, (Denken im eigenen System)
+ij	isoliert, ichbezogene und egozentrisch
(j)	unbefangen, offen, ungezwungen, abstandslos, von äußeren Einwirkungen abhängig,
+a	selbständig, eigenwillig
+ia	aggressiv, herrisch
(a)	lenkbar ohne Eigenwilligkeiten, abhängig, ohne Mut zum Eigenen,
+p	anpassend, empfänglich,
+ip	beeinflußbar
(p)	unbeeinflußbar, unempfänglich, unanregbar
+k	unternehmerisch, dynamisch,
+ik	unruhig, hitzig, explosiv,
(k)	bedachtsam, ruhig, lahm, adynamisch
+r	beharrlich, bestimmt, eindeutig,
+ir	prinzipienhaft, eigensinnig, negativistisch,
(r)	schweifend, flexibel, unstet, unbestimmt, verwaschen,
+l	lebenspraktisch, organisch
+il	triebhaft, kreatürlich
(l)	asketisch, mechanistisch, lebensfremd, naturfern,
+g	wissenschaftlich, philosophisch,
+ig	spekulativ, weltfremd
(g)	einfach, unkompliziert, alltäglich, physiognomisch, magisch, unwissenschaftlich,
+u	kulturell, historisch, sprachlich,
+iu	antifunktionell, schöngeistig, verspielt,
(u)	funktionell, zweckbetont, kulturabweisend, „zivilisatorisch",
+x	human, humanistisch, psychologisch,
+ix	subjektiv, individualistisch, egozentrisch,
(x)	sachbetont, unpersönlich, kollektivistisch, inhuman
+q	musisch, ästhetisch, künstlerisch,
+iq	schwärmerisch, ätherisch-effektorientiert,

(q)	zweckorientiert, quantitativ, nützlichkeitsbezogen, profitorientiert,
+o	organisierend, systematisierend, formal,
+io	bürokratisch, schematisch, schablonenhaft,
(o)	intuitiv, unsystematisiert, zufällig, chaotisch, ungeordnet,
+w	weltzugewandt, gesellschaftsbezogen,
+iw	posierend, effektorientiert, prestigesüchtig,
(w)	unauffällig, gesellschafts- und effektunabhängig, unengagiert, „privat" ohne Umweltbezug,
+t	weltanschaulich- und wertbestimmt, religiös,
+it	ideologistisch, fanatisch, orthodox,
(t)	liberal, freiheitlich, unvoreingenommen, neutralistisch, amoralisch, relativierend,
+b	konstruktives, gestaltend, dominierend,
+ib	verletzend, zerstörend, beherrschend, kommandierend,
(b)	rücksichtsvoll, folgsam, subaltern, nachbetend
+c	sozial, Bestehendes ausgestaltend, umsorgend,
+ic	ausführend, nachvollziehend, beeinflußbar,
(c)	unabhängig, freiheitlich, unansprechbar, willkürlich,
+f	progressiv, entwickelnd, fortschrittlich, auf Fernes gerichtet,
+if	abenteuerlich, veränderungssüchtig,
(f)	beschaulich, gegenwartsbezogen, fortschrittsfeindlich, änderungsfeindlich,
+n	sicherheitsbezogen, auf Bekanntes, Vertrautes gerichtet, ökonomisch
+in	prinzipienhaft, gewohnheits- und vorurteilsbezogen,
(n)	variabel, unfestgelegt, offen, entwurzelte, augenblicksorientiert,

Entwicklungstrends der Individualinstanz

$\{[y]= |y| <2,0;\ y$ bzw. $iy >6,0$ bzw. größte Werte für Quantität überhaupt

	Arbeitsstil
+z	ursprüngliches, emotionales Handeln, anschauungsgebundene Arbeitsweise, emotionales Engagement an dem Tun, unmittelbares Handeln, lebendiges Reagieren,
+iz	Bestimmenlassen durch Eindrücke, Überschwenglichkeit des Reagierens, Impulsivität des Handelns
[z]	nüchterne Tätigkeiten, bei denen Eindrücke und Emotionen ausgeschaltet sind, nüchternes, augenblicksunabhängiges Handeln, Aufgaben, die keine unmittelbare Initiative verlangen, starrer, trockener Arbeitsverlauf
+s	gesteuertes, vernünftiges Werken, Planungs-, Prüfungs- und Kontrollfunktionen, selbstdisziplinierte Haltung,
+is	schematische und formalisierte Arbeiten, eingeengter Horizont

[s]	verwahrlostes, unvernünftiges, naives Handeln, unkomplizierte und einfache Arbeiten, Tätigkeiten, die kein Planen verlangen, primitive, ungeordnete Arbeiten, von Außeneinflüssen abhängige Arbeiten, die keine Eigensteuerung verlangen
+e	welt- und öffentlichkeitszugewandtes Handeln, extraversives Werken, Arbeit im unmittelbaren Kontakt mit der Umwelt, von der Umwelt bestimmte und gelenkte Tätigkeiten, Außen- und Kontaktberufe, Repräsentationstätigkeiten
+ie	posierende Tätigkeiten, Demonstrationshaltungen
[e]	abwartendes, unauffälliges Arbeiten, Arbeit ohne Kontakt mit anderen, ohne solchen mit Umwelt und Publikum, Tätigkeiten, die keine eigene Zuwendung zu anderen Menschen und zum Geschehen verlangen, scheues, schüchternes und gehemmtes Verhalten
+i	intraversives, auf Abstand zur Welt bedachtes Arbeiten und Handeln, reserviertes Agieren, Allein- und Einzelarbeit, Distanz zur Umwelt, Innendienst und Labortätigkeit, Arbeit im Verborgenen und Dunklen sowie im Geheimen.
+ii	Arbeit bietet Möglichkeit, sich zu verstecken, der Welt zu entfliehen, nicht bemerkt zu werden
[i]	ungezwungenes, unbefangenes Vorgehen, offene und ansprechbare Haltung in der Begegnung mit der Umwelt, Arbeit als Anhängsel der Umwelt, Tätigkeiten, die weder Abstand noch Zurückhaltung verlangen, bei denen innere Verarbeitung und Lenkung von innen nicht erforderlich sind.
+v	Äußerungsleichtigkeit, erhöhte gefühlsmäßige Ansprechbarkeit, Begeisterungsfähigkeit, einfühlende, kriminalistische Tätigkeiten, unverbindliche Beratungsfunktionen, Assistententätigkeiten, Entwicklungsaufgaben, soziale Unverbindlichkeit bei sprühender und lebhafter Reaktionsweise und Äußerungsweise,
+iv	ständiger Wechsel sozialer Beziehungen, schwärmerische, utopistische Arbeitsweise
[v]	ruhiges und bedächtiges Reagieren, ruhige, sozial beständige Situationen, Arbeiten, die keine eigenen sozialen und gefühlsmäßigen Äußerungen und Reaktionen verlangen, indolentes Verhalten, träge Reaktionen, Äußerungsunfähigkeit
+h	Wärme und Gefühlstiefe im Arbeitsvollzug wirksam, erhöhte Sensitivität, Tätigkeiten in enger Teambeziehung, Arbeiten mit festen sozialen Bindungen, die wenig wechseln, gefühls- und gemütsbezogene Arbeiten, personenbezogene Beratungs- und pädagogisch-führende Tätigkeiten,
+ih	Arbeiten, bei denen Subjektivität nicht schadet bzw. Romantik gefordert ist, Ichbezogenheit und gefühlsmäßige Isolierung nicht schadet
[h]	Aufgaben, die keinerlei Gefühlsbeteiligung dulden, Arbeiten, die menschliche Kühle, Kälte und unpersönliche Objektivität und Sachlichkeit erfordern, Arbeiten, die Bindungslosigkeit und Inhumanität verlangen
+a	Arbeiten, die erhöhte gezielte Aktivität verlangen, Arbeiten, die Durchsetzung, Angreifen und Selbständigkeit, Gestaltung und Eroberung erfordern, hartes Material, Stein, Metalle
+ia	Tätigkeiten, die rücksichtsloses und aggressives Vorgehen verlangen, Zerstörungs-, Tötungsarbeiten
[a]	Arbeiten, die keine Eigenaktivität erfordern, Aufgaben, die rücksichtsvolles und lockeres Vorgehen verlangen, Aufgaben, die eher zaghaftes und zögerndes Vorgehen verlangen

384

+p	Arbeiten, bei denen Empfänglichkeit und Sensibilität erforderlich sind, Arbeiten, die Anpassung verlangen, Tätigkeiten, bei denen fortführende Ausführung erforderlich ist, mehr pflegende als gestaltende Arbeiten, Arbeiten nach Weisung, Wartungsarbeiten, Dienstleistungen. weiches Material,
+ip	matschige und schleimige Materialien, Textilien, Arbeiten, die Nachgeben verlangen, wo Beeinflußbarkeit nicht schadet
[p]	Aufgaben, die Unabhängigkeit und Unnachgiebigkeit erfordern, Arbeiten, die Unbeeinflußbarkeit und Unabhängkeit benötigen, Arbeiten, die starres, unbeeindruckbares Vorgehen erfordern, denen mangelnde Sensibilität nicht schadet
+m	frische, selbstsichere und freie Arbeitsweise, unterhaltende, lustige und brillierende Tätigkeiten, Arbeiten, die Optimismus und Risikobereitschaft verlangen, all-round-Tätigkeiten, Edelmetalle, glänzende Stoffe, Effekte, besonders auch Lichteffekte
+im	Arbeiten, die Tollkühnheit, Flüchtigkeit und Oberflächlichkeit erfordern, Selbstüberschätzung verlangen
[m]	ruhige, sachbestimmte, unauffällige Arbeitsweise, sachgebundene, risokoarme Arbeiten, zögernde, ängstliche, unsichere Arbeitsweise, die ständig der Stütze und Ermutigung von außen bedarf
+d	besonnene, wägende, tiefsinnige Arbeitsweise, Arbeit in kleinen Schritten, Fein- und Ordnungsarbeiten, Präzisionsarbeiten, Innendienst, Büroarbeit, besinnliche und ernste Arbeitshaltung mit Vorliebe zum Abwägen erforderlich
+id	Arbeiten, die pedantisches, ängstliches Zögern erfordern, Bearbeitung von Kleinigkeiten
[d]	lockere, unverdrossene Arbeitsweise, lässige, ungezwungene, lockere und freie Arbeitsweise,, nachlässiges und oberflächliches Arbeiten
+k	expansive, auf Ausdehnung und Ausweitung bedachte Arbeitsweise, Arbeiten, die Schwung und Dynamik, Unternehmungsgeist und Expansion verlangen, unkonventionelle Tätigkeiten, Abwechslung in der Arbeit
+ik	Arbeiten, die Unstetigkeit, Wechselhaftigkeit und Abenteuerlust erfordern, Arbeiten, die explosives, eruptives Vorgehen verlangen, Sprunghaftigkeit erfordern
[k]	bedächtige, bedachtsame Arbeitsweise, Arbeiten, die in Ruhe und Beschaulichkeit auszuführen sind, Arbeiten, bei denen auch Lahmheit und Schwunglosigkeit nicht schaden
+r	beharrliche, unbeirrbare Arbeitsweise, Tätigkeiten, die eine stetige und gleichmäßige, evtl. auch gleichförmige Arbeitsweise erfordern, bewahrende, sammelnde Tätigkeiten, erdiges Material, graphisches Gewerbe, Arbeiten, die Selbstbehauptung und Standfestigkeit erfordern
+ir	Arbeiten ohne Umstellungen und ohne Wandel, Trotzhaltung ist unschädlich,
[r]	sture, eher phlegmatische negativistische Arbeitsweise, Tätigkeiten, die Schwankungen unterworfen sind, Aufgaben, bei denen es auf Flexibilität ankommt., Aufgaben, die ständigen Wechsel und Unstetheit mit sich bringen,
	Inhalte, Einstellungen

+l	vitale und physiologische Bedürfnisse ansprechende Inhalte, praktische Inhalte, Anschauliches, Körperliches, Land- und Forstwirtschaft, Organisches, Biologisches, Nahrungs- und Genußmittel, sinnliche Inhalte,
+il	Kreatürliches, Genießen, Primitives, Urtümliches ansprechend
[l]	lebensfremde und unphysische Inhalte, Asketisches, Anschauungs- und Alltagsfernes, Erlebnisfernes, Anorganisches, Unlebendiges, sinnenfeindliche Inhalte
+g	geistige, geisteswissenschaftliche und geistliche Inhalte, Ideen, Geistiges, Wissenschaft, Philosophie, Erkenntnislehre, Gedankliches, Abstraktes, Theoretisches
+ig	Ätherisches, Esoterik, Spekulatives, Neugier-Weckendes, Intellektualistisches
[g]	geist- und erkenntnisfeindliche und -unterdrückende Inhalte, konkrete, gegenständliche, alltägliche Inhalte , Undifferenziertes, Ungeistiges,
+w	Umwelt- und Milieu-Inhalte, Weltliches, Öffentlichkeit, Gesellschaft, Publikum, Ansehen, Geselligkeit
+iw	Status, Prestige, Auszeichnungen, Äußeres,
[w]	private, umweltferne Inhalte, Unauffälliges, Privatleben, Sachlichkeit, Weltferne, Abwesenheit von Rummel und Trubel, Weltflucht, Öffentlichkeitsabwehr, gesellschaftsfeindliche Inhalte,
+t	Bewertungsinhalte, Normeninhalte, Weltanschauliches, Werte und Wertungen, Religiöses, Ideologisches, Ethik, Moral,
+it	Orthodoxie, Fundamentalismus, Bigotterie, Moralismus, Illiberalität
[t]	Bewertungsfreiheit, Normenlosigkeit, Liberalismus, Glaubensfreiheit, Freiheit, Säkularisiertes, Unparteilichkeit, Neutralismus, Relativismus, Opportunismus, amoralische Inhalte
+u	ideelle, kulturelle Inhalte, Kultur, Theater, Literatur, Sprache(n), Geschichte, Überlieferung, Pädagogik, Erziehung, Bildung, Ausbildung, Klassik,
+iu	Schöngeistigkeit, Utopien, modische Zeitströmungen
[u]	„nützliche" Inhalte, Zivilisation, Funktionalistisches, Nutzbarkeit, Zweckmäßiges, Verwendbarkeit, Brauchbarkeit, Nützlichkeit, Profit
+x	Person, Persönlichkeit, Individuation, Selbstgestaltung, Selbstverwirklichung, Partnerschaft, Psychologie, Individualtherapie,
+ix	Subjektives, Ichhaftes, Romantik, Singletum, Absonderung durch Inhalte
[x]	unpersönliche Inhalte, Nivellierung, Kollektivität, Sachgebundenheit, Aufgehen in Aufgabe und Sache, Kollektivität, „Solidarität im Sinne der Gleichheit aller"
+b	Herrschaft verleihende Inhalte, Beherrschung von etwas oder jemandem, Bewältigung, bewältigende Technik, Macht, Führung, Konstruktion, Machen, Naturwissenschaften (harte), Regieren, Domination, Bauen, Aufbauen, Gestalten, Fertigung
+ib	Diktieren, Kommandieren, Zerstörung, Vernichtung, Krieg, Überwältigen, Unterdrücken,
[b]	Herrschaft ablehnende bzw. vermeidende Inhalte, Einfügen, Einordnen, Nachvollziehen, Folgen, Rücksicht nehmen, Unterordnen, Nichtgestalten

+c	caritative Inhalte, Dienstleistungen, Anpassungsleistungen, Soziales, Menschen, Gruppen, Kinder, Hilfsbedürftige, Pflege, Instandhaltung, Heilen, Bemuttern, Wartung, Dienen, Mitmachen, Unterstützen
+ic	Fürsorge, Verhätscheln, Herrschen durch Schwäche, erlernte Hilflosigkeit
[c]	Unabhängigkeit liefernde Inhalte, Ungebundenheit, Unabhängigkeit, Freiheit, Eigenständigkeit, Asoziales (nicht antisozial), keine Dienst- und Pflegeleistungen
+q	Qualitätsarbeit, Elitearbeit, Qualität, Güte, Schönheit, Ästhetik, Musisches, Musik, Kunst, Künstlerisches, Kunsthandwerk, Mode, Werbung, Schmuck,
+iq	Flitter, Tand, Effekte, Äußerlichkeiten, Kitsch
[q]	Quantitätsarbeit, amusische Inhalte, Nützlichkeit, Quantität, Brauchbares, Unauffälliges, Häßliches, Unschönes, Qualitätsloses, Amusisches
+o	Ordnungen bietend und schaffend, Verwaltung, Organisation, Logistik, Ordnung, Zahlen, Gliederung, Systematik, Formales, Informatik, EDV, Mathematik
+io	Bürokratisches, Registratur, Schemata, Ordnungsvorschriften
[o]	globale Inhalte, ungeordnete Inhalte, Improvisation, Natürliches, Gewachsenes, Einzelheitliches, Chaos, Systemlosigkeit, Willkürlichkeit
+f	progressive Inhalte aller Art, Fernes, Neues, Fortschritt, Reise, Reisen, Verkehr, Zukünftiges, Forschung, Neuheiten, Progressives, Abwechslung, Handel, Handeln
+if	Abenteuer, Exotik, Unbeständigkeit, Fortschrittssucht,
[f]	Inhalts- und Verfahrenskonstanz, Beschauliches, Ruhe, Erhaltung, Gestriges, Überholtes, Nicht-Verändern
+n	Sicherheit gebende Inhalte, Bau, Boden, Immobilien, Geld, Bankwesen, Rechnungswesen, Land- und Forstwirtschaft, Vertrautes, Bekanntes, Besitz, Tradition, Sicherheit, Gewohnheiten, Vergangenes, Nahes, Heutiges, Gegenwärtiges
+in	Gestriges, Übliches, Horten, Müll, Abfall, Vergangenheit, Überholtes
[n]	variable Inhalte, Freiräume, Ungewisses, Unbekanntes, Freiräume, ungewohnte Inhalte, Inhalte einer ungewissen Zukunft

elementare Einsatzgebiete

	Elementenbasen (y): | Y | <2,0 in (); y bzw. iy>6,0
P	Tätigkeiten, die emotionales Handeln und Reagieren sowie unmittelbare natürliche Beteiligung am Geschehen verlangen, anschauungsgebundene Arbeitsweise, emotionales Engagement an dem Tun, unmittelbares Handeln, lebendiges Reagieren. Praktische Inhalte, Anschauliches, Körperliches, Land- und Forstwirtschaft, Organisches, Biologisches, Nahrungs- und Genußmittel, sinnliche Inhalte,
iP	Tätigkeiten, die Handeln aus dem Augenblick und in Abhängigkeit momentaner Eindrücke erfordern, Inhalte des Genusses bieten, der Affektivität freien Lauf lassen, primitive und kreatürliche Inhalte bieten

(P)	Tätigkeiten und Aufgaben, die nüchternes, asketisches und evtl. trockenes Reagieren auf die Umstände voraussetzen, die wenig praxisnah sind, nüchterne Tätigkeiten, bei denen Eindrücke und Emotionen ausgeschaltet sind. Asketisches, Anschauungs- und Alltagsfernes, Erlebnisfernes, Anorganisches, Tätigkeiten, die keinerlei Initiative verlangen, genußfeindliche Tätigkeiten, lebensferne Tätigkeiten, naturfeindliche Tätigkeiten, Unlebendiges.
R	Tätigkeiten, die Ichsteuerung, bewußte, überlegte und kontrollierte Handlungen verlangen, die mehr kritischer und prüfender disziplinierter Haltung bedürfen, Planungs-, Prüfungs- und Kontrollfunktionen, selbstdisziplinierte Haltung, schematische und formalisierte Arbeiten. Ideen, Geistiges, Wissenschaft, Philosophie, Erkenntnislehre, Gedankliches, Abstraktes, Theoretisches, Ätherisches, Esoterik, Spekulatives, Neugier-Weckendes, Intellektualistisches
iR	schematisierte Tätigkeiten, formalistische Arbeiten, einengende Tätigkeiten, esoterische, ätherische, spekulative, intellektualistische Inhalte, Neugier-Befriedigung
(R)	Berufe, die eine eher naive, undifferenzierte und wenig reflektierende Einstellung verlangen, unkomplizierte und einfache Arbeiten, Tätigkeiten, die wenig Disziplin und eigene Steuerung erfordern. Alltägliches, Konkretes, eher primitive Arbeiten, Tätigkeiten, die keine Disziplin und eigene Steuerung erfordern, kein Planen verlangen. Undifferenziertes, Ungeistiges,
U	der Außenwelt zugewandte Arbeiten, extraversives gesellschaftliches Handeln, Tätigkeiten, die auf Wirkung und Ansehen nach außen angelegt sind bzw. bei denen sich der Arbeitende von der Außenwelt leiten lassen muß, weltliche Aufgaben, Arbeit im unmittelbaren Kontakt mit der Umwelt, von der Umwelt bestimmte und gelenkte Tätigkeiten, Außen- und Kontaktberufe, Repräsentationstätigkeiten. Weltliches, Öffentlichkeit, Gesellschaft, Publikum, Ansehen, Status, Geselligkeit.
iU	Status, Prestige, Auszeichnungen, Äußeres, posierende Tätigkeiten
(U)	weltabgewandte, weltfremde Tätigkeiten und Berufe, in denen kein Bezug zur Außenwelt nötig ist, in die auch äußere Umstände und gesellschaftliche Einflüsse nicht dringen, Arbeit ohne Kontakt mit anderen, ohne solchen mit Umwelt und Publikum, Tätigkeiten, die keine eigene Zuwendung zu anderen Menschen und zum Geschehen verlangen. Unauffälliges, Privatleben, Sachlichkeit, Weltferne, Abwesenheit von Rummel und Trubel, Tätigkeiten, die Weltflucht ermöglichen, die auch bei Schüchternheit und Scheu zu erfüllen sind, Tätigkeiten ohne gesellschaftliche Berührungen
Ü	Tätigkeiten, bei denen sich der Mensch auf sich selbst besinnen muß. bei denen er sich aus sich heraus zu orientieren hat und von inneren Maßstäben leiten lassen muß, Allein- und Einzelarbeit, Distanz zur Umwelt, Innendienst, Labortätigkeit, Arbeit im Verborgenen und Dunkeln sowie im Geheimen. Weltanschauliches, Werte und Wertungen, Religiöses, Ideologisches, Ethik, Moral, richterliche Tätigkeiten
iÜ	Tätigkeiten im Dunkeln, im Verborgenen, im Versteck, in der Isolierung, orthodoxe weltanschauliche und moralische Inhalte, Bewertungsfundamentalismus, Verurteilungstätigkeiten
(Ü)	Tätigkeiten, bei denen ideologische und Wertmaßstäbe keine Rolle spielen bzw. der Tätige sich innerlich nicht mit Berechtigungsfragen auseinandersetzen muß. Tätigkeit unter dem Einfluß der Umwelt, Tätigkeiten, die weder Abstand noch Zurückhaltung erfordern, bei denen innere Verarbeitung und Lenkung von innen nicht gefragt sind. Liberalismus, Neutralismus, Relativismus, Freiheit, Säkularisiertes, Neutralismus, Relativismus, Amoralität, Abstands- und Distanzlosigkeiten in Arbeit und Umgang

K	Tätigkeiten, die eine erhöhte soziale Ansprechbarkeit und Äußerungsweise verlangen, die lebhafte, nicht unbedingt tiefere innere Beziehungen zu einer Vielzahl von Menschen verlangen. Einfühlende, kriminalistische Tätigkeiten, unverbindliche Beratungsfunktionen, Assistententätigkeiten, Entwicklungsaufgaben, soziale Unverbindlichkeit bei sprühender und lebhafter Reaktionsweise und Äußerungsweise, ständiger Wechsel sozialer Beziehungen. Kultur, Theater, Literatur, Sprache, Geschichte, Überlieferung, Pädagogik, Erziehung, Bildung, Ausbildung, Geisteswissenschaften, Klassik,
iK	Tätigkeiten mit überschwenglicher Äußerungsweise, unsteten Gefühlsreaktionen, schwärmerischer Vorgehensweise, schöngeistige, utopische Inhalte, Tätigkeiten, bei denen gefühlsmäßige Erregtheit nicht schadet
(K)	Tätigkeiten, die keine innere Umstellung in sozialen Bezügen erfordern. Ruhige, sozial beständige Situationen, Arbeiten, die keine eigenen sozialen und gefühlsmäßigen Äußerungen und Reaktionen verlangen. Zivilisation, Funktionalistisches, Nutzbarkeit, Zweckmäßiges, Verwendbarkeit; Tätigkeiten, die keine lebhafte Äußerungsweise dulden oder benötigen, die eine gewisse soziale Trägheit und Unansprechbarkeit vertragen. Rein nutzenorientierte Aufgaben und Inhalte, indolente, träge Reaktionsweise
B	Tätigkeiten, die Individualität und Eigenständigkeit von innen heraus in sozialen Bezügen verlangen, bei denen ein innerliches Engagement für andere Menschen verlangt wird. Tätigkeiten in enger Teambeziehung, Arbeiten mit festen sozialen Bindungen, die wenig wechseln, gefühls- und gemütsbezogene Arbeiten, personenbezogene Beratungs- und pädagogisch-führende Tätigkeiten, Arbeiten, Individuation, Selbstgestaltung, Selbstverwirklichung, Partnerschaft, , Psychologie, Individualtherapie,
iB	Tätigkeiten, die eine romantische Einstellung fordern, bei denen Subjektivität nicht schadet bzw. gefordert ist. Ichhaftes, Romantik, Singletum
(B)	Tätigkeiten, die mehr sachliches Verhalten verlangen, die wenig inneres soziales Engagement fordern. Arbeiten, die menschliche Kühle und unpersönliche Objektivität und Sachlichkeit erfordern. Sachgebundenheit, Aufgehen in Aufgabe und Sache, Aufgaben, die menschliche Bindungslosigkeit erfordern, kollektives Arbeiten und Fühlen verlangen, bei denen menschliche Kälte nicht schadet
G	Tätigkeiten, die Durchsetzung, Domination, Lenkung und Gestaltung verlangen, bei denen es darauf ankommt, durch Machen etwas zu schaffen, und das auch in sozialen Bezügen. Arbeiten, die Durchsetzung, Angreifen und Selbständigkeit, Gestaltung und Eroberung verlangen, hartes Material, Stein, Metalle. Bewältigung, bewältigende Technik, Macht, Führung, Konstruktion, Machen, Naturwissenschaften, Regieren, Domination, Bauen, Aufbauen, Gestalten
iG	Aufgaben, die aggressives, überwältigendes Arbeiten, aber auch rücksichtloses Vorgehen erfordern, Diktieren, Kommandieren, Zerstörung, Vernichtung, Krieg, Überwältigen, Unterdrücken,
(G)	Tätigkeiten, bei denen Folgsamkeit entscheidend ist. Aufgaben, die rücksichtsvolles, Vorgehen verlangen. Einfügen, Einordnen, Unterordnen, Nachvollziehen, Folgen; Aufgaben für eher zaghaftes und zögerndes Vorgehen, Arbeiten, bei denen Unterordnung und Unselbständigkeit gefordert werden.

S	Tätigkeiten, die Pflege und Erhaltung sowie Verbesserung sozialer Gegebenheiten verlangen, die Pflege, Wartung und Schutz für Dinge und Menschen bringen sollen. Arbeiten, die Anpassung verlangen, Tätigkeiten, bei denen fortführende Ausführung erforderlich ist, mehr pflegende als gestaltende Arbeiten, Arbeiten nach Weisung, Wartungsarbeiten, Dienstleistungen. weiches Material, matschige und schleimige Materialien, Textilien, Soziales, Menschen, Gruppen, Kinder, Hilfsbedürftige, Pflege, Instandhaltung, Heilen, Fürsorge, Verhätscheln, Bemuttern, Wartung, Dienen, Mitmachen, Unterstützen
iS	Aufgaben, die ständiges Nachgeben verlangen, schleimige Materialien aufweisen, die fürsorgliche Bevormundung Schwacher und Kranker ermöglichen, Verführbarkeit und Beeinflußbarkeit werden verlangt
(S)	Tätigkeiten, die Freiheit und Lösung von sozialen Bindungen und Anforderungen bringen, wie sie u.a. auch in Wegwerfgesellschaften üblich sind. Ungebundenheit, Unabhängigkeit, Freiheit, Arbeiten, die keine Sensibilität und Anpassung verlangen, Nicht-Dienen, Nichtpflegen, keine Wartungsinhalte
E	Tätigkeiten, die eine erhöhte aktive qualitätsgerechte Auffassung der Welt und des Geschehens verlangen. Unterhaltende, lustige und brillierende Tätigkeiten, Arbeiten, die Optimismus und Risikobereitschaft verlangen, all-round-Tätigkeiten, Edelmetalle, glänzende Stoffe, Effekte, besonders auch Lichteffekte. Qualität, Güte, Schönheit, Ästhetik, Musisches, Musik, Kunst, Künstlerisches, Kunsthandwerk, Mode, Werbung, Schmuck,
iE	lustbringende, riskante Tätigkeiten, Effekte, Flitter, Tand, Effekte, Äußerlichkeiten, Kitsch
(E)	Tätigkeiten, bei denen die Welt und das Geschehen eher störend und belastend empfunden werden, bei denen keine aktive Zuwendung in der Auffassung erforderlich ist. Sachgebundende, risikoarme, unauffällige Arbeiten. Nützlichkeit, Quantität, Qualitätslosigkeit, Amusisches, Brauchbares, Unauffälliges, Amusisches, reine Zweckergebnisse, unsichere Arbeitsweise, eher pessimistische Arbeitshaltung, die der Stützung und Ermunterung bedarf
O	Tätigkeiten, bei denen es auf eine systematische und formale innere Verarbeitung der Qualitäten ankommt. Arbeit in kleinen Schritten, Fein- und Ordnungsarbeiten, Präzisionsarbeiten, Innendienst, Büroarbeit, Bearbeitung von Kleinigkeiten, besinnliche und ernste Arbeitshaltung mit Vorliebe zum Abwägen erforderlich. Verwaltung, Organisation, Logistik, Ordnung, Zahlen, Gliederung, Systematik, Formales, Informatik, EDV, Ordnungsvorschriften
iO	einzelheitliche Arbeitsweise, Umgang mit Kleindetails, Fieselarbeit, Zählarbeit, bürokratische Arbeiten, Schemata, Registratur, Listenführung
(O)	Lässige, ungezwungene, lockere und freie Arbeitsweise, Improvisation, Natürliches, Gewachsenes, Tätigkeiten, bei denen Aufgefaßtes nicht verarbeitet werden muß, wo alles Aufgenommene aus dem Geschehen ohne eigene Verarbeitung stehen bleiben kann. Nachlässiges und oberflächliches Arbeiten. Chaos,
F	Tätigkeiten, die Handlungsaktivität und Aneignungsaktivität sowie ausgeprägtes Expansionsstreben verlangen, wo Neues und Zukünftiges wesentlich sind. Arbeiten, die Schwung und Dynamik, Unternehmungsgeist und Expansion verlangen, unkonventionelle Tätigkeiten, Abwechslung in der Arbeit. Fernes, Neues, Fortschritt, Reise, Reisen, Verkehr, Zukünftiges, Forschung, Neuheiten, Progressives, Handel, Handeln

iF	Tätigkeiten, die Expansion um jeden Preis verlangen, sprunghafte und wechselnhafte Arbeitsweisen erfordern, ständigen Veränderungen unterworfen sind, Unbeständigkeit erwarten, Zukunftsutopien, Abenteuer
(F)	Tätigkeiten, in denen Neuheiten, neue Wege und Inhalte nicht zur Debatte stehen. Arbeiten, die in Ruhe und Beschaulichkeit auszuführen sind. Ruhe, Beschaulichkeit, Erhaltung, starre Unwandelbarkeit; schwunglose, träge, lahme und matte Arbeitsweise, Gestriges, Überholtes,
T	Tätigkeiten, bei denen Sicherheit und Erhaltung des Gegenwärtigen bzw. Gestrigen im Vordergrunde stehen, die Beständigkeit und Konservatismus erfordern. Tätigkeiten, die eine stetige und gleichmäßige Arbeitsweise erfordern, bewahrende, sammelnde Tätigkeiten, erdiges Material, graphisches Gewerbe, keine Umstellungen, kein Wandel. Bau, Boden, Immobilien, Geld, Bankwesen, Rechnungswesen, Land- und Forstwirtschaft, Vertrautes, Bekanntes, Besitz, Tradition, Überlieferung, Sicherheit, Nahes
iT	Gewohnheiten, Vergangenes, keine Umstellungen, kein Wandel, gleichförmige Arbeitsweise, Monotonie, Prinzipien,
(T)	Tätigkeiten, bei denen Sicherheit und Vertrautes klein geschrieben werden, die mehr ein Umherschweifen und Flexibilität erfordern. Tätigkeiten, die Schwankungen unterworfen sind. Aufgaben, bei denen es auf Flexibilität ankommt. Unbekanntes, Freiräume, Gewohnheitsfernes, Heutiges, Gegenwärtiges, Ungewisses, Wechsel und Unstetheit, hohe Sicherheitsrisiken

Störungsquellen (>5,0)

δ z)	*Intentionale Gehemmtheit,* die Welt verliert für das Subjekt den Aufforderungscharakter zum Handeln und vor allem zum aktiven Erleben
δ s)	*Ichgehemmtheit* die vernunftbestimmte Ichsteuerung wird nicht herausgebildet
δ v)	*Versatile Gehemmtheit* , geht mit einem Verlust der gefühlsmäßigen Äußerungsfähigkeit als Basis der inneren Assimilation sozialer Verbindungen einher,
δ h)	*Conjunktive Gehemmtheit,* führt zur Nichtausbildung der integrierenden sozialen Tiefenfunktion und damit zu einem Fehlen sozialer Bezogenheit und Bindungen,
δ m)	*Gehemmtheit des Manischen,* Frische und Selbstvertrauen werden nicht ausgebildet,
δ d)	*Gehemmtheit des Depressiven,* Ernst, natürliche Vorsicht und Besonnenheit werden nicht entfaltet;
δ e)	*Extraversive Gehemmtheit* ,es bildet sich keine aktive Zuwendung zur Welt und Umwelt heraus;
δ j)	*Intraversive Gehemmtheit* ,es entwickelt sich keine Fluchtdistanz,
δ a)	*Aggressionsgehemmtheit,* Nichtentfaltung aktiven Handelns in sozialen Bezügen,
δ p)	*Pathische Gehemmtheit,* Hingabegehemmtheit, Nichtentfaltung von Beeindruckbarkeit und
δ k)	*Kaptative Gehemmtheit,* unternehmerischer Ausgriff, schwungvolle Expansion werden nicht ausgebildet;
δ r)	*Retentive Gehemmtheit* ,es entwickelt sich keine Behauptung, Festigkeit und Eigenwillen
δ l)	*Vitale Gehemmtheit,* bei der körperliche, organische, sensuale und vitale Genußwünsche nicht entfaltet werden;

δ g)	*Mentale Gehemmtheit,* bei der die Ausbildung geistiger Bedürfnisse und Interessen verhindert wurde;
δ u)	*Universale, kulturelle Gehemmtheit,* führt dazu, daß sich kein Interesse an Kultur, Sprache und Werden der Gesellschaft herauszubilden vermag,
δ x)	*Personale Gehemmtheit,* Individuationstendenzen wurden nicht entfaltet;
δ q)	*Qualitätengehemmtheit,* es entsteht keine Beziehung zur Qualität und zu Qualitätsunterschieden;
δ o)	*Ordnungsgehemmtheit,* die einer Ausbildung von Ordnungsbedürfnissen im Wege steht,
δ w)	*Welt- und Publikumsgehemmtheit,* Bedürfnisse der Weltzuwendung konnten nicht entfaltet werden;
δ t)	*Taxonomische Gehemmtheit,* das Wertstreben wurde nicht ausgebildet;
δ b)	*Bewältigungsgehemmtheit,* bei der keine gestaltenden und konstruktiven Bedürfnisse entfaltet wurden;
δ c)	*Soziale Gehemmtheit,* bei der keine sozialen und caritativen Bedürfnisse ausgebildet werden; .
δ f)	*Progressionsgehemmtheit,* Bedürfnisse nach Entdecken, Veränderungen sind nicht ausgebildet;
δ n)	*Lokale Gehemmtheit,* Bedürfnisse nach Erhaltung und Bewahrung des Vorhandenen und Naheliegenden werden nicht ausgebildet;
γ z)	*Intentionale Turbulenz,* hyperkinetisches und primitives Verhalten,
γ s)	*Ichturbulenz,* herabgesetztes Realitätsbewußtsein,
γ j)	*Intraversive Turbulenz,* Verfolgungsängste, inadäquate Fluchtreaktionen,
γ e)	*Extraversive Turbulenz,* Selbstbespiegelungen, narzißtische, hysterische Reaktionen,
γ r)	*Retentionsturbulenz,* akinetische Reaktionen, Stuporerscheinungen, negativistische Haltung
γ k)	*Kaptationsturbulenz,* groteske, situationsunangemessene Impulsivität,
γ p)	*Pathische Turbulenz,* Nachgiebigkeitszwänge,
γ a)	*Aggressionsturbulenz,* Aggressivität gegen die eigene Person,
γ d)	*Depressionsturbulenz,* verschrobene Ängste, Verfolgungsängste, Interessenverlust,
γ m)	*Manische Turbulenz,* unruhige, hektische, ideenflüchtige Reaktionen,
γ h)	*Conjunktive Turbulenz,* verschrobene, auf die eigene Person gerichtete Bindungen,
γ v)	*Versatile Turbulenz,* halluzinäre Zustände, illusionäre, rauschhafte Schwärmereien
γ l)	*Vitale Turbulenz,* verschrobene, pervertierte Genußwünsche, Suchtformen des Genusses
γ g)	*Mentale Turbulenz,* paranoide Neugier, verschrobener Informationsdrang,
γ c)	*Soziale Turbulenz,* verschrobenes Sozial- und Pflegebedürfnis,
γ b)	*Bewältigungsturbulenz,* Zerstörungszwänge, verschrobene Macht- und Herrschaftsbedürfnisse
γ o)	*Ordnungsturbulenz,* Kontroll- und Ordnungszwänge,
γ q)	*Qualitätenturbulenz,* verschrobene Effektbedürfnisse,
γ n)	*Lokale Turbulenz,* verschrobene Sicherheitsbedürfnisse, Zukunftsphobien,
γ f)	*Progressionsturbulenz,* Abenteuersucht, Fortschrittswahn, Veränderungssucht,

γ t)	*Taxonomische Turbulenz,* verschrobene, irreale Wertbedürfnisse, ideologische Zwänge
γ w)	*Publikumturbulenz,* verschrobene Welt- und Öffentlichkeitssucht,
γ x)	*Personale Individuationsturbulenz,* verschrobene Selbstverwirklichungswünsche,
γ u)	*Universale Turbulenz,* verschrobener Kulturfanatismus,
γnul:	**vitale Wahnvorstellungen,** Zurück-zur-Natur-Wahn
δnul:	**verdrängte vitale,** physiologische sinnenhafte Inhalte
γgei:	**mentale Wahnvorstellungen,** idealistische, weltferne, esoterische Zwangsideen
δgei :	**verdrängte Gedanklichkeit,** ohne Ideale und theoretische Hintergründe
γpub:	**weltlich orientierte Wahnvorstellungen** zur eigenen Bedeutung
δpub:	**Verdrängung weltlicher Realitäten,** Weltfluchtideen, Angst vor vielen Menschen und weiten Räumen
γwel:	**taxonomische Wahnvorstellungen,** religiöse, ideologische, weltanschauliche Wahnvorstellungen, verschrobene Wertmaßstäbe
δwel:	**gehemmte ideologische Inhalte,** Neutralismus, Amoralität
γkus:	**Universalwahnideen,** verschrobene kulturelle, historische Inhalte, Sprachverschrobenheiten
δkus:	**reine Zweckinhalte** infolge von Kulturabwehr; Kulturbanausentum
γige:	**Individuationswahn,** größenwahnähnliche Inhalte, Sendungsideen, Ichgottvorstellungen
δige:	**Individuationsgehemmtheiten,** Angst vor dem Selbstsein, vor Selbstverwirklichung und ähnlichen Neigungen
γmaf:	**Bewältigungswahn,** verschrobene Macht-, Blut-, Zerstörungs- und Terrorinhalte
δmaf:	**verdrängte Macht- und Führungswünsche,** unterdrückte und gestaute Gestaltungsvorstellungen, wagt keine Gedanken dahingehend
γmen:	**soziale Wahnvorstellungen,** sozialutopische Inhalte, feministische Wahnideen und Verschrobenheiten, mütterlichkeitsideologische Wahninhalte
δmen:	**feminine, soziale Verdrängungen,** Angst vor weiblichen Inhalten, männliche Protestinhalte,
γwek:	**Qualitätswahn,** irreale Gütevorstellungen, verschrobene ästhetische Inhalte, bizarre Inhaltsformen
δwek:	**verdrängte Qualitätsinhalte,** amusisch, Quantitätssucht, Kunstbanausentum
γfos:	**Ordnungswahn,** verschrobene, realitätsfremde Ordnungs- und Systemformen, bürokratische Zwänge
δfos:	**verdrängte Ordnungsinhalte,** chaotische Vorstellungen, desorganisierte und desorganisierende Inhalte, Ängste vor formalen Inhalten
γfot:	**Progressionswahnphänomene,** utopistische Zukunftsinhalte, irreale zwanghafte Vorstellungen von Fremden und Fernem
δfot:	**verdrängte Progressionsinhalte,** verdrängte Zukunftsinhalte, Fremdenphobien, verdrängte Fremdenvorstellungen
γbog:	**Lokale Wahnvorstellungen,** verschrobene Traditions- und Selbstverständlichkeiteninhalte, verschrobene Heimats- und Geborgenheitsvorstellungen und –zwänge

δbog:	**verdrängte Selbstverständlichkeiten,** verdrängte Traditionsinhalte, Angst vor Gewohnheiten und Verdrängung derselben
δPp:	*emotionale Gehemmtheit*: Welt hat keinen Aufforderungscharakter, Starre, Leere, Impulslosigkeit, Affektarmut,
δ Rp:	*rationale Gehemmtheit*: es fehlt der Bezug zu Ordnungen und Regeln, es fehlt aber auch das Leiden daran, Züge neurotischer Verwahrlosung treten hervor, Irrationalität, Unvernunft, Augenblicks-abhängigkeit, Uninteressiertheit,
δ Up:	*Zuwendungsgehemmtheit:* Umweltangst, Scheu, Kontakthemmungen in dinglicher und menschlicher Hinsicht,
δ Üp:	*integrative Gehemmtheit :* Verlust der inneren Orientierung, fehlende Werthaltungen und Distanz, Abhängigkeit von Außenlenkung, fehlende Fluchtdistanz, Angst vor dem Alleinsein, rücksichtslose Aufdringlichkeit, Neutralismus,
δ Kp:	*Gefühlsreaktionsgehemmtheit:* Verlust der Mitte, Funktionalismus, Gefühlsindolenz und –trägheit, gefühlshaftes Kleben, Zweckfanatismus, Kulturabwehr und Überbetonung des Zivilisatorisch-Funktionellen
δ Bp:	*Humanitätsängste:* Angst vor dem Menschlichen, vor Partnerschaften, aber auch der Selbstverwirkli-chung, Rückzug ins Kollektiv, Züge der Kälte und Unpersönlichkeit, Kälte und Gemütsarmut
δ Gp:	*Machtängste:* Gestaltungsgehemmtheiten, Aggressionsgehemmtheiten, Bewältigungsgehemmt-heiten, Angst, anderen ins Gehege zu kommen, Angst vor dem Sichdurchsetzen, fehlender sozialer Ehrgeiz aus Angst,
δ Sp:	*Sozialängste:* Angst vor der Anpassung an soziale Gegebenheiten, Neigung zu unangemessenem Freiheitsdrang, unsensibel, Rigidität, Vertrauenslosigkeit, Anpassungsunfähigkeit,
δEp:	*Minderwertigkeitsgefühle:* manische Gehemmtheit, Lebensangst, Depressionen, depressive Verstim-mungen, reine Nützlichkeitshaltungen, Quantitätssucht als Kompensation, Minderwertigkeitsgefühle
δ Op:	*Ordnungsängste:* Chaotismus, Angst vor Ordnung, Systematik und Regeln, Mangel an Ernst und Besinnlichkeit, Flachheit, Verantwortungslosigkeit, Nachlässigkeit, Schlamperei, Chaotismus
δ Fp:	*Fremdheitsängste:* Angst etwas zu unternehmen, Zukunftsängste, ängstliche Lahmheit und Matt-heit,Angst vor Neuem, Fremdem, Fernem und Unbekanntem.
δ Tp:	*Traditions- und Vertrautheitsängste:* Wurzellosigkeit, Mangel an Standpunkt, haltloses Schwanken, Mangel an Bodenständigkeit, kann nicht nein sagen, Flucht vor Sicherem, Gewohntem und Vertrautem
γ Pp:	*motorische Störungen,* bizarre Haltungen, wiederholte eigenartige und manierierte Gesichts- und Körperbewegungen, Hyperkinese; Primitivismen, Echopraxien, pervertierte Genußsucht, Zurück-zur-Natur- Wahn
γ Rp:	*Desorientierung,* funktionale Desorientierung hinsichtlich Zeit und Ort, traumhaftes und nebelhaftes Erleben, Verwirrtheitszustände, paranoide Neugier,
γ Up:	*Erregungszustand* mit beschleunigter Sprache, laut, schwer zu unterbrechen, erhöhte Stimmungs-lage und Selbstwertschätzung, hysterische Reaktionen, Selbstbespiegelungen, narzißtische Re-aktionen, exhibitionistische Zwänge,

394

γ Üp:	*ängstliche Verstimmung*, von unbestimmter Angst, aber auch bestimmten Sorgen wird berichtet, zusätzlich sind Schuldgefühle und Gewissensbisse über wirkliche oder eingebildete Verfehlungen zu beobachten, Verfolgungsängste,
γ Kp:	Phobischer Zwang mit unkontrollierbaren Handlungen und Ritualen, wiederkehrende ungewollte Ideen, bestimmte Ängste und Ideen über Persönlichkeitsveränderungen und Irreales,
γ Bp:	*Verfolgungswahn* mit ungerechtfertigten fixen Ideen, die Personen aus der Umgebung des Individuums aggressive, verfolgerische und kontrollierende Absichten zuschreiben, Hundeheimweh,
γ Gp:	*aggressive Streitsucht*, bei der Beschwerden über Aggressivität und Ressentiment gegen andere üblich sind, die Schuld an Schwierigkeiten und Versagen anderen gegeben wird,
γ Sp:	*Funktionale Schwäche* mit Beschwerden über die Unfähigkeit, sich zu konzentrieren, zu arbeiten oder Entscheidungen zu treffen;
γ Ep:	*Größenwahn*, eine Einstellung der Überlegenheit verbunden mit unberechtigten Gefühlen, über ungewohnte Kräfte zu verfügen; göttliches Sendungsbewußtsein Qualitätswahn, Künstlerwahn,
γ Op:	*Wahrnehmungsstörungen*, Erlebnisse unechter Wahrnehmungen in Form von Stimmen, Beeinträchtigungswahn, Verfolgungsängste, Hoffnungslosigkeit und verschrobene Schuldgefühle, hypochondrische Reaktionen, Kontroll- und Ordnungszwänge,
γ Fp:	*Auffassungsstörungen*, Sprache weitschweifig, unzusammenhängend und ohne Bezug zu gestellten Fragen ist; die gleichen Wörter oder Sätze werden in stereotyper Weise wiederholt, Veränderungssucht, Nichtseßhaftigkeit,
γ Tp:	*Verlangsamung* von Sprache und Vorstellung, Verminderung der motorischen Aktivität bis zur Blockierung, Apathie und Desinteresse an der Zukunft , Stuporerscheinungen, negativistische Haltungen, Katzenheimweh,

Lü-Werte

< 20%	zweifelhaft, (Dissimulation)	60 bis 80%	zweifelhaft (Simulationsgefahr)
20 bis 60%	normal	>80%	nicht interpretierbar

(Zur Bewertung der Selbstkritik bei dem Ausfüllen von Fragebogen)

Kleine Terminitabellen

(Kombination zur gemeinsamen Interpretation angemessener und unangemessener Werte der Resultanten)

IN	<-4,0i	-2,1 bis -4,0i	-0,0 bis -2,0i	0,0 bis 2,0i	2,1 bis 4,0i	>4,0i
>6,0	zwiespältigen	gespaltenen	energischen	expansiven	abhängigen	zwiespältigen
4,1 bis 6,0	übersteigerten	forcierten	aktiven	unmittelbaren	unbesonnenen	verwahrlosten
2,1 bis 4,0	gewollten	unrealistischen	gezügelten	lebhaften	lebendigen	zudringlichen
0,6 bis 2,0	verspannten	gespannten	angespannten	lockeren	ungezwungenen	außengelenkten
0,5 bis -0,5	versteiften	übersteuerten	beherrschten	gelösten	unbestimmten	lavierenden
-0,6 bis -2,0	gezwungenen	verregelten	disziplinierten	gedämpften	vagen	uneindeutigen
-2,1 bis -4,0	unfreien	übervorsichtigen	befangenen	distanzierten	anregbaren	wechselhaften
-4,1 bis -6,0	verkrampften	unzugänglichen	verschlossenen	innengelenkten	verhaltenen	narzißtischen
<-6,0	verklemmten	gehemmten	isolierten	reservierten	beunruhigten	zerrissenen

In	0 bis 2,5i	2,6 bis 3,9i	4,0 bis 4,9i	5,0 bis 5,9i	6,0 bis 7,5	7,6 bis 9,0i
7,6 bis 9,0	zweckmäßigen	gereiften	selbständigen	eigenständigen	eigenwilligen	zwiespältigen
6,0 bis 7,5	realistischen	entwickelten	ausgeglichenen	ausgewogenen	verspannten	verkrampften
5,0 bis 5,9	angepaßten	eindeutigen	klaren	geordneten	naiven	infantilen
4,0 bis 4,9	nichtunangepaßten	lockeren	angemessenen	gespannten	unterentwickel-ten	unausgereiften
2,6 bis 3,9	bestimmten	uneindeutigen	störbaren	irritierbaren	unsicheren	gestörten
1,1 bis 2,5	unauffälligen	anfälligen	affizierbaren	abhängigen	unangemessenen	unangepaßten
0,6 bis 1,0	beunruhigten	gezwungenen	unausgeglichenen	unbestimmten	desorientierten	irrealen
0 bis 0,5	ängstlichen	gehemmten	unklaren	desorientierten	realitätsfernen	negativistischen

Eg	$<-4{,}0i$	$-2{,}1$ bis $-4{,}0i$	$-0{,}0$ bis $-2{,}0i$	$0{,}0$ bis $2{,}0i$	$2{,}1$ bis $4{,}0i$	$>4{,}0i$
$>6{,}0$	zwiespältigen	gespaltenen	energischen	expansiven	abhängigen	zwiespältigen
$4{,}1$ bis $6{,}0$	übersteigerten	forcierten	aktiven	unmittelbaren	unbesonnenen	verwahrlosten
$2{,}1$ bis $4{,}0$	gewollten	unrealistischen	gezügelten	lebhaften	lebendigen	zudringlichen
$0{,}6$ bis $2{,}0$	verspannten	gespannten	angespannten	lockeren	ungezwungenen	außengelenkten
$0{,}5$ bis $-0{,}5$	versteiften	übersteuerten	beherrschten	gelösten	unbestimmten	lavierenden
$-0{,}6$ bis $-2{,}0$	gezwungenen	verregelten	disziplinierten	gedämpften	vagen	uneindeutigen
$-2{,}1$ bis $-4{,}0$	unfreien	übervorsichtigen	befangenen	distanzierten	anregbaren	wechselhaften
$-4{,}1$ bis $-6{,}0$	verkrampften	unzugänglichen	verschlossenen	innengelenkten	verhaltenen	narzißtischen
$<-6{,}0$	verklemmten	gehemmten	isolierten	reservierten	beunruhigten	zerrissenen

Egs	0 bis $2{,}5i$	$2{,}6$ bis $3{,}9i$	$4{,}0$ bis $4{,}9i$	$5{,}0$ bis $5{,}9i$	$6{,}0$ bis $7{,}5$	$7{,}6$ bis $9{,}0i$
$7{,}6$ bis $9{,}0$	zweckmäßigen	gereiften	selbständigen	eigenständigen	eigenwilligen	zwiespältigen
$6{,}0$ bis $7{,}5$	realistischen	entwickelten	ausgeglichenen	ausgewogenen	verspannten	verkrampften
$5{,}0$ bis $5{,}9$	angepaßten	eindeutigen	klaren	geordneten	naiven	infantilen
$4{,}0$ bis $4{,}9$	nichtunangepaßten	lockeren	angemessenen	gespannten	unterentwickel-ten	unausgereiften
$2{,}6$ bis $3{,}9$	bestimmten	uneindeutigen	störbaren	irritierbaren	unsicheren	gestörten
$1{,}1$ bis $2{,}5$	unauffälligen	anfälligen	affizierbaren	abhängigen	unangemessenen	unangepaßten
$0{,}6$ bis $1{,}0$	beunruhigten	gezwungenen	unausgeglichenen	unbestimmten	desorientier-ten	irrealen
0 bis $0{,}5$	ängstlichen	gehemmten	unklaren	desorientier-ten	realitätsfernen	negativistischen

397

Sbg	<-4,0i	-2,1 bis –4,0i	-0,0 bis –2,0i	0,0 bis 2,0i	2,1 bis 4,0i	>4,0i
>6,0	ambivalente	eindrucksabhängige	ursprüngliche	zyklothyme	verwahrloste	zykloide
4,1 bis 6,0	uneindeutige	eindrucksbe--stimmte	lebensnahe	unmittelbare	naive	suchthafte
2,1 bis 4,0	übervorsichtige	unbestimmte	lebhafte	lebendige	außengelenkte	augenblicksabhängige
0,6 bis 2,0	abwartende	vorsichtige	ausgewogene	ausgeglichene	lockere	ungezwungene
0,5 bis -0,5	verspannte	gespannte	verhaltende	überlegende	gelöste	freie
-0,6 bis -2,0	eingeengte	lebensferne	nüchterne	beherrschte	anschauungsbestimmte	natürliche
-2,1 bis-4,0	verklemmte	gezwungene	formale	disziplinierende	gesteuerte	übersteuerte
-4,1 bis -6,0	verkrampfte	formalistische	kritische	kontrollierende	gehemmte	gestaute
<-6,0	schizoide	zwiespältige	schizothyme	planvolle	normierende	explosive

Sbs	0 bis 2,5i	2,6 bis 3,9i	4,0 bis 4,9i	5,0 bis 5,9i	6,0 bis 7,5	7,6 bis 9,0i
7,6 bis 9,0	zweckmäßigen	gereiften	selbständigen	eigenständigen	eigenwilligen	zwiespältigen
6,0 bis 7,5	realistischen	entwickelten	ausgeglichenen	ausgewogenen	verspannten	verkrampften
5,0 bis 5,9	angepaßten	eindeutigen	klaren	geordneten	naiven	infantilen
4,0 bis 4,9	nichtunangepaßten	lockeren	angemessenen	gespannten	unterentwickelten	unausgereiften
2,6 bis 3,9	bestimmten	uneindeutigen	störbaren	irritierbaren	unsicheren	gestörten
1,1 bis 2,5	unauffälligen	anfälligen	affizierbaren	abhängigen	unangemessenen	unangepaßten
0,6 bis 1,0	beunruhigten	gezwungenen	unausgeglichenen	unbestimmten	desorientierten	irrealen
0 bis 0,5	ängstlichen	gehemmten	unklaren	desorientierten	realitätsfernen	negativistischen

Pp	0 bis 2,5i	2,6 bis 3,9i	4,0 bis 4,9i	5,0 bis 5,9i	6,0 bis 7,5	7,6 bis 9,0i
7,6 bis 9,0	lebendige	unmittelbare	ursprüngliche	unmittelbare	sinnliche	sinnenverhaftete
6,0 bis 7,5	aufgeschlossene	natürliche	lebhafte	emotionale	eruptive	irrationale
5,0 bis 5,9	anregbare	ansprechbare	alltägliche	naturnahe	lebenssüchtige	triebhafte
4,0 bis 4,9	nüchterne	naturferne	genußferne	ungehemmte	genußabhängige	süchtige
2,6 bis 3,9	unansprechbare	lebensferne	trockene	beeinflußbare	triebhafte	hyperkinetische
1,0 bis 2,5	leere	emotionsarme	unanregbare	augenblickshafte	übererregte	bizarre

Rp	0 bis 2,5i	2,6 bis 3,9i	4,0 bis 4,9i	5,0 bis 5,9i	6,0 bis 7,5i	7,6 bis 9,0i
7,6 bis 9,0	rationale	prüfende	disziplinierende	vergeistigte	verregelte	Intellektualistische
6,0 bis 7,5	lenkende	erkennende	besonnene	kritische	theoretisierende	formalistische
5,0 bis 5,9	verhaltene	überlegende	planvolle	straffe	gespannte	verspannte
4,0 bis 4,9	unvernünftige	unüberlegte	lässige	lebensferne	einengende	verengte
2,6 bis 3,9	unbestimmte	uneindeutige	naive	schematisierende	irreale	traumhafte
1,0 bis 2,5	stumpfe	unbesonnene	unkritische	weltfremde	verwirrte	desorientierte

Ay	<-4,0i	-2,1 bis -4,0i	-0,0 bis -2,0i	0,0 bis 2,0i	2,1 bis 4,0i	>4,0i
>6,0	unberechen-barer	heftiger	hitziger	unmittelbarer	ungestümer	eruptiver
4,1 bis 6,0	ambivalenter	wechselhafter	praktischer	ursprünglicher	emotionaler	überschweng-licher
2,1 bis 4,0	gedämpfter	variierender	anschauungs-bestimmter	natürlicher	gefühlshafter	ungesteuerter
0,6 bis 2,0	verhaltender	bedachtsamer	ausgegliche-ner	lebendiger	erregter	impulsiver
0,5 bis -0,5	eingeengter	bedächtig	ruhiger	lebhafter	aktiver	reaktiver
-0,6 bis -2,0	begrenzter	überlegter	sachlicher	ausgewogener	eindrucksbe-stimmter	augenblicks-abhängiger
-2,1 bis -4,0	nüchterner	vernünftiger	kritischer	reflektieren-der	eindrucksab-hängiger	explosiver
-4,1 bis -6,0	formalisti-scher	beherrschter	planvoller	gesteuerter	unausgewo-gener	verkrampfter
<-6,0	schematischer	trockener	geordneter	gebremster	unausgegli-chener	zwiespältiger

Ays	0 bis 2,5i	2,6 bis 3,9i	4,0 bis 4,9i	5,0 bis 5,9i	6,0 bis 7,5	7,6 bis 9,0i
7,6 bis 9,0	zweckmäßi-gen	gereiften	selbständigen	eigenständi-gen	eigenwilligen	zwiespältigen
6,0 bis 7,5	realistischen	entwickelten	ausgegliche-nen	ausgewoge-nen	verspannten	verkrampften
5,0 bis 5,9	angepaßten	eindeutigen	klaren	geordneten	naiven	infantilen
4,0 bis 4,9	nichtunan-gepaßten	lockeren	angemesse-nen	gespannten	unterentwic-kel-ten	unausgereif-ten
2,6 bis 3,9	bestimmten	uneindeutigen	störbaren	irritierbaren	unsicheren	gestörten
1,1 bis 2,5	unauffälligen	anfälligen	affizierbaren	abhängigen	unangemes-senen	unangepaßten
0,6 bis 1,0	beunruhigten	gezwungenen	unausgegli-chenen	unbestimmten	desorientier-ten	irrealen
0 bis 0,5	ängstlichen	gehemmten	unklaren	desorientier-ten	realitätsfernen	negativisti-schen

Le	<-4,0i	-2,1 bis -4,0i	-0,0 bis -2,0i	0,0 bis 2,0i	2,1 bis 4,0i	>4,0i
>6,0	experimentierfreudige	dingliche	sachliche	praxisnahe	triebhafte	suchthafte
4,1 bis 6,0	alltagsferne	gegenständliche	realistische	lebensnahe	lebensabhängige	dranghafte
2,1 bis 4,0	ungegenständliche	uneindeutige	ansprechbare	anschauliche	eindrucksabhängige	augenblicksabhängige
0,6 bis 2,0	unwirkliche	intellektualistische	konkrete	aufgeschlossene	genießerische	genußhafte
0,5 bis -0,5	unbestimmte	intellektuelle	suchende	interessierte	alltägliche	gedankenlose
-0,6 bis -2,0	neugierige	forschende	erkennende	anregbare	materialistische	unkritische
-2,1 bis -4,0	dialektische	ideelle	kritische	anschauungsferne	flache	unvernünftige
-4,1 bis -6,0	spekulative	idealistische	gedankliche	blasse	oberflächliche	bedenkenlose
<-6,0	esoterische	utopische	vergeistigte	farblose	flüchtige	ungezügelte

Les	0 bis 2,5i	2,6 bis 3,9i	4,0 bis 4,9i	5,0 bis 5,9i	6,0 bis 7,5	7,6 bis 9,0i
7,6 bis 9,0	zweckmäßigen	gereiften	selbständigen	eigenständigen	eigenwilligen	zwiespältigen
6,0 bis 7,5	realistischen	entwickelten	ausgeglichenen	ausgewogenen	verspannten	verkrampften
5,0 bis 5,9	angepaßten	eindeutigen	klaren	geordneten	naiven	infantilen
4,0 bis 4,9	nichtunangepaßten	lockeren	angemessenen	gespannten	unterentwickelten	unausgereiften
2,6 bis 3,9	bestimmten	uneindeutigen	störbaren	irritierbaren	unsicheren	gestörten
1,1 bis 2,5	unauffälligen	anfälligen	affizierbaren	abhängigen	unangemessenen	unangepaßten
0,6 bis 1,0	beunruhigten	gezwungenen	unausgeglichenen	unbestimmten	desorientierten	irrealen
0 bis 0,5	ängstlichen	gehemmten	unklaren	desorientierten	realitätsfernen	negativistischen

z	0 bis 2,5i	2,6 bis 3,9i	4,0 bis 4,9i	5,0 bis 5,9i	6,0 bis 7,5i	7,6 bis 9,0i
7,6 bis 9,0	vitaler	lebendiger	handelnder	unmittelbarer	impulsiver	irrationaler
6,0 bis 7,5	ursprünglicher	lebhafter	erlebnisnaher	sinnlicher	sinnenverhafteter	eruptiver
5,0 bis 5,9	eindruckshafter	natürlicher	ungehemmter	aktiver	überschwenglicher	sinnenabhängiger
4,0 bis 4,9	anschau-ungshafter	agiler	unbestimmter	alltäglicher	naiver	unreflektierter
2,6 bis 3,9	wenig un-mittelbarer	wenig anreg-barer	irrtierbarer	subjektiver	unsachlicher	primitiver
1,1 bis 2,5	farbloser	nüchterner	anfälliger	schwankender	sachfremder	irrealer
0,6 bis 1,0	trockener	unlebendiger	störbarer	abhängiger	augenblicks--hafter	hitziger
0 bis 0,5	leerer	starrer	gezwungener	unberechen-barer	heftiger	ambivalenter

l	0 bis 2,5i	2,6 bis 3,9i	4,0 bis 4,9i	5,0 bis 5,9i	6,0 bis 7,5i	7,6 bis 9,0i
7,6 bis 9,0	praktischen	lebenspraktischen	naturlichen	naturhaften	lebensunmittelbaren	genußsüchtigen
6,0 bis 7,5	anschauungsnahen	ursprünglichen	lebendigen	sinnenhaften	lebensbezogenen	sinnenabhängigen
5,0 bis 5,9	alltäglichen	unmittelbaren	sinnlichen	naturnahen	lebensnahen	naturabhängigen
4,0 bis 4,9	gegenständlichen	sachlichen	konkreten	sachbestimmten	gewohnheitsbestimmten	geistfernen
2,6 bis 3,9	lebensfernen	anschauungsfernen	nüchternen	anschauungsabhängigen	genußbestimmten	erlebnisabhängigen
1,1 bis 2,5	lebensfremden	sinnenfernen	unsinnlichen	genießenden	genußabhängigen	triebhaften
0,6 bis 1,0	lebensabgewandten	gehemmten	verklemmten	umweltabhängigen	verführbaren	gefährdeten
0 bis 0,5	unterdrückten	gestauten	ambivalenten	eruptiven	explosiven	unberechenbaren

s	0 bis 2,5i	2,6 bis 3,9i	4,0 bis 4,9i	5,0 bis 5,9i	6,0 bis 7,5i	7,6 bis 9,0i
7,6 bis 9,0	kontrollierter	prüfender	kritischer	planender	weltfremder	lebensfremder
6,0 bis 7,5	überlegter	beherrschter	disziplinierender	gespannter	verspannter	einengender
5,0 bis 5,9	verhaltener	steuernder	regulierender	bremsender	regelnder	begrenzender
4,0 bis 4,9	informaler	gehaltener	dämpfender	normbestimm-ter	verengender	starrer
2,6 bis 3,9	einfacher	naiver	unbeherrschter	schematischer	verregelnder	einseitiger
1,1 bis 2,5	undifferenzierter	unkomplizierter	unüberlegter	normierender	schablonenhafter	formalistischer
0,6 bis 1,0	uneindeutiger	unkritischer	planloser	realitätsfremder	verengender	irritierender
0 bis 0,5	verwahrlosender	abhängiger	unbestimmter	ambivalenter	gestauter	irrealer

g	0 bis 2,5i	2,6 bis 3,9i	4,0 bis 4,9i	5,0 bis 5,9i	6,0 bis 7,5i	7,6 bis 9,0i
7,6 bis 9,0	geisteswissen-schaft-lichen	erkenntnis-theoretischen	wissenschaftli-chen	theoretischen	theoretisie-renden	lebensfernen
6,0 bis 7,5	geistigen	gedanklichen	abstra-hierend-en	formalisieren-den	intellektuellen	formalisti-schen
5,0 bis 5,9	systematisie-renden	ordnenden	gliedernden	verallgemei-nernden	intellektuali-stischen	schablonisie-renden
4,0 bis 4,9	konkreten	anschaulichen	lebensnahen	sammelnden	hortenden	normierenden
2,6 bis 3,9	gegenständli--chen	faktischen	nüchternen	farblosen	trockenen	schematischen
1,1 bis 2,5	blassen	inaktiven	unbestimmten	praxisfernen	unalltäglichen	weltfremden
0,6 bis 1,0	dumpfen	unentwickel-ten	vagen	esoterischen	irrealen	spekulativen
0 bis 0,5	wissensfeindli-chen	unausgepräg-ten	ungeformten	schnüffleri-schen	spekulieren-den	verschrobenen

Säg	<-4,0i	-2,1 bis -4,0i	-0,0 bis -2,0i	0,0 bis 2,0i	2,1 bis 4,0i	>4,0i
>6,0	unausgewogenen	unsteten	uneindeutigen	weltzugewandten	darstellerischen	posierenden
4,1 bis 6,0	unausgeglichenen	wechselhaften	mitteilsamen	geselligen	umweltbestimmten	umweltabhängigen
2,1 bis 4,0	eingeengten	diskreten	kommunikativen	weltoffenen	offenen	unbestimmten
0,6 bis 2,0	gespannten	eindeutigen	ansprechbaren	aufgeschlossenen	liberalen	neutralen
0,5 bis -0,5	verspannten	bestimmten	gebundenen	natürlichen	freien	neutralistischen
-0,6 bis -2,0	einseitigen	innengelenkten	integrierenden	ausgeglichenen	gelösten	ungezwungenen
-2,1 bis -4,0	ideologischen	eigenständigen	selbständigen	unabhängigen	toleranten	duldsamen
-4,1 bis -6,0	orthodoxen	wertverhafteten	wertbestimmten	festen	forcierten	gewollten
<-6,0	egozentrischen	eifernden	idealistischen	fixierten	starren	gemachten

Säs	0 bis 2,5i	2,6 bis 3,9i	4,0 bis 4,9i	5,0 bis 5,9i	6,0 bis 7,5	7,6 bis 9,0i
7,6 bis 9,0	zweckmäßigen	gereiften	selbständigen	eigenständigen	eigenwilligen	zwiespältigen
6,0 bis 7,5	realistischen	entwickelten	ausgeglichenen	ausgewogenen	verspannten	verkrampften
5,0 bis 5,9	angepaßten	eindeutigen	klaren	geordneten	naiven	infantilen
4,0 bis 4,9	nichtunangepaßten	lockeren	angemessenen	gespannten	unterentwickelten	unausgereiften
2,6 bis 3,9	bestimmten	uneindeutigen	störbaren	irritierbaren	unsicheren	gestörten
1,1 bis 2,5	unauffälligen	anfälligen	affizierbaren	abhängigen	unangemessenen	unangepaßten
0,6 bis 1,0	beunruhigten	gezwungenen	unausgeglichenen	unbestimmten	desorientierten	irrealen
0 bis 0,5	ängstlichen	gehemmten	unklaren	desorientierten	realitätsfernen	negativistischen

Up	0 bis 2,5i	2,6 bis 3,9i	4,0 bis 4,9i	5,0 bis 5,9i	6,0 bis 7,5i	7,6 bis 9,0i
7,6 bis 9,0	ursprüngliche	überzeugende	weltzugewandte	kommunikative	repräsentative	exhibitionistische
6,0 bis 7,5	unmittelbare	extraversive	weltoffene	aufgeschlossene	demonstrative	hysteroide
5,0 bis 5,9	lebhafte	lebendige	agile	beteiligte	Beachtung heischende	geltungssüchtige
4,0 bis 4,9	anregbare	affizierbare	indirekte	forcierte	anspruchige	Prestige suchende
2,6 bis 3,9	unlebendige	scheue	uninteressierte	gewollte	übersteigerte	posenhafte
1,0 bis 2,5	gehemmte	unauffällige	unbeteiligte	absondernde	posierende	darstellerische

Üp	0 bis 2,5i	2,6 bis 3,9i	4,0 bis 4,9i	5,0 bis 5,9i	6,0 bis 7,5i	7,6 bis 9,0i
7,6 bis 9,0	unabhängige	eigenständige	eigenwillige	auf Abstand bedachte	prinzipienhafte	orthodoxe
6,0 bis 7,5	feste	bestimmte	dämpfender	distanzierende	ideologisierte	illiberale
5,0 bis 5,9	tolerante	verständnisvolle	ungezwungene	verfestigte	abwertende	unrealistische
4,0 bis 4,9	neutralistische	ambivalente	liberale	strenge	einspurige	übersteigerte
2,6 bis 3,9	uneindeutige	verschwommene	schwankende	enge	fundamentalistische	verängstigte
1,0 bis 2,5	flache	oberflächliche	unbestimmte	gezwungene	zwiespältige	ängstliche

Uy	<-4,0i	-2,1 bis -4,0i	-0,0 bis -2,0i	0,0 bis 2,0i	2,1 bis 4,0i	>4,0i
>6,0	zwiespältigen	unausgeglichenen	aktiven	ungestümen	posierenden	darstellerischen
4,1 bis 6,0	unausgewogenen	unklaren	lebhaften	extravertierten	demonstrativen	geltungsbetonten
2,1 bis 4,0	unbestimmten	uneindeutigen	agilen	außengewandten	kommunikativen	zudringlichen
0,6 bis 2,0	skeptischen	bedenkenden	ansprechbaren	zugewandten	sich beteiligenden	aufdringlichen
0,5 bis -0,5	übervorsichtigen	vorsichtigen	anregbaren	aufgeschlossenen	assimilierenden	betriebsamen
-0,6 bis -2,0	isolierenden	Abstand nehmenden	zurückhaltendem	bedächtigen	unruhigen	geschäftigen
-2,1 bis -4,0	absondernden	distanzierenden	verschlossenen	bedachtsamen	erregbaren	anspruchigen
-4,1 bis -6,0	selbstbezogenen	ichzentrierten	intravertierten	integrierenden	anspruchsvollen	gemachten
<-6,0	egozentrischen	ichbezogenen	reservierten	unauffälligen	versteckten	gewollten

Uys	0 bis 2,5i	2,6 bis 3,9i	4,0 bis 4,9i	5,0 bis 5,9i	6,0 bis 7,5	7,6 bis 9,0i
7,6 bis 9,0	zweckmäßigen	gereiften	selbständigen	eigenständigen	eigenwilligen	zwiespältigen
6,0 bis 7,5	realistischen	entwickelten	ausgeglichenen	ausgewogenen	verspannten	verkrampften
5,0 bis 5,9	angepaßten	eindeutigen	klaren	geordneten	naiven	infantilen
4,0 bis 4,9	nichtunangepaßten	lockeren	angemessenen	gespannten	unterentwickelten	unausgereiften
2,6 bis 3,9	bestimmten	uneindeutigen	störbaren	irritierbaren	unsicheren	gestörten
1,1 bis 2,5	unauffälligen	anfälligen	affizierbaren	abhängigen	unangemessenen	unangepaßten
0,6 bis 1,0	beunruhigten	gezwungenen	unausgeglichenen	unbestimmten	desorientierten	irrealen
0 bis 0,5	ängstlichen	gehemmten	unklaren	desorientierten	realitätsfernen	negativistischen

So	<-4,0i	-2,1 bis –4,0i	-0,0 bis –2,0i	0,0 bis 2,0i	2,1 bis 4,0i	>4,0i
>6,0	zwiespältigen	gespannten	offenen	weltzuge-wandten	darstelleri-schen	Prestige be-stimmten
4,1 bis 6,0	verspannten	unausgewo-genen	aufgeschlos-senen	mitgehenden	Beachtung su-chenden	ansehenso-ri-entierten
2,1 bis 4,0	eingeengten	unausgegli-chenen	anregbaren	ansprechbaren	weltoffenen	Anerkennung suchenden
0,6 bis 2,0	prinzipien-haft-libe-ra-len	duldenden	natürlichen	liberalen	weltlichen	weltabhängi-gen
0,5 bis –0,5	einseitigen	eindeutigen	gebundenen	freien	neutralisti-schen	unbestimmten
-0,6 bis -2,0	fanatischen	ethischen	weltanschau-lichen	neutralen	ungezwunge-nen	uneindeutigen
-2,1 bis -4,0	illiberalen	innengelenk-ten	moralischen	wertunabhän-gigen	außengelenk-ten	abhängigen
-4,1 bis -6,0	ideologischen	orthodoxen	strengen	prinzipienhaf-ten	bestimmten	genormten
<-6,0	ideologisti-schen	fundamenta-listischen	rigiden	eigenwilligen	eigensinnigen	ichbezogenen

Sos	0 bis 2,5i	2,6 bis 3,9i	4,0 bis 4,9i	5,0 bis 5,9i	6,0 bis 7,5	7,6 bis 9,0i
7,6 bis 9,0	zweckmäßi-gen	gereiften	selbständigen	eigenständi-gen	eigenwilligen	zwiespältigen
6,0 bis 7,5	realistischen	entwickelten	ausgegliche-nen	ausgewoge-nen	verspannten	verkrampften
5,0 bis 5,9	angepaßten	eindeutigen	klaren	geordneten	naiven	infantilen
4,0 bis 4,9	nichtunan-gepaßten	lockeren	angemesse-nen	gespannten	unterentwic-kel-ten	unausgereif-ten
2,6 bis 3,9	bestimmten	uneindeutigen	störbaren	irritierbaren	unsicheren	gestörten
1,1 bis 2,5	unauffälligen	anfälligen	affizierbaren	abhängigen	unangemes-senen	unangepaßten
0,6 bis 1,0	beunruhigten	gezwungenen	unausgegli-chenen	unbestimmten	desorientier-ten	irrealen
0 bis 0,5	ängstlichen	gehemmten	unklaren	desorientier-ten	realitätsfernen	negativisti-schen

e	0 bis 2,5i	2,6 bis 3,9i	4,0 bis 4,9i	5,0 bis 5,9i	6,0 bis 7,5i	7,6 bis 9,0i
7,6 bis 9,0	wechselhaften	lebendigen	impulsiven	aktiven	interessierten	intensiven
6,0 bis 7,5	ansprechbaren	lebhaften	agilen	ursprünglichen	betonten	auffälligen
5,0 bis 5,9	anregbaren	aufgeschlossenen	beteiligten	mitgehenden	mitlaufenden	posierenden
4,0 bis 4,9	affizierbaren	offenen	direkten	störbaren	darstellerischen	hysteroiden
2,6 bis 3,9	unbeteiligten	unlebendigen	gespannten	forcierten	ansprüchigen	narzißtischen
1,1 bis 2,5	uninteressierten	unauffälligen	verspannten	gewollten	anspruchsvollen	ichbezogenen
0,6 bis 1,0	schüchternen	wenig anregbaren	vagen	unbestimmten	abhängigen	ichbetonten
0 bis 0,5	impulsarmen	verkrampften	gehemmten	verklemmten	naiven	zerrissenen

w	0 bis 2,5i	2,6 bis 3,9i	4,0 bis 4,9i	5,0 bis 5,9i	6,0 bis 7,5i	7,6 bis 9,0i
7,6 bis 9,0	Weltoffenheit	Geselligkeit	Teilnahme	Kommunikationssuche	Öffentlichkeitsstreben	Auffallenwollen
6,0 bis 7,5	Aufgeschlossenheit	Zuwendung	Beteiligung	Anspruchsniveau	Publikumssuche	Belobigungssuche
5,0 bis 5,9	Anregbarkeit	Ansprechbarkeit	Mitgehen	Geltungssuche	Statusdenken	Prestigedenken
4,0 bis 4,9	Verhaltenheit	Offenheit	Gewohnheiten	Darstellung	Beachtungssuche	Prestigesucht
2,6 bis 3,9	Desinteresse	Unanregbarkeit	Alltäglichkeiten	Geltungsdrang	Anerkennungssuche	Herausragenwollen
1,1 bis 2,5	Uninteressiertheit	Unansprechbarkeit	Unbestimmtheit	Uneindeutigkeit	Wechselhaftigkeit	Anspruchigkeit
0,6 bis 1,0	Scheu	Schüchternheit	Darstellungsangst	Gehemmtheit	Schwanken	Statussucht
0 bis 0,5	Ablehnung	Weltflucht	Isolierung	Mangel an Offenheit	Aussteigertrends	Exhibitionismus

i	0 bis 2,5i	2,6 bis 3,9i	4,0 bis 4,9i	5,0 bis 5,9i	6,0 bis 7,5i	7,6 bis 9,0i
7,6 bis 9,0	intraversiven	reservierten	Abstand nehmenden	innengelenkten	versteckten	unzugänglichen
6,0 bis 7,5	diskreten	distanzierten	gedämpften	wenig offenen	zugeknöpften	abgekapselten
5,0 bis 5,9	zurückhaltenden	verhaltenen	gehaltenen	verschlossenen	verschweigenden	eingekapselten
4,0 bis 4,9	lockeren	gelösten	gebremsten	gestauten	isolierten	undurchsichtigen
2,6 bis 3,9	freien	unbefangenen	gelockerten	uneindeutigen	befangenen	egozentrischen
1,1 bis 2,5	offenen	außengelenkten	unruhigen	schweifenden	wechselhaften	ichbezogenen
0,6 bis 1,0	zudringlichen	unbestimmten	schwankenden	hastigen	rastlosen	sich versteckenden
0 bis 0,5	distanzlosen	oberflächlichen	getriebenen	gehetzten	flüchtenden	verschrobenen

t	0 bis 2,5i	2,6 bis 3,9i	4,0 bis 4,9i	5,0 bis 5,9i	6,0 bis 7,5i	7,6 bis 9,0i
7,6 bis 9,0	eigenwilligen	selbständigen	eigenen	verfestigten	rigiden	starren
6,0 bis 7,5	eigenständigen	bestimmten	eindeutigen	entschiedenen	unbeirrbaren	fundamentalistischen
5,0 bis 5,9	festen	verständnisvollen	klaren	einengenden	übersteigerten	orthodoxen
4,0 bis 4,9	toleranten	freien	verhaltenen	engen	einseitigen	unrealistischen
2,6 bis 3,9	liberalen	ungezwungenen	befangenen	gezwungenen	abwertenden	prinzipienhaften
1,1 bis 2,5	verschwindenden	unauffälligen	ambivalenten	strengen	normierenden	fanatischen
0,6 bis 1,0	neutralistischen	unbefangenen	unklaren	übernommenen	formalistischen	blassen
0 bis 0,5	fehlenden	unterdrückten	unbestimmten	beschränkenden	einspurigen	trockenen

Mn	<-4,0i	-2,1 bis –4,0i	-0,0 bis –2,0i	0,0 bis 2,0i	2,1 bis 4,0i	>4,0i
>6,0	zwiespältig	gespalten	energisch	expansiv	abhängig	zwiespältig
4,1 bis 6,0	übersteigert	forciert	aktiv	unmittelbar	unbesonnen	verwahrlost
2,1 bis 4,0	gewollt	unrealistisch	gezügelt	lebhaft	lebendig	zudringlich
0,6 bis 2,0	verspannt	gespannt	angespannt	locker	ungezwungen	außengelenkt
0,5 bis –0,5	versteift	übersteuert	beherrscht	gelöst	unbestimmt	lavierend
-0,6 bis -2,0	gezwungen	verregelt	diszipliniert	gedämpft	vage	uneindeutig
-2,1 bis -4,0	unfrei	übervorsichtig	befangen	distanziert	anregbar	wechselhaft
-4,1 bis -6,0	verkrampft	unzugänglich	verschlossen	innengelenkt	verhalten	narzißtisch
<-6,0	verklemmt	gehemmt	isoliert	reserviert	beunruhigt	zerrissen

Mns	0 bis 2,5i	2,6 bis 3,9i	4,0 bis 4,9i	5,0 bis 5,9i	6,0 bis 7,5	7,6 bis 9,0i
7,6 bis 9,0	zweckmäßigen	gereiften	selbständigen	eigenständigen	eigenwilligen	zwiespältigen
6,0 bis 7,5	realistischen	entwickelten	ausgeglichenen	ausgewogenen	verspannten	verkrampften
5,0 bis 5,9	angepaßten	eindeutigen	klaren	geordneten	naiven	infantilen
4,0 bis 4,9	nichtunangepaßten	lockeren	angemessenen	gespannten	unterentwickel-ten	unausgereiften
2,6 bis 3,9	bestimmten	uneindeutigen	störbaren	irritierbaren	unsicheren	gestörten
1,1 bis 2,5	unauffälligen	anfälligen	affizierbaren	abhängigen	unangemessenen	unangepaßten
0,6 bis 1,0	beunruhigten	gezwungenen	unausgeglichenen	unbestimmten	desorientierten	irrealen
0 bis 0,5	ängstlichen	gehemmten	unklaren	desorientierten	realitätsfernen	negativistischen

Geg	<-4,0i	-2,1 bis -4,0i	-0,0 bis -2,0i	0,0 bis 2,0i	2,1 bis 4,0i	>4,0i
>6,0	zwiespältige	historische	objektivieren-de	begeisterte	esoterische	illusionistische
4,1 bis 6,0	antifunktio-nale	schöngeistige	kulturelle	rege	vielfältige	schwärmeri-sche
2,1 bis 4,0	unsachliche	engagierte	menschliche	rührige	vielseitige	sprühende
0,6 bis 2,0	persönliche	partner-schaft-liche	mitgehende	empfängliche	lebhafte	sprunghafte
0,5 bis -0,5	subjektive	einfühlende	anregbare	ansprechbare	erregte	unstete
-0,6 bis -2,0	individuelle	verstehende	verständige	aufgeschlos-sene	erregbare	wechselhafte
-2,1 bis-4,0	individuali-stische	beteiligte	bindungsbe-reite	teilnehmende	irrtierbare	schwankende
-4,1 bis -6,0	ichverhaftete	verankerte	warme	verbundene	unausgewo-gene	ambivalente
<-6,0	ichzentrierte	ichhafte	tiefe	gemütsbeton-te	romantische	unausgegli-chene

Ges	0 bis 2,5i	2,6 bis 3,9i	4,0 bis 4,9i	5,0 bis 5,9i	6,0 bis 7,5	7,6 bis 9,0i
7,6 bis 9,0	zweckmäßi-gen	gereiften	selbständigen	eigenständi-gen	eigenwilligen	zwiespältigen
6,0 bis 7,5	realistischen	entwickelten	ausgegliche-nen	ausgewoge-nen	verspannten	verkrampften
5,0 bis 5,9	angepaßten	eindeutigen	klaren	geordneten	naiven	infantilen
4,0 bis 4,9	nichtunan-gepaßten	lockeren	angemesse-nen	gespannten	unterentwic-kel-ten	unausgereif-ten
2,6 bis 3,9	bestimmten	uneindeutigen	störbaren	irritierbaren	unsicheren	gestörten
1,1 bis 2,5	unauffälligen	anfälligen	affizierbaren	abhängigen	unangemes-senen	unangepaßten
0,6 bis 1,0	beunruhigten	gezwungenen	unausgegli-chenen	unbestimmten	desorientier-ten	irrealen
0 bis 0,5	ängstlichen	gehemmten	unklaren	desorientier-ten	realitätsfernen	negativisti-schen

Kp	0 bis 2,5i	2,6 bis 3,9i	4,0 bis 4,9i	5,0 bis 5,9i	6,0 bis 7,5i	7,6 bis 9,0i
7,6 bis 9,0	ideelle	empfängliche	agile	vergeistigte	zweckfremde	schöngeistige
6,0 bis 7,5	sinnhafte	einfühlsame	begeisterte	kulturgebundene	idealistische	geistige
5,0 bis 5,9	natürliche	anregbare	lebhafte	aufgeschlossene	rituelle	kultische
4,0 bis 4,9	realistische	zivilisatorische	technokratische	veräußerlichte	utopische	weltfremde
2,6 bis 3,9	materialistische	kulturferne	funktionale	realitätsferne	schwärmerische	illusionistische
1,0 bis 2,5	indolente	funktionalistische	nützlichkeitsbestimmte	unwirkliche	esoterische	halluzinäre
Bp	0 bis 2,5i	2,6 bis 3,9i	4,0 bis 4,9i	5,0 bis 5,9i	6,0 bis 7,5i	7,6 bis 9,0i
7,6 bis 9,0	tiefen	empfänglichen	hingebenden	partnerschaftlichen	übersteigerten	schwülstigen
6,0 bis 7,5	beteiligten	warmen	dauerhaften	engagierten	ausgrenzenden	individualistischen
5,0 bis 5,9	ansprechbaren	aufgeschlossenen	beständigen	romantischen	ichhaften	sachfremden
4,0 bis 4,9	anregbaren	irritierbaren	störbaren	persönlichen	unsachlichen	ichbetonten
2,6 bis 3,9	unpersönlichen	nivellierenden	egalisierenden	seichten	verschrobenen	ichbezogenen
1,0 bis 2,5	unbeteiligten	unterdrückten	gefühlsarmen	irrealen	projizierenden	egozentrischen

By	$< -4,0i$	$-2,1$ bis $-4,0i$	$-0,0$ bis $-2,0i$	$0,0$ bis $2,0i$	$2,1$ bis $4,0i$	$>4,0i$
$>6,0$	affektive	erregte	lebhafte	sprühende	schwankende	flache
$4,1$ bis $6,0$	eruptive	unausgewo-gene	lebendige	begeisterte	wechselhafte	seichte
$2,1$ bis $4,0$	unausgegli-chene	schwärme-rische	beteiligte	agile	erregbare	unstete
$0,6$ bis $2,0$	reaktive	engagierte	ansprechbare	anregbare	hektische	unruhige
$0,5$ bis $-0,5$	romantische	teilnehmende	mitgehende	aufgeschlos-sene	schweifende	rastlose
$-0,6$ bis $-2,0$	beharrende	stetige	verankerte	natürliche	affizierbare	anfällige
$-2,1$ bis $-4,0$	gleichförmi-ge	gleichmäßige	beständige	ausgewogene	störbare	irritierbare
$-4,1$ bis $-6,0$	unlebendige	haftende	ungewandte	unelastische	rigide	spröde
$< -6,0$	klebende	träge	inflexible	unbewegliche	starre	zwiespältige

Bys	0 bis $2,5i$	$2,6$ bis $3,9i$	$4,0$ bis $4,9i$	$5,0$ bis $5,9i$	$6,0$ bis $7,5$	$7,6$ bis $9,0i$
$7,6$ bis $9,0$	zweckmäßi-gen	gereiften	selbständigen	eigenständi-gen	eigenwilligen	zwiespältigen
$6,0$ bis $7,5$	realistischen	entwickelten	ausgegliche-nen	ausgewoge-nen	verspannten	verkrampften
$5,0$ bis $5,9$	angepaßten	eindeutigen	klaren	geordneten	naiven	infantilen
$4,0$ bis $4,9$	nichtunan-gepaßten	lockeren	angemesse-nen	gespannten	unterentwic-kel-ten	unausgereif-ten
$2,6$ bis $3,9$	bestimmten	uneindeutigen	störbaren	irritierbaren	unsicheren	gestörten
$1,1$ bis $2,5$	unauffälligen	anfälligen	affizierbaren	abhängigen	unangemes-senen	unangepaßten
$0,6$ bis $1,0$	beunruhigten	gezwungenen	unausgegli-chenen	unbestimmten	desorientier-ten	irrealen
0 bis $0,5$	ängstlichen	gehemmten	unklaren	desorientier-ten	realitätsfernen	negativisti-schen

Sg	<-4,0i	-2,1 bis -4,0i	-0,0 bis -2,0i	0,0 bis 2,0i	2,1 bis 4,0i	>4,0i
>6,0	fanatische	eifernde	beteiligte	engagierte	utopische	ekstatische
4,1 bis 6,0	intolerante	verständnis-lose	teilnehmende	mitgehende	idealistische	schwärmeri-sche
2,1 bis 4,0	unduldsame	subjektive	ausgleichende	ansprechbare	kulturbe-stimmte	kultische
0,6 bis 2,0	persönliche	unsachliche	ausgewogene	anregbare	aufgeschlos-sene	rituelle
0,5 bis -0,5	energische	entschiedene	ungezwunge-ne	freie	unbefangene	ungebundene
-0,6 bis -2,0	eigenwillige	unabhängige	bestimmte	neutrale	unfestgelegte	unbestimmte
-2,1 bis -4,0	eigensinnige	eigenartige	eigenständige	selbständige	nachgebende	unselbstän-dige
-4,1 bis -6,0	egozentri-sche	selbstherrliche	individualisti-sche	individuelle	kreative	spekulative
<-6,0	gemütsegoi-stische	ichbezogene	ichbetonte	einfallsreiche	schöpferische	irreale

Sgs	0 bis 2,5i	2,6 bis 3,9i	4,0 bis 4,9i	5,0 bis 5,9i	6,0 bis 7,5	7,6 bis 9,0i
7,6 bis 9,0	zweckmäßi-gen	gereiften	selbständigen	eigenständi-gen	eigenwilligen	zwiespältigen
6,0 bis 7,5	realistischen	entwickelten	ausgegliche-nen	ausgewoge-nen	verspannten	verkrampften
5,0 bis 5,9	angepaßten	eindeutigen	klaren	geordneten	naiven	infantilen
4,0 bis 4,9	nichtunan-gepaßten	lockeren	angemesse-nen	gespannten	unterentwic-kel-ten	unausgereif-ten
2,6 bis 3,9	bestimmten	uneindeutigen	störbaren	irritierbaren	unsicheren	gestörten
1,1 bis 2,5	unauffälligen	anfälligen	affizierbaren	abhängigen	unangemes-senen	unangepaßten
0,6 bis 1,0	beunruhigten	gezwungenen	unausgegli-chenen	unbestimmten	desorientier-ten	irrealen
0 bis 0,5	ängstlichen	gehemmten	unklaren	desorientier-ten	realitätsfernen	negativisti-schen

414

v	0 bis 2,5i	2,6 bis 3,9i	4,0 bis 4,9i	5,0 bis 5,9i	6,0 bis 7,5i	7,6 bis 9,0i
7,6 bis 9,0	agil	versatil	affektiv	aktiv	unstet	übersteigert
6,0 bis 7,5	ansprechbar	lebhaft	interessiert	lebendig	begeistert	inkonsquent
5,0 bis 5,9	anregbar	reagibel	beteiligt	rege	rührig	schwärmerisch
4,0 bis 4,9	affizierbar	beweglich	reaktiv	leicht	leichtblütig	aufgeregt
2,6 bis 3,9	gelassen	bedächtig	wechselhaft	schweifend	leichtfertig	erregt
1,1 bis 2,5	beschaulich	bedachtsam	unbestimmt	flüchtig	oberflächlich	unruhig
0,6 bis 1,0	unanregbar	begeisterungslos	störbar	irritierbar	unwirklich	hektisch
0 bis 0,5	leer	träge	uneindeutig	labil	illusionär	halluzinär

u	0 bis 2,5i	2,6 bis 3,9i	4,0 bis 4,9i	5,0 bis 5,9i	6,0 bis 7,5i	7,6 bis 9,0i
7,6 bis 9,0	Anlehnung an Gewachsenes	Sinngehaltssuche	Erkenntnisstreben	Kulturgebundenheit	Idealen	Orientierung an Idealismen
6,0 bis 7,5	Natürlichkeit	Orientierung am Gewordenen	Orientierung am Vergangenen	geisteswissenschaftlicher Orientierung	Vorstellungsfülle	Orientierung an Schöngeistigem
5,0 bis 5,9	Orientierung an Realitäten	Traditionssinn	Orientierung am Gestrigen	Gegenwartsausrichtung	Einfallsreichtum	Orientierung an Äußerlichem
4,0 bis 4,9	Wirklichkeitssinn	Zivilisationsorientierung	Zweckorientierung	Nützlichkeitssinn	Zeitgeistorientierung	Orientierung an Effekten
2,6 bis 3,9	Streben nach Brauchbarem	Zweckmäßigkeitssinn	Verwendbarkeitsstreben	Nutzungsstreben	Geschichtsbindung	Orientierung an Geistlichem
1,1 bis 2,5	Kulturferne	Funktionalität	Funktionsorientierung	technologische Ausrichtung	Orientierung an Ritualen	Orientierung an Kultischem
0,6 bis 1,0	Geschichtsferne	Funktionalismus	Mechanisierung	Geistferne	Utopien	Esoterik
0 bis 0,5	Zweckmäßigkeitsstreben	Materialismus	Schematisierung	Kulturfeindlichkeit	Lebensferne	Orientierung an Spirituellem

h	0 bis 2,5i	2,6 bis 3,9i	4,0 bis 4,9i	5,0 bis 5,9i	6,0 bis 7,5i	7,6 bis 9,0i
7,6 bis 9,0	empfänglich	beeindruckbar	verinnerlicht	verankernd	tiefgreifend	übersteigert
6,0 bis 7,5	aufgeschlossen	gefühlvoll	beteiligt	engagiert	persönlich	schwülstig
5,0 bis 5,9	sensibel	ansprechbar	warm	mitfühlend	subjektiv	romantisch
4,0 bis 4,9	anregbar	frei	seicht	flüchtig	mitleidvoll	sentimental
2,6 bis 3,9	unbeteiligt	ungezwungen	affizierbar	irritierbar	anfällig	beeinflußbar
1,1 bis 2,5	unberührt	unbeeindruckbar	störbar	oberflächlich	ichbezogen	ichhaft
0,6 bis 1,0	gehemmt	unfrei	vage	flüchtig	abhängig	ichbetont
0 bis 0,5	eiskalt	gemütskalt	beziehungslos	flach	egozentrisch	verschroben
x	0 bis 2,5i	2,6 bis 3,9i	4,0 bis 4,9i	5,0 bis 5,9i	6,0 bis 7,5i	7,6 bis 9,0i
7,6 bis 9,0	Selbständig--keitsstreben	Eigenständig--keitsstreben	Selbstverwirklichungsstreben	Individuationsdrang	Individualismus	Individuationssucht
6,0 bis 7,5	Gemeinschaftssinn	Partnerschaftlichkeit	Verbundenheitsgefühlen	Partnerschaftsstreben	Absonderungsstreben	Egozentrizität
5,0 bis 5,9	Gemeinschaftsstreben	Bindungsstreben	Mitgehen	Engagement	Abgrenzungsstreben	Selbstabhebung
4,0 bis 4,9	Gruppensinn	Bindungssuche	Unabhängigkeit	Beteiligung	Ichbezogenheit	Ichwahn
2,6 bis 3,9	Allgemeinheitsstreben	Gesellschaftsstreben	Ungebundenheit	Subjektivität	Unsachlichkeit	Ichbetonung
1,1 bis 2,5	Unpersönlichkeitsstreben	Sachstreben	Realitätsdrang	Rollenunklarheit	Selbstunklarheit	Besonderheits-vorstellungen
0,6 bis 1,0	Gleichheitswünschen	Kollektivdrang	Gruppenabhängigkeit	Beeinflußbarkeit	Sachferne	Egomanie
0 bis 0,5	Nivellierungsstreben	Ichflucht	Gruppenhörigkeit	Ichangst	Selbstzwiespalt	Besonderheitsstreben

Gbg	<-4,0i	-2,1 bis –4,0i	-0,0 bis –2,0i	0,0 bis 2,0i	2,1 bis 4,0i	>4,0i
>6,0	bevormundende	bemächtigende	patriarchalische	leitende	herrische	zerstörerische
4,1 bis 6,0	„bemutternde"	anspornende	motivierende	lenkende	machtheischende	tyrannische
2,1 bis 4,0	„fürsorgerische"	behütende	handelnde	aktivierende	führende	aggressive
0,6 bis 2,0	gönnerhafte	ansprüchige	mitgestaltende	gestaltende	aktive	überwältigende
0,5 bis –0,5	unfeste	weiche	fortführende	ausführende	anleitende	scharfe
-0,6 bis -2,0	haltschwache	helfende	ausgestaltende	dienende	anregende	bestimmende
-2,1 bis -4,0	nachgiebige	folgsame	ansprechbare	anpassungsfähige	entscheidende	hütende
-4,1 bis -6,0	verführbare	dienstbereite	aufgeschlossene	aufnahmebereite	unausgeglichene	uneinheitliche
<-6,0	beeinflußbare	mitgehende	beeindruckbare	aufnahmewillige	abwehrende	zwiespältige

Gbs	0 bis 2,5i	2,6 bis 3,9i	4,0 bis 4,9i	5,0 bis 5,9i	6,0 bis 7,5	7,6 bis 9,0i
7,6 bis 9,0	zweckmäßigen	gereiften	selbständigen	eigenständigen	eigenwilligen	zwiespältigen
6,0 bis 7,5	realistischen	entwickelten	ausgeglichenen	ausgewogenen	verspannten	verkrampften
5,0 bis 5,9	angepaßten	eindeutigen	klaren	geordneten	naiven	infantilen
4,0 bis 4,9	nichtunangepaßten	lockeren	angemessenen	gespannten	unterentwickel-ten	unausgereiften
2,6 bis 3,9	bestimmten	uneindeutigen	störbaren	irritierbaren	unsicheren	gestörten
1,1 bis 2,5	unauffälligen	anfälligen	affizierbaren	abhängigen	unangemessenen	unangepaßten
0,6 bis 1,0	beunruhigten	gezwungenen	unausgeglichenen	unbestimmten	desorientierten	irrealen
0 bis 0,5	ängstlichen	gehemmten	unklaren	desorientierten	realitätsfernen	negativistischen

Gp	0 bis 2,5i	2,6 bis 3,9i	4,0 bis 4,9i	5,0 bis 5,9i	6,0 bis 7,5i	7,6 bis 9,0i
7,6 bis 9,0	bewältigende	aktive	energische	eigenwillige	Eigensinnige	rücksichtslose
6,0 bis 7,5	selbständige	bestimmte	entschiedene	kämpferische	bedenkenlose	skrupellose
5,0 bis 5,9	ausführende	fortführende	verändernde	bestimmende	überwältigende	herrische
4,0 bis 4,9	rücksichtsvolle	zögernde	kooperierende	regierende	machtbesessene	aggressive
2,6 bis 3,9	matte	zaghafte	unbestimmte	unterdrückende	forcierte	selbstherrliche
1,0 bis 2,5	inaktive	lahme	unentschiedene	scharfe	vernichtende	zerstörerische
Sp	0 bis 2,5i	2,6 bis 3,9i	4,0 bis 4,9i	5,0 bis 5,9i	6,0 bis 7,5i	7,6 bis 9,0i
7,6 bis 9,0	hingebende	beteiligte	engagierte	beeindruckbare	mitgehende	bevormundende
6,0 bis 7,5	sensible	anpassende	ausgestaltende	aufgeschlossene	dienende	betreuungssüchtige
5,0 bis 5,9	anregbare	aufnehmende	verstehende	ansprechbare	bestimmbare	verführbare
4,0 bis 4,9	freie	unbeeinflußbare	wenig interessierte	abhängige	nachgiebige	haltlose
2,6 bis 3,9	unnachgiebige	unanregbare	unsensible	sensitive	beeinflußbare	sorgenvolle
1,0 bis 2,5	rigide	steife	verspannte	uneindeutige	unterwürfige	subalterne

Gy	<-4,0i	-2,1 bis -4,0i	-0,0 bis -2,0i	0,0 bis 2,0i	2,1 bis 4,0i	>4,0i
>6,0	zwiespältig	abgrenzend	konsequent	energisch	beherrschend	herrisch
4,1 bis 6,0	uneindeutig	ausgestaltend	Einfluß nehmend	entschieden	dominierend	unterdrückend
2,1 bis 4,0	haltschwach	fortführend	mitbestimmend	tonangebend	machend	heftig
0,6 bis 2,0	weich	einordnungswillig	anpassungsfähig	lenkend	bestimmend	hitzig
0,5 bis -0,5	einfügsam	bereitwillig	anpassungsbereit	führend	befehlend	forciert
-0,6 bis -2,0	nachgiebig	mitgehend	empfindsam	unsachlich	subjektiv	eigensinnig
-2,1 bis -4,0	verführbar	ansprechbar	sensibel	unbestimmt	sachfern	einseitig
-4,1 bis -6,0	beeinflußbar	formbar	aufgeschlossen	verständig	eigenwillig	parteiisch
<-6,0	subaltern	unselbständig	beeindruckbar	verhalten	selbständig	selbstherrlich

Gys	0 bis 2,5i	2,6 bis 3,9i	4,0 bis 4,9i	5,0 bis 5,9i	6,0 bis 7,5	7,6 bis 9,0i
7,6 bis 9,0	zweckmäßigen	gereiften	selbständigen	eigenständigen	eigenwilligen	zwiespältigen
6,0 bis 7,5	realistischen	entwickelten	ausgeglichenen	ausgewogenen	verspannten	verkrampften
5,0 bis 5,9	angepaßten	eindeutigen	klaren	geordneten	naiven	infantilen
4,0 bis 4,9	nichtunangepaßten	lockeren	angemessenen	gespannten	unterentwickel-ten	unausgereiften
2,6 bis 3,9	bestimmten	uneindeutigen	störbaren	irritierbaren	unsicheren	gestörten
1,1 bis 2,5	unauffälligen	anfälligen	affizierbaren	abhängigen	unangemessenen	unangepaßten
0,6 bis 1,0	beunruhigten	gezwungenen	unausgeglichenen	unbestimmten	desorientier-ten	irrealen
0 bis 0,5	ängstlichen	gehemmten	unklaren	desorientier-ten	realitätsfernen	negativistischen

Ge	< -4,0i	-2,1 bis -4,0i	-0,0 bis -2,0i	0,0 bis 2,0i	2,1 bis 4,0i	> 4,0i
> 6,0	Bevormundung	Hüten	Schützen	Leitung	Beherrschung	Zerstörung
4,1 bis 6,0	„Bemutterung"	Bewahren	Motivieren	Lenkung	Macht	Tyrannei
2,1 bis 4,0	„Fürsorgerei"	Betreuung	Handeln	Aktivierung	Führung	Bemächtigung
0,6 bis 2,0	Bedienung	Behüten	Mitgestaltung	Gestaltung	Angriff	Überwältigung
0,5 bis -0,5	Dienen	Ausführung	Fortführung	Anleitung	Eroberung	Verletzen
-0,6 bis -2,0	Mitlaufen	Folgen	Anpassung	Ausgestaltung	Bestimmen	Entscheiden
-2,1 bis -4,0	Bereitschaft	Einordnung	Ansprechbarkeit	Aufnahme	Beeinflussen	Unterwerfen
-4,1 bis -6,0	Verführenlassen	Mitgehen	Öffnung	Operieren	Führen	beherrschende Fürsorge
< -6,0	Beeinflussenlassen	Nachgeben	Kooperieren	Anregen	Fördern	patriarchalische Herrschaft

Gse	0 bis 2,5i	2,6 bis 3,9i	4,0 bis 4,9i	5,0 bis 5,9i	6,0 bis 7,5	7,6 bis 9,0i
7,6 bis 9,0	zweckmäßigen	gereiften	selbständigen	eigenständigen	eigenwilligen	zwiespältigen
6,0 bis 7,5	realistischen	entwickelten	ausgeglichenen	ausgewogenen	verspannten	verkrampften
5,0 bis 5,9	angepaßten	eindeutigen	klaren	geordneten	naiven	infantilen
4,0 bis 4,9	nichtunangepaßten	lockeren	angemessenen	gespannten	unterentwickel-ten	unausgereiften
2,6 bis 3,9	bestimmten	uneindeutigen	störbaren	irritierbaren	unsicheren	gestörten
1,1 bis 2,5	unauffälligen	anfälligen	affizierbaren	abhängigen	unangemessenen	unangepaßten
0,6 bis 1,0	beunruhigten	gezwungenen	unausgeglichenen	unbestimmten	desorientier-ten	irrealen
0 bis 0,5	ängstlichen	gehemmten	unklaren	desorientier-ten	realitätsfernen	negativistischen

a	0 bis 2,5i	2,6 bis 3,9i	4,0 bis 4,9i	5,0 bis 5,9i	6,0 bis 7,5i	7,6 bis 9,0i
7,6 bis 9,0	aktiv	erobernd	angreifend	eigenständig	eigenwillig	zerstörend
6,0 bis 7,5	markant	gestaltend	umgestaltend	unabhängig	selbständig	selbstherrlich
5,0 bis 5,9	lebendig	fortführend	ausgestaltend	bestimmt	bestimmend	dominierend
4,0 bis 4,9	mäßig	rücksichtsvoll	ausführend	scharf	heftig	eigensinnig
2,6 bis 3,9	wenig	irritierbar	operierend	forciert	gemacht	aggressiv
1,1 bis 2,5	kaum	zaghaft	kooperierend	gespannt	verspannt	explosiv
0,6 bis 1,0	verstört	zögernd	gewollt	zwanghaft	krampfig	verkrampft
0 bis 0,5	angstvoll	entmutigt	gebremst	störend	herrisch	gewaltsam

b	0 bis 2,5i	2,6 bis 3,9i	4,0 bis 4,9i	5,0 bis 5,9i	6,0 bis 7,5i	7,6 bis 9,0i
7,6 bis 9,0	ausbauend	aufbauend	lenkend	ehrgeizig	leitend	tyrannisch
6,0 bis 7,5	weiter führend	umgestaltend	steuernd	strebsam	regierend	herrisch
5,0 bis 5,9	bewältigend	führend	verändernd	emsig	durchsetzend	machtheischend
4,0 bis 4,9	mitgehend	kooperierend	unbestimmt	streberhaft	beherrschend	unterdrückend
2,6 bis 3,9	anpassend	folgsam	unselbständig	emporstrebend	kämpferisch	unterwerfend
1,1 bis 2,5	unterordnend	einfügsam	affizierbar	aufstrebend	überwältigend	befehlend
0,6 bis 1,0	subordinativ	ausweichend	störbar	beeinflußbar	hitzig	explosiv
0 bis 0,5	gehemmt	verklemmt	ängstlich	unsicher	zwanghaft	zwiespältig

p	0 bis 2,5i	2,6 bis 3,9i	4,0 bis 4,9i	5,0 bis 5,9i	6,0 bis 7,5i	7,6 bis 9,0i
7,6 bis 9,0	beeindruck-bare	beteiligte	sensible	sensitive	weiche	pathische
6,0 bis 7,5	aufgeschlos-sene	anpassungs-bereite	mitgehende	prägsame	beeinflußbare	verführbare
5,0 bis 5,9	ansprechbare	anregbare	anpassungs-fähige	aufnehmende	bestimmbare	haltschwache
4,0 bis 4,9	unwillige	feste	anpassungs-unwillige	uneindeutige	wechselnde	unklare
2,6 bis 3,9	unansprech-bare	unbeein-druckbare	eindeutige	unbestimmte	wechselhafte	inkonsequente
1,1 bis 2,5	unsensible	harsche	eigenwillige	eingeengte	nachgiebige	unfeste
0,6 bis 1,0	spröde	unanregbare	steife	hingabege-hemmte	schwankende	haltlose
0 bis 0,5	starre	rigide	versteifte	verklemmte	hinreißbare	abhängige

c	0 bis 2,5i	2,6 bis 3,9i	4,0 bis 4,9i	5,0 bis 5,9i	6,0 bis 7,5i	7,6 bis 9,0i
7,6 bis 9,0	Rücksicht-nahme	Schützenwol-len	Pflegeneigun-gen	Sozialengage-ment	Erhaltungs-zwängen	Bewahrungs-zwängen
6,0 bis 7,5	Verständnis	Anpassung	Beteiligung	Sozialisie-rungsstreben	Erhaltungs-streben	Bewahrungs-streben
5,0 bis 5,9	Verstehens-wünschen	Selbstöffnung	Sozialver-ständnis	Helfenwollen	Dienenwollen	Sorgenwollen
4,0 bis 4,9	Liberalismus	Dienstunwil-ligkeit	Anpassungs-schwäche	Kooperations-drang	Einordnungs-wünschen	Pflegezwän-gen
2,6 bis 3,9	Unabhängig-keitsdrang	Bindungsfrei-heit	Ungebunden-heit	Unauffällig-keit	Bemutte-rungsstreben	Bevormun-dung
1,1 bis 2,5	Freiheitsdrang	Unverständnis	Sich-Fernhal-ten	Mitmachen	Sorgenmüssen	Fürsorge-zwang
0,6 bis 1,0	Ichgebunden-heit	Disengage-ment	Abgrenzung	Mitlaufen	Anpassungs-zwang	Betreuungs-zwang
0 bis 0,5	Abwehr	Asozialität	Sozialängsten	Ambivalenz	Unbestimmt-heit	Nachgiebig-keit

Wt	<-4,0i	-2,1 bis -4,0i	-0,0 bis -2,0i	0,0 bis 2,0i	2,1 bis 4,0i	>4,0i
>6,0	zwiespältig	gespalten	energisch	expansiv	abhängig	zwiespältig
4,1 bis 6,0	übersteigert	forciert	aktiv	unmittelbar	unbesonnen	verwahrlost
2,1 bis 4,0	gewollt	unrealistisch	gezügelt	lebhaft	lebendig	zudringlich
0,6 bis 2,0	verspannt	gespannt	angespannt	locker	ungezwungen	außengelenkt
0,5 bis -0,5	versteift	übersteuert	beherrscht	gelöst	unbestimmt	lavierend
-0,6 bis-2,0	gezwungen	verregelt	diszipliniert	gedämpft	vage	uneindeutig
-2,1 bis-4,0	unfrei	übervorsichtig	befangen	distanziert	anregbar	wechselhaft
-4,1 bis-6,0	verkrampft	unzugänglich	verschlossen	innengelenkt	verhalten	narzißtisch
<-6,0	verklemmt	gehemmt	isoliert	reserviert	beunruhigt	zerrissen

Wts	0 bis 2,5i	2,6 bis 3,9i	4,0 bis 4,9i	5,0 bis 5,9i	6,0 bis 7,5	7,6 bis 9,0i
7,6 bis 9,0	zweckmäßigen	gereiften	selbständigen	eigenständigen	eigenwilligen	zwiespältigen
6,0 bis 7,5	realistischen	entwickelten	ausgeglichenen	ausgewogenen	verspannten	verkrampften
5,0 bis 5,9	angepaßten	eindeutigen	klaren	geordneten	naiven	infantilen
4,0 bis 4,9	nichtunangepaßten	lockeren	angemessenen	gespannten	unterentwickel-ten	unausgereif-ten
2,6 bis 3,9	bestimmten	uneindeutigen	störbaren	irritierbaren	unsicheren	gestörten
1,1 bis 2,5	unauffälligen	anfälligen	affizierbaren	abhängigen	unangemessenen	unangepaßten
0,6 bis 1,0	beunruhigten	gezwungenen	unausgeglichenen	unbestimmten	desorientier-ten	irrealen
0 bis 0,5	ängstlichen	gehemmten	unklaren	desorientier-ten	realitätsfernen	negativisti-schen

422

Weg	<-4,0i	-2,1 bis –4,0i	-0,0 bis –2,0i	0,0 bis 2,0i	2,1 bis 4,0i	>4,0i
>6,0	pedantisch	locker	frei	umrißhaft	in großen Zügen	unbestimmt
4,1 bis 6,0	zusammen--hangslos	inhaltsinadäquat	unbefangen	global	ästhetisch	äußerlich
2,1 bis 4,0	beziehungs-los	zwanglos	inexakt	qualitativ	musisch	flüchtig
0,6 bis 2,0	ordentlich	genau	präzise	exakt	sorgfältig	oberflächlich
0,5 bis –0,5	bürokratisch	sammelnd	einteilend	abschnittsweise	in Etappen	quantitativ
-0,6 bis–2,0	eng	gliedernd	unterteilend	inhaltsadäquat	unbestimmt	uneindeutig
-2,1 bis–4,0	mutlos	systematisierend	ordnend	in Teilen	disponierend	unsystematisch
-4,1 bis–6,0	engherzig	registrierend	organisierend	planvoll	eindruckshaft	systemlos
<-6,0	leer	kleinlich	einzelheitlich	schrittweise	stückweise	gefühlshaft

Wes	0 bis 2,5i	2,6 bis 3,9i	4,0 bis 4,9i	5,0 bis 5,9i	6,0 bis 7,5	7,6 bis 9,0i
7,6 bis 9,0	zweckmäßigen	gereiften	selbständigen	eigenständigen	eigenwilligen	zwiespältigen
6,0 bis 7,5	realistischen	entwickelten	ausgeglichenen	ausgewogenen	verspannten	verkrampften
5,0 bis 5,9	angepaßten	eindeutigen	klaren	geordneten	naiven	infantilen
4,0 bis 4,9	nichtunangepaßten	lockeren	angemessenen	gespannten	unterentwickel-ten	unausgereiften
2,6 bis 3,9	bestimmten	uneindeutigen	störbaren	irritierbaren	unsicheren	gestörten
1,1 bis 2,5	unauffälligen	anfälligen	affizierbaren	abhängigen	unangemessenen	unangepaßten
0,6 bis 1,0	beunruhigten	gezwungenen	unausgeglichenen	unbestimmten	desorientierten	irrealen
0 bis 0,5	ängstlichen	gehemmten	unklaren	desorientierten	realitätsfernen	negativistischen

Ep	0 bis 2,5i	2,6 bis 3,9i	4,0 bis 4,9i	5,0 bis 5,9i	6,0 bis 7,5i	7,6 bis 9,0i
7,6 bis 9,0	lebendig	optimistisch	risikobereit	unbefangen	selbstüber-zeugt	effekthasche-risch
6,0 bis 7,5	natürlich	unabhängig	locker	ungezwungen	selbstdarstel-lerisch	hysteroid
5,0 bis 5,9	realistisch	sachbezogen	lebhaft	leichtblütig	abartig	selbstbetont
4,0 bis 4,9	amusisch	zaghaft	abhängig	unrealistisch	illusionär	überheblich
2,6 bis 3,9	derb	irritierbar	undifferen-ziert	oberflächlich	irreal	sendungsbe-wußt
1,0 bis 2,5	deprimiert	unsicher	unfroh	selbstunkri-tisch	ätherisch	wahnhaft

Op	0 bis 2,5i	2,6 bis 3,9i	4,0 bis 4,9i	5,0 bis 5,9i	6,0 bis 7,5i	7,6 bis 9,0i
7,6 bis 9,0	formal	formalisierend	besinnend	tiefsinnig	formalistisch	pedantisch
6,0 bis 7,5	systematisie-rend	gliedernd	organisierend	besonnen	katalogisie-rend	registrierend
5,0 bis 5,9	ordnend	verallgemei-nernd	regulierend	bedenkend	schematisie-rend	mechanistisch
4,0 bis 4,9	flüchtig	nachlässig	unbestimmt	verunsichert	depressiv	unlustig
2,6 bis 3,9	verflachend	umtriebig	ungeordnet	verängstigt	deprimiert	mißmutig
1,0 bis 2,5	wirr	chaotisch	desregulie-rend	einzelheitlich	übervorsichtig	abartig

Sy	<-4,0i	-2,1 bis -4,0i	-0,0 bis -2,0i	0,0 bis 2,0i	2,1 bis 4,0i	>4,0i
>6,0	verdrossen	flachen	gelösten	optimistischen	unbesonnenen	oberflächlichen
4,1 bis 6,0	mißmutig	flüchtigen	unausgewogenen	gehobenen	leichtblütigen	leichtfertigen
2,1 bis 4,0	unfreien	wenig ausgeglichenen	wenig ernsten	frischen	sicheren	lockeren
0,6 bis 2,0	gezwungenen	wechselhaften	unsteten	unbefangenen	freien	unbeschwerten
0,5 bis -0,5	pessimistischen	verzagenden	bedächtigen	unbestimmten	lässigen	nachlässigen
-0,6 bis -2,0	unsicheren	übervorsichtigen	vorsichtigen	ernsten	unbedenklichen	bedenkenlosen
-2,1 bis -4,0	gedämpften	besinnlichen	verhaltenen	bedenkenden	gebremsten	unvorsichtigen
-4,1 bis -6,0	traurigen	schwerblütigen	besonnenen	gehaltenen	launischen	ungedämpften
<-6,0	depressiven	deprimierten	gedrückten	ausgeglichenen	unverhaltenen	sprunghaften

Sys	0 bis 2,5i	2,6 bis 3,9i	4,0 bis 4,9i	5,0 bis 5,9i	6,0 bis 7,5	7,6 bis 9,0i
7,6 bis 9,0	zweckmäßigen	gereiften	selbständigen	eigenständigen	eigenwilligen	zwiespältigen
6,0 bis 7,5	realistischen	entwickelten	ausgeglichenen	ausgewogenen	verspannten	verkrampften
5,0 bis 5,9	angepaßten	eindeutigen	klaren	geordneten	naiven	infantilen
4,0 bis 4,9	nichtunangepaßten	lockeren	angemessenen	gespannten	unterentwickelten	unausgereiften
2,6 bis 3,9	bestimmten	uneindeutigen	störbaren	irritierbaren	unsicheren	gestörten
1,1 bis 2,5	unauffälligen	anfälligen	affizierbaren	abhängigen	unangemessenen	unangepaßten
0,6 bis 1,0	beunruhigten	gezwungenen	unausgeglichenen	unbestimmten	desorientierten	irrealen
0 bis 0,5	ängstlichen	gehemmten	unklaren	desorientierten	realitätsfernen	negativistischen

Wa	<-4,0i	-2,1 bis -4,0i	-0,0 bis -2,0i	0,0 bis 2,0i	2,1 bis 4,0i	>4,0i
>6,0	desintegrie-renden	aparten	künstlerischen	ästhetischen	realitätsfrem-den	weltfremden
4,1 bis 6,0	zwiespälti-gen	unausgewo-genen	umfassenden	musischen	unfunktionel-len	irrealen
2,1 bis 4,0	unausgegli--chenen	wechselhaften	globalen	qualitativen	gütebestimm-ten	wirklichkeits-fernen
0,6 bis 2,0	mechanisti-schen	skizzenhaften	umrißhaften	eigenschafts-bestimmten	effektbe-stimmten	äußerlich-keitsorientier-ten
0,5 bis -0,5	schemati-schen	schablonen-haften	ausgegliche-nen	ausgewo-genen	eindruckshaf-ten	un-zweckhaften
-0,6 bis -2,0	verplanen-den	planmäßigen	planvollen	wirklichkeits-nahen	wirkungsge-richteten	nutzungsfer-nen
-2,1 bis -4,0	formalisti-schen	formalen	realistischen	funktionalen	an Zweckmä-ßigkeit aus-gerichteten	quantitätsge-richteten
-4,1 bis -6,0	bürokrati-schen	systematischen	ordnenden	zweckhaften	am Funktionieren orientierten	mengenorien-tierten
<-6,0	kleinlichen	pedantischen	organisieren-den	nutzungso-ri-entierten	profit-orientierten	blassen

Was	0 bis 2,5i	2,6 bis 3,9i	4,0 bis 4,9i	5,0 bis 5,9i	6,0 bis 7,5	7,6 bis 9,0i
7,6 bis 9,0	zweckmäßi-gen	gereiften	selbständigen	eigenständi-gen	eigenwilligen	zwiespältigen
6,0 bis 7,5	realistischen	entwickelten	ausgegliche-nen	ausgewo-genen	verspannten	verkrampften
5,0 bis 5,9	angepaßten	eindeutigen	klaren	geordneten	naiven	infantilen
4,0 bis 4,9	nichtunan-gepaßten	lockeren	angemesse-nen	gespannten	unterentwic-kel-ten	unausgereif-ten
2,6 bis 3,9	bestimmten	uneindeutigen	störbaren	irritierbaren	unsicheren	gestörten
1,1 bis 2,5	unauffälligen	anfälligen	affizierbaren	abhängigen	unangemes-senen	unangepaßten
0,6 bis 1,0	beunruhigten	gezwungenen	unausgegli-chenen	unbestimmten	desorientier-ten	irrealen
0 bis 0,5	ängstlichen	gehemmten	unklaren	desorientier-ten	realitätsfernen	negativisti-schen

m	0 bis 2,5i	2,6 bis 3,9i	4,0 bis 4,9i	5,0 bis 5,9i	6,0 bis 7,5i	7,6 bis 9,0i
7,6 bis 9,0	ausgeprägten	sicheren	betonten	gesteigertem	gewollten	egozentrischen
6,0 bis 7,5	natürlichen	ungezwungenen	optimistischen	freien	bestimmten	forcierten
5,0 bis 5,9	realistischen	sicheren	unbefangenen	gemachten	übertriebenen	leichtfertigen
4,0 bis 4,9	unabhängigen	einfachen	alltäglichen	irritierbaren	subjektiven	naiven
2,6 bis 3,9	nüchternen	abhängigen	affizierbaren	störbaren	unkritischen	bedenkenlosen
1,1 bis 2,5	geringen	schwachen	befangenen	flüchtigen	oberflächlichen	leichtfertigen
0,6 bis 1,0	unsicheren	gehemmten	unterdrückten	hektischen	kritiklosen	leichtsinnigen
0 bis 0,5	depressiven	mutlosen	mangelnden	irritierbaren	überheblichen	irrealen

q	0 bis 2,5i	2,6 bis 3,9i	4,0 bis 4,9i	5,0 bis 5,9i	6,0 bis 7,5i	7,6 bis 9,0i
7,6 bis 9,0	qualitativen	wirkungsbestimmten	ästhetischen	formbewußten	qualitätsbe--wußten	künstlerischen
6,0 bis 7,5	wirklichkeitsnahen	gütebezogenen	musischen	sinnhaften	eindruckshaften	physiognomischen
5,0 bis 5,9	realistischen	sachbezogenen	gegenständlichen	anschauungsorientierten	vorstellungsbestimmten	schöngeistigen
4,0 bis 4,9	materialistischen	sachlichen	zweckbestimmten	dinglichen	ätherischen	phantastischen
2,6 bis 3,9	quantitativen	ökonomischen	funktionalen	utopischen	ästhetisierenden	irrealen
1,1 bis 2,5	nüchternen	nutzungsbe--stimmten	amusischen	effektbestimmten	illusionären	schwärmerischen
0,6 bis 1,0	trockenen	profitbestimm-ten	kreatürlichen	undifferenzierten	veräußerlichten	hysteroiden
0 bis 0,5	primitiven	vulgären	qualitätsarmen	unbestimmten	verschwommenen	unrealistischen

d	0 bis 2,5i	2,6 bis 3,9i	4,0 bis 4,9i	5,0 bis 5,9i	6,0 bis 7,5i	7,6 bis 9,0i
7,6 bis 9,0	bedenkenden	gebremsten	tiefsinnigen	verspannten	schweren	melancholischen
6,0 bis 7,5	verhaltenen	besonnenen	besinnlichen	grüblerischen	vorsichtigen	schwermütigen
5,0 bis 5,9	bedachtsamen	gedämpften	ernsten	gespannten	gedrückten	gezwungenen
4,0 bis 4,9	freien	ungezwungenen	gelösten	abwartenden	zaghaften	verzagten
2,6 bis 3,9	unbestimmten	zwanglosen	lockeren	zögerlichen	unfreien	unsicheren
1,1 bis 2,5	unbesonnenen	uneindeutigen	unverkrampften	zaudernden	zwanghaften	kleinlichen
0,6 bis 1,0	unvorsichtigen	oberflächlichen	unbestimmten	ambivalenten	niedergeschlagenen	verdrossenen
0 bis 0,5	flachen	flüchtigen	seichten	deprimierten	depressiven	leeren

o	0 bis 2,5i	2,6 bis 3,9i	4,0 bis 4,9i	5,0 bis 5,9i	6,0 bis 7,5i	7,6 bis 9,0i
7,6 bis 9,0	systematischen	systematisierenden	formalen	organisierenden	formalistischen	einzelheitlichen
6,0 bis 7,5	verallgemeinernden	gliedernden	ordnenden	normierenden	verplanenden	kleinlichen
5,0 bis 5,9	globalen	geordneten	sortierenden	gleichförmigen	regulierenden	pedantischen
4,0 bis 4,9	ungezwungen	unverklemmten	unbestimmten	regelhaften	schablonengeführten	bürokratischen
2,6 bis 3,9	ungeregelten	unverkrampften	uneindeutigen	beschränkenden	katalogisierenden	schematischen
1,1 bis 2,5	ungeordneten	ungezielten	ziellosen	beengten	inflexiblen	normierten
0,6 bis 1,0	wirren	systemlosen	krausen	begrenzten	eingeengten	verengten
0 bis 0,5	chaotischen	regellosen	ordnungslosen	unbeweglichen	mechanischen	verschrobenstarren

Wbg	$<-4,0i$	$-2,1$ bis $-4,0i$	$-0,0$ bis $-2,0i$	$0,0$ bis $2,0i$	$2,1$ bis $4,0i$	$>4,0i$
$>6,0$	zwiespältigen	einseitigen	gespannten	expansiven	rastlosen	hitzigen
$4,1$ bis $6,0$	einförmigen	trotzigen	abwehrenden	dynamischen	geschäftigen	heftigen
$2,1$ bis $4,0$	verklemmten	opponieren-den	konsequenten	schwungvollen	betriebsamen	unruhigen
$0,6$ bis $2,0$	verkrampften	gleichmäßigen	zielsicheren	eifrigen	lebhaften	ruhelosen
$0,5$ bis $-0,5$	prinzipien-haften	monotonen	beständigen	emsigen	regen	ungleichmäßi-gen
$-0,6$ bis $-2,0$	gleichförmi-gen	festen	eindeutigen	zielbestimm-ten	zielunsicheren	wechselhaften
$-2,1$ bis $-4,0$	inflexiblen	beharrlichen	bestimmten	abrupten	hektischen	übereilten
$-4,1$ bis $-6,0$	unelastischen	beharrenden	unerschütter-lichen	zügigen	eiligen	hastigen
$<-6,0$	sturen	verfestigten	unbeirrbaren	störrischen	krampfigen	ambivalenten

Wbs	0 bis $2,5i$	$2,6$ bis $3,9i$	$4,0$ bis $4,9i$	$5,0$ bis $5,9i$	$6,0$ bis $7,5$	$7,6$ bis $9,0i$
$7,6$ bis $9,0$	zweckmäßi-gen	gereiften	selbständigen	eigenständi-gen	eigenwilligen	zwiespältigen
$6,0$ bis $7,5$	realistischen	entwickelten	ausgegliche-nen	ausgewoge-nen	verspannten	verkrampften
$5,0$ bis $5,9$	angepaßten	eindeutigen	klaren	geordneten	naiven	infantilen
$4,0$ bis $4,9$	nichtunan-gepaßten	lockeren	angemesse-nen	gespannten	unterentwic-kel-ten	unausgereif-ten
$2,6$ bis $3,9$	bestimmten	uneindeutigen	störbaren	irritierbaren	unsicheren	gestörten
$1,1$ bis $2,5$	unauffälligen	anfälligen	affizierbaren	abhängigen	unangemes-senen	unangepaßten
$0,6$ bis $1,0$	beunruhigten	gezwungenen	unausgegli-chenen	unbestimmten	desorientier-ten	irrealen
0 bis $0,5$	ängstlichen	gehemmten	unklaren	desorientier-ten	realitätsfernen	negativisti-schen

Fp	0 bis 2,5i	2,6 bis 3,9i	4,0 bis 4,9i	5,0 bis 5,9i	6,0 bis 7,5i	7,6 bis 9,0i
7,6 bis 9,0	Expansivität	Unternehmungslust	Abenteuerlust	Neuheitensuche	Neuheitendrang	Abwechslungssucht
6,0 bis 7,5	Lebhaftigkeit	Lebendigkeit	Schwung	Forschungsstreben	Forschungsdrang	Futuristischem
5,0 bis 5,9	Eifer	Rührigkeit	Regsamkeit	Erlebnisdrang	Zukunftsorientierung	Weitschweifigkeit
4,0 bis 4,9	Ruhe	Beständigkeit	Gewohnheit	Wissensdrang	Neugier	Neuerungssucht
2,6 bis 3,9	Schwunglosigkeit	Vorgestrigem	Gestrigem	Progressionsdrang	Risikosuche	Erlebnissucht
1,0 bis 2,5	Impulslosigkeit	Impulsschwäche	Risikoangst	Veränderungsdrang	Abenteuersucht	Expansionszwängen

Tp	0 bis 2,5i	2,6 bis 3,9i	4,0 bis 4,9i	5,0 bis 5,9i	6,0 bis 7,5i	7,6 bis 9,0i
7,6 bis 9,0	Solidität	Bestimmtheit	Entschiedenheit	Eigenwillen	Prinzipienhaftigkeit	Trotz
6,0 bis 7,5	Beständigkeit	Selbstbehauptung	Beharrlichkeit	Unbeirrbarkeit	Eigensinn	Abwehr
5,0 bis 5,9	Festigkeit	Stetigkeit	Gleichmäßigkeit	Verfestigung	Unelastizität	Sperrung
4,0 bis 4,9	Schweifen	Schwanken	Unbestimmtheit	Versteifung	Sturheit	Apathie
2,6 bis 3,9	Wurzellosigkeit	Hinreißbarkeit	Vertrauensmangel	Ablehnung	Unbeweglichkeit	Negativismus
1,0 bis 2,5	Haltlosigkeit	Orientierungsmangel	Beziehungslosigkeit	Inflexibilität	Starre	Stupor

Ey	<-4,0i	-2,1 bis -4,0i	-0,0 bis -2,0i	0,0 bis 2,0i	2,1 bis 4,0i	>4,0i
>6,0	zwiespältig	einseitig	gespannt	expansiv	rastlos	hitzig
4,1 bis 6,0	einförmig	trotzig	abwehrend	dynamisch	geschäftig	heftig
2,1 bis 4,0	verklemmt	opponierend	konsequent	schwungvoll	betriebsam	unruhig
0,6 bis 2,0	verkrampft	gleichmäßig	zielsicher	eifrig	lebhaft	ruhelos
0,5 bis -0,5	prinzipienhaft	monoton	beständig	emsig	rege	ungleichmäßig
-0,6 bis -2,0	gleichförmig	fest	eindeutig	zielbestimmt	zielunsicher	wechselhaft
-2,1 bis -4,0	inflexibel	beharrlich	bestimmt	abrupt	hektisch	übereilt
-4,1 bis -6,0	unelastisch	beharrend	unerschütterlich	zügig	eilig	hastig
<-6,0	stur	verfestigt	unbeirrbar	störrisch	krampfig	ambivalent

Eys	0 bis 2,5i	2,6 bis 3,9i	4,0 bis 4,9i	5,0 bis 5,9i	6,0 bis 7,5	7,6 bis 9,0i
7,6 bis 9,0	zweckmäßigen	gereiften	selbständigen	eigenständigen	eigenwilligen	zwiespältigen
6,0 bis 7,5	realistischen	entwickelten	ausgeglichenen	ausgewogenen	verspannten	verkrampften
5,0 bis 5,9	angepaßten	eindeutigen	klaren	geordneten	naiven	infantilen
4,0 bis 4,9	nichtunangepaßten	lockeren	angemessenen	gespannten	unterentwickel-ten	unausgereiften
2,6 bis 3,9	bestimmten	uneindeutigen	störbaren	irritierbaren	unsicheren	gestörten
1,1 bis 2,5	unauffälligen	anfälligen	affizierbaren	abhängigen	unangemessenen	unangepaßten
0,6 bis 1,0	beunruhigten	gezwungenen	unausgeglichenen	unbestimmten	desorientierten	irrealen
0 bis 0,5	ängstlichen	gehemmten	unklaren	desorientierten	realitätsfernen	negativistischen

Or	<-4,0i	-2,1 bis -4,0i	-0,0 bis -2,0i	0,0 bis 2,0i	2,1 bis 4,0i	>4,0i
>6,0	zwiespältige	zielsichere	expansive	vorwärtsdrängende	abwechslungssüchtige	vergangenheitsflüchtige
4,1 bis 6,0	gewohnheitsabhängige	konsequente	zielstrebige	fortschrittsorientierte	zukunftsorientierte	gegenwartsflüchtige
2,1 bis 4,0	gewohnheitsgebundene	eindeutige	bestimmte	expandierende	veränderungsuchende	abwechslungs-bedürftige
0,6 bis 2,0	gewohnheitsträchtige	entschiedene	klare	unternehmerische	erforschende	uneindeutige
0,5 bis -0,5	sicherheitsstrebige	gleichförmige	sichernde	augenblickshafte	unbestimmte	unklare
-0,6 bis -2,0	inflexible	gleichmäßige	erhaltende	nähebestimmte	unruhige	abenteuerliche
-2,1 bis -4,0	unbewegliche	verwurzelte	bewahrende	Vertrautheitsuchende	beunruhigte	wechselhafte
-4,1 bis -6,0	vergangenheitsbezogene	gegenwartszentrierte	bodenständige	beharrende	umherschweifende	suchende
<-6,0	vergangenheitsverhaftete	gegenwartsverhaftete	gegenwartsorientierte	schutzsuchende	sich anklammernde	ambivalente

Ors	0 bis 2,5i	2,6 bis 3,9i	4,0 bis 4,9i	5,0 bis 5,9i	6,0 bis 7,5	7,6 bis 9,0i
7,6 bis 9,0	zweckmäßigen	gereiften	selbständigen	eigenständigen	eigenwilligen	zwiespältigen
6,0 bis 7,5	realistischen	entwickelten	ausgeglichenen	ausgewogenen	verspannten	verkrampften
5,0 bis 5,9	angepaßten	eindeutigen	klaren	geordneten	naiven	infantilen
4,0 bis 4,9	nichtunangepaßten	lockeren	angemessenen	gespannten	unterentwickelten	unausgereiften
2,6 bis 3,9	bestimmten	uneindeutigen	störbaren	irritierbaren	unsicheren	gestörten
1,1 bis 2,5	unauffälligen	anfälligen	affizierbaren	abhängigen	unangemessenen	unangepaßten
0,6 bis 1,0	beunruhigten	gezwungenen	unausgeglichenen	unbestimmten	desorientierten	irrealen
0 bis 0,5	ängstlichen	gehemmten	unklaren	desorientierten	realitätsfernen	negativistischen

k	0 bis 2,5i	2,6 bis 3,9i	4,0 bis 4,9i	5,0 bis 5,9i	6,0 bis 7,5i	7,6 bis 9,0i
7,6 bis 9,0	schwungvollen	expansiven	dynamischen	überschwenglichen	stürmischen	ungestümen
6,0 bis 7,5	aktiven	lebendigen	lebhaften	eifrigen	geschäftigen	cholerischen
5,0 bis 5,9	beschwingten	regen	emsigen	rührigen	betriebsamen	übergeschäftigen
4,0 bis 4,9	ansprechbaren	anregbaren	irritierbaren	erregbaren	variierenden	ungleichmäßigen
2,6 bis 3,9	ruhigen	beschaulichen	inaffektiven	unsteten	hektischen	heftigen
1,1 bis 2,5	adynamischen	inaktiven	störbaren	erregten	hastigen	übereiligen
0,6 bis 1,0	matten	schwunglosen	affizierbaren	rastlosen	wechselhaftigen	unberechenbaren
0 bis 0,5	lahmen	impulslosen	unlebendigen	unruhigen	explosiven	eruptiven
f	0 bis 2,5i	2,6 bis 3,9i	4,0 bis 4,9i	5,0 bis 5,9i	6,0 bis 7,5i	7,6 bis 9,0i
7,6 bis 9,0	Expansion	Ausdehnung	Progression	Fremdartiges	Zukünftiges	Futuristisches
6,0 bis 7,5	Neues	Handeln	Fortschritt	Neuartigkeit	Fernliegendes	Exotisches
5,0 bis 5,9	Erleben	Veränderung	Variabilität	Reformen	Morgen	Utopien
4,0 bis 4,9	Gleichbleiben	Gegenwärtiges	Gegenwart	Variationen	Wechselhaftigkeit	Undurchsichtiges
2,6 bis 3,9	Vertrautes	Bestehendes	Gestriges	Veränderungen	Ungewohntes	Unberechenbares
1,1 bis 2,5	Beschaulichkeit	Ruhe	Stetigkeit	Abwechslung	Unbekanntes	Riskantes
0,6 bis 1,0	Vorgestriges	Vergangenheit	Bekanntes	Wechselndes	Unsicheres	Ungewisses
0 bis 0,5	Fixiertes	Festgelegtes	Gewohntes	Momentanes	Abenteuerliches	Vages
r	0 bis 2,5i	2,6 bis 3,9i	4,0 bis 4,9i	5,0 bis 5,9i	6,0 bis 7,5i	7,6 bis 9,0i
7,6 bis 9,0	bestimmte	entschiedene	verwurzelte	beharrende	eigenwillige	Unbeirrbare
6,0 bis 7,5	beständige	gleichmäßige	bodenständige	konsequente	sture	Eigensinnige
5,0 bis 5,9	klare	feste	eindeutige	verfestigte	wenig flexible	wenig elastische
4,0 bis 4,9	elastische	flexible	anregbare	abwehrende	versteifte	prinzipienhafte
2,6 bis 3,9	schweifende	veränderliche	variable	sperrende	träge	phlegmatische
1,1 bis 2,5	unbeständige	schwankende	wechselhafte	trotzige	unelastische	verharrende
0,6 bis 1,0	wurzellose	uneindeutige	unbestimmte	unflexible	unbewegliche	monotone
0 bis 0,5	haltlose	störbare	irritierbare	affizierbare	oberflächliche	zwiespältige

n	0 bis 2,5i	2,6 bis 3,9i	4,0 bis 4,9i	5,0 bis 5,9i	6,0 bis 7,5i	7,6 bis 9,0i
7,6 bis 9,0	beständiges	erhaltendes	solides	robustes	verankertes	unbeirrbares
6,0 bis 7,5	stetiges	bewahrendes	behauptendes	verwurzeltes	gleichförmiges	unbeeinfluß-bares
5,0 bis 5,9	sicherndes	gleichmäßiges	beharrendes	verharrendes	verstetigtes	abwehrendes
4,0 bis 4,9	anregbares	ansprechbares	affizierbares	inflexibles	gemachtes	gewolltes
2,6 bis 3,9	eindruckshaf-tes	wenig stetiges	wechselndes	wenig beweg-liches	verfestigendes	trotziges
1,1 bis 2,5	augenblicks-haftes	ungleichmä-ßiges	unstetes	haftendes	ablehnendes	negativisti-sches
0,6 bis 1,0	unsicheres	schwankendes	unstetiges	ambivalentes	statisches	stures
0 bis 0,5	wirres	orientierungs-loses	desorientiertes	inaktives	unbewegtes	starres

C	0 bis 2,5i	2,6 bis 3,9i	4,0 bis 4,9i	5,0 bis 5,9i	6,0 bis 7,5i	7,6 bis 9,0i
0 bis 2,5	kaum	geringe	mindere	enge	eingeengte	begrenzte
2,6 bis 3,9	wenig	beschränkte	magere	spezielle	einseitige	spezialisierte
4,0 bis 4,9	verstreute	einige	einspurige	besondere	vertiefte	tiefreichende
5,0 bis 5,9	Einzelheitliche	alltägliche	übliche	gehobene	verankerte	fundierte
6,0 bis 7,5	oberflächliche	breite	mancherlei	beträchtliche	vielseitige	überragende
7,6 bis 9,0	allerlei	vielerlei	viele	vielfältige	umfangreiche	umfassende

Ausblick

Wie generell in den Kognitionswissenschaften zeigt sich auch in unserem Falle, daß in Fragen der psychischen Steuerung und Persönlichkeit zunächst erkenntnistheoretische Fragen zu beantworten sind, die sich nicht behavioristisch lösen lassen. Und diese müssen dann zuende gedacht werden, ehe das Experiment Bedeutung gewinnen kann, wenn nicht lauter Einzelbeobachtungen im luftleeren Raum landen sollen. Wer da behaupten will, Psychologie sei eine Verhaltenswissenschaft engt nicht nur den Umfang dieses Erkenntnisrahmens ein, sondern wird auch Schwierigkeiten bekommen, etwa die Persönlichkeit eines Menschen zu beschreiben, die vielfach eine wichtige Grundlage für soziale, pädagogische und juristische Entscheidungen ist. Und man fragt sich, was die zuständigen Entscheidungsträger, die ja keine Psychologen sind, machen sollen, will man sie ihrem Einfühlungsvermögen und ihrer Menschenkenntnis als Projektion ihrer eigenen Vorurteile überlassen und davon das Schicksal der betroffenen Menschen abhängig machen?

Allerdings sollte man auch nicht die behavioristische Methode generell verneinen, denn insbesondere dort, wo Rückschlüsse auf die individuellen Faktoren einer Individualinstanz zu ziehen sind, braucht man das Verhalten als Grundlage. Hier geht es darum, Verhaltensgestalten zu sammeln und ihre Hintergründe, ihre psychischen Pendants herauszufinden, hier geht es wirklich um Verhalten und seine Zuordnung.

Und so ergibt sich zum Schluß, daß Psychologie sowohl die geisteswissenschaftlichen als auch die naturwissenschaftlichen Ansätze benötigt, wenn sie nicht Flickwerk werden soll. Allerdings sollte man sich dabei davor hüten, sich zu eng an die Computerinformatik und -technik anzulehen, denn man sollte stets bedenken, daß ein System sich wohl durch seine Elemente auszeichnet, aber ebenso durch ihre Komponenten und evtl. Zustände.

Literaturverzeichnis

Adler,A.	Menschenkenntnis, Zürich 1947
Aiken, L.R.	Assessment of Intellectual Functioning, Newton, Massechusetts, 1987
Allport:,G.W.	Persönlichkeit, Stuttgart 1949
Amthauer, R.	I.-S.-T., Intelligenz-Struktur-Test, 2. Aufl. Göttingen
Anschütz, H.	Kybernetik, 4. Aufl. Würzburg 1979
Apel, M.	Philosophisches Wörterbuch
Arnold,W.	Person, Charakter, Persönlichkeit, Göttingen 1957
Arnold/ Eysenck/ Meili	Lexikon der Psychologie, Freiburg 1987
Ashby, W.R.	Einführung in die Kybernetik, 2. Aufl. Frankfurt 1985
Aster E.v.	Die Psychoanalyse, Bern 1949
Bartel,H.	Statistik I und II, 2. Aufl. Stuttgart-New-York
BDW	Kopf als Oszillator; Bild der Wissenschaft, (Heft 12/80 S. 131)
Becker, M.	Graphologie der Kinderschrift, Hamburg 1949
Benesch, H. (Her.)	dtv-Atlas zur Psychologie, München 1987
Benesch, Hellmuth	Zwischen Leib und Seele. Grundlagen der Psychokybernetik. Frankfurt am Main 1988.
Berelsen/ Steiner	Menschliches Verhalten, 2 Bde., 1969ff
Berg,J. van den	Grundriß der Psychiatrie, 3. Aufl. Stuttgart
Bettelheim, B.	Die Geburt des Selbst, Frankfurt 1984
Blumenberg/Kury (Her.)	Psychologie (Herder Lexikon), ohne Jahresangabe
Bohm, E.	Lehrbuch der Rorschach-Diagnostik, 5. Aufl. Bern 1975
Brickenkamp (Hrsg.):	Handbuch der psychologischen und pädagogischen Tests; 1.Ergänzungsband, Göttingen 1983
Busemann, A.	Stil und Charakter, Meisenheim a. Glan 1948
Buser, R.	Ausdruckspsychologie, München 1973
Cattell, R.B.	Personality, 1950
Cattell, R.B.	Die empirische Erforschung der Persönlichkeit, 2. Aufl. Weinheim

Correl, W.	Lernen und Verhalten, Ausgabe Dez. 1972; Fischer Verlag Frankfurt
Correl, W.	Lernpsychologie, Donauwörth 1970
Delay/ Pichot	Medizinische Psychologie, 2. Aufl. München 1970
Delhees,K.H.	Motivation und Verhalten, München 1975
Diemer/Frenzel (Her.)	Philosophie (Fischer Lexikon) Frankfurt 1958
Dirks, H.	Mensch und Umwelt im Licht der Psychologie, Goldmann Nr. 2627
Dirks, H.	Mensch und Mitmensch im Licht der Psychologie, Goldmann Nr. 2626
Dirks, H.	Der Mensch im Licht der Psychologie, Goldmann Nr. 2625; (ca. 1970)
Dirks, H.	Psychologische Faktoren der Berufsarbeit, Göttingen 1957
Eccles, John C.	Gehirn und Seele. Erkenntnisse der Neurophysiologie. Taschenbuchausgabe München u. a. [3]1991.
Eibl-Eibesfeld, I.	Die Biologie des menschlichen Verhaltens (Sonderausgabe der 3. Aufl. Weyarn 1997)
Eibl-Eibesfeld, I.	Der vorprogrammierte Mensch, 4. Aufl. München 1982
Enking, O.	Mensch und Schrift, Bremen 1924
Eysenck, H.J./Nias, D.D.	Astrologie, München 1984, dtv
Eysenck:, H.J.	The structure of human personality, 1953
Fink/Pichottka	Ausdruckspsychologie nach Professor Lersch, München 1950
Flechtner, H.J.	Grundbegriffe der Kybernetik, dtv, München 1984
Freud, S.	Über Psychoanalyse, Wien 1949
Gehlen,A.	Die Seele im technischen Zeitalter, rde Bd. 53
Guilford	Persönlichkeit, 2./3. Aufl. Weinheim 1965
Haken/Haken-Krell	Entstehung von biologischer Information und Ordnung, Darmstadt 1989
Heiß, R.	Die Deutung der Handschrift, 1968
Heiß, R.	Die Lehre vom Charakter, 1949
Hemling, H.	Taschenbuch der Psychologie, München 1974
Hofstätter, P.R.	Psychologie (Fischer-Lexikon) Ausgabe Frankfurt 1975
Hofstätter, P.R.	Differentielle Psychologie, 1971
Huth, A.	Persönlichkeitsdiagnose, München 1956
Irle, M.	Berufs- Interessen- Test, Göttingen 1955

Jaspers, K.	Psychologie der Weltanschauungen. Neuausgabe. München u.a. ²1994.
Jaspers, K.	Allgemeine Psychopathologie, 5. Aufl.
Junge, O.	Rationale Graphologie, Lüneburg 1950
Kirchhoff, R.	Ausdruckspsychologie in Handbuch der Psychologie, Bd 5, 1965
Klages, L.	Handschrift und Charakter, 23. Aufl.
Klages, L.	Grundlegung der Wissenschaft vom Ausdruck, Bonn 1964
Klages, L.	Grundlagen der Charakterkunde, 10. Aufl., Bonn 1948
Klages, L.	Die Sprache als Quell der Seelenkunde
Klaus, G. (Hrsg.)	Wörterbuch der Kybernetik, 2 Bände, Frankfurt 1969
Klix/Sydow (Hrsg.)	Zur Psychologie des Gedächtnisses, 2. Aufl. 1980
Kloos	Grundriß der Psychiatrie und Neurologie, München 1951
Knobloch, H.	Deine Schrift, Dein Charakter, Frankfurt 1953
Knobloch, H.	Die Lebensgestalt der Handschrift, 1950
Knopp, K.	Funktionentheorie I und II, Sammlung Göschen, Bd. 668 und 703
Knopp, K.	Elemente der Funktionentheorie, Sammlung Göschen Band 1109
König, R.	Soziologie (Fischer Lexikon), Frankfurt 1958
Köster, P.H.	Deutschland Deine Denker, 2. Aufl. Hamburg 1980
Krech/Crutschfield	Grundlagen der Psychologie, 2 Bände 1970
Kretschmer, E.	Körperbau und Charakter 1967
Lange- Eichbaum/Kurth	Genie, Irrsinn und Ruhm, 6. Aufl., München 1967
Lem, S.	Summa technologiae, Frankfurt 1981
Lersch, Ph.	Aufbau der Person, München 1961
Lersch, Ph.	Vom Wesen der Geschlechter, 2. Aufl.
Ljublinskaja, A.	Kinderpsychologie, 3. Aufl.
Lorenz:, K.	Psychologie der Stammesgeschichte
Lückert, H.R.	Die Problematik der Persönlichkeits-Diagnostik, München 1965
Lückert, H.R.	Konfliktpsychologie, München-Basel 1972
Meili, R.	Lehrbuch der psychologischen Diagnostik, Bern 1965
Mendelsohn, A. und G.	Der Mensch in der Handschrift, Leipzig 1928
Mertens, P.	Angewandte Informatik, Berlin 1972

Mierke, K.	Psychologische Diagnostik/ in Narziss Kasper Ach: Lehrbuch der Psychologie, 3. Bd.,
Mitscherlich, A.	Auf dem Wege zur vaterlosen Gesellschaft, Serie Piper 45
Muckenschnabel, W.R.	Was die Handschrift verrät, Wien, 1980
Müller/ Enskat:	Graphologische Diagnostik, 2. Aufl. Bern 1973
Oerter, R.	Moderne Entwicklungspsychologie. Donauwörth [21]1987.
Penrose, R.	Computerdenken, Spektrum-Heidelberg, ohne Jahreszahl
Pervin, L.A.	Persönlichkeitstheorien, München-Basel 1993
Peters, U. H.	Wörterbuch der Psychiatrie und medizinischen Psychologie. München u.a. [4]1990.
Pfanne, H.	Lehrbuch der Graphologie, Berlin 1961
Pophal, R.	Zur Psychophysiologie der Spannungserscheinungen in der Handschrift, 1948
Pophal, R.	Die Handschrift als Gehirnschrift, Rudolstadt 1949
Popp, M.	Einführung in die Grundbegriffe der Allgemeinen Psychologie, München-Basel 1975
Portmann, A.	Zoologie und das neue Bild vom Menschen, rde 20; 1956
Prigogine u. Stengers	Dialog mit der Natur, München 1980
Quitmann, Helmut	Humanistische Psychologie. Göttingen [3]1996.
Raidt, F. und Erlinghagen, K.	Führen: Strategien für die Zukunft; in W.E. Feix: Personal 2000, Frankfurt-Wiesbaden 1991
Ravn, I.	Chaos, Quarks und schwarze Löcher, München 1995
Rehmke/Schneider	Geschichte der Philosophie, Wiesbaden 1983
Remplein, H.	Psychologie der Persönlichkeit, 1967
Rohracher, H.	Einführung in die Psychologie, 5. Aufl.
Rohracher, H.	Die Arbeitsweise des Gehirns und die psychischen Vorgänge, 1967
Rösing, I.	Intelligenz und Dummheit, Heidelberg 2004
Roth, E.	Persönlichkeitspsychologie, 6. Aufl., Stuttgart 1981
Rothacker, E.	Die Schichten der Persönlichkeit 1966
Ruch/Zimbardo	Lehrbuch der Psychologie, 2. Aufl. 1975
Schultz-Hencke, H.	Der gehemmte Mensch, Stuttgart 1947

Spranger, E.	Psychologie des Jugendalters, 20. Aufl. Heidelberg 1949
Stern, W.	Differentielle Psychologie, Leipzig 1921, 3. Aufl.
Sternberg, R.J.	"Erfolgsintelligenz" in Psychologie heute, März 1998 S.21ff
	als Buch bei Droemer, Kindler
Strehle, H.	Mienen, Gesten und Gebärden, München-Basel 1954
v.Holzschuher, L.	Praktische Psychologie, Seebruck 1949
v. Uexküll:, J.	Streifzüge durch die Umwelten von Tieren und Menschen, Hamburg 1956
Vester, F.	Denken, Lernen, Vergessen, 10. Aufl. München 1983
Vester, F.	Neuland des Denkens, München 1984
Waszkewitz, B.	Die Graphologie bei der Auslese von Kraftfahrern (Zeitschrift für Verkehrssicherheit Heft 7/58)
Waszkewitz, B.	Abriß der Ausdruckstheorie (Psychologische Rundschau, Heft X/59)
Waszkewitz, B.	Fundamente der Persönlichkeitspsychologie, München 1960
Waszkewitz, B.	Der Fahrtschreiber als Hilfsmittel der Fahrerkontrolle (Zeitschrift für Verkehrssicherheit, Heft 2/71)
Waszkewitz, B.	Der Schreibtest in der Person-Diagnostik (Angewandte Graphologie und Charakterkunde, Heft 5-6/1977)
Waszkewitz, B.	Fundamente der differentiellen Psychologie, Frankfurt 1984
Waszkewitz, B.	Grundlagen und Praxis der Persönlichkeitspsychologie, Eschborn 1987
Waszkewitz, B.	Fundamente der theoretischen Psychologie, Peter Lang Verlag, Frankfurt am Main-Berlin-Bern-New York-Paris-Wien 1993
Waszkewitz, B.	Der Mensch, das unbekannte Wesen, eine Einführung in die Psychologie und Verhaltenslehre, Peter Lang Verlag, Frankfurt am Main-Berlin-Bern-New York-Paris-Wien 1994
Waszkewitz, B.	Einführung in die Theorie der Persönlichkeit, Tectum Verlag Marburg 1977 (auf Mikrofiches mit Diskette)
Waszkewitz, B.	Persönlichkeit und Verhalten mit Arbeitsprogrammen auf Diskette, ibidem-verlag Stuttgart 1998.
Waszkewitz, B.	Verhaltensdiagnostik am Bildschirm mit Arbeitsprogrammen auf 2 Disketten, ibidem-Verlag Stuttgart 1998
Waszkewitz, B.	Eindrucksmuster in der Persönlichkeits- und Verhaltenspersonbeurteilung, ibidem-Verlag, Stuttgart 2000
Waszkewitz, B.	UP TO DATE 2002, ibidem-Verlag, Stuttgart 2002

Waszkewitz, B.	Psychodiagnostisches Verhaltens- und gestaltungsanalytisches Praktikum, ibidem-Verlag, Stuttgart 2003
Waszkewitz, B.	Psychologie der Persönlichkeit, Stuttgart 2003
Waszkewitz, B.	leine Persönlichkeitskunde, Stuttgart 2003
Waszkewitz, B.	Kybernetische Konstruktkonzeption, Stuttgart 2003
Waszkewitz, B.	Update MMV
Wellek, A.	Die Polarität im Aufbau des Charakters, Bern 1966
Wiener, N. u. a.	Kybernetik. Regelung und Nachrichtenübertragung im Lebewesen und in der Maschine. Aus dem Amerikanischen. Neuausgabe. Düsseldorf 1992.
Witting	Differentialrechnung, Sammlung Göschen, Bd. 87, 1949
Wittlich, B.	Angewandte Graphologie, Berlin 1948
Wollnik, H.	Grundfragen der Graphologie, Leipzig 1933
Zimbardo, Ph.G.	Psychologie, 6 Aufl. Berlin... 1995
Zulliger, H.	Der Tafeln-Z-Test, Bern 1954

ibidem-Verlag

Melchiorstr. 15

D-70439 Stuttgart

info@ibidem-verlag.de

www.ibidem-verlag.de
www.edition-noema.de
www.autorenbetreuung.de

HISTORY

——OF——

CAROLINE COUNTY

MARYLAND

FROM ITS BEGINNING

Material Largely Contributed by the Teachers

and Children of the County

Revised and Supplemented by

Laura C. Cochrane
Lavinia R. Crouse
Mrs. Wilsie S. Gibson
A. May Thompson
Edward M. Noble

Of the Caroline County Schools

With an Added Index by

Emory Dobson

CLEARFIELD

Originally published
Denton, Maryland, ca. 1920

Copyright © 1971
Regional Publishing Company
an imprint of Genealogical Publishing Co., Inc.
Baltimore, Maryland
All rights reserved.

Library of Congress Catalogue Card Number 76-173262

Reprinted for Clearfield Company by
Genealogical Publishing Co., Inc.
Baltimore, Maryland
1994, 2013

ISBN 978-0-8063-5056-1

Made in the United States of America